Elke Bracht
Multikulturell leben lernen

Elke Bracht

Multikulturell leben lernen

Psychologische Bedingungen
universalen Denkens und Handelns

Roland Asanger Verlag Heidelberg 1994

Die Autorin:
Elke Bracht, Dipl.-Psych., Jg. 1941, arbeitet als Psychotherapeutin und Supervisorin in Heidelberg.

Die Deutsche Bibliothek – CIP-Einheitsaufnahme

Bracht, Elke:
Multikulturell leben lernen : psychologische Bedingungen universalen Denkens und Handelns / Elke Bracht. – Heidelberg : Asanger, 1994
   (Thema)
ISBN 89334-272-9

Das Werk einschließlich aller seiner Teile ist urheberrechtlich geschützt. Jede Verwertung außerhalb der engen Grenzen des Urheberrechtsgesetzes ist ohne Zustimmung des Verlags unzulässig und strafbar. Das gilt insbesondere für Vervielfältigungen, Übersetzungen, Mikroverfilmungen und die Einspeicherung und Verarbeitung in elektronischen Systemen.

© 1994 Roland Asanger Verlag Heidelberg

Umschlaggestaltung: Doris Bambach
Printed in Germany
ISBN 3-89334-272-9

What ist there new that we have yet to accomplish?
Love, for as yet we have only accomplished hatred and self-pleasing; Knowledge, for as yet we have only accomplished error and perception and conceiving; Bliss, for as yet we have only accomplished pleasure and pain and indifference; Power, for as yet we have only accomplished weakness and effort and a defeated victory; Life, for as yet we have only accomplished birth and growth and dying; Unity, for as yet we have only accomplished war and association.
In a word, godhead; to remake ourselves in the divine image.

Sri Aurobindo

Für Ursula

herzlich
tske

5.11.94

Inhalt

Einleitung 9

1. **Zur Notwendigkeit von universalem Denken, Fühlen und Handeln** 13
    1.1 Der neue deutsche Rassismus 13
    1.2 Deutschland — Einwanderungsland und multikulturelle Gesellschaft 17
    1.3 Das Asylrecht als Herzstück der Menschenwürde 20
    1.4 Vernetzte globale Probleme sind Ursachen für Migration 25

2. **Aspekte der Multikulturalität** 29
    2.1 Der Begriff der multikulturellen Gesellschaft 29
    2.2 Deskriptive Multikulturalität 32
    2.3 Ökonomische Multikuturaliät 38
    2.4 Kommunikative Multikulturalität 39
    2.5 Kulinarische Multikulturalität 40
    2.6 Emphatische Multikulturalität 41
        2.6.1 Weltbürgertum als Menschheitssehnsucht 43
    2.7 Skeptische Multikulturalität 46
        2.7.1 Ethnozentrismus 50
        2.7.2 Rassismus ohne „Rasse" 52
    2.8 Präskriptive Multikulturalität 57
        2.8.1 „Zuwanderer" statt „Ausländer" 57
        2.8.2 „Lebenswelt" statt „Kultur", „Ethnie" und „Volk" 58
        2.8.3 Inhaltliche Präskriptionen 60
        2.8.4 Strukturelle Präskriptionen 64
    2.9 Selbstreflexive Multikulturalität 67
        2.9.1 Aufgeklärter Ethnozentrismus 70

3. **Die Psychologie des Fremden** 73
    3.1 Die Beziehung zwischen dem Vertrauten und dem Fremden . . 73
    3.2 Unser Umgang mit dem Fremden 75
        3.2.1 Fremdenangst und Fremdenhaß 75
        3.2.2 Stereotyp, Vorurteil und Diskriminierung 77
        3.2.3 Ursachen von Stereotyp und Vorurteil 81
        3.2.4 Soziale Diskriminierung durch Sprache 86
    3.3 Das Phänomen des Kulturschocks 88
        3.3.1 In der Fremde sein — Beschreibung einer Erfahrung . . . 89
        3.3.2 Definition des Kulturschocks 91
        3.3.3 Die Kontakt-Hypothese als Erklärungsansatz für Verständigung 94
    3.4 Das Fremde als „inneres Ausland" 97

4. Universale Werte und Bezugsgrößen ... 101

4.1 Die Beziehung von Einheit und Vielheit ... 101
    4.1.1 Zur Komplementarität von Universalismus und Relativismus ... 104
4.2 Das Dilemma des agnostizistischen Wertrelativismus ... 105
4.3 Universalität versus Universalisierbarkeit der Menschenrechte ... 109
4.4 Multikulturelle versus transkulturelle Werte ... 111
4.5 Globalisierung ... 113
4.6 Die Ethik der planetaren Verantwortung ... 115
4.7 Die Gaia-Hypothese ... 121
4.8 Bezugsgröße Mensch ... 122
4.9 Radikales Zusammendenken von Gott und Welt ... 125

5. Psychologische Grundlagen von Universalität und Multikulturalität ... 127

5.1 Globalisierung als Herausforderung für die Psychologie ... 127
5.2 Psychologische Universalien ... 131
    5.2.1 Universalität in der Moralentwicklung ... 132
5.3 Identität in der multikulturellen Gesellschaft ... 136
    5.3.1 Voraussetzungen und Korrelate von multikultureller Identität ... 136
    5.3.2 Entwicklung von multikultureller Identität ... 140
    5.3.3 Das multiple Selbst ... 150
    5.3.4 Identität in dialektischer Beziehung zwischen Fragment und Ganzheit ... 152
5.4 Multikulturelles Bewußtsein ... 154
    5.4.1 Worldmindedness ... 159
5.5 Universales Bewußtsein ... 162
    5.5.1 Das kosmische Bewußtsein als Thema der Transpersonalen Psychologie ... 162
    5.5.2 Explikation des kosmischen Bewußtseins bei Aurobindo ... 170
    5.5.3 Seelische Gesundheit und Maslows Z-Persönlichkeit ... 173
    5.5.4 Kosmischer Narzißmus in der Selbst-Psychologie Kohuts ... 178
    5.5.5 Der Overview-Effekt bei den Kosmonauten ... 183

6. Multikulturell leben lernen ... 189

6.1 Auf dem Weg zum universalen Menschen ... 189
6.2 Multikulturalität ist Universalität im Mitmenschlichen ... 191

Literatur ... 197

Einleitung

Der Ausdruck Argentinien hat für die Argentinier eine ganz große Wärme, und so auch der Ausdruck England für die Engländer. Der Ausdruck Menschheit ist emotional ganz blaß. Wenn ich Menschheit sage, klingt das wie etwas, das keinen Menschen interessiert. Aber wir sind heute tatsächlich zum ersten Mal in der Weltgeschichte als Menschheit voneinander abhängig geworden. ... Die soziale Realität ist heute eigentlich, daß die Menschheit eine Einheit ist. Tschernobyl hat es schon gezeigt. Wenn es ein Unglück mit dem Atommeiler in Rußland gibt, kriegen wir die Folgen davon zu spüren. Die Realität der Menschheit ist, daß wir eine Einheit sind, aber unser Bewußtsein ist davon noch entfernt. Das ist die Botschaft: Könnten wir etwas mehr dazu tun, um in größeren gesellschaftlichen Einheiten als dem Nationalstaat zu denken, besonders mehr menschheitlich? Aber ich weiß, daß das vielleicht eine Überforderung des gegenwärtigen Bewußtseins ist.

(Norbert Elias)

Jeder Mensch ist Teil einer Ganzheit, genannt Universum, ein Teil, der durch Zeit und Raum begrenzt ist. Er erforscht sich selbst, seine Gedanken und Gefühle als etwas, das vom Rest getrennt ist, eine Art optische Täuschung des Bewußtseins. Diese Täuschung ist eine Art Gefängnis für uns, das uns auf unsere persönlichen Wünsche und das Gefühl für die wenigen Menschen in unserer Nähe einschränkt. Unsere Aufgabe muß sein, uns selbst aus diesem Gefängnis zu befreien durch die Ausweitung unseres Wissenshorizontes, bis er alle lebenden Kreaturen und die Ganzheit der Natur in ihrer Schönheit umfaßt.

(Albert Einstein)

... Als ich den Weltraumpionieren aller Länder zuhörte, die kürzlich in Paris zusammengekommen waren, fand ich sie alle sehr aufgeschlossen und bemerkte, daß sie über ähnliche Gefühle miteinander sprachen.
Ihnen allen hatte sich auf ihren ungewöhnlichen Reisen die Schönheit offenbart: die Schönheit des dunklen Himmels, die Schönheit und Vielfalt unseres Planeten, wie er sich vom Mond aus zeigt, umkränzt von glitzerndem Band äquatorialer Stürme. Für sie alle ist von großer Bedeutung, daß unser Planet *einer* ist, daß Grenzen künstlich sind und daß die Menschheit eine große Gemeinschaft an Bord des Raumschiffs Erde bildet. Sie alle beharren darauf, daß dieses zarte Juwel unserer Gnade ausgeliefert ist, und daß wir uns bemühen müssen, es zu schützen.
Die Bedeutung der Weltraumeroberung findet ihren Ausdruck in der wundervollen Reihe von Bildern, die vom Mond aus aufgenommen wurden und die Heraufkunft eines weltumspannenden Bewußtseins preisen, das ein Fundament beim Bau einer friedvollen Zukunft der Menschheit sein wird. Diese Zukunft liegt in den Händen jener, die ihr Leben der Erforschung der drei Unendlichkeiten Teilhard de Chardins geweiht haben: des unendlich Großen, des unendlich Kleinen und des unendlich Komplexen. Und aus all dieser Schönheit, die sie entdecken, während sie ständig sich erweiternde Grenzen erkunden, entwickeln sie eine unendliche Liebe für die Natur und das menschliche Dasein.

(Jacques-Yves Cousteau)

Die vorausgehenden Zitate illustrieren unterschiedliche Aspekte von Universalität: Die Einheit der Menschheit, das Bewußtsein der umfassenden Einheit von Teil und Ganzem und die Erfahrung des kosmischen Bewußtseins. Unsere Erde ist ein globales Dorf, durch Kommunikationsmedien per Satellit bis in den letzten Winkel erreichbar. Aber erst stattgefundene oder drohende ökologische Katastrophen durch atomare Unfälle, Treibhauseffekt oder Ozonloch führen zu einer die nationalen Grenzen übersteigenden Betroffenheit, die dem Ausdruck Menschheit seine emotionale Blässe nimmt. Flüchtlinge aus Ländern der südlichen, in Armut gehaltenen Hemisphäre unseres Planeten werden in den reichen Ländern des Nordens als Bedrohung erlebt. Mit der Einigung Europas formiert sich auch eine „Festung Europa" und damit eine neue Variante eurozentrischen Denkens, Fühlens und Handelns. Dies geschieht zu einer Zeit, in der mit dem Zusammenbruch des Kommunismus für das kapitalistische Modell erst die eigentliche große Herausforderung entsteht, die für die Weltgemeinschaft der Völker unvorhersehbare Konsequenzen haben wird.

Gerade die Folgelasten der wissenschaftlich-technischen Welt haben ihren Grund im Vergessen der Einheit von Mensch und Natur. Eine Rückbesinnung auf diese Einheit kann die Bedrohung für die Biosphäre unseres Planeten und die in ihr lebenden Menschen mildern. Diese Einheit in der Vielfalt von Mensch und Natur in der Sicht der Naturwissenschaften, Philosophie, Religion und mystischen Erfahrung zu denken und daraus ethische Konsequenzen für ein universales Verantwortungsgefühl zu ziehen, kennzeichnet das Lebenswerk C.F. von Weizsäckers.

Das Konzept des *universalen Menschen* wurde von Jakob Burckhardt für den besonderen sozialen Typ der voll entwickelten Persönlichkeit der italienischen Renaissance geprägt. Die gegenwärtige Diskussion des vollständigen Menschen als ein pädagogisches und soziales Ziel ist jedoch eher durch Nostalgie als durch echte Aspiration gekennzeichnet. Der universale Mensch mit seiner Ganzheitlichkeit, Vielfältigkeit und Einheitlichkeit der Persönlichkeit steht in scharfem Kontrast zur Spezialisierung des Wissens, der einseitigen Persönlichkeitsentwicklung und der Spießbürgerlichkeit, die durch die horizontverengende technokratische Gesellschaft und ihre wissenschaftliche Kultur genährt werden (Gadol, 1973). Das evolutionäre Konzept des universalen Menschen steht für das psychologische Merkmal, Vielheit aushalten zu können, ohne die Einheit aus dem Bewußtsein zu verlieren. Wenn Rassismus ein beobachtbares, äußeres Merkmal eines Menschen verallgemeinert und mit der negativen Bewertung einer Gruppe verknüpft, dann zielt Universalität auf eine im Menschen verborgene, innere Dimension, die essentielle Einheit der Seele. Der universale Mensch beschreibt den Übergang vom rationalen Menschentyp der Moderne zum suprarationalen der Postmoderne, die sich mit ihrem Verlust an Kohärenz, Kontinuität und Realität vom Primat der technischen Rationalität verabschiedet.

Ideengeschichtlich bezeichnet *Universalismus* den Standpunkt, nach dem „als das Objekt des sittlichen Handelns nicht Individuen als solche, sondern eine Gesamtheit, Gemeinschaft (Volk, Staat, Menschheit) erscheint" (Eisler, 1930[4]). Neben dem ethischen Universalismus sind sozialer, politischer, nationaler und humaner Universalismus zu unterscheiden. Universalität als die Fähigkeit, menschheitlich im Sinne von Norbert Elias zu denken, kann dennoch eine relativ oberflächliche Kognition bleiben. Kosmisches Einssein als eine Basisempfindung, so Aurobindo (1971a, S. 767), drückt sich als Liebe aus, die ein weites, universales und trotz seiner Intensität stabiles Gefühl ist. *Universales Bewußtsein* beschreibt so eine bipolare Dimension von Denken in universalen Kategorien auf dem einen Pol des Kontinuums und kosmischem Bewußtsein an seinem anderen Pol. Zugleich verbindet die Dimension universales Bewußtsein westlich-aufgeklärte mit östlich-meditativen Konzepten. Hierfür steht beispielhaft die globale Verantwortung für alles Leben auf der Erde, die nicht nur buddhistisches, sondern inzwischen auch westliches Gedankengut ist. Die aus der abendländischen Aufklärung stammenden Menschenrechte und die sie begründenden Ideale der Freiheit, Gleichheit und Brüderlichkeit repräsentieren ein Denken in Universalien, das mit dem Ideal der Brüderlichkeit bereits auf den Pol des kosmischen Bewußtseins verweist. Eine Gesellschaft, die Freiheit als ihr Ideal verfolgt, ist unfähig, Gleichheit zu verwirklichen; zielt sie auf Gleichheit, wird sie die Freiheit opfern müssen. Brüderlichkeit, vollständiger: Geschwisterlichkeit, ist der Schlüssel zur Integration von Individualismus und Kollektivismus. Die Aporie von Freiheit und Gleichheit läßt sich nur durch die bisher nicht realisierte Brüderlichkeit als ein *tertium datur* auflösen. Mit diesem dritten Element ist ein Bewußtsein angesprochen, das mehr ist als Denken. Es ist das Erleben des kosmischen Bewußtseins, innerhalb dessen das Göttliche in jedem und allem und ein intensives Gefühl der Liebe erfahren wird. In dieser das Alltägliche transzendierenden psychischen Befindlichkeit werden Denken, Fühlen und Handeln integriert (etwa bei der Z-Persönlichkeit Maslows, 1969c). Das kosmische Bewußtsein ist eines der beiden Ziele traditioneller indischer Spiritualität und bezeichnet die dynamische Seite der Brahman-Erfahrung, von *cit* als Bewußtseinskraft, im Vergleich zum Erleben des statischen Brahman, von *sat* als essentielles Sein.

Multikulturalität bezieht ihre Kraft aus der Integration beider Pole des universalen Bewußtseins. Denken in Universalien allein bleibt wirkungslos ohne die motivationale Kraft des Gefühls der essentiellen Einheit. Andererseits tendiert der „veränderte Bewußtseinszustand" der Erfahrung von Einheit in der Vielheit zu subjektivistischem Rückzug aus verantwortlichem Handeln, wenn keine vermittelnden Konzepte universaler Normorientierung vorhanden sind. Mit Multikulturalität ist eine Haltung der Mitmenschlichkeit gemeint, die der Tatsache Rechnung trägt, daß wir am Ende des 20. Jahrhunderts in einer Weltgemeinschaft und daher auch im Alltag in multikulturellen Kontexten leben. Daß diese Haltung alles andere als selbstverständlich und allgemein verbreitet ist, zeigt die Situation der Zuwanderer in der heutigen Bundesrepublik Deutschland (Kap. 1). Falls überhaupt, akzeptieren wir Multikulturalität unter einzelnen Aspekten (Kap. 2) und verbinden sie günstigstenfalls mit der ihr komplementären Haltung der Selbstreflexivität. Wir haben Schwierigkeiten mit den Fremden bei uns, mit der Fremde, in die es uns zieht, und mit dem Fremden in uns selbst (Kap. 3). Wir übersehen daher zu leicht die Chancen für Selbstentwicklung und seelische Gesundheit, die in unserer Begegnung mit dem Fremden liegen. Selbstaufklärung über universale Werte und Bezugsgrößen als Inhalte universalen Bewußtseins (Kap. 4) ist unverzichtbar, wenn wir Multikulturalität als ein Erziehungs- und Bildungsziel verstehen. In der Dialektik von Einheit und Vielheit behält der Relativismus die Funktion, universalistische Positionen auf ihren doktrinären Machtanspruch zu überprüfen. Die Wahrnehmung von Vielheit ohne Separierung jedoch würde ein Ganzes ergeben, das in sich vollkommen wäre.

Für die Psychologie, die nach Bruner (1990) sensibel sein sollte gegenüber sozialen, politischen und philosophischen Problemen, stellt sich die Frage nach universalen Konzepten und universalem Erleben auf verschiedenen Ebenen und in unterschiedlichen Teildisziplinen (Kap. 5). Aus der Globalisierung unserer Alltagserfahrung ergeben sich Frageperspektiven, aus denen sich psychologische Argumente für eine multikulturelle Gesellschaft entwickeln lassen. Diese beziehen sich auf Universalität in der Moralentwicklung, Identität in der multikulturellen Gesellschaft und multikulturelles Bewußtsein. Kosmisches Bewußtsein ist Gegenstand der Transpersonalen Psychologie. Neue Konzepte zu seelischer Gesundheit und psychischer Reife und die unerwarteten, jedoch verallgemeinerbaren Erfahrungen universalen Bewußtseins bei den Weltraumfahrern führen zur Frage nach einem ganzheitlichen Weltbild mit der ihm entsprechenden Anthropologie des universalen Menschen sowie nach den Zielkriterien von multikulturellem Denken, Fühlen und Handeln (Kap. 6).

1. Zur Notwendigkeit von universalem Denken, Fühlen und Handeln

Rassismus ist Negation von Universalität. Die Wahrnehmung, daß die Menschheit ein Ganzes ist, bedeutet die Anerkennung, daß alle modernen Gesellschaften zugleich multikulturelle Gesellschaften sind. Dieser Tatbestand sollte automatisch die Anerkennung der Menschenwürde jenseits von Gruppenzugehörigkeit nach sich ziehen. Doch moderne Staaten verhalten sich weniger universalistisch, als es ihrer eigenen Verfassung entspricht. Es bleibt daher ihren aufgeklärteren Bürgern vorbehalten, sich für das Asylrecht als das Herzstück der Menschenwürde einzusetzen. Populistische Politik, die infrarationalen Tendenzen nachgibt oder sogar Vorschub leistet, bedroht schließlich auch ihre eigenen demokratischen Freiheiten. Daß Demokratie nicht an den Grenzen von Staaten und Staatengemeinschaften haltmachen darf, zeigt sich an der Vernetztheit von ökonomischen und ökologischen Problemen im Weltmaßstab. Wäre die Weltgemeinschaft eine Verantwortungsgemeinschaft, würde in den Ländern der nördlichen Erdhemisphäre nicht mehr unterschieden zwischen politischen, Wirtschafts- und Umweltflüchtlingen. Wir sitzen auf dem Raumschiff Erde alle „in einem Boot" und sind aufgefordert, unter der globalen Perspektive zu denken, zu fühlen, d.h. empathisch zu sein, und zu handeln.

1.1 Der neue deutsche Rassismus

Deutschland im Herbst 1992 hatte für dieses Jahr über 4000 Straftaten gegen Zuwanderer aus anderen Ländern zu verzeichnen. Dazu zählen 502 Brand- und Sprengstoffanschläge sowie 434 Angriffe gegen Menschen, davon zwei vollendete und zwölf versuchte Tötungen. Zwei Jahre nach dem Beitritt der ehemaligen Deutschen Demokratischen Republik zur Bundesrepublik Deutschland sind insgesamt 17 Menschen ermordet worden. Rassismus und Antisemitismus sind wieder alltägliche Erscheinungen in diesem Land.

Nach Auffassung der rumäniendeutschen Schriftstellerin Herta Müller (1992) erkennen gerade Ostdeutsche sich und ihre nahe Vergangenheit in so vielen Einzelheiten in jedem Asylsuchenden wieder, daß daraus Haß entsteht. Sie können ihre Identität gegenüber fremder Armut leichter behaupten als gegenüber den Westdeutschen und verhalten sich in der Verleugnung ihrer osteuropäischen Identität und im gehässigen Umgang gegenüber den Zuwanderern aus Osteuropa wie Emporkömmlinge. Dabei wird, so Grosser (1992), die etwa in Prag oder Warschau herrschende Bitterkeit nicht wahrgenommen; denn das Deutschland vor 1945 war verantwortlich für die sowjetische Herrschaft in der Tschechoslowakei und in Polen. Insbesondere die ostdeutsche Jugend ist Erbe eines zum Haß erziehenden Systems. Sie ist im Modernisierungsrückstand aufgewachsen (Heitmeyer, 1992; s.a. 1991) und hat nun einen doppelten Transformationsprozeß zu bewältigen: Von der formierten in die individualisierte Gesellschaft und darin eingelagert von einer funktional angepaßten Jugendphase mit Repression und außengeleiteter Sicherheit in eine Lebensphase mit aktiver, selbstverantwortlicher Gestaltung. Dabei lebt die westliche Gesellschaft, die für sich Freiheit, Gerechtigkeit und Solidarität in Anspruch nimmt, den aggressiven Jugendlichen andere als diese Werte vor: „Die Freiheit besteht darin, sich auszutoben. Denk nur an dich. Tu, was du willst – sei es heute das Gegenteil von gestern" (Grosser, 1992). Eco (1992) sieht Deutschland nach der durch den Zusammenbruch des Sowjetimperiums ermöglichten Wiedervereinigung in einer Identitätskrise und die rechtsextremen Ausschreitungen als „eine fast normale, physiologische Reaktion auf die tiefe Verunsicherung der Identität, die das Land durchzieht".

Wirtschaftliche Unsicherheit und ökologische Bedrohung führen im Westen zu Anomie-Erscheinungen. Mit dem Verlust des antikommunistischen Feindbildes ersetzen Minderheiten, homogen als „Ausländer" oder schärfer „Asylanten" dargestellt, die alten Projektionsmöglichkeiten. In der Ablenkung von innergesellschaftlichen Konflikten wird vorgegeben, daß die Minderheit selbst das Problem sei, was spontaner Ablehnung und Gewaltbereitschaft Vorschub leistet (Bundesverband Deutscher Psychologen, 1992). Mit der politischen Produktion von Ängsten und Gewalt trumpft das rechte Lager auf, ist die politische „‚Mitte' auf eine schiefe Bahn geraten" (Buro & Vack, 1992). Mit einer Katastrophenrhetorik („Asylantenströme", „Asylantenflut") und einer auf geschönter Statistik beruhender Zählung von „Scheinasylanten" wird die öffentliche Wahrnehmung der Tatsachen verzerrt. So soll es nach Einschätzung von Münchener Abiturienten in Deutschland derzeit 30 Millionen Asylbewerber geben; tatsächlich beträgt die Asylbewerberquote aber nicht 37,5% sondern 0,97%, gemessen an ihrem Anteil an der Gesamtbevölkerung von 80 Millionen (Vornbäumen, 1992). Bundeskanzler Kohl spricht von einem durch die Zuwanderer verursachten „Staatsnotstand". Tatsächlich befindet sich dieses Land derzeit in einem Notstand des Staats- und Rechtsbewußtseins. Als skandalösestes Beispiel nennt Brunkhorst (1992) „die nahezu einhellig beklatschte Abschiebepolitik gegen die rumänischen Zigeuner. . . . Ihre Ablehnung verstößt nicht nur gegen das Asylrecht. Sie kommen aus einem Land zu uns, in dem die Polizei den Pogromen zuschaut. Und es ist zynisch, zu sagen, sie würden ja nicht wegen ihrer politischen Gesinnung verfolgt." Aufgrund der deutschen Geschichte, in der dieses Volk im Dritten Reich verfolgt und ermordet wurde, seien wir den jetzt Sinti und Roma genannten verpflichtet, sie aufzunehmen und vor Anschlägen zu schützen.

Im Novemberbericht 1992 des Allensbacher Instituts für Demoskopie wird die zunehmende Gewaltbereitschaft der deutschen Bevölkerung (18% im Osten, 21% im Westen) dokumentiert und die Auffassung, politische

1. Zur Notwendigkeit von universalem Denken, Fühlen und Handeln

Entscheidungen ließen sich nur noch durch Gewaltakte provozieren. Aus Rezessionsängsten und der Vorstellung, die Lösung des „Asylproblems" werde verschleppt, entsteht ein gefährlich explosives Gemisch (Pralle, 1992). Die politisch konservative Demoskopie hat auf die neuen deutschen Fragen, entstanden aus westdeutschem Kapitalismus und ostdeutschem Obrigkeitsstaat, nur restaurative alte Antworten, die auf eine Republik der Zeit vor 1968 zurückgehen. Auch wird vorgeschlagen, die Rede von der „Ausländerfeindlichkeit" der Deutschen sollte unterbunden werden, damit das Phänomen des Ausländerhasses schlechthin verschwinde.

Für Grosser (1992) ist es gerade die Heuchelei der Offiziellen, die die Ablehnungsgefühle stärkt. Es wird mit den Interpretationen der Grundgesetz-Paragraphen 16 und 116 ein Rassismus zu bekämpfen versucht, indem man „völkisch" denkt und handelt. Denn die Arbeitsimmigraten in Deutschland sind von Anfang an Nicht-Bürger (Buro & Vack, 1992). Das deutsche Staatsbürgerschaftsrecht ist (im Gegensatz etwa zum französischen) nicht an das Land der Geburt, sondern an die Abstammung gebunden. Der zugrundeliegende Nationbegriff fördert die — längst illusorische — Vorstellung einer ethnischen Homogenität, führt zu einem Freund-Feind-Schema und damit zur Diskriminierung von Fremden. „Die Ausländer ohne Wahlrecht bilden eine neue Klasse von Metöken[1], wie einst die Fremden im alten Athen." (Brunkhorst, 1992) Wenn auch angesichts des Faktums der *einen* Weltgesellschaft die Einlösung des gleichen Grundrechts für Menschen unterschiedlicher Zugehörigkeit die Kapazitäten eines Nationalstaats hoffnungslos überfordert, so besteht im Einigungsprozeß Europas doch die Gefahr einer westlichen Dominanz durch eine „Festung Europa", die als politischer Block unter anderen Blöcken Nationalstaatlichkeit auf nun europäischem Niveau fortsetzen würde.

Habermas (1992) diagnostiziert einen „Mentalitätsbruch" in der gegenwärtigen Wahrnehmung der gesellschaftlichen Situation in Deutschland. Nach der Lebenslüge der Adenauerzeit, gemäß der alle (West-)Deutschen Demokraten seien, lautet die zweite Lebenslüge der Bundesrepublik: Wir sind wieder „normal", d.h. ein Nationalstaat geworden. Dabei geht mit dem DM-Nationalismus, der sich als neue mitteleuropäische Hegemonialmacht ausgibt, ein Rückruf in die Geschichte Bismarckschen Nationalbewußtseins einher, der auf den unteren bis oberen gesellschaftlichen Etagen unterschiedliche Ausprägungen aufweist. Hat die deutsche Vereinigung im Osten keineswegs zu einem Liberalisierungsschub geführt, so haben sich im Westen die Regulatoren und Schwellenwerte verändert, die in die Kreisläufe einer demokratischen Öffentlichkeit eingebaut sind, und „tritt das Unsägliche, das ein Fünftel der Bevölkerung auch bisher gedacht haben mag, aber nicht öffentlich geäußert hat, über die Ufer." Nicht die Jugendlichen sind das

---

[1] Metöke, griech. Mitbewohner, war in den Städten des alten Griechenlands ein eingesessener Fremdling ohne politische Rechte.

Problem, sondern die Erwachsenen und insbesondere jene bei der Polizei, bei der Strafverfolgung und in den Parteien. Es herrscht eine moralisch-politische Verwahrlosung, wenn der Fremdenhaß nur zur Besorgnis über das Ansehen Deutschlands führt und wenn der Regierungssprecher im Zusammenhang mit dem Mord an türkischen Zuwanderern von „Beileidstourismus" spricht.

> Wenn die sympathisierende Bevölkerung vor brennenden Asylantenheimen Würstchenbuden aufstellt, ist für die Mehrheitsbeschaffer keine offensive Überzeugungsarbeit angesagt, sondern symbolische Politik — eine Politik der Verfassungsänderung, die nichts kostet, auch nichts ändert, aber den dumpfesten Gemütern die Botschaft zukommen läßt: Das Problem am Fremdenhaß sind die Fremden. (Habermas, 1992)

Indem sich Regierungsparteien und SPD-Opposition in ihrer verfehlten Asyldebatte in einer Grauzone zwischen Betrug und Selbstbetrug bewegen und zu einer realistischen Aufschlüsselung von Asylbewerbern, Aussiedlern, Bürgerkriegsflüchtlingen, Ost-West-Binnenwanderung sowie notwendigem Arbeitskräftebedarf nicht fähig sind, verpassen sie die schmerzhafte politische Transformation vom Aus- zu einem Einwandererland, das Deutschland *de facto* längst ist. Im machtopportunistischen Reagieren eröffne sich eine neue Sorte von Regierungskriminalität, die in Gedankenspielen die Verfassung „ausloten" will und den Einsatz der Bundeswehr an den ostdeutschen Grenzen plant. Der Verfassungsschutz findet heute nur noch „von unten" statt. Hier zieht eine in den achtziger Jahren herangereifte Protestkultur Kreise, die sich in der bei der deutschen Einigung unterlassenen republikanischen Neugründung ein „linkes" Bewußtsein bewahrt hat, das nicht an Parteigrenzen haltmacht. Dieses republikanische Bewußtsein artikuliert sich Ende 1992 / Anfang 1993 unter anderem in der Teilnahme von Hunderttausenden an Veranstaltungen gegen Fremdenhaß.

Grosser (1992) sieht in Deutschland eine im Vergleich zu Frankreich sehr viel größere Bereitschaft bei Jugendlichen und Erwachsenen, sich für die Freiheit anderer und die Solidarität mit anderen einzusetzen. Das keineswegs nur „typisch deutsche" ständige Beiseiteschieben des Positiven und Ermutigenden, die ständige Unterschätzung durch Medien, politische und geistige „Elite" habe jedoch im heutigen Deutschland eine besonders dramatische Wirkung.

Die Gewalt der Ereignisse ruft die Interpreten auf den Plan, die wie in einem magischen Abwehrritual die Exzesse des Rechtsextremismus in Deutschland mit Hilfe längst bereitliegender Deutungsmuster zu erklären versuchen.

> Mal gelten die seit den sechziger Jahren liberalisierten Verhältnisse in Schule und Familie, mal die Zerfallserscheinungen im Spätkapitalismus als Wurzel des Übels; die einen machen die Schwächung des Gewaltmonopols des Staates, die anderen eine im Ansatz verfehlte deutsche Einigungspolitik oder einfach den konservativen Zeitgeist für den Ausbruch mörderischer Gewalt verantwortlich. (Kuhlmann, 1992)

1. Zur Notwendigkeit von universalem Denken, Fühlen und Handeln

Der Gewalt rechtsextremer Jugendlicher wurde gerade auch von führenden Politikern im Unterschied zum Umgang mit dem Linksradikalismus mit großer Empathiebereitschaft begegnet.

> Assistiert von Psychoanalytikern, die bei den rechtsradikalen Jugendlichen schwere frühkindliche Traumen zu entdecken glaubten, zeigten Politiker wie Medien eine sonst selten anzutreffende Bereitschaft zu psychologisieren und zu individualisieren. Das gesellschaftliche Phänomen der Ausländerfeindlichkeit, des Rassismus, das längst nicht nur Ausländer, sondern auch Randgruppen wie Homosexuelle und Behinderte manifest bedroht, wird über das psychologisierende Eingehen auf Einzelschicksale verdeckt. Es erinnert fatal an die Versuche nach 1945, das Mammakarzinom der Mutter Hitlers mit der „Machtergreifung" 1933 zu verbinden. (Becker, 1993, S. 63)

Schmidt (1992) sieht bei den Rechtsextremisten Atavismus am Werk. „Den rechten Terror zu erklären, mit historischen Analogieschlüssen, milieutheoretischen Spitzfindigkeiten, pädagogischem Gefasel, heißt aber auch, ihm einen Rest von Legitimität zu belassen." Der neue Nationalismus sei inhaltslos. Es fehle ihm der alte deutsche Messianismus, die völkische Weltanschauung, die Rassenlehre und auch der aggressive Wille zur politischen Macht. Vielmehr marschierten hier McDonald's Kids in amerikanischen Bomberjacken auf, bewaffnet mit Baseballschlägern und Benzin, Zöglinge dieser Gesellschaft, deren Gewalt okkasionell, grundlos und trotzdem so vollkommen maßlos sei.

1.2 Deutschland – Einwanderungsland und multikulturelle Gesellschaft

Bereits 1980 haben die Kirchen die Bundesrepublik zu einem Einwanderungsland und zu einer multikulturellen Gesellschaft erklärt:

- Die deutsche Bevölkerung ist aus kulturell unterschiedlichen Volksstämmen zusammengesetzt.
- Bis auf den heutigen Tag leben kleine kulturelle und sprachliche Minderheiten wie Dänen, Friesen und Sorben in Deutschland.
- Zigeuner und Juden haben seit Jahrhunderten ihr eigenes kulturelles und religiöses Erbe in Deutschland gepflegt.
- Im 16. Jahrhundert haben bedeutende Städte wie Berlin, Leipzig, Hamburg, Danzig und Frankfurt einen großen kulturellen und wirtschaftlichen Aufschwung durch Belgier, Holländer und Franzosen genommen, die aus religiösen Gründen vertrieben wurden und Asyl in diesen Städten fanden.
- Um die Jahrhundertwende wanderten Polen, Italiener, Russen, Holländer, Belgier und Slowenen ins Ruhrgebiet ein.
- Seit dem Ende des 2. Weltkrieges leben unzählige Flüchtlinge aus den verschiedensten osteuropäischen Ländern mit eigenen kulturellen Traditionen und Bedürfnissen in der Bundesrepublik.

- Es gibt für wenigstens 30 verschiedene Nationalitäten und Sprachgruppen eigene Kirchengemeinden mit Hunderten von Pfarrern aus den verschiedensten Ländern der Welt.
- Durch die Anwerbung ausländischer Arbeitnehmer und den Familiennachzug bzw. Familiengründung hat das Zusammenleben verschiedener Kulturen vor allem in den industriellen Ballungszentren eine neue Qualität und Perspektive erhalten.
- In der Europäischen Gemeinschaft haben Angehörige anderer Mitgliedstaaten . . . einen Anspruch, hier zu leben, ohne deutsche Staatsangehörige werden zu müssen . . ..

(Ökumenischer Vorbereitungsausschuß, 1980, S. 47)

Deutschland ist ein Einwanderungsland und eine multikulturelle Gesellschaft (Miksch, 1991). Jedoch klafft zwischen der demographischen, soziologischen und inzwischen auch juristischen Sicht einerseits und den Einstellungen, Ängsten und Vorurteilen andererseits ein beträchtlicher Widerspruch (Brockhaus, 1991[19], S. 174).

Im deutschen Staatsangehörigkeitsrecht, das auf dem *ius sanguinis* und nicht dem *ius soli* gründet, kommt ein deutsches Selbstverständnis zum Ausdruck (Hoffmann, 1992a), das sich offensichtlich dagegen sträubt, Deutschland als ein De-facto-Einwanderungsland zu begreifen. Das deutsche Staatsangehörigkeitsrecht ist immer noch das von 1913, ein ethnisches, d.h. völkisches Blut- und Boden-Recht. Es „produziert" gleichsam Ausländer in den hier geborenen Kindern der Zuwanderer, und man braucht diese „Ausländer" zur Legitimation der Ausschließungspolitik (Bielefeld, 1992). Über die Konsequenzen für die Betroffenen berichtete die Sozialwissenschaftlerin Saliha Scheinhardt und schilderte, wie Eltern diesen Kindern, die bereits unsere Schulen besuchen, mühselig erklären müssen, was es eigentlich bedeutet, „Ausländer" zu sein (Kuhlmann, 1992).

Das Ausländergesetz von 1965/1990, das Staatsangehörigkeitsgesetz von 1913 sowie die Regelungen zur Arbeitserlaubnis, zu Asyl-, Wahl- und Grundrechten gehen von einer weitgehend akzeptierten Ungleichheit der in der Bundesrepublik Deutschland lebenden Zuwanderer aus. Sie manifestieren restriktive Vorstellungen, die auf die Abwehr von vermeintlich die „deutsche Identität" bedrohenden Ausländern zielen. Tatsächlich ist Deutschland seit dem 19. Jahrhundert ein Einwanderungsland. Seit Mitte der 1950er Jahre wanderten etwa 4,5 Millionen Menschen in die Bundesrepublik Deutschland, von denen der überwiegende Teil zunächst als Arbeitsmigranten („Gastarbeiter") angeworben wurde. Hinzu kamen, verstärkt durch die internationalen Krisen der 70er und 80er Jahre 0,5 Millionen Asylbewerber. Je nach politischer Weltlage schwanken die Zahlen zwischen 20.000 Anträgen im Jahr 1983 und über 100.000 Anträgen im Jahr 1988. Lediglich 5% der Anträge wurden in den letzten Jahren anerkannt. Insgesamt beläuft sich der Anteil dieser Gruppe an der Gesamtbevölkerung Deutschlands auf etwa 1%. Die Gesamtzahl anerkannter Asylbewerber seit 1949 beträgt weniger als 50000 Menschen. (Brockhaus, 1991[19], S. 147).

1. Zur Notwendigkeit von universalem Denken, Fühlen und Handeln 19

Deutschland braucht Zuwanderer. Es besteht eine Diskrepanz zwischen den wirtschafts- und sozialpolitischen Fakten und der Wahrnehmung bei Bevölkerung und populistisch argumentierenden Politikern. Das Rheinisch-Westfälische Institut für Wirtschaftsforschung (RWI) versuchte im September 1992, die Diskussion über die angebliche Belastung durch Zuwanderer zu versachlichen, indem es deren ökonomische Effekte für den Zeitraum 1988 bis 1991 analysierte. Durchschnittlich kamen jährlich 900.000 Menschen in die Bundesrepublik, mehr als ein Drittel waren nichtdeutsche Zuwanderer, der größere Rest Aus- und Übersiedler deutscher Staatsangehörigkeit. Im Jahre 1991 trug die zugewanderte Bevölkerung etwa 30 Milliarden Mark an Steuern und Sozialversicherungsbeiträgen und damit 2,5 % zum Gesamtvolumen bei. Die staatlichen Aufwendungen in Form von Starthilfe, Kinder- und Wohngeld, sonstigen sozialen Leistungen und Renten berücksichtigt, blieb noch ein „Gewinn" für die staatlichen Haushalte von 14 Milliarden Mark. Zuwanderer beteiligen sich für die einheimische Bevölkerung an Kosten für Verteidigung, Auswärtige Angelegenheiten, Schuldendienst oder Kriegsfolgeleistungen, die von ihrem Aufenthalt unabhängig sind und mehr als ein Drittel der Staatsausgaben ausmachen. Daß sich bei den 670.000 zwischen 1988 und 1991 eingereisten Asylbewerbern andere finanzielle Relationen ergeben, ist dieser Zuwanderergruppe nicht anzulasten. Hier stehen nach Berechnungen des RWI sechs Milliarden Mark öffentlich erbrachten Mitteln Einnahmen in Höhe von 750 Millionen Mark entgegen. Hätten nur 200.000 Personen eine durchschnittlich entlohnte sozialversicherungspflichtige Beschäftigung aufnehmen dürfen, was ihnen erst die Novellierung des Ausländergesetzes von 1990 erlaubt, dann wäre das Verhältnis zwischen Aufwendungen und Einnahmen ausgeglichen gewesen (Skowronowski, 1992).

Im Gegensatz zur Wahrnehmung der deutschen Bevölkerung, daß „Ausländer uns alles wegnehmen", steht auch die Tatsache, daß der Gipfel der Zuwanderer nach Westdeutschland mit 770.000 im ersten Halbjahr 1990 bereits überschritten wurde. Seit den 60er Jahren besteht eine Verbindung zwischen Wirtschaftswachstum und Wanderungssaldo. In den Jahren des Konjunkturtiefs 1982 bis 1984 gingen ca. 500.000 Zuwanderer in ihre Heimatländer zurück. In den wachstumsstarken Jahren 1985 bis 1991 dagegen kamen über 1,7 Millionen Zuwanderer in die Bundesrepublik. Die Bundesrepublik braucht in den nächsten 25 Jahren rund 300.000 Zuwanderer jährlich, um den jetzigen Anteil von 40,6 Millionen Erwerbspersonen an der Gesamtbevölkerung von 80 Millionen halten zu können. In der Altersgruppe der 15- bis 30-Jährigen reichen sogar 500.000 Zuwanderer pro Jahr nicht aus. Sie alle nehmen dem deutschen Arbeitsmarkt nichts weg, sondern füllen die aufgrund der niedrigen Geburtenrate entstandenen demographischen Lücken der deutschen Bevölkerung (Meier-Braun, 1992).

Schuldzuweisungen an die „Massenflut der Asylbewerber" (Tönnies, 1992a, S. 734) sind daher gänzlich fehl am Platze. Das nationale Selbstverständnis der Deutschen, ihre historisch falsche Auffassung von einer homogenen deutschen Identität und die „Jahrtausendereignisse von 1989-91" (Katz, 1992, S. 17) mögen wohl der Grund dafür sein, daß Morde an Zuwanderern zwar „die Worte der Politiker, aber nicht ihr Herz" treffen und die Rechtsextremisten immer stärkeren Einfluß auf die offizielle deutsche Politik nehmen (Frankfurter Rundschau, 30.11.92).[2] Es geht darum, das Selbstverständnis der einheimischen Bevölkerung zu ändern. Dazu gehört auch, wie etwa von Cakmakoglu (1992) gefordert, die Zuwanderer durch ein Antidiskriminierungsgesetz zu schützen, auch wenn von deutschen Juristen betont wird, daß die vorhandenen Gesetze gegen rechtsextreme Übergriffe ausreichten, wenn sie nur konsequent angewandt würden.

1.3 Das Asylrecht als Herzstück der Menschenwürde

Das am 1. Januar 1991 in Kraft getretene Ausländergesetz schreibt das ausländerpolitische Dogma der konservativen Regierungsparteien fest, das im wesentlichen aus zwei Glaubensartikeln besteht: „Erstens ist die Bundesrepublik kein Einwanderungsland und soll es auch nicht werden; zweitens gibt es einen Wesensunterschied zwischen ‚deutschstämmigen' und ausländischen Bürgern" (Söllner, 1992, S. 37). Vorausgegangen sind diesem Gesetz politische und bürokratische Leitlinien, die seit mehr als einem Jahrzehnt mit sich steigernder Deutlichkeit aus dem individuellen Asylrecht ein staatliches Abschreckungsmanöver machten. Dabei war der soziale Träger des Asylrechts, der individuelle Flüchtling, von vornherein hoffnungslos in der Defensive gegenüber der asylgewährenden Instanz, dem politischen Aufnahmestaat. Im Asylverfahrensgesetz von 1982 wurde u.a. mit der Einführung eines Visumszwangs für die „flüchtlingsproduktivsten" Länder wie Türkei, Sri Lanka und Afghanistan der Abwehrcharakter bereits deutlich erkennbar. Die wirkliche Wende in der Asylpolitik kam mit einer seit Ende 1986 zunehmend schriller und hysterischer werdenden Debatte. In der öffentlichen

---

[2] Der Blindheit auf dem politisch „rechten" Auge ist eine Übersichtigkeit auf dem politisch „linken" Auge komplementär. Der Terrorismus der RAF beispielsweise wurde unerbittlich verfolgt und hatte auch für Linksliberale etwa in der Form von Berufsverboten harte Konsequenzen. Undenkbar, daß nach den RAF-Morden 1977 gefordert worden wäre, dieser Gruppe politisch entgegenzukommen, die Verfassung zu ändern und schnellstmöglich die Kapitalisten zu enteignen.
Die Tradition der bundesdeutschen Justiz, „rechts" und „links" mit zweierlei Maß zu messen, findet derzeit ihre Fortsetzung in der angekündigten fünf- bis sechsstelligen Anzahl von politischen Strafverfahren gegen Bürger der ehemaligen DDR. Im Vergleich dazu wurden von den 6000 KZ-Wächtern allein in Auschwitz nur zwanzig angeklagt. Keinem NS-Beamten oder seiner Witwe wurde die Rente gekürzt, während ostdeutsche Hochschullehrer ohne Einzelfallprüfung entlassen und ehemalige DDR-Bürger wegen „Systemnähe" auf eine Mindestrente gesetzt werden (Spoo, 1992).

1. Zur Notwendigkeit von universalem Denken, Fühlen und Handeln

Wahrnehmung der Asylproblematik wurde nun einer verschwindend kleinen Anzahl „wirklich politisch Verfolgter" die Masse von „Scheinasylanten", „Asylbetrügern" bzw. „Wirtschaftsflüchtlingen" gegenübergestellt.

Die Herkunft des Asyl-Begriffs (griech. *asylon,* „Freistätte") zeigt, daß die Frage nach einem sicheren Zufluchtsort bereits in der Antike von großem Interesse war (Schneider, 1992). Dieses der diplomatischen Anerkennung durch Dekret bedürftige Privileg garantierte dem sonst praktisch rechtlosen Fremden Schutz im Interesse des internationalen Handelsverkehrs (Enzensberger, 1992, S. 42 ff.). Als Brauch ist die Gewährung von Asyl sakralen Ursprungs und bei vielen Stammesgesellschaften nachzuweisen. Im europäischen Mittelalter schützte das in Kirchen gewährte Asyl Verbrecher und Schuldner vor der weltlichen Gerechtigkeit. Im Völkerrecht galten zunächst die Gesandtschaften als Asylorte, eine Tradition, die sich besonders in Lateinamerika bis heute behauptet hat. Die Nationalstaaten leiteten aus ihrem Souveränitätsbegriff das Recht ab, Landfremde, die in ihrer Heimat politisch verfolgt wurden, aufzunehmen und ihre Auslieferung zu verweigern. Das Asylrecht war dabei ein Recht des aufnehmenden Staates, nicht ein individuelles Recht des Flüchtlings. Im heutigen Sprachgebrauch ist der Asylbegriff durch Bedeutungen beeinflußt, die aus der viktorianischen Zeit stammen. Asyl wurde damals hauptsächlich Trinkern, Prostituierten, entlassenen Strafgefangenen, armen Wöchnerinnen und Obdachlosen gewährt. Asyle waren Verwahranstalten nicht für Landfremde, sondern für stigmatisierte einheimische Arme. Der Gedanke des Asyls war zweideutig und durch eine schwer durchschaubare Verbindung von religiös bestimmter Ethik und Opportunität bestimmt. Die Immunität des Asyls galt gleichermaßen für Schuldige und Unschuldige.

> Die moralische Zweideutigkeit dieser Kompromißbildung läßt sich bis in die jüngste Zeit hinein verfolgen. Man braucht nur an Figuren wie Pol Pot in Peking, Idi Amin in Libyen, Marcos auf Hawaii oder Stroessner in Brasilien zu denken, ganz zu schweigen von den zahlreichen Nazis, die mit Hilfe des Vatikans in Lateinamerika Zuflucht gefunden haben. (Enzensberger, 1992, S. 45)

Fatale Folgen hat die Verquickung von Asylrecht mit Fragen der Ein- und Auswanderung, d.h. wenn die entsprechenden Personengruppen nicht unterschieden werden. Zudem macht die sozialpolitische Ausdehnung des Asylbegriffs, der Einwanderer mit gestürzten Diktatoren und flüchtigen Verbrechern oder mit Alkoholikern und Landstreichern gleichsetzt, „Asylant" zum diskriminierenden, negativ aufgeladenen Kampfbegriff. Der Grundgedanke des Asyls trennt nicht die Guten von den Schlechten[3], außerdem ist die

---

[3] Ein unverzichtbarer Kernbestandteil des 1948/49 vom Parlamentarischen Rat – von Emigranten für Emigranten – formulierten Asylrechts ist seine weltanschauliche und politische Neutralität oder Indifferenz.

Abweichend von den damals zu Beginn des Kalten Krieges üblichen Vor-

Unterscheidung zwischen Wirtschaftsflüchtlingen und politisch Verfolgten für viele Herkunftsländer zum Anachronismus geworden.

Ein Rechtsstaat, der sie treffen will, muß sich blamieren, denn es wird immer schwerer zu bestreiten, daß die Verelendung ganzer Kontinente politische Ursachen hat, wobei sich endogene und exogene Faktoren nicht mehr säuberlich unterscheiden lassen. Schließlich wird der diffuse Weltbürgerkrieg zwischen Gewinnern und Verlierern nicht nur mit Bomben und Maschinenpistolen ausgetragen. Korruption, Verschuldung, Kapitalflucht, Hyperinflation, Ausbeutung, ökologische Katastrophen, religiöser Fanatismus und schlichte Unfähigkeit können einen Grad erreichen, der ebenso massive Fluchtgründe abgibt wie die direkte Drohung mit Gefängnis, Folter oder Erschießung. Schon allein daran müssen alle administrativen Verfahren scheitern, die darauf abzielen, den einwandfreien vom mißbräuchlichen Asylsuchenen zu unterscheiden. (Enzensberger, 1992, S. 47 f.)

Asyl ist das „Nadelöhr der Menschenrechte". Söllner (1992) sieht in den Stationen der bundesrepublikanischen Asylpolitik eine prekäre Variante des Modernisierungsprozesses, den Horkheimer und Adorno (1988) als „Dialektik der Aufklärung" bezeichnet haben. Die politische Versuchsreihe der Asylreformen führte zu dem lange unbemerkten Effekt der Steigerung der bürokratischen Menschenbehandlung durch Verfeinerung der Eingrenzungs- und Gettoisierungsmethoden. Die bürokratische Einschließung der Asylbewerber, zu Objekten von Überwachung und Fürsorge gemacht, funktioniert nach derselben abstrakten und menschenfeindlichen Rationalität wie die bürokratische Ab- und Zurückweisung von Flüchtlingen und ist ihr exaktes innenpolitisches Spiegelbild. Ganze Gruppen von Menschen in unserer Gesellschaft sind dazu verurteilt, in lagerartigen Unterkünften dahinzuvegetieren, zu deren „Normalausstattung" die Ausgabe der Sozialhilfe in Sachleistungen, das (durch das Ausländergesetz relativierte) Arbeitsverbot und eine empfindliche Einschränkung der Bewegungsfreiheit gehören. Es gibt daher einen Zusammenhang zwischen diesen semitotalen Institutionen, die an Hannah Arendts Begriff von der „Banalität des Bösen" erinnern, der Akzeptierung von Lagern als gesellschaftlicher Normalität und den gezielten Gewalttaten gegen Asylbewerber.

> Die Ghettoisierung als solche kommt einer Einladung an die Mörder gleich, ja sie gibt einen Fingerzeig, wo sie ihre Opfer zu suchen haben. Die Asylver-
>
> bildern entschied sich der Parlamentarische Rat bewußt nicht nur gegen ein ‚Gesinnungsasyl', sondern auch gegen ein ‚Ordnungsasyl', bei dem die eigenen Verfassungsgrundsätze zum Maßstab politischer Verfolgung erhoben werden. . . . Daher kommt es für die Asylberechtigung nicht darauf an, aus welchem Land der Bewerber stammt. Auch in rechtsstaatlichen Demokratien kann es – ausnahmsweise – Einzelfälle von politischer Repression geben. Man denke nur an die Verfolgung deutscher Kommunisten nach dem KPD-Verbot von 1956 in der Ära Adenauer, bis ihr das Bundesverfassungsgericht im Jahre 1961 ein Ende bereitete. Unmaßgeblich ist vor allem auch die politische Gesinnung des Asylsuchenden. (Schneider, 1992)

fahrensnovelle vom Juni 1992 setzt ausgerechnet diese problematischste aller Diskriminierungsmaßnahmen fort, indem sie bekanntlich noch mehr und noch größere Sammellager vorsieht. (Söllner, 1992, S. 38)

Mit Ratifizierung der Schengener Abkommen *Über den schrittweisen Abbau der Kontrollen an den gemeinsamen Grenzen* der Europäischen Gemeinschaft wird die deutsche Staatssicherheitsphilosophie zum europäischen Standard: Jeder ist grundsätzlich verdächtig (Ooyen & Schuber, 1992). Als Legitimation für die Schengener Regelungen dienen die derzeit als Hauptbedrohung beschworene „organisierte Kriminalität" einschließlich des Drogenhandels und des „Terrorismus" und die illegalen Einwanderungen. Mit dem geplanten europaweiten Datenverbund wird es möglich, daß sich auch Geheimdienste aus Verfolgerstaaten Zugriff auf Flüchtlingsdaten verschaffen können und zwar über das Ausländerzentralregister (AZR), das bereits seit 1953 – ohne gesetzliche Grundlage! – existiert. Im Jahre 1990 waren in ihm die Daten von rund acht Millionen Zuwanderern gespeichert.

Diese Totalerfassung ist möglich, weil alle öffentlichen Stellen seit Bestehen des AZR ihre AusländerInnen betreffende Daten melden. Auch sind alle ausländerrechtlich relevanten Informationen gespeichert (politische Betätigung, Sozialhilfebezug, Straftaten, Ordnungswidrigkeiten und Daten, die sich auf Verdachtsmomente stützen wie Prostitution, Schein-/Zweckehe oder HIV-Infektion). AusländerInnen sind damit die größte Personengruppe in der Bundesrepublik, die total in Informationssystemen erfaßt ist. Das AZR wird auch für polizeiliche und geheimdienstliche Zwecke genutzt. (Ooyen & Schuber, 1992, S. 19)

Die späte Ankunft des Asylrechts in der politischen Philosophie ist das Thema des von Hannah Arendt 1948 verfaßten Aufsatzes *Es gibt nur ein einziges Menschenrecht*. Das Asylrecht steht zwischen den modernen Menschenrechtsdeklarationen und den noch moderneren Praktiken der politischen Massenverfolgung.

Daß sich diese Praktiken nahtlos mit der technisch perfekten Organisation des Genozids an den Juden berühren, verweist darauf, wie hoffnungsheischend, aber auch überfordert das Asylrecht im zerfallenden Ideengebäude der nationalstaatlichen Ordnung einer tödlichen Existenzbedrohung für ganze Volksgruppen gegenübersteht, speziell wenn sie einen Minderheitenstatus haben. Gleichwohl geht die Schlußfolgerung Hannah Arendts nicht so sehr dahin, den überragenden Stellenwert des Asylrechts im Zeitalter des Totalitarismus hervorzuheben, vielmehr zieht sie sich darauf zurück, daß Menschenrechte solange eine schlechte, ja gefährliche Abstraktion bleiben, als sie nicht in konkreten Staatsbürgerrechten institutionalisiert sind: Das „einzige Menschenrecht", das es für sie gibt, ist das „Recht, Rechte zu haben", d.h. Mitglied einer konkreten Gemeinschaft zu sein. (Söllner, 1992, S. 39)

Dem Asylrecht kommt im Kanon der Menschenrechte ein zentraler Stellenwert zu, es ist möglicherweise das Herzstück der Menschenwürde überhaupt. Es ist ein Angelpunkt jeden modernen Rechtsstaates, sofern er den Schutz der Menschenwürde als eine allgemeine und unteilbare Verpflichtung übernommen hat. Bei einem Zusammenleben der Menschengattung in gegeneinander abgegrenzten staatlichen Ordnungssystemen ist das Asylrecht eine Minimalgarantie dafür, daß die Verfolgungen und Verletzungen, die Menschen in dem einen Staatsverband erleiden müssen, durch die Zuflucht in einem anderen Staatsverband aufgehoben oder wenigstens gemildert werden können. Das Asylrecht kann diese Nadelöhrfunktion, durch die die Rettung von Verfolgten immer wieder möglich wird, nur erfüllen, wenn in ihm nicht nur die Gleich-, sondern die Vorrangigkeit des Menschenrechts gegenüber dem Bürgerrecht institutionell garantiert ist. Die konsequente Institutionalisierung des Asylrechts stellt jedoch „ein unfreiwilliges Einfallstor in das innerste Heiligtum des nationalstaatlichen Ordnungsprinzips dar, weil es Nichtbürgern das Recht gibt, einen bürgerähnlichen Status zu erzwingen, und affiziert – mehr als z.B. die freiwilligen Bemühungen um eine europäische Föderation – das Souveränitätsprinzip als solches!" (Söllner, ebd., S. 40)

Das 1993 vom Bundestag verabschiedete Gesetz zur Änderung des Grundrechts auf Asyl (Art. 16, Abs. 2 Satz 2 GG) trifft unter Juristen auf erhebliche Kritik. Die Rechtswissenschaftlerin Ilse Staff (1993) beklagt, daß mit diesem Gesetz die Grundrechtsänderung, euphemistisch Asylkompromiß genannt, zum Gegenstand einer Parteienvereinbarung zwischen den Regierungsparteien CDU, CSU und FDP und der größten Oppositionspartei SPD gemacht wurde. Dies sollte nicht als gängige politische Praxis akzeptiert werden, sondern Anlaß zu erhöter Aufmerksamkeit hinsichtlich eines Prozesses sich auflösender Demokratiestaatlichkeit sein. Staff weist auf Brüche in der logischen Argumentation des Gesetzentwurfs hin. Aus der immanenten Tatsachenfeststellung, daß die Wanderbewegungen von Süd nach Nord und von Ost nach West sich signifikant erhöht haben, hätte die logische Schlußfolgerung sein müssen, ein Einwanderungsgesetz zu erlassen. Statt dessen wird versucht, mit Hilfe der Änderung des Grundrechts auf Asyl ein Instrumentarium zu schaffen, das der Lenkung der Einwanderung dienen soll. Dieses ist jedoch zur Regulierung sozial und ökonomisch determinierter weltweiter Bevölkerungsumschichtungen nicht tauglich. Fraglich ist außerdem, ob die beabsichtigte Änderung des Grundrechts auf politisches Asyl überhaupt verfassungsrechtlich haltbar ist.

Ralf Rothkegel, Asylrechtsexperte und Richter am Bundesverwaltungsgericht, teilt die Einschätzung über die Ineffektivität der Verfassungsänderung hinsichtlich der Migrationsbewegungen. Es sei nicht geprüft oder gar abgewartet worden, ob die bisher getroffenen Maßnahmen unterhalb der Ebene der Grundgesetzänderung ausreichend waren. In der im Gesetzentwurf vorgesehenen Änderung des Asylrechts bleibt der Inhalt von Art. 16 Abs. 2 GG „Politisch Verfolgte genießen Asylrecht" im neuen Art. 16a Abs. 1 äußerlich zwar unverändert. Von den vier Absätzen des Art. 16a sollen drei jedoch eine Berufung auf das Asylrecht verhindern. Nach Absatz 3 soll eine Liste von Herkunftsländern erstellt werden, in denen grundsätzlich landesweit Freiheit von politischer Verfolgung herrscht. Daß in einem Land weder politische Verfolgung noch unmenschliche Behandlung vorliegen soll, entspräche utopischen Zuständen. Widersprüchlich ist zudem, daß drohende Folter als Asylgrund nicht gelten soll. Absatz 2 thematisiert die einschneidendste Neuerung des Asylrechts, die Transitfalle für in die Bundesrepublik einreisende Asylbewerber. Wenn Flüchtlinge aus im Sinne der Genfer Flüchtlingskonvention und der Europäischen Menschenrechtskonvention sicheren Drittstaaten kommen, sollen sie in diese abgeschoben werden. Nun herrscht aber zwischen den beiden Konventionen beigetretenen Staaten keine Einmütigkeit darüber, ob ihrerseits nicht eine Abschiebung in Verfolgerstaaten rechtlich möglich ist. Art. 16a Abs. 2 gerät daher in Kollision mit Art. 79 Abs. 3 GG, der eine Verfassungsänderung ausschließt, wenn dadurch an einer Rücküberstellung an Verfolgerstaaten mitgewirkt wird. Absatz 4 besagt, daß nur bei ernsthaften Zweifeln keine „aufenthaltsbeendenden Maßnahmen" (ein bürokratisches Unwort für „Abschiebung") erfolgen sollen. Daß der inzwischen abgeschobene Asylbewerber diese Zweifel nur aus dem Ausland juristisch vertreten soll, genügt jedoch Art. 19 Abs. 4 GG nicht, der eine Rechtsweggarantie stellt. Die Rechtskultur ist betroffen, wenn nachträgliche Einschränkungen verfassungsrechtlicher Gewährleistungen nicht dort kenntlich gemacht werden, wo man dies erwartet. Damit ist auch die Ehrlichkeit des Gesetzgebers gegenüber dem Bürger betroffen, von dem die Rechtsordnung Akzeptanz und Gehorsam erwartet. Der Autor fragt:

> Wie steht aber eine Verfassung da, in der politisch Verfolgten Asyl zugesichert, zugleich jedoch alles darangesetzt wird, diese Zusicherung nur ja nicht einlösen zu müssen? Die Öffentlichkeit hat miterlebt, wie und vor welchem Hintergrund Art. 16a zustandegekommen ist. Gerät da nicht auch der Grundrechtskatalog im übrigen ins Zwielicht? Ist es so unvorstellbar, daß auch andere Verfassungsbestimmungen einmal dem Druck der Straße weichen müssen, der im Falle der Asyldebatte in gewissem Sinne ja auch der von Politikern und Medien erzeugte Meinungsdruck ist? (Rothkegel, 1993).

1.4 Vernetzte globale Probleme sind Ursachen für Migration

Armut ist zugleich Ursache und Folge globaler Umweltprobleme (E.U. von Weizsäcker, 1992). Die wechselseitige Abhängigkeit von Ökonomie und Ökologie im Norden und Süden läßt für die nächsten Jahrzehnte 500 Millionen Wirtschafts- und Umweltflüchtlinge aus der „Dritten Welt" erwarten. Die Weltgemeinschaft ist mehr denn je als Verantwortungsgemeinschaft gefordert. Insbesondere müssen die Industrieländer, die über ausreichende finanzielle Ressourcen verfügen, weltweit und auf nationaler Ebene die Initiative ergreifen. Wirtschaft und Umwelt stehen an einem Wendepunkt, an dem Wachstum und Entwicklung auf der Basis eines öko-sozialen Grundkonsens erfolgen müssen. Gerechte Beziehungen der Völker untereinander, umweltgerechtes Wirtschaften und eine sichere Zukunft der Erde sind noch Utopie, die nur in einer gemeinsamen Anstrengung verwirklicht werden kann. Kompetenz zur Bewältigung der ökologischen Krise ist in unserer Gesellschaft vorhanden. Notwendig sind ein offener, konstruktiver Dialog zwischen gleichberechtigten Partnern und eine neue Streitkultur im Hinterfragen bekannter Positionen und im Ringen um konkrete Wege und die Veränderung von Rahmenbedingungen.

Nach den weitreichenden realpolitischen Veränderungen seit 1989 sieht sich auch die Friedensforschung an einer Schwelle stehen. Die Vernetzung der globalen Probleme und die Notwendigkeit universaler Normen und Strategien wird anschaulich in den Überlegungen, welche Welt mit welcher Definition von Frieden und Weltethos künftig sein soll und welches politische Modell von Welt angemessen ist. Eine der Kernfragen der neuen Friedensforschung betrifft das Problem:

> Wie läßt sich „Erdpolitik" – also die Imperative eines pfleglichen Umgangs mit Ressourcen und Energie – mit „Ethnopolitik" als dem Ausdruck eines Anspruchs von vielen mündig gewordenen Menschen auf ein ethnisch-kulturell verankertes menschenwürdiges Dasein miteinander in Übereinstimmung bringen, ohne Sicherheitsdilemmata größeren und kleineren Ausmaßes zu provozieren? (Senghaas & Zürn, 1992, S. 461.)

Globale Probleme erfordern neue, globale Normen. Nationalstaaten orientieren sich ihrer Natur entsprechend nur beschränkt an globalen Themen. Angesichts dieses Dilemmas sind neue globale politische Akteure aufgetreten, die strukturell transnationalen Konzernen ähneln und Elemente einer neuen pluralistischen Weltöffentlichkeit darstellen. Thränhardt (1992, S. 221 ff.) unterscheidet vier Kategorien von Weltproblemen mit unterschiedlicher physischer, politischer und sozialer Unumkehrbarkeit. Nach der Ost-West-Entspannung sind die ABC-Waffen die Schreckenswaffen zweitrangiger Staaten geworden. Bei ihnen besteht prinzipiell politische Rückholbarkeit. Eine weltweite soziale Verankerung weisen dagegen die anderen neuen Weltprobleme auf: Das Weltbevölkerungsproblem ist im wesentlichen eine Armuts- und Entwicklungsfrage. Die ökologischen Probleme durch die CO_2-Produktion erfordern eine Umstellung der Lebensweise in den am meisten CO_2 produzierenden Ländern des Nordens. Die Folgen der modernen Zivilisation zeigen sich in vielen Bereichen, vor allem im Energiekonsum, der Abfall- bzw. Rohstoffverwertung und im Verkehr. Hier bestehen große Unterschiede bereits zwischen den OECD-Staaten. Dennoch geht es hier noch um Gestaltbares und nicht um bereits Verlorenes.

Daß internationale Standards nur im Konsens der Staaten und nicht gegen sie durchgesetzt werden können, liegt auf der Hand. Die Geschichte des Asylrechts zeigt allerdings, daß sich solche *soft laws* durchsetzen, obwohl die meisten Staaten ihnen ursprünglich gerade deswegen zugestimmt hatten, weil sie annehmen konnten, sie würden lediglich deklarativ und daher unverbindlich bleiben. Exemplarisch hierfür ist die erste Menschenrechtserklärung, die *Virginia Bill of Rights* von 1776, die feststellt, *all men are by nature*

1. Zur Notwendigkeit von universalem Denken, Fühlen und Handeln 27

equally free und independent und have certain inherent rights. Obwohl von einem Sklavenhalterstaat proklamiert und von einem Sklavenhalter verfaßt, wurde sie zur moralischen Begründung für die Abschaffung der Sklaverei.

Die wichtigsten internationalen Vereinbarungen, mit denen die Menschenrechtsstandards gesetzt wurden, in den ersten Nachkriegsjahren direkt als Entgegnung auf die faschistische Negation der Humanität, sind:
- die Charta der UN (Art. 1) und
- die allgemeine Erklärung der Menschenrechte von 1948 durch die UN,
- die Internationalen Pakte im Rahmen der UN über bürgerliche und politische Rechte und über
- wirtschaftliche, soziale und kulturelle Rechte von 1976, die inzwischen von einer Mehrzahl der Staaten ratifiziert worden sind,
- die Genfer Flüchtlingskonvention von 1951 und das ergänzende Protokoll von 1967,
- der Vertrag zur Beseitigung der Rassendiskriminierung von 1966,
- die Konvention gegen die Diskriminierung der Frau von 1980 und
- die Konvention gegen die Folter von 1984.

Hinzu kommen regionale Menschenrechtskonventionen für Westeuropa (im Rahmen des Europarats 1950), für Gesamteuropa, die USA und Kanada in „Korb 3" der KSZE-Schlußakte (1975), für Amerika (1969) und für Afrika (1981/82). (Thränhardt, ebd., S. 224)

Auf dieses immer dichter werdende Netz von Vereinbarungen zum Menschenrecht als globalem Standard wird in vielerlei Hinsicht Bezug genommen. Für andere globale Probleme liegen bisher außer Erklärungen keine rechtsförmigen Dokumente vor. Sie bilden eine Art Nebenverfassung, mit denen allgemein anerkannte moralische Prinzipien in das Rechtssystem und die Politik eindringen. Allerdings sind an der Abfassung universalistischer Standards nur an wenigen Stellen Länder der „Dritten Welt" beteiligt. „Die Dominanz des Westens, der ja auch Hauptverursacher der meisten Weltprobleme ist, prägt die gesamte internationale Diskussion. Dieser *development bias* trägt dazu bei, daß Nöte der Bevölkerungsmehrheit der Welt von den Entscheidern vielfach nicht als zentral empfunden werden." (Thränhardt, ebd., S. 225)

Unter westlichen Bedingungen, insbesondere unter den Bedingungen des westlichen Medienmarktes, operieren neue globale Akteure, die in den letzten Jahrzehnten viel Dynamik in die Problembewältigung gebracht haben. Zu den modernen und effektiven Organisationsform gehören *amnesty international* und *Greenpeace* an. Sie werden zur Sicherung maximaler Interventions- und Aktionsfähigkeit von gut ausgebauten internationalen Zentralen gesteuert, die zur Einhaltung einheitlicher Standards und zur Wahrung der *corporate identity* Kontrollfunktionen über die Gesamtorganisation ausüben. *Amnesty international* versucht, auf dem Weg über die Öffentlichkeit die Politik zu beeinflussen. Mit hoher Effektivität und weltweit wird öffentlich gegen Todesurteile, Folter und andere grausame, unmenschliche oder erniedrigende Behandlung oder Bestrafung von Gefangenen protestiert. *Greenpeace* schafft dagegen die aufregenden Anlässe selbst. Das Konzept der

Einheit von exemplarischer Aktion, globalem Ziel, persönlich-körperlichem Einsatz und Gewaltlosigkeit bei Regelverletzungen und optimaler Medienaufmerksamkeit wird seit dem ersten erfolgreichen Vorgehen gegen amerikanische Atomversuche 1970 durchgehalten.

In Umweltfragen hatte die Bevölkerung zu Greenpeace am meisten Vertrauen, mit weitem Abstand vor allen Politikern. Die „TAZ" (30.6.1989) formuliert ironisch: „Was früher der liebe Gott war, der Kaiser, Albert Schweitzer oder die Heilsarmee, dafür steht heute Greenpeace: die letzten Helden in einer armseligen Zeit, zuständig für Abenteuer, Hoffnung, Zukunft, Moral und Aufbegehren gegen die Unerträglichkeiten des schwindsüchtigen Planeten." ...

In der Kombination von exemplarischer gewaltloser Aktion und direktem und risikobehaftetem menschlichen Einsatz für ein globales Prinzip, durchgeführt von einer zentralen transnationalen Organisation bei Präsenz einer möglichst weltweiten Medien-Öffentlichkeit dürfte Greenpeace ein Erfolgsmuster der transnationalen Organisation der Zukunft in der *einen Welt* sein. (Thränhardt, ebd., S. 229)

Weltpluralismus und Weltöffentlichkeit sind die Alternativen zu den älteren Ideen der Weltrepublik und des isolierten Nationalstaates. Internationalisierung wird, nach dem Vorbild der internationalisierten Wirtschaft und der Medien, zur Bedingung des Erfolgs politischer und humanitärer Organisationen. Mit neuen transnationalen Strukturen können gerade die internationalen nichtstaatlichen Organisationen zu Bindegliedern zwischen internationalen Abkommen und deren nationalstaatlicher Blockade werden. Ohne Rücksicht auf Diplomatie und Nichteinmischung vertreten sie humanitäre und universalistische Prinzipien und globale Menschenrechtsinteressen.

Die Vernetztheit der globalen Probleme zeigt, daß die Betrachtung der weltweiten Migrationsbewegungen nur eine der möglichen Problemperspektiven ist. Sie sind Folge von Armut, die durch globale ökonomische und ökologische Faktoren verursacht wird. Unter der Zukunftsperspektive der Einen Welt und in der Betrachtung der weltweiten Migration hat Multikulturalität einen zentralen Stellenwert.

2. Aspekte der Multikulturalität

Multikulturalität bezeichnet zunächst den Umgang von Menschen unterschiedlicher kultureller Herkunft miteinander. Präskriptiv ist Multikulturalität Mitmenschlichkeit, die auf der goldenen Regel der Gegenseitigkeit beruht, nach der ich niemandem antun möchte, was mir nicht widerfahren soll. Migranten stehen auf der Seite der Habenichtse dieser Welt und werden zur Herausforderung für die einheimische Bevölkerung, die durch die Anwesenheit oder sogar durch das Fehlen von Zuwanderern die Habenseite ihrer Existenz bedroht sieht. Multikulturalität hat Facetten; der Umgang mit Zuwanderern kann daher unter verschiedenen Aspekten betrachtet werden.

2.1 Der Begriff der multikulturellen Gesellschaft

„Multikulturelle Gesellschaft" ist ein schillernder, auratischer Begriff. Sie „bleibt ein konfuses Schlagwort, solange man die Schwierigkeiten tabuisiert, die ihr Begriff aufwirft, aber nicht klärt" (Enzensberger, 1992, S. 59). Der Begriff der multikulturellen Gesellschaft hat Hochkonjunktur. Dennoch handele es sich, so Gaitanides (1992, S. 316), nicht um ein kurzlebiges Modewort; denn Begriffe machen nur Öffentlichkeitskarriere, wenn sie ein zeitgeschichtlich bedeutsames Problem benennen. Das Schillern des Begriffs im öffentlichen Sprachgebrauch spiegele nur die – je nach gesellschaftlichem und politischem Standort – unterschiedliche Sicht der als Problem wahrgenommenen Tatsache wider, daß sich die einstmals fluktuierenden „Gastarbeiter" auf Dauer bei uns niedergelassen haben. Für Helga Herrmann (1992, S. 30) ist der Begriff multikulturelle Gesellschaft zunächst eine schillernde Worthülse für inhaltlich facettenreiche Konzepte. Gemeinsam ist ihnen, daß Angehörige verschiedener Abstammung, Sprache, Herkunft und Religionszugehörigkeit in der Bundesrepublik gleichberechtigt und friedlich zusammenleben und gegenseitig von ihrer kulturellen Vielfalt lernen. Der Begriff macht auf den Sachverhalt vielfältiger Lebensformen, Welt- und Menschenbilder aufmerksam und hat das Modell einer auf Toleranz und wechselseitiger Anerkennung der verschiedenen kulturellen Erfahrungen gerichteten Sozialordnung zum Ziel. Er thematisiert das Zusammenleben von Menschen unterschiedlicher kultureller Prägungen in der Gesellschaft, wie dies zum Beispiel in der Bundesrepublik Deutschland durch Arbeitsmigranten, Flüchtlinge, Asylsuchende, ausländische Soldaten, Studenten und, mit der zunehmenden Kooperation innerhalb der EG-Staaten, auch durch die Fluktuation in Wirtschaft, Verwaltung und Berufsvorbereitung gegeben ist (Brockhaus, 1991[19], S. 173). Multikulturelle Gesellschaft ist nur ein anderes Wort für die Vielfalt und Uneinheitlichkeit aller modernen Gesellschaften, die offene Gesellschaften sein wollen. Diese nicht umkehrbare Tendenz hat eine vorteilhafte Seite und eine, die Angst macht (Cohn-Bendit & Schmid, 1992, S. 11). Multikulturelle Gesellschaften sind nicht die Ausnahme, sondern die Regel (Schmid, 1989, S. 542). Was für „reine", „unvermischte" Kultur gehalten wird — ein gutes Beispiel hierfür ist die bayerische — erscheint nur so, weil die Mischungen, die dieser „Reinheit" vorausgingen, nicht mehr sichtbar sind und weil man einen winzigen Ausschnitt, die Gegenwart, zur Totalität erhebt. Oder weil man ganz einfach vor der faktischen kulturellen Vielfalt die Augen verschließt.

Das Schlagwort von der multikulturellen Gesellschaft hat eine „blitzschnelle Karriere" hinter sich und ist, so Schmid (1989, S. 541) ein Begriff oder eine Formel, die uns eine Realität zur Erkenntnis bringt, für die es Zeit braucht und bei der viel Willkür und Zufall im Spiel ist. Aufgenommen hat ihn in Deutschland paradoxerweise nicht die politische Linke, sondern Heiner Geißler, ein Exponent einer Partei, die nichts weniger im Sinn hat als die Vision einer multikulturellen Gesellschaft. So ist es nicht verwunderlich, daß Kuhlmann in seinem Bericht über den vom S. Fischer-Verlag in Zusammenarbeit mit der Gesellschaft für Christlich-Jüdische Zusammenarbeit veranstalteten Kongreß über „Formen der Integration und der Ausgrenzung in Einwanderungsländern" mitteilt, daß der Begriff der multikulturellen Gesellschaft inzwischen auch ein Schimpfwort geworden sei. „An diese Idee — so meinen zumal Leute, die sich für aufgeklärt halten — glauben angeblich nur das dumme linke Fußvolk, die Gesinnungsidioten, die ‚guten Menschen'". (Kuhlmann, 1992)

Für Rosenstrauch (1992, S. 28 f.) ist die Rede von der multikulturellen Gesellschaft ein relativ unanstößiges Zauberwort für den vielschichtigen Prozeß mit seinen sozialen, kulturellen und vor allem wirtschaftlichen Konflikten, in dem wir uns befinden. „Multikulti" ist oder möchte gern eine pluralistisch weltoffene Alternative zum Schmelztiegel sein. Jede der vielen Kulturen soll ihre Eigenheit bewahren und so die Vielfalt, die Authentizität und den kulturellen Reichtum auch gegen den ohnehin schon mächtigen Trend zur faden Monokultur aus McDonald, Dallas und einer der drei weißen Sportschuhfirmen verteidigen. Es ist eine Alternative, die sich besonders für Europa anbietet, das seinen Vorsprung und seine Ressourcen schon immer aus der Vielfalt unterschiedlicher Kultur geschöpft hat. Nach Hohnstock und Thörner (1990, S. 33) sind in der ebenso kontroversen wie diffusen Diskussion um die inhaltliche Bestimmung des Begriffs derzeit drei Tendenzen zu erkennen: Multikulturelle Gesellschaft als linker Kampfbegriff, als moderner Entwurf christdemokratischer Vordenker (Geißler, Rommel) und als verträumte Utopie „guter Menschen".

Der Begriff der multikulturellen Gesellschaft ist eines jener Konzepte, die im „globalen Dorf" schnell und problemlos aufgegriffen werden — manchmal von unerwarteten Rezipienten mit bisweilen überraschenden Resultaten (Radtke, 1992). Karriere machte der Begriff zuerst in Kanada, als man nach einem Kompromiß zwischen anglophoner Mehrheit und sepa-

2. Aspekte der Multikulturalität

ratistischen Franko-Kanadiern in Quebec suchte. Daß Kanada lediglich zweisprachig und bikulturell sein sollte, rief den Protest von Inuit, Indianern und Nachfahren von Einwanderern anderer als englischer oder französischer Herkunft hervor. In dieser Situation formulierte die Regierung Trudeau 1991 als neue Zielvorstellung die multikulturelle Gesellschaft (Münz, 1991). Einfluß auf die Konzeptbildung hatte vor allem die amerikanische kulturanthropologische Schule sowie die französische strukturale Anthropologie von Levi-Strauss.

Multiculturalism strahlte dann auf die politische Diskussion in anderen „klassischen" Einwanderungsländern wie Australien und die USA und auf die innergesellschaftliche Diskussion der alten Kolonialmächte England und Frankreich aus (Brockhaus, 1991[19], S. 173). Dabei nimmt das Konzept des Multikulturalismus jeweils eine neue Bedeutung an. Im 1982 verabschiedeten Dokument *Multiculturalism for all Australians* wurde die ethnische Vielfalt zu einem immerwährenden, legitimen Charakteristikum der australischen Gesellschaft erhoben, das mit politischen Mitteln zu wahren und zu fördern sei. Sowohl in Kanada als auch in Australien sollte der politische Pluralismus als Basis des staatsrechtlichen Selbstverständnisses durch einen *kulturellen Pluralismus* vervollständigt werden. In den USA zeigte sich dagegen in den 70er Jahren das Phänomen Multikulturalismus in Form eines *ethnic revival*. Die positive Wahrnehmung ethnischer Differenz war durch die sozialwissenschaftliche Erkenntnis bestärkt worden, daß die bisher gültige Ideologie des *melting pot* die Realität der Einwanderungsgesellschaft nicht (mehr) zureichend beschreiben konnte. Es kam im Gegensatz zu Kanada und Australien zu einem „Multikulturalismus von unten", der zuerst von eingewanderten Polen, Italienern, Griechen und Slowaken als soziale Bewegung initiiert wurde. Die afroamerikanische Bevölkerung nahm erst später an der Kampagne des Multikulturalismus teil. Ihre Deutung ist widersprüchlich und wird auch als eine Gegenstrategie betrachtet, mit der versucht werden soll, die Bürgerrechtsbewegung zu entpolitisieren, d.h. von einer rechtlichen Gleichstellung zu kultureller Differenzierung überzugehen (Radtke, 1992).

Der Bedeutungswandel von multikultureller Gesellschaft je nach historischem und politischem Kontext wurde mit der Übernahme des Konzepts in Europa, zunächst in England, deutlich. Hier bestimmte Multikulturalismus für einige Zeit den Bereich der Pädagogik und konnte als ein Versuch des moralischen Teils der Gesellschaft gedeutet werden, die unleugbare Tatsache der rassistischen Diskriminierung und Gewalt im Medium der Erziehung und der öffentlichen Kommunikation zu bearbeiten (Radtke, 1992). In der Bundesrepublik Deutschland trat der Begriff der multikulturellen Gesellschaft zunächst Ende der 70er, Anfang der 80er Jahre in sozialpädagogischen, erziehungswissenschaftlichen und kirchlichen Diskussionen auf. Seit dem Ende der 80er Jahre tritt er vor allem in der öffentlichen Diskussion um die Ausländerpolitik als Gegenentwurf zu neuen und alten nationalistischen und rassistischen Tendenzen in Erscheinung. In den klassischen Einwanderungsländern sprach der Begriff drei Bedeutungsbereiche an: Die soziale, vor allem die ethnisch bzw. kulturell bedingte Heterogenität, den Maßstab von Gleichheit und gegenseitiger Achtung im Zusammenleben kulturell unterschiedlich geprägter Menschen sowie ein politisches Programm gemeinsamen Handelns, das sich in Kanada und Australien in der Gründung von eigens damit befaßten Institutionen ausdrückte. Im Gegensatz zu Deutschland wird in diesen Ländern die rechtliche Gleichheit aller Menschen, sowie sie Staatsbürger werden wollen bzw. Inländer sind, vorausgesetzt. Das Konzept der multikulturellen Gesellschaft wird daher als mögliches, wenn auch keineswegs unumstrittenes Integrations- und Entwicklungsmodell einer im Fortschritt begriffenen Gesellschaft aufgefaßt. Dabei spielt das Scheitern früherer Konzepte wie etwa des *melting pot* oder von Assimilationsstrategien ebenso eine Rolle wie veränderte ökonomische Rahmenbedingungen, z.B. Weltmarktorientierung, zunehmende Export- und Rohstoffabhängigkeit, und auch die veränderte Zusammensetzung der Einwanderer, die nicht mehr in der Mehrzahl Westeuropäer sind (Brockhaus, 1991[19], S. 173 f.).

Im folgenden sollen Aspekte von Multikulturalität aufgezeigt werden. Dabei wird der Terminus „Multikulturalität" dem Begriff „Multikulturalismus" vorgezogen, der mit „-ismus" in die Nähe einer Ideologie gerät. „Multikulturalität" beinhaltet neben einem rein kognitiven, theoretischen oder Einstellungsaspekt auch etwas Faktisches, Gewachsenes (deskriptive Multikulturalität), Nützliches (ökonomische und kommunikative Multikulturalität), etwas Genießerisches (kulinarische Multikulturalität), Ersehntes (emphatische Multikulturalität), etwas Fragliches bis Abgelehntes (skeptische Multikulturalität), Gewolltes (präskriptive Multikulturalität) und Nachdenkliches (selbstreflexive Multikulturalität).

2.2 Deskriptive Multikulturalität

Daß Deutschland, wie andere moderne Gesellschaften, ein Einwanderungsland und damit eine multikulturelle Gesellschaft ist, ist zunächst eine Feststellung. Es wird gegenwärtig häufig eine Gleichsetzung der Migrationen nach Europa mit der Völkerwanderung vorgenommen, was auf „unendlich ferne Zeiten anspielt" (Rosenstrauch, 1992, S. 26 f.). Betrachtet man aber allein die Landflucht zu Zeiten der Wende vom 18. zum 19. und vom 19. zum 20. Jahrhundert, so ergibt sich ein eindringliches Bild vom Umgang mit Fremden: Wer in der Stadt keine Arbeitsstelle und kein Quartier nachweisen konnte, wurde je nach Landesbrauch in eiserne Ketten gelegt, auf Galeeren geschickt, als Soldat oder Siedler für die Kolonien verkauft. Der Fortschritt im Zeitalter der Aufklärung bestand darin, daß die Fremden in Armen- und Zuchthäuser eingewiesen wurden, um für billigen Lohn das Manufakturwesen und später die Industrie hochzubringen. Man lebte nach

Beruf, Stand, Religion in je verschiedenen Welten mit je verschiedenen Kleidern, Gewohnheiten, Sprachen und Höflichkeitsbezeigungen und wäre auch in einer Stadt mit 3000 Einwohnern nicht auf die Idee gekommen, sich als ebenbürtige Einheimische zu betrachten. Historische Vergleiche dieser Art eignen sich nach Meinung der Autorin jedoch nicht als pädagogische Mittel zur Steigerung von Nächstenliebe und Toleranz. Denn auch die Erfahrung, daß Zuwanderer sowohl wirtschaftlich wie kulturell meistens ein Gewinn für die aufnehmenden Länder waren, hat nicht zu einer allgemeinen Weltoffenheit geführt.

Für den australischen Soziologen Stephen Castles (1992) können die Migrationen nach Europa nur vor dem Hintergrund massenhafter Bevölkerungsbewegungen verstanden werden, die die gesamte Welt ergreifen. In der raschen Zunahme der Migrationen am Anfang der neunziger Jahre sind für ihn vier Tendenzen erkennbar. Die *Beschleunigung* der Migrationen erfolgt in die reichen Länder (Westeuropa, Nordamerika, Australien), aber auch innerhalb Asiens, Afrikas und Lateinamerikas. Im Jahre 1990 lebten 80 Millionen Menschen außerhalb ihrer Herkunftsländer, 15 Millionen waren Flüchtlinge bzw. Asylsuchende, 30 Millionen „Illegale" ohne regulären Aufenthaltsstatus. Ein Großteil der Millionen durch Krieg, Verfolgung und ökologische Katastrophen entwurzelten Menschen blieben in den armen Ländern Afrikas und Asiens, und nur relativ wenige kamen als Asylsuchende in die reichen Länder. Die *Globalisierung* der Migration erfaßte immer mehr Länder und Weltteile erfaßte. In jedem Einwanderungsland nimmt die Anzahl der zugewanderten Nationalitäten sowie deren kulturelle Vielfalt zu. Einwanderungsgebiete werden ehemalige Auswanderungsländer (z.B. Südeuropa) und neue Industriestaaten der ehemaligen „Dritten Welt". Asien wurde Hauptursprungsgebiet für Einwanderer nach den USA, Kanada und Australien, die bis in die sechziger Jahre hinein Asiaten durch rassistische Einwanderungsgesetze ausschlossen. Zwölf Millionen Arbeitsmigranten halfen bei der Industrialisierung der Ölländer des Nahen Ostens. Japan wurde ebenso Einwanderungsland wie die südostasiatischen Staaten Singapur, Taiwan, Südkorea und Hongkong. Die *Differenzierung* der Migration unterscheidet nach Arbeitsmigranten, hochqualifiziertem Personal, Studenten und Auszubildenden, Saisonarbeitern, Grenzgängern, Asylsuchenden, Familienangehörigen und Illegalen. Frauen nehmen einen immer größeren Anteil an Arbeitsmigranten und Asylsuchenden ein. Diese Vielfalt erschwert jeglichen Versuch einer konsequenten Migrationspolitik. Die *Regionalisierung* der Migration durch die Herausbildung von Wirtschaftszusammenschlüssen und politischen Blöcken läßt regionale Räume der Zirkulation von Kapital, Waren und Menschen entstehen. Ob geplant oder nicht, die zunehmende wirtschaftliche Kooperation etwa der Europäischen Gemeinschaft und durch regionale Freihandelsverträge in Nordamerika, Lateinamerika oder den ASEAN-Staaten führt immer zu Migrationsbewegungen.

Die Migration nach Westeuropa durchlief seit 1945 drei Phasen, die aufeinander aufbauen, jedoch zu einer immer größeren Vielfalt der Migrationen sowie der eingewanderten Bevölkerungen führte. Zwischen Kriegsende und dem „Ölschock" von 1973 verursachten Wirtschaftswachstum und zunehmende Industrialisierung Westeuropas eine starke Arbeitskraftnachfrage. Zunächst stellten Flüchtlinge und Vertriebene eine große Arbeitskräftereserve dar. Danach gab es zwei Hauptfronten der Arbeitskräftemigration. Großbritannien, die Niederlande und Frankreich nahmen Millionen von Arbeitern aus Kolonien bzw. ehemaligen Kolonien auf. Fast alle westeuropäischen Länder warben sogenannte Gastarbeiter aus den europäischen Randgebieten an: Südeuropäer nach Frankreich, Belgien, den Niederlanden, der Schweiz, der Bundesrepublik; Iren nach Großbritannien; Finnen nach Schweden usw. Waren diese Reserven aufgebraucht, wurden neue Arbeiter aus den entfernteren Gebieten, vor allem der Türkei und Nordafrika, angeworben. Zwischen Arbeitern aus den Kolonien und aus den europäischen Randgebieten gab es wichtige Unterschiede, jedoch auch Ähnlichkeiten: Die Politik der Regierungen wurde vor allem durch kurzfristige Gesichtspunkte der Arbeitskräftebeschaffung geprägt. Langfristige Planung für einen Daueraufenthalt fehlte völlig. Der Einsatz der Arbeitsmigranten, vor allem in weniger qualifizierten Arbeitsplätzen in Industrie und im Baugewerbe, führte zu einer starken Aufteilung des Arbeitsmarktes nach ethnischer Herkunft, und Arbeitsmigranten waren sowohl rechtlich als auch sozial benachteiligt. Es kristallierte sich eine Tendenz zur Konvergenz des Rechtsstatus von kolonialen Arbeitern und „Gastarbeitern" heraus.

Die zweite Phase, von 1973 bis Mitte der achtziger Jahre, wurde durch die Umstrukturierung der Weltwirtschaft geprägt. Arbeitsintensive Produktionszweige wurden aus Westeuropa in Niedriglohnländer verlegt. Mit Ende der Vollbeschäftigung wurden keine ausländischen Arbeitskräfte mehr angeworben. Entgegen der verbreiteten Erwartung, die jetzt überflüssigen Arbeitskräfte würden nach Hause zurückkehren, blieb die Mehrzahl und holte ihre Familienangehörigen nach. Aus der Arbeitskräftewanderung wurde eine dauerhafte Einwanderung. In allen westeuropäischen Ländern entstanden so ethnische Minderheiten, die durch rechtliche, wirtschaftliche und soziale Benachteiligung abgesondert waren und häufig Opfer von Diskriminierung und Rassismus wurden.

Die dritte Phase, etwa ab Mitte der achtziger Jahre, ist durch eine Zunahme der Immigration gekennzeichnet. Die schnelle Zunahme der Asylsuchenden ist ihr auffälligstes Merkmal. Im Jahre 1985 kamen in die europäischen OECD-Länder 169.000 Asylsuchende, 1991 waren es 541.000 Menschen. Eine Zunahme war auch bei Arbeitsmigranten, Familienangehörigen und Illegalen zu verzeichnen. Neben der zunehmenden Süd-Nord-Migration kam es mit dem Zusammenbruch des Sowjetblocks zu einer wachsenden Ost-West-Migration, für die Deutschland durch seine Schlüsselstellung in Mitteleuropa zum Hauptziel wurde. Ethnische Minderheiten der osteuropäischen Länder verursachten im Laufe der schwierigen Neugestaltung in den ehemaligen kommunistischen Ländern Migrationen in ihre mutmaßlichen Stammgebiete. Nicht nur Deutschland nahm – als

„Aussiedler" — solche Gruppen auf, sondern auch Ungarn, Polen, Griechenland und die Türkei. Politische Faktoren und historische Verflechtungen — zum Beispiel zwischen Algerien und Frankreich — machen auch die Süd-Nord-Migration immer mehr zu einem Faktor in internationalen Beziehungen.

Castles führt zur Einwanderungspolitik weiterhin aus, daß die herkömmlichen Unterschiede zwischen den verschiedenen Migrationskategorien nicht mehr „funktionieren", was die Migrationspolitik vieler Staaten in Frage stellt. Die staatliche Migrationspolitik geht von der Prämisse aus, man könne Arbeitsmigranten, hochqualifiziertes Personal, Familienangehörige, Flüchtlinge und Asylsuchende klar voneinander trennen und zwischen zeitweiliger und dauerhafter Zuwanderung und ökonomisch und politisch motivierter Migration unterscheiden. Die Kategorien brechen in der derzeitigen Migrationsphase zusammen, und die Bewegungen setzen sich in neuen Formen fort. Arbeitsmigration wurde durch Familienzusammenführung und Flüchtlingsbewegungen ersetzt. Diese Veränderung ist ein Charakteristikum des Migrationsprozesses: Fast jede Bewegung beginnt mit relativ jungen Erwachsenen, die, sobald sie Fuß gefaßt haben, ihre Angehörigen nachkommen lassen oder Familien gründen. Diese Tendenz zur Dauereinwanderung kann nur durch drakonische Maßnahmen verhindert werden, die mit Rechtsstaatlichkeit und den Menschenrechtsprinzipien einer demokratischen Gesellschaft kaum zu vereinbaren wären. Einem notwendigen neuen Flüchtlingsbegriff steht die Angst der reichen Länder im Wege, die Hauptverantwortung nicht mehr den armen Ländern zuschieben zu können.

Katz (1992, S. 18 f.) stellt für die jüngere Zeit in den USA fest, daß die Immigranten, im Gegensatz zur verbreiteten Meinung, nicht der Abschaum der Landarmut der unterentwickelten Länder der Dritten Welt sind, durch Armut und Tyrannei aus ihren Ländern vertrieben. Vielmehr sind es oft die Ausdauerndsten, selbstgewählt „im Sinne von Ehrgeiz und Willen zur Arbeit". Sie haben den Mut und die Initiative zu tun, was den meisten Menschen sehr schwer fällt: Nämlich, etwas aufs Spiel zu setzen, sich selbst zu entwurzeln und ins Ausland zu gehen, um ein neues Leben in einer fremden Gesellschaft und Kultur aufzubauen. Es sind Menschen, die wegen der realen oder angenommenen Kluft zwischen Lebensvorstellungen und Erwartungen und Möglichkeiten der Erfüllung in den Ausgangsländern aufbrechen. Verglichen mit ihren eigenen einheimischen Bevölkerungen sind sie erfolgreicher als der Durchschnitt, besser gebildet und kommen überraschenderweise eher aus Städten als aus ländlich rückständigen Gebieten. Die sehr Reichen und sehr Armen in den Ländern der „Dritten Welt" neigen dazu, so zu bleiben wie sie sind. Diejenigen, die auswandern, sind die Fähigsten und Ehrgeizigsten der Gruppe zwischen Reich und Arm. Sie gehen nicht, weil sie den Lebensunterhalt nicht verdienen oder einen Mittelklassestatus nicht erreichen könnten, sondern weil sie den Lebensstandard und den Status, den sie anstreben, im eigenen Land nicht erlangen können.

Wiederum im Gegensatz zur allgemeinen Überzeugung verbessern die Migranten eher die Wirtschaft und das soziale Ambiente der Einwanderungsorte, als ihnen zu schaden: Sie verrichten Arbeiten, die Einheimische nicht mehr machen wollen, zum Beispiel als Putzkräfte, Müllwerker, Akkordarbeiter, Bergleute und Unterbezahlte. Sie beheben den Mangel an kompetentem Fachpersonal, zum Beispiel in den USA Ärzte aus Indien und Taiwan, Mechaniker aus Korea, wissenschaftliche Techniker aus den Philippinen und Lateinamerika. Sie bringen oft Eigenkapital mit oder haben Zugang zu Kapital und werden Unternehmer; damit schaffen sie Arbeitsplätze für andere Einwanderer und erhöhen das Steueraufkommen der Städte. Sie stellen eine Quelle „sozialen Kapitals" dar, die zur vollständigen Integration und zum Fortschritt der Immigrantengruppen beiträgt und außer Arbeitsplätzen solche Güter wie Sicherheit, Bildung, Akzeptanz, Standards, Lehrstellen sowie quasi-familiäre und kommunale Bande schafft. Sie bereichern die Wohnviertel und Städte, die in Gefahr waren, eintönig und Benetton-standardisiert zu werden. Die kleinen Gemüseläden, Restaurants, Bauunternehmen und Banken sind „ein rettender Aufschub vor einem Weltmarkt, der geprägt ist von Einförmigkeit, Affektiertheit sowie Massenverteilung und -konsum" (Katz, 1992, S. 19). Auch auf deutsche Verhältnisse bezogen schreibt die Volkswirtschaftslehre einer maßvollen Einwanderung eher prosperierende als pauperisierende Wirkungen zu. „Einwanderer und ihre ersten Nachfahren arbeiten und sparen mehr, sind zumeist ehrgeizig und unternehmerisch gesonnen und rundum mobiler und flexibler als die Alteingesessenen." (Leggewie, 1990, S. 29)

Daß die Zuwanderer nie einen Querschnitt durch die Population ihres Herkunftslandes darstellen, sondern die Energischen, besser Ausgebildeten, Ehrgeizigen und Risikofreudigen sind, stellt Enzensberger (1992, S. 36 f.) fest. Auf diese Weise komme es zu einer „negativen Selektion im Ursprungsland". Dieser *brain drain,* eine Art demographische Kapitalflucht, hat für Länder wie China und Indien, aber auch für die frühere Sowjetunion verheerende Folgen und spielte auch beim Niedergang der DDR eine erhebliche Rolle. Allerdings werden den Migranten desto weniger Vorbehalte entgegengebracht, je höher ihre Qualifikation ist. Daß jedoch Rassismus nicht nur das Leiden der kleinen Leute ist, sondern auch an deutschen Universitäten — und dort nicht nur in Studentenverbindungen[4] — vorkommt, ist eine Feststellung von Georgios Tsapanos (1992), dem Pressereferenten der Ausländerbeauftragten der Bundesregierung.

Nach Radtke (1992) hielt die westdeutsche Ausländerpolitik in den achtziger Jahren für die Zuwanderer fünf Optionen bereit, die als bipolares Kontinuum gedacht werden können. An dem einen Pol steht die Option einer reinen Rotationspolitik, also die Erteilung einer befristeten Arbeitserlaubnis und die erzwungene Rückkehr nach Erfüllung des Arbeitsvertrages.

---

[4] Über den modernisierten Rassismus der Burschenschaftler s. Lemling (1992).

2. Aspekte der Multikulturalität

Dem gegenüberliegenden Pol wäre die volle Integration zuzuordnen, d.h. die Garantie aller bürgerlichen und sozialen Rechte nach einer bestimmten Aufenthaltsdauer. Nahe am Pol der erzwungenen Rückkehr liegt die Möglichkeit, die Gettoisierung und damit Segregation der Zuwanderer zu tolerieren oder sogar zu forcieren. Nahe am Pol der vollständigen Integration liegt das Angebot der doppelten Staatsbürgerschaft. Den Mittelpunkt zwischen beiden Polen bildet der Multikulturalismus, der in der deutschen Debatte einen ideologischen Kompromiß zwischen einer schrankenlosen Verfügung über die Arbeitskraft der Zugewanderten und einem Abschied von nationalen Homogenitätsvorstellungen bezeichnet.

Nieke (1990, S. 68 ff.) unterscheidet vier grundsätzliche Formen des Umgangs der einheimischen Majorität mit Zuwanderern. Alle vorkommenden Formen des Umgangs sind Varianten dieser Grundmuster oder Kombinationen aus zwei oder mehreren Mustern:

1. Die *Assimilationszumutung* nach dem Deutungsmuster des *melting pot*. Spätestens nach drei Generationen soll aus dem Zuwanderer ein Amalgam mit neuen Eigenschaften entstanden sein, z.B. der *American way of life*. Assimilation bedeutet die umstandslose, vollständige Integration besonders hinsichtlich der Chancengleichheit. Ihr Vorteil ist das Verschwinden jeder Befremdung durch Andersartigkeit und der Fortfall von Diskriminierung.
2. *Vertreibung und Vernichtung*, reichend von „wohlmeinender" Rückkehrhilfe bis zur Manifestation des Vernichtungswillens in Morden und der Umwandlung des Judenwitzes in den Türkenwitz. Bei der Abschiebung in ein Land, wo ein sicheres Todesurteil zu erwarten ist, fallen Vertreibung und Vernichtung zusammen. Ein Beispiel hierfür ist die von deutschen Behörden seit Jahren betriebene Abschiebung von Kurden in die Türkei, einem NATO-Land und Mitglied des Europarats, in dem Folter immer noch tägliche Praxis ist.
3. *Segregation*, die räumlich als Gettoisierung oder unsichtbar bei sozialer Marginalität erfolgt. Sie äußert sich als Distanz zur Majorität, die den Zuwanderern keine sozialen Aufstiegskanäle bereitstellt und eine politische Teilhabe vorenthält. Apartheid ist Segregation, die auch rechtlich sanktioniert ist.
4. *Gleichberechtigte Aufnahme* der Zuwanderer in das soziale System der Aufnahmeländer unter der Zielsetzung einer Integration unter Wahrung der kulturellen Identität.

Erst die letzte Form des Umgangs mit Zuwanderern würde neue Formen des Zusammenlebens zwischen Zugewanderten, die sich nicht ganz assimilieren können und wollen, und damit eine multikulturelle Gesellschaft gestatten.

2.3 Ökonomische Multikulturaliät

Die multikulturelle Gesellschaft kann auch wie eine Firma, also unter rein ökonomischen Aspekten betrachtet werden. Nach Cohn-Bendit (in Leggewie, 1990, S. 65) ist sie Konsequenz der Marktwirtschaft. Kritiker des Kapitalismus sehen in ihr typischerweise Kolonisten- und Kolonialgesellschaften. Ihr historischer Ursprung liege u.a. in der Internationalisierung der Güter- und Arbeitsmärkte und der Verallgemeinerung der Transport- und Kommunikationstechnologien. Wer sich als marktwirtschaftlich organisierte Gesellschaft nicht mehr protektionistisch abschließen kann oder will, muß Vielvölkermischung akzeptieren. Radtke (1990a) sieht darin eine „neo-konservative Variante der Legitimation eines neuen Modernisierungsschubs . . . durch international operierende Kapitale". Wer jedoch, so Leggewie (1990, S. 29), offene Grenzen jetzt haben will, wird den Grauschleier einer Marktgesellschaft akzeptieren müssen, die es ermöglicht, personale und ethnische Eigenschaften legal und ohne Nachteile zu ignorieren. Private Vorlieben und auch Animositäten löse das universelle, aber funktional spezifizierte Kommunikationsmedium Geld auf, was arme und ärmste Zuwanderer in der Regel als Befreiung schätzten. Denn auf dem Markt können sich clevere Minderheiten noch am ehesten bemerkbar machen. „Freigesetzt" und „entwurzelt" machen Zwang und Neigung sie zu ökonomisch aktiven Schichten.

Das Kapital ruft – inzwischen – nicht mehr nur Arbeitskräfte, sondern bewußt Menschen[5] ins Land, die als junge, hochmotivierte Erwerbstätigengeneration einen wichtigen Beitrag in der Revitalisierung der deutschen Wirtschaft zu leisten haben (s.a. Skowronowski, 1992, und Meier-Braun, 1992). Internationale Banken, Unternehmen oder Finanz- und Handelszentren wie Singapur, Hongkong oder Frankfurt sind multikulturelle Gesellschaften im Kleinen; denn „die Marktwirtschaft ist in der Tat farbenblind" (Leggewie, 1990, S. 30). Rassenstreitigkeiten würden nur am Geldverdienen hindern; die Aussicht auf individuellen Gewinn macht politische Aktivitäten überflüssig. Frankfurt als Finanzzentrum etwa huldigt einem überaus ausgeprägten Internationalismus, zeigt in der Engherzigkeit seiner eigenen Bevölkerung gegenüber, die zu 26% aus Zuwanderern besteht, bisher jedoch eine unaufrichtige Diskrepanz.

Daß das ökonomische Denken des Arbeitskräfteimports letztlich eine demographische Pointe hat, ist eine mittlerweile durch Heiner Geißler personifizierte Position. Er sieht die Deutschen als ein innerhalb weniger Jahrzehnte vergreisendes und sterbendes Volk, wenn Bevölkerungsrückgang und Altersaufbau nicht durch Zuwanderer korrigiert werden (Geißler, 1991a; 1991b, S. 13). Für Hohnstock und Thörner (1990, S. 34) wird hier einem

---

[5] Max Frisch hatte die harten Lebensbedingungen der ersten Migrantengeneration mit dem vielzitierten Satz umschrieben: „Wir riefen Arbeitskräfte, aber es kamen Menschen".

selektiven Multikulturalismus das Wort geredet, der einen verstärkten *brain drain* in die Metropolen des Nordens beabsichtigt. Befürwortung einer multikulturellen Gesellschaft und eine verschärfte Asylgesetzgebung können Hand in Hand gehen, wenn moderne Sozialtechnokraten zwischen erwünschten Zuwanderern und unerwünschten Flüchtlingen unterscheiden. Unter der ökonomischen Perspektive ist die multikulturelle Gesellschaft, „bevor sie etwas anderes werden kann, ein großer Bazar – der selten Kodakolor leuchtet wie ein Reiseprospekt von Marrakesch, sondern graut wie der Berliner Polenmarkt oder ein Montagmorgen bei Aldi" (Leggewie, 1990, S. 29).

Die *One World* als globale Verkehrsform von Markt und Geld ist nach Kurz verantwortlich für die jüngste Form von Nationalismus. Dieser tertiäre Nationalismus mit seiner ethnischen Verzweiflungsloyalität ist ein reines Zerfallsprodukt und völlig verschieden vom primären europäischen Nationalismus des 19. Jahrhunderts und dem sekundären Befreiungsnationalismus des 20. Jahrhunderts. Das moderne Marktsystem hat einen gesellschaftlichen Zusammenhang hergestellt, dessen Netz lückenlos die gesamte Erde umspannt.

In deutschen Wohnzimmern, afrikanischen Slums und sogar bei den Indios der Regenwälder dudeln dieselben japanischen Radiorecorder dieselbe internationalisierte Popmusik; und die Satellitenfotos zeigen die Einheit der Menschenwelt erstmals aus jener lange erträumten „göttlichen" Perspektive, die den Erdball als ein unmittelbares Ganzes zu erfassen vermag. Soll trotzdem an der Schwelle des 21. das 19. Jahrhundert zurückkehren, das Zeitalter einer „Nationalisierung der Massen" (George L. Mosse)? (Kurz, 1992).

Die *One World* scheint sich gleichzeitig selbst zu dementieren; denn im Augenblick ihres Hervortretens überschwemmt eine nie dagewesene Flut von Nationalismus, Separatismus und Bürgerkriegen den Globus. Die Ursache liegt für Kurz darin, daß das bürgerliche Zeitalter, das aus der Feudalgesellschaft herauswuchs und die Nation hervorbrachte, immer ökonomistisch und als warenproduzierendes System von Anfang an ein Weltsystem war. Denn die „allem Inhalt gegenüber gleichgültige Verwertungslogik des Geldes kennt keine begrenzte Loyalität" (Kurz, ebd.).

2.4 Kommunikative Multikulturalität

Das *Come together and learn to live as friends* der Peter-Stuyvesant-Werbung und die Botschaft des Textil-Konzerns Benneton spielen mit dem Pathos der Einen Welt. Freiheit, Erfolg, Freundschaft, neue Ideen, Aufbruch, Jugend und Chancen sind die propagierten Persönlichkeitsmerkmale der Multikulturellen in ihrer Zugehörigkeit zur großen Familie der Jugend dieser Zeit. Die Welt als *peer group* für die Singles der Risikogesellschaft soll „einen Rest Harmonie und einen Anflug primärer Gemeinschaftlichkeit"

(Leggewie, 1990, S. 27) suggerieren. Der Autor sieht „in der Benetton-Kampagne, die ‚multikulturell' plakatiert, Schlüssel für die immer intimere Kollusion von Marktökonomie, kommunikativer Öffentlichkeit und politischer Kultur in spätkapitalistischen Einwanderungsgesellschaften. Man kann aus der Trickkiste der geheimen Verführer sogar Gewinn für die Sache selbst ziehen" (Leggewie, ebd., S. 28).

Unter dem kommunikativen Aspekt von Multikulturalität läßt sich die Befürwortung des Eigenwerts einer gegenseitigen kulturellen Bereicherung durch Vertreter übernationaler Institutionen, wie etwa den Europarat, subsumieren. Sprachenlernen, Austauschprogramme für Schüler und Praktikanten, sowie Stipendienprogramme für Studenten sind Merkmale eines Internationalismus, dem insbesondere im Hinblick auf die multikulturelle Gesellschaft der europäischen Einigung Bedeutung zukommt. „Wer im ‚EG-Ausland' wirtschaftlich erfolgreich sein will, muß die Sprache und die Kultur, den Lebensstil und die Mentalität dieser Länder kennen. Dies gilt nicht nur für die Manager und Techniker, auch Facharbeiter und Angestellte werden europäisch denken und arbeiten müssen." (Geißler, 1991b, S. 11) Eco entwirft eine konkrete Vision für das europäische Studentenaustauschprogramm Erasmus: „Dieses Projekt wird bewirken, daß jeder Student der Europäischen Gemeinschaft ein Jahr im Ausland verbringt. Bei dieser Wanderung von Tausenden von Studenten wird es zu Zehntausenden von Mischehen kommen. Innerhalb von 30 Jahren wäre die europäische Elite europäisch im echten Sinne des Wortes." (Eco, zit. in Geißler, ebd., S. 11)

Nieke (1990, S. 100) wendet gegen die propagierte gegenseitige kulturelle Bereicherung ein, daß es mit dieser schwierig sein wird, wenn es sich um Kulturen handelt, die als befremdend und rückständig empfunden werden. Außerdem wird bei der Übernahme von Elementen fremder Kulturen deren interne Konsistenz unterschlagen. Viele Kulturmuster sind nur in ihrem Zusammenhang sinnvoll und können diesen nicht ohne Schaden verlassen.

2.5 Kulinarische Multikulturalität

Es ist dieser kulinarisch genannte Aspekt einer multikulturellen Gesellschaft, der fremde Kulturen nur in einzelnen Elementen rezipiert und sie darauf reduziert. Die Welt wird unter dem *Come together* der Zigarettenreklame zu einem permanenten Exotik-Workshop mit dem „Duft der großen weiten Welt". Postmoderner Eklektizismus setzt sich an die Stelle der früheren Ausschließlichkeit. Der „Multikulti" ist „locker, mobil, nicht auf eine Kredo versteift oder in einer Zugehörigkeit erstarrt, möchte . . . ungehindert von einem chinesischen Restaurant zu einem Klub auf den Antillen, vom Kuskus zum Königsberger Klops, vom Jogging zur Religion oder von der Literatur zum Drachenfliegen wechseln können" (Finkielkraut, 1989a, S. 117). Er strebt nach einer polymorphen Gesellschaft, nach einer bunt gemischten

2. Aspekte der Multikulturalität

Welt, in der jedem alle Lebensformen offenstehen, und predigt weniger das Recht auf Verschiedenheit als die allgemeine „Rassen"-Mischung, das Recht eines jeden auf die Besonderheit des anderen. Multikulturell bedeutet gut assortiert. Nicht die Kulturen als solche schätzen die Multikultis, „sondern deren abgeschwächte Ausführung, den Teil dieser Kulturen, den sie probieren, auskosten und nach Gebrauch wegwerfen können" (Finkielkraut, ebd., S. 118).

Daß sich kulturelle Koexistenz häufig auf das Essen und Feiern inklusive folkloristische Darbietungen beschränkt, ist die Erfahrung von Straßen- und Stadtteilfesten besonders bei offiziellen Veranstaltungen wie der „Woche des ausländischen Mitbürgers". Danach „geht jeder nach Hause und verwirklicht sich weiter selbst" (Leggewie, 1990, S. 17). Dieses Zusammenleben *bloß der Kulturen* führe zu einer Aporie, zur Unmöglichkeit, die Frage nach der Gestaltung einer multikulturellen Gesellschaft zu beantworten. Wo das weltbürgerliche Brüderlichkeitsgebot schweren Belastungen ausgesetzt ist durch soziale, kulturelle und religiöse Konflikte, ist der häufige Besuch von italienischen Restaurants ein fragwürdiger Nachweis von Fremdenfreundlichkeit. Kulinarische Multikulturalität läßt einen dann zwar die Türken nicht lieben, aber türkischen Honig gern essen (Bovenschen, 1992).

Die iranische Soziologin Farideh Akashe-Böhme sieht im Verständnis des Multikulturellen als Mannigfaltigkeit und Buntheit unterschiedlicher Literaturen, Kunstformen, Folklore und Gastronomie eine neue Form des Eurozentrismus. Von fremder Kultur wird nur dasjenige hingenommen, von Deutschen gepflegt und vielleicht sogar geliebt, was für die normative Gestaltung des Alltagslebens und der gesellschaftlichen Verhältnisse bereits irrelevant ist. Man unterstellt den anderen Kulturen die für die Europäer selbstverständlich gewordene Trennung zwischen technischer Zivilisation und Kultur. „Während das gesellschaftliche Leben zweckrational durchgestaltet wird, hat Kultur ihre Nischen im privaten Konsum. Kultur ist für die Freizeit, wie die Religion für den Sonntag." (Akashe-Böhme, 1989, S. 548) Die ästhetische Toleranz der kulinarischen Multikulturalität umfasse dabei gerade nicht die Anerkennung der fremden Kultur und ihres Anspruchs auf Lebensgestaltung.

2.6 Emphatische Multikulturalität

Die „Fans" der multikulturellen Gesellschaft sind selbst ein ziemlich multikultureller Haufen (Cohn-Bendit & Schmid, 1992, S. 15 f.): Linksautonome Deutsche, die aus politischen Gründen mit den Deutschen nicht allein gelassen sein wollen; wirtschaftsliberale Prognostiker, die aus Sorge um das zukünftige Wirtschaftswachstum mit den Deutschen nicht allein sein wollen; fortschrittliche Sozialarbeiter, die eine neue Klientel ausgemacht haben; schlaue Reaktionäre, die einer Vielfalt gleichberechtigter Kulturen das Wort reden und damit der Verbindlichkeit der Menschenrechte und den laizistischen Werten der Demokratie ein Schnippchen zu schlagen hoffen; grüne Internationalisten; Sozialpolitiker, die sich um zukünftige Renten sorgen; Verfassungsrechtler, die es mit der Idee der Republik für unvereinbar halten, daß es Bürger mit minderen Rechten gibt; Soziologen, die in einer Vergreisung der Gesellschaft die Gefahr von Innovationsfeindschaft und Unbeweglichkeit erblicken; Europa-Begeisterte, die von einem offenen Kontinent des freien Austauschs der Waren, Gedanken und Menschen schwärmen; linke und alternative Fortschrittsfeinde, die die multikulturelle Gesellschaft herbeiwünschen, weil sie die planierte industrielle Lebensweise aufbrechen und uns ein Stück von dem zurückgeben könne, was durch die normierte Einheitskultur zunehmend zerstört wird, nämlich Nähe, Nachbarschaft, Geborgenheit und Gemeinschaft; linke Fortschrittsfreunde, die sich von der multikulturellen Gesellschaft ein Moment der Unruhe versprechen, einen Stachel im Fleisch einer allzu selbstzufriedenen Gesellschaft.

Eine emphatische Multikulturalität vertreten insbesondere jene, die nach Grosser (1992) „in der Bundesrepublik immer nur das Negative hervorheben und sich dabei als die isolierten guten, die alleinigen Vergangenheitsbewußten, die einzigen mit Gewissen versehenen Deutschen darstellen". Nirgends werde die universalistische Rhetorik höher geschätzt als in Deutschland (Enzensberger, 1992, S. 52 f.). Der moralisierende Gestus in der Verteidigung der Zuwanderer lasse nichts an Selbstgerechtigkeit zu wünschen übrig. In den Slogans „Ausländer, laßt uns nicht mit den Deutschen allein!" oder „Nie wieder Deutschland!" zeigt sich eine pharisäerhafte Umpolung, die das rassistische Klischee im Negativ aufscheinen läßt. Nach dem Schema des Philosemitismus werden *die* Zuwanderer idealisiert bis zur Diskriminierung der Mehrheit. Für Bovenschen (1992) haben es die „Ausländerfreunde" „dahin gebracht, ein undeutsches Glück zu empfinden, wenn in Italien der Bus zwei Stunden zu spät kommt." Ihre Liebe zum Fremden nährt sich aus der Verachtung für das Nahe. Aus dieser Umkehrung erwuchs eine Art Schuld- und Verantwortungsnationalismus, ein negativer Nationalismus, vor dessen Hintergrund man immer recht haben und gut sein konnte. Die sprichwörtliche Neigung der Deutschen zum Prinzipiellen führt jedoch, so Enzensberger (1992, S. 55), zu einer fortwährenden ethischen Selbstüberforderung und einem Verlust an Glaubwürdigkeit. Die deutschen Bösewichter von gestern sollen nun zum selbstlosen Vorbild für alle anderen werden, am bußfertigen deutschen Wesen soll die „Zweite" und die „Dritte Welt" genesen.

Auf die psychologischen Hintergründe der emphatischen Multikulturalität bei der 68er Generation weist König (1992) hin. Verallgemeinerbar hatte der APO-Anwalt Horst Mahler die Befindlichkeit der „Kinder der Täter" beschrieben: „Im Umgang mit Ausländern und Opfern des Faschismus fühlte ich Fassungslosigkeit. . . . Ich wollte einer von den ‚anderen' Deutschen werden. Ich versuchte es auch mit Verdrängungen; aber die Erinnerung an den großen − längst noch nicht toten − Wolf war stärker" (zit. n. König, 1992, S. 364). Ausdruck eines sehr spezifischen, zeitgebundenen Konflikts

2. Aspekte der Multikulturalität

zwischen der NS-Generation und ihren Kindern war die Politisierung, die mitunter die Form undifferenzierter Totalkritik annahm. Offensive, heftige und selbstgerechte Vorwürfe an die Adresse der Elterngeneration und Gefühle der Ohnmacht, der Lähmung, des Selbstmitleids und der Vergeblichkeit lösten einander oft ganz unvermittelt ab. Die zweite Generation kehrte den in die NS-Zeit vielfältig verstrickten Eltern nicht einfach den Rücken, sondern blieb mit ihr auf eine Weise verwoben, die alte Hörigkeitsverhältnisse fortsetzte (Eckstaedt, 1989). Aufgrund der für die 68er Generation typischen identifikatorischen Schuldübernahme wird die deutsche Vereinigung als „Kolonisierung", „Annexionspolitik" und „späte nachholende Realisierung der Kriegsziele" (König, 1992, S. 372) betrachtet: „Ob die Deutschen in zwei, drei, vier oder einem Dutzend Staaten lebten, war uns schnuppe. Was hatten wir mit Leipzig, Dresden oder Halle im Sinn? Nichts. Aber alles mit Florenz, Paris oder London." (Süskind, 1990, zit. in König, 1992, S. 372)

Der Kameruner Sozialwissenschaftler David Simo (Hohnstock & Thörner, 1990, S. 35) unterteilte in seiner Rede vor dem Kongreß „Nord-Süd-Konflikt, Bildungsauftrag der Zukunft" am 29.9.1990 in Köln den europäischen „Ausländerfreund" in vier − mehr oder weniger pathologische − Kategorien: Den Paternalisten, der aus einer Mitleidshaltung heraus dominiert; den Paranoiker, der − sich selber als Außenseiter betrachtend − sein Leiden an der Gesellschaft auf die Zuwanderer projiziert, in ihnen zugleich aber die Usurpatoren seines Terrains sieht; den Perversen, der − mit seinem Sexualleben in der westlichen Kultur unzufrieden − seine Wunschvorstellungen auf die vermuteten Sexualpraktiken anderer Kulturen als „Völkerfreundschaft mit Massage" überträgt, und den Politischen, der die Zuwanderer für seine jeweiligen Zwecke instrumentalisiert. Werden die Erwartungen des jeweiligen „Ausländerfreundes" nicht erfüllt, schlägt die Solidarität schnell in Mißmut oder bestenfalls in Gleichgültigkeit um. Ein gleichberechtigter und unverkrampfter Dialog zwischen den Deutschen und den Zuwanderern könne nur erreicht werden, wenn den Mythenbildungen über die jeweilige andere Kultur entgegengewirkt wird.

2.6.1 Weltbürgertum als Menschheitssehnsucht

Peter Coulmas, selbst erfahrener Kosmopolit, hat in seiner Monographie *Weltbürger. Geschichte einer Menschheitssehnsucht* (1990) das Denken und Fühlen der Welt als Einheit im Verlauf der abendländischen Geschichte beschrieben. Der Begriff des *Kosmopolitismus* wird in zwei zusammengehörigen, aber unterschiedlichen Bedeutungen nebeneinander oder konkurrierend verwendet. Einerseits ist gemeint, daß die Menschheit eine Einheit bildet oder bilden soll. Andererseits bezeichnet er das Interesse an fremden Menschen und Ländern. Im Gegensatz zum Kosmopolitismus stehen alle Vorstellungen, die die kleineren Einheiten abschließen und einer naiven oder archaischen patriotischen Gruppenidealisierung anhängen. Ende des 20.

Jahrhunderts wird diese Einstellung angesichts der immer größeren Organisationseinheiten auf technisch-wissenschaftlichem, kommunikativem, verkehrsmäßigem und wirtschaftlichem Gebiet von immer mehr Menschen als anachronistisch empfunden. Ob der häufig unterbrochene, aber konsequent verlaufene Prozeß des Kosmopolitismus bis zu dem bisher als Utopie anvisierten Punkt der Vereinheitlichung des Menschengeschlechts fortschreitet, ist für Coulmas eine prophetische Frage.

Der Kosmopolitismus hat die ganze Menschheit als eine einzige soziale Gruppe im Blick. Der *Internationalismus*, der ebenfalls universalistischem Denken entspringt, gründet sich hingegen auf die Nationen. Beide verfolgen jedoch die gleichen Ziele: Frieden durch Einheit der Menschheit. Das universalistische und das pazifistische Motiv bestimmen Theoriegeschichte und Aktivitäten des sozialistischen, kirchlichen und liberalen Internationalismus.

Obwohl es im Verlauf der abendländischen Geschichte kaum Zeiten gegeben hat, in denen kosmopolitisches Denken und Handeln völlig gefehlt haben, ist der Begriff des Kosmopolitismus gelegentlich doch aus dem öffentlichen Bewußtsein verschwunden. Dennoch haben sich auch zu diesen Zeiten Menschen unter entsprechenden Bedingungen als Kosmopoliten gefühlt und verhalten. Es herrschte ein *konstellativer Kosmopolitismus*, z.B. während des byzantinischen Jahrtausends in Konstantinopel. Kosmopolitismus, von den Sophisten ersonnen, von den Stoikern zur Jahrhunderte vorherrschenden Doktrin erhoben, in hellenistischer und römischer Zeit als Völker überschreitende, urbane Mischkultur praktiziert, wurde in der Renaissance wieder aufgenommen. Wenn der erste Kosmopolit, Diogenes, mit dem Satz „Ich bin ein Bürger der Welt" die für ihn überschaubare Welt an der nächsten Bergkette enden ließ, so ist die jeweilige Horizontbegrenzung und sukzessive Horizonterweiterung ein Merkmal der Selbstattribution des Kosmopoliten. Mit dem Zeitalter der Entdeckungen wurde „Welt" immer universaler und erweiterte sich schließlich auf eine globale oder planetarische Dimension.

Die heutige *Globalisierung der Welt*, nach der Kolonisierungswelle ein zweiter Expansionsschub von unerhörtem Ausmaß, hat im universalistischen Impetus des 18. Jahrhunderts ihre geistige Vorwegnahme. Europäische Aufklärung und deutsche Klassik mit Kosmopolitismus und Humanismus waren Ausdrucksformen des Universalismus. Im 19. und 20. Jahrhundert wich der Kosmopolitismus gegenüber den nationalistischen und imperialen Ansprüchen der souveränen Staaten zurück und wurde gelegentlich sogar als treuherzig-idealistischer Moralismus verhöhnt. Der Begriff sank in der gesellschaftlichen Bewertung auf das Niveau von Zeitschriften der gehobenen Unterhaltung. *Cosmopolitan* ist heute eine Frauenzeitschrift, deren Kosmopolitismus darin besteht, daß ein US-amerikanischer Verlag sie mit Ausgaben in zahlreichen Sprachen weltweit vertreibt.

Während Völker und ihre führenden Schichten immer offener expansive nationalistische Ziele verfolgten, existierten einzelne gesellschaftliche Eliten wie Hochadel, Intellektuelle, Künstler und Hochfinanz in übernationalen

2. Aspekte der Multikulturalität

Zusammenhängen und bildeten *kosmopolitische Milieus*. Heute gedeiht der Kosmopolitismus in der Weltstadt, einer Stadt, die durch ihren Geist ebenso wie durch ihre Größe auf die Welt ausstrahlt und sich als überregionaler Mittelpunkt versteht. Unter der Definition, daß kosmopolitischer Geist ihr unerläßlicher Bestandteil ist, gibt es heute nur drei Weltstädte: Paris, London und New York. Ihre Universalität betrifft die kulturelle Dimension, nicht Ausdehnung oder Einwohnerzahl. Unter diesem Kriterium sind Chicago, Stockholm oder Kalkutta nur Großstädte und ist Moskau oder Peking nur ein „Weltdorf". Eine Weltstadt hingegen spiegelt die facettenreiche Vielfalt geistiger Individualität, politischer Konstrukte, wissenschaftlicher Entdeckungen und künstlerischen Schaffens wider; sie ist das verwickeltste Gebilde der Zivilisation eines Volkes. Ihre integrative Kraft ist wegen ihrer Vielschichtigkeit praktisch unbegrenzt; dennoch bleibt die Einheit des Ganzen trotz der Vielfalt erhalten. New York, London und Paris sind sowohl in ihrer Binnenstruktur wie in ihrer Außenwirkung universal. Ihren universalen und kosmoplitischen Stil haben sie in den letzten Jahrhunderten nicht zuletzt als Mittelpunkte ausgedehnter Gebietsansammlungen ausgebildet. Aufgrund ihrer Universalität nehmen sie die Phantasie der Menschen in Anspruch, fordern ihre Kräfte heraus. Jede der drei Weltstädte hat ihren eigenen kosmopolitischen Mythos entwickelt und hält die Vorstellungswelt der Zeitgenossen damit besetzt. „Von außen her gesehen ist die Weltstadt eine Abbreviatur der Menschheit, von innen her ein universaler Mikrokosmos." (Coulmas, ebd., S. 443) Die Weltstadt ist trotz all ihrer durch ihre Größe bedingten und nicht zu leugnenden Fehlentwicklungen und Mißstände Motor der gegenwärtigen Kulturentwicklung. An keinem anderen, so eng begrenzten Ort stoßen Menschen, Meinungen und Interessen so permanent und intensiv aufeinander. Darum entwickelt sich in der Weltstadt der Kosmopolitismus als konstruktives Element einer modernen grenzüberschreitenden, den zeitgenössischen Größenverhältnissen entsprechenden Gesellschaft fort. Die Weltstadt treibt die Integration voran, weil sie die Welteinheit im Alltag miniaturisiert darstellt.

Neben den kosmopolitischen Milieus existiert ein *gruppenspezifischer, partieller Kosmopolitismus* von Diplomaten, Bankern, Künstlern, Sportlern und Wissenschaftlern. Sie werden als Repräsentanten ihrer Nationen empfunden und bilden Gewohnheiten und Rituale aus, die den Kosmopolitismus in den zwischenmenschlichen Beziehungen befestigen und stabilisieren. Ihr Kosmopolitismus überwindet zwar – ähnlich dem der miteinander verwandten und verschwägerten europäischen Hocharistokratie – die nationalen Schranken. Ihre Selbstidentifikation erfolgt jedoch nach ständischen Maßgaben, ist also nicht universal, sondern errichtet neue, ständische oder berufliche Schranken.

Im 20. Jahrhundert sind über das Phänomen des Massentourismus auch breitere Schichten auf dem Weg zum Kosmopolitismus. Doch ist dieser meist nur partieller Natur. Ausführlichere Begegnungen mit den Einheimischen unterbleiben häufig schon aus Sprachgründen oder sind zufällig und peripher. Gleiches gilt auch für die sogenannten Gastarbeiter: Sieben Fließbandjahre bei Ford in Köln machen aus einem Türken oder Italiener noch keinen Weltbürger, ebensowenig wie ein gutdotierter Montageaufenthalt in Bangladesh oder Peru deutsche Facharbeiter zu Kosmopoliten macht. Kosmoplitische Züge tragen polyglotte Hotelportiers, Schlafwagenschaffner und Air-Hostessen. Um Kosmopoliten zu werden, fehlt es jedoch an der gegenseitigen Befruchtung der Kulturen. Der Tourist ist zudem meist mehr an Dingen als an Menschen interessiert. Kurze und selektive Erfahrungen des Fremden bekräftigen meist negatives Vorwissen über die andere Nation, ohne es zu korrigieren oder zu erweitern. Dennoch läßt sich eine langfristige pädagogische Wirkung des Tourismus nicht leugnen. „Das Bewußtsein der Zusammengehörigkeit breitet sich aus, der Kosmopolitismus demokratisiert sich, erfaßt schrittweise breitere Schichten." (Coulmas, ebd., S. 464) Eine Demokratisierung der Berührung mit Zuwanderern bedeuten auch die kürzeren oder dauerhafteren zwischennationalen Freundschaften und Heiraten (s.a. Gronau & Jagota, 1991).

2.7 Skeptische Multikulturalität

Einwände richten sich gegen die multikulturelle Gesellschaft selbst, indem sie deren Faktizität bezweifeln oder leugnen. *Skeptische bis ablehnende Multikulturalität* wendet sich jedoch auch gegen die Programmatik der Multikulturalität. Die Metapher des „vollen Bootes" ist Merkmal der Negation des deskriptiven Tatbestandes von Multikulturalität und entspricht daher einer verzerrten Wahrnehmung unserer gesellschaftlichen Wirklichkeit.

> Es ist natürlich kein Zufall, daß das Gleichnis vom Rettungsboot im politischen Diskurs über die Große Wanderung wieder auftaucht, und zwar in Form einer Tatsachenbehauptung: „Das Boot ist voll." Daß dieser Satz faktisch nicht zutrifft, ist noch das wenigste, was in ihm auszusetzen wäre. Ein Blick in die Umgebung genügt, um ihn zu widerlegen. Das wissen auch alle, die ihn im Munde führen. Es kommt ihnen nicht auf seinen Wahrheitsgehalt an, sondern auf das Phantasma, das er ausdrückt, und das ist allerdings erstaunlich. Offenbar wähnen viele Westeuropäer, daß sie sich in Lebensgefahr befinden. Sie vergleichen ihre Lage mit der von Schiffbrüchigen. Die Metapher wird sozusagen auf den Kopf gestellt. Es sind die Eingesessenen, die sich einbilden, sie wären *boat people* auf der Flucht, Auswanderer vom Zwischendeck oder ausgehungerte Albaner auf einem überfüllten Geisterschiff. Die Seenot, die auf diese Weise halluziniert wird, soll vermutlich ein Verhalten rechtfertigen, das nur in extremen Situationen vorstellbar ist. Die abgehackten Hände aus der Parabel lassen grüßen. (Enzensberger, 1992, S. 26 f.)

Tatsächlich ist das Boot, entgegen dem Eindruck drangvoller Enge, nicht einmal stärker gefüllt, als es im Fall jener demographischen Normalentwicklung wäre, die manche Bevölkerungsstrategen immer für unabdingbar erklärt

2. Aspekte der Multikulturalität

haben, um das Aussterben des deutschen Volkes zu verhindern (Leggewie, 1990, S. 19).

Schwengel (1992, S. 12) weist darauf hin, daß liberale amerikanische oder englische Beobachter der deutschen Szene die wiederholte Befürwortung einer multikulturellen Gesellschaft in Deutschland nicht ohne weiteres glauben. Ihr Sorge ist, daß sich in Deutschland eine „Wohlstandsethnisierung" herausbildet, die Gefühle nationaler Zugehörigkeit je nach Bedarf und Stellung in der Konkurrenzsituation begünstigen oder abschwächen könnte. Mittel- und langfristig führe dieses Changieren nicht zur Bildung stabiler kollektiver Haltungen und Mentalitäten, die auch unter Druck für Vielfalt und Akzeptanz anderer Kulturen eintreten.

Mit „Multikulti", dem „früheren Schmusewort der Akademien und pädagogischen Handreichungen" (Leggewie, 1993a) traue sich heute niemand mehr so recht in die Öffentlichkeit. Für Schmid sah der rot-grüne Konsens die multikulturelle Gesellschaft nicht selten als langersehnten Garten Eden – ein friedliches Neben- und Miteinander der verschiedensten Nationalitäten und Ethnien, ein einziges großes Straßenfest, auf dem alle miteinander reden, feiern, essen, trinken und tanzen.

> Eine biedermeierliche Latzhosenvision von unerträglicher Blauäugigkeit, guter Wille und sonst nichts. Verlogen ist das, weil jeder weiß, daß es so nicht funktionieren wird. Die Rechte will die fremden Kulturen verbannen, weil sie deren Fremdheit nicht ertragen kann. Die linken Heiligenbildchen von „multikultureller Gesellschaft" sind davon gar nicht so weit entfernt: Auch hier wird das Fremde im Grunde nicht ertragen und daher verniedlicht, eingemeindet und geschönt. Alle historische Erfahrung zeigt, daß die Begegnung und wechselseitige Durchdringung von einander fremden Kulturen nicht nach dem Drehbuch des neudeutschen Softitums verläuft, daß sie vielmehr Konflikte und Konfrontationen hervorbringen. Ihnen standzuhalten und dazu beizutragen, daß sie allmählich Normalität werden, das wäre ein praktischer Beitrag der Linken zum Problem – ein Beitrag freilich, bei dem sie selbst involviert und bei dem mit der Rhetorik der richtigen Option nicht mehr viel auszurichten wäre. Es ist – die Parallelen zum Philosemitismus der frühen Bundesrepublik liegen auf der Hand – falsch, auf die Verteufelung der Ausländer mit ihrer Glorifzierung zu antworten. (Schmid, 1989, S. 543)

Für Hoffmann ist die multikulturelle Gesellschaft eine Sackgasse, weil sie letztlich dem Nationalstaatsdenken verhaftet bleibt und wie dieses mit monolithischen Kulturen operiert, die über die Individuen verfügen, statt ihrer Gestaltung verfügbar zu sein. Kulturen sollen zusammenleben oder Konflikte austragen, sich gegenseitig bereichern oder bedrohen, gleichberechtigt sein oder sich einander unter- und überordnen. „So wie es – immer unter Berufung auf ihre ‚Kultur' – die souveränen Nationalstaaten seit ihren Gründungen getan haben. Unwillkürlich nehmen die ‚Kulturen' dabei den Charakter von Personen an. Das ist trotz anderer Terminologie noch kein entscheidender Schritt über den Rassismus hinaus." (Hoffmann, 1992b, S. 1097)

Haben die Menschen in der individualistischen Gesellschaft, mit Ernst Bloch gesprochen, „das Recht, die Livree abzuwerfen", so hat nach Finkielkraut bei den — rückwärtsgewandten — Befürwortern der multikulturellen Gesellschaft die Kultur das letzte Wort. Sie fordern für alle das Recht auf eine Livree und präsentieren als höchste persönliche Freiheit das absolute Primat des Kollektivs und das heißt die Achtung von nationaler Identität, kultureller Eigenart, geistiger und religiöser Verwurzelung. „Multikulturell" sei das Schlüsselwort in der Verteidigung der ethnischen Integrität, der Verschiedenartigkeit und des Relativismus. Der Autor fragt:

> Gibt es eine Kultur da, wo man über Delinquenten körperliche Züchtigungen verhängt, wo die unfruchtbare Frau verstoßen und die Ehebrecherin mit dem Tode bestraft wird, wo die Aussage eines Mannes soviel wert ist wie die von zwei Frauen, wo eine Schwester nur Anspruch auf die Hälfte des Erbes hat, das ihrem Bruder zufällt, wo die Frauen beschnitten werden, wo die Mischehe verboten und die Polygamie erlaubt ist? (Finkielkraut, 1989a, S. 111)

Doch wie soll die von Finkielkraut vertretene universale Kultur gestaltet sein, wenn sie nicht Multikulturalität beinhaltet, dabei jedoch auch universalen Normen verpflichtet bleibt (s. 4.1.1)?

Als „Multikulti von rechts" bezeichnet Schütte (1992) jene von Ulbrich (1991) veröffentlichten Beiträge, deren Autoren die multikulturelle Gesellschaft als ein Faktum anerkennen, das Individuum jedoch zugunsten von kulturellen oder „volklichen" Gemeinschaften auflösen. Die neu-rechte Variante des Multikulturalismus laufe darauf hinaus, die Gesellschaft nach dem Beispiel südafrikanischer *homelands* zu organisieren.

Radtke (1990b, S. 6) kritisiert einen programmatischen Multikulturalismus, „der angibt, was wir *wollen sollen* und dabei schnell in Ideologie umschlägt". Es seien vier Konzepte, die in der politischen und sozialen Auseinandersetzung eine Rolle spielen:

1. Ein programmatisch-pädagogischer Multikulturalismus, der aus der Idee der interkulturellen Erziehung zum gegenseitigen Respekt von Mehrheitskultur und Herkunftskulturen der Migranten entstanden ist. Er entspreche der allgemeinen Tendenz zur Pädagogisierung von sozialen Problemen, die immer dann einsetzt, wenn andere gesellschaftliche Instanzen ein neu entstehendes Problem nicht bearbeiten können oder wollen. Auf diese Weise würden Strukturfragen in subjektive Anpassungsprobleme umgedeutet.
2. Ein kulinarisch-zynischer Multikulturalismus junger, erfolgreicher Mittelschichtangehöriger, vertreten durch Zeitgeistmagazine wie *Wiener* oder *Pflasterstrand*. Der in multikulturellen Gesellschaften für unausweichlich gehaltene Rassismus und Sozialdarwinismus wird als Preis der Freiheit hingenommen: „Wir müssen wieder lernen, mit Armut zu leben, ohne gleich in Ohnmacht zu fallen, wenn wir sie zu Gesicht bekommen" *(Pflasterstrand*, 3/90, zit. n. Radtke, ebd., S. 7). Dieser kulinarisch-zyni-

2. Aspekte der Multikulturalität

sche Multikulturalismus sei die Haltung des abgeklärten Postmodernen, dem der missionarische Eifer der Veränderung gesellschaftlicher Zustände längst abhanden gekommen ist.
3. Ein demographisch-affirmativer Multikulturalismus, der sich mit nüchternem Kalkül in die bevölkerungspolitischen Gegebenheiten schicke. Die „Vergreisung" der deutschen Bevölkerung und die Sorge um die Finanzierbarkeit der sozialen Sicherungssysteme läßt Industrieverbände und Sozialpolitiker die „bedarfsgerechte" Einwanderung fordern.
4. Ein reaktiv-fundamentalistischer Multikulturalismus, der sich bei Migranten ausbildet, sobald sie vom programmatisch-pädagogischen Multikulturalismus überzeugt oder enttäuscht sind.

Wenn ihnen „weiße" Intellektuelle und Sozialarbeiter nachdrücklich ihre „Kultur" wieder nahegebracht haben, kommt es notgedrungen zu einer Rückbesinnung auf kommunitäre Lebensformen der Familie, der Nachbarschaft und der Freundschaft. Gegen die feindlich und abweisend erlebte Mehrheitsgesellschaft wird der Rückzug in die Authentizität der „kulturellen Identität" angetregen. Der institutionalisierten Diskriminierung wird durch die Selbstorganisation von Neben(infra)strukturen begegnet, die in Subgesellschaften (Ghettos) und eigenständige Machtpotentiale (Clans) einmündet. (Radtke, ebd., S. 8)

Unter diesem letzten Aspekt findet Nieke (1990, S. 71 f.) in den letzten Jahrzehnten verstärkt eine *trotzige Ethnizität* als Folge erfahrener Nichtakzeptanz. Sie äußert sich in der offensiven Präsentation der unterscheidenden Merkmale mit dem Anspruch, in der bleibenden Andersartigkeit von Hautfarbe, Akzent, Kleidungsgewohnheiten etc. respektiert und nicht diskriminiert zu werden. Ausdruck trotziger Ethnizität ist die in jüngster Zeit feststellbare Verhärtung der Positionen bei jugendlichen Zuwanderern, die auch zu aggressiven Auseinandersetzungen führen. Dieser *ethnische Nationalismus* (Cohn-Bendit in Frankfurter Rundschau, S. 19, 11.12.1992) sei ebenso hart und unerbittlich wie bei den deutschen Skinheads.

Skepsis gegenüber der multikulturellen Gesellschaft äußert der Humanethologe Eibl-Eibesfeldt (1992). Obwohl aus biologischer Sicht ethnische Vielfalt ein Positivwert ist und friedliche Koexistenz möglich ist, wenn keine Gruppe die Dominanz einer anderen fürchten muß, seien die Prognosen für ein harmonisches Miteinander in einer multiethnischen Immigrationsgesellschaft ungünstig. Weil Fremdenscheu in allen daraufhin untersuchten Kulturen nachgewiesen werden konnte, sei wegen der auch territorialen Veranlagung des Menschen die Situation einer multiethnischen Mischpopulation in einem Gebiet konfliktträchtig. Wie viele höhere Wirbeltiere reagiere auch der Mensch mit archaischen Abwehrreaktionen, weil Überleben grundsätzlich Überleben auch in den Nachkommen genetisch naher Verwandter bedeutet. Weil Land hierfür die wichtigste Ressource ist, sei Immigration zwar nicht grundsätzlich abzulehnen, solle jedoch in Maßen und mit der Verpflichtung zur Assimilation verbunden sein. Zudem hat der Mensch in der anonymen Großgesellschaft in erster Linie Kontakt mit Fremden, was ihn emotional belaste. Denn der Mensch sei biologisch für geschlossene Kleingruppen und zu einem erheblichen Ausmaß durch stammesgeschichtliche Anpassungen programmiert (Eibl-Eibesfeldt, 1983). Diese biologistisch-reduktionistische Position übersieht den entscheidenden Unterschied zwischen dem Menschen und allen anderen Wirbeltieren, der in der Entwicklung der Großhirnrinde liegt. Diese macht den Menschen zu einem „von Natur auf Kultur" angewiesenen Lebewesen, das wegen seiner Freiheit zu Schuld und Verantwortung „schlimmer", aber auch „besser" sein kann als die instinktgebundenen anderen Wirbeltiere.

Wollte man ein Kontinuum skeptischer Multikulturalität entwerfen mit den Merkmalen „milde Bedenken" auf dem einen und „krasse Ablehnung" als Ethnozentrismus und Rassismus auf dem entgegengesetzten Pol der Skala, so wären die Äußerungen Werners, des ehemaligen Leiters der innenpolitischen Abteilung im Presse- und Informationsamt der Bundesregierung, eindeutig dem letzten Pol zuzuordnen. Sie repräsentieren eine eurozentrische Position, die zudem ethnozentrisch-rassistisch ist. Kultur ist für ihn die „Hochkultur" der Europäer oder der europäisch gebildeten Mittel- und Oberschichten eines Landes.

> Wenn man als Beispiel die Türken nimmt, schon weil sie die größte Ausländergruppe stellen, welche Kultur begegnet uns da? Wenn man nicht berufshalber mit ihnen zu tun hat, begegnet man ihnen allenfalls auf der Straße. Vielleicht nimmt man auch einmal einen Imbiß an einer Döner-Kebab-Bude, und wenn man sehr interessiert ist, besucht man eine Veranstaltung zur „Woche des ausländischen Mitbürgers", wo man dann anatolische Volkstänze erleben und türkische Musik vom Tonband hören kann. Umgekehrt: In welchem Symphoniekonzert oder in welcher Oper hat man je Türken in größerer Zahl gesehen? Also, welche kulturelle Begegnung findet statt? (Werner, 1992, S. 41)

Weil „multikulturell" einen Zustand benennt, den es in Wirklichkeit nicht gebe, sei „multinational" die bessere Bezeichnung. Noch besser sei jedoch ein deutsches Wort für den französischen Begriff *société multiracial*, gleich: mehrrassige Gesellschaft. „Das träfe es. Aber genauso wie die Briten, die ungeniert von ‚racial equality' (Rassengleichheit) sprechen, haben die Franzosen keine nationalsozialistische Vergangenheit, können deshalb unbefangener als wir mit diesem Begriff umgehen. Dabei geht es genau darum." (Werner, ebd., S. 41)

2.7.1 Ethnozentrismus

Ethnozentrismus ist der Terminus, der für Gruppenbezogenheit verwendet wird. Er bezeichnet die Tendenz, die eigene Kultur als den Mittelpunkt von allem zu sehen, als das Maß, mit dem alle anderen Lebensstile gemessen werden (Vivelo, 1981, S. 46). Lange bevor Sumner 1906 den Begriff des Ethnozentrismus prägte, gab es Belege für die als universell angenommene Tendenz, fremde kulturelle Gruppen nach eigenen Maßstäben zu beurteilen und ein für die eigene Gruppe positives Vergleichsergebnis zu erzielen. Sumner hatte eine Reihe von ethnographischen Beispielen für ethnozentrische Einstellungen geliefert und Patriotismus und Chauvinismus als zwei moderne, für Nationalstaaten typische Varianten angeführt. Seine Untersuchungen wurden in der Folgezeit außerordentlich fruchtbar für die sozialpsychologische Forschung zu Stereotyp und Vorurteil (Krewer, 1992, S. 14 f.). Amelie Mummendey (1993, S. 134) referiert die im Jahre 1972 von LeVine und Campbell vorgelegten Ergebnisse der Ethnozentrismusforschung als Facetten der Orientierung gegenüber der *ingroup* bzw. der *outgroup:* In der eigenen Gruppe sind alle menschlichen Vorzüge und Tugenden versammelt, die in der Wahrnehmung von der anderen Gruppe ihr negatives Spiegelbild finden.

Die Entstehung des Konzepts des Ethnozentrismus war auch die Geburt der *ingroup-outgroup*-Differenzierung, eines der wirksamsten konzeptuellen Instrumente der Sozialpsychologie (Graumann, 1992, S. 12 f.). Nach Sumner standen Kameradschaft und Frieden in der Wir-Gruppe in korrelativer Beziehung zu Feindschaft und Krieg gegenüber der Gruppe der anderen. Diese korrelative Beziehung mit ihrer Umkehrbarkeit als Phänomen von universellem Vorkommen macht Ethnozentrismus zu einem perspektivischen Konzept. Später wurde dieser Begriff auch benutzt für die Tendenz, sich dieser Haltung nicht bewußt zu sein. Insgesamt erwies sich das Konzept Ethnozentrismus als sehr komplex und vieldeutig. Es wird sowohl in bezug auf soziale Systeme wie Gruppen oder Nationen angewandt wie auch auf die Haltung von Individuen und damit als rein psychologisches Konzept.

Campbell sieht im „Ethnozentrismus und anderen altruistischen Motiven" (1965) eine individuelle Disposition, die das Faktum reflektiert, daß der Mensch primär ein soziales Wesen ist und als solches die Gemeinschaft zu schützen habe. Unter der Perspektive der Einen Welt ist „selbstloses" Handeln im Interesse eines begrenzten Kollektivs eher als Identifikation mit einem Gruppenegoismus zu betrachten. Es ist Unterwerfung und nicht selbsttranszendierende Hingabe. Die vormoderne, kollektivistische Identität nimmt lediglich Rollen ein (s. 5.1). Sie geht der Ausformung eines starken und hingabefähigen Ich voraus, das nach einer Phase der Abgeschlossenheit sich in Selbstüberschreitung der Gemeinschaft wieder zuwenden kann, die es formte (Sampson, 1989, S. 920). Dem Konzept des universalen Menschen (s. 6.1) folgend, entspricht der Ethnozentrismus einem vormodernen, infrarationalen Entwicklungszustand von Individuum und Gesellschaft.

Für Marx (1992) spiegeln die Inhalte des Ethnozentrismus den inneren Zustand einer Gesellschaft. Folgt die Wahrnehmung des Fremden der Entwicklungsfähigkeit bzw. der Nichtentwicklungsfähigkeit des Fremden, so hat dies unterschiedliche Konsequenzen für den Umgang mit Fremden:

> Wird dem Fremden Entwicklungsfähigkeit zuerkannt, das Potential zur Veränderung, so wird der Kontakt mit der Hoffnung verbunden sein, die Fremden ließen sich entwickeln, etwa im Sinne der Christianisierung oder Zivilisierung. In dieser Haltung offenbart sich ein Menschenbild, das von der grundsätzlichen Gleichheit der Menschen ausgeht. (Marx, 1992)

Diese Annahme der Gleichheit ist ethnozentristisch, weil sie für eigene kulturelle Standards universale Geltung beansprucht.

2.7.2 Rassismus ohne „Rasse"

Die Übergänge vom Ethnozentrismus zum Rassismus sind fließend. Werden Zuwanderer etwa als „integrationsunfähig" bezeichnet, nähert man sich damit schon einer naturalisierenden rassistischen Argumentationsweise (Kalpaka & Räthzel, 1990[2], S. 17). Dabei geben die Autorinnen zu bedenken, daß „Rassismus keine böse Absicht ist, sondern eine Lebensform, ein Bestandteil unserer kulturellen Identität und unserer ideologischen Vergesellschaftung" (Kalpaka & Räthzel, ebd., S. 9). Leiprecht bemerkt eine deutsche Scheu, gegenwärtige rassistische Praxis als Rassismus zu kennzeichnen. Der statt dessen übliche Begriff „Ausländerfeindlichkeit" „dürfte etwas mit einer interessierten Verarbeitungsweise deutscher Geschichte zu tun haben, die mit der Vorstellung einer ‚Stunde Null' operiert, so als ob die deutschen Verhältnisse nach 1945 nichts mehr mit der Zeit davor zu tun haben." (Leiprecht 1992[2], S. 12) Durch die Reservierung des Begriffs Rassismus für die Verfolgung der Juden während des Nazi-Regimes werde nahegelegt, daß es rassistische Denk- und Handlungsformen heute in der Bundesrepublik kaum noch und höchstens in einigen neonazistischen Zirkeln gebe.

Heckmann unternimmt eine ideologiekritische Untersuchung des Rassenbegriffs, die in der These mündet, daß der Gebrauch des Begriffs „Rasse" die implizite Übernahme rassistischer Positionen bedeutet. Es handle sich um einen politisch-ideologischen Kampfbegriff, der nur Gegenstand, nicht aber analytische Kategorie sozialwissenschaftlicher Argumentation und Forschung sein kann. Nach Berry (1951, S. 71) zitiert er die wesentlichen Merkmale des biologischen Rassenbegriffs, der in der Pflanzen- und Tierzucht berechtigt, dessen Anwendung auf den Menschen jedoch unzulässig ist:
1. „Rassen" sind statistische Kategorien und nicht distinkte, invariable Entitäten.
2. Keine der bisher vorgeschlagenen Klassifikationen wurde von den Wissenschaftlern einmütig akzeptiert. Viele Gruppen passen nicht in die gängige Einteilung in Kaukasoide, Mongoloide und Negroide.
3. Die Kriterien der Klassifikation nach „Rassen" erweisen sich — evolutionstheoretisch — als nichtadaptiv, physisch sekundär und von geringem Überlebenswert.
4. Die meisten dieser „Rassen"-Kriterien sind phänotypisch keineswegs distinkt, sondern bewegen sich innerhalb eines Kontinuums.

„Rasse" als biologisches Phänomen und Rassismus als gesellschaftliche Erscheinung werden nicht auseinandergehalten. Anti-Rassismus bleibt dem gleichen Fehlschluß verhaftet und hilflos, wenn er fortfährt, mit dem Rassenbegriff zu argumentieren (Heckmann, 1979, S. 80).

Zu Ursprung und historischer Entwicklung rassistischer Ideologie sei hier nur auf die beiden „Klassiker" Memmi (1987) und Mosse (1990) ver-

2. Aspekte der Multikulturalität

wiesen. Zu dem neuen Rassismus in der Alten Welt s. Balibar (1989, 1991, 1992), Miles (1989, 1990, 1991) und Pinn und Nebelung (1992²). Heckmann (1979, S. 83 ff.) macht zwei Ursprünge rassistischer Ideologie aus: Zum einen diente der Rassenbegriff als Kampfinstrument einer legitimatorischen Absicherung der kolonialen Sklaven- und Zwangsarbeit. Der zweite Ursprung ist die fast völlige Loslösung des Rassenbegriffs von nur äußerlichen biologischen Merkmalen und seine Verwendung als politisch-ideologischer Kampfbegriff in Aufstieg und Etablierung des Bürgertums als herrschender gesellschaftlicher Macht. Der Rassenbegriff in seiner modernen Verwendung kann sich zwar an biologischen Merkmalen von Bevölkerungsgruppen festmachen, setzt sich aber ebenso über sie hinweg.[6] Es wird jedoch immer soziale Ungleichheit als biologisch fundierte Naturordnung dargestellt, und Bestrebungen zu ihren Veränderungen werden als gegen die Natur verstoßend abgelehnt. Irreführend und politisch gefährlich sei es, von „rassischen" Minderheiten oder „rassisch Verfolgten" zu sprechen, wo offenbar doch rassistisch diskriminierte Minderheiten und rassistisch Verfolgte gemeint sind.

Der moderne Rassismus ist auf den Rassenbegriff nicht angewiesen. Kluge Rassisten verwenden heute lieber den Kulturbegriff und meinen damit „Rasse" (Zick & Wagner, 1993, S. 49). Nach Teo ist der Verwendung von „Kultur", „Volk" und „Ethnizität" in neorassistischen, nationalistischen und neokonservativen Kreisen der Begriff der „Rasse"

> als implizite Theorie inhärent, und es ist egal, welcher Begriff verwendet wird, solange in den Köpfen dieser Leute Konzepte herumgeistern, die körperliche mit sozialen Merkmalen verknüpfen, negative Bedeutungen konstruieren, Wertungen einführen und diese Überlegungen zu antihumanistischen Praxen, xenophobischer Politik und nationalistischen Aktionen mit deren bekannten Konsequenzen ummünzen. (Teo, 1994, S. 84)

Rassismus als Lebensform bzw. die „Schwierigkeit, nicht rassistisch zu sein" (Kalpaka & Räthzel, 1990²; s.a. van den Broek, 1988, und Melber, 1992) verdeutlichen van Dijks Schlußfolgerungen aus eigenen multidisziplinären Forschungsarbeiten zu rassistischen Diskursen. Eine wichtige These betrifft die Rolle der Eliten. Damit meint van Dijk jene Gruppen im soziopolitischen Machtgeflecht,

> die die zentralen Politikkonzepte entwickeln, die einflußreichsten Entscheidungen treffen und die die Modalitäten ihrer praktischen Umsetzung kontrollieren: Regierung, Parlament, Direktoren oder Gremien staatlichen Handelns, führende Politiker, Arbeitgeberverbände, Direktoren und Manager, einflußreiche Wissenschaftler etc. (van Dijk, 1991², S. 10)

---

[6] Zu den modernen − auch symbolischen − Formen des Rassismus s. McConahay und Hough, 1976; Kinder und Sears, 1981; Cashmore, 1987, und Dovidio und Gaertner, 1986.

Die Elite repräsentiert die Dominanz der europäischen Gruppen über die nichteuropäische. Sie reproduziert diese Dominanz täglich in den vielfältigen Zusammenhängen einer multi-ethnischen Gesellschaft und beeinflußt den „alltäglichen Rassismus" der gesellschaftlichen Basis. Van Dijk versucht an einigen Formen des Elite-Diskurses zu zeigen, wie sich eurozentrische Gruppendominanz äußert.

Der Mediendiskurs: Der Diskurs der Massenmedien spielt eine zentrale Rolle für die symbolische Reproduktion von Rassismus durch die Eliten (s. a. Jäger & Link, 1993). Bereits in der Ausschließung von Journalisten aus den Zuwanderergruppen, viel mehr noch in der Wahl der Themen und Gegenstände wird die Position der Mehrheit für diese vorteilhaft repräsentiert. Die Belange der Minderheiten werden meist unter einer dramatischen Negativperspektive dargestellt, die kulturellen Unterschiede werden oft zumindest als problematisch charakterisiert. Rassismus wird durch die Presse generell abgestritten oder abgemildert, Diskriminierung oft als zufällig behandelt. Die Präsentation von Zuwanderern oder Minderheiten wird als problemhaft, konfliktbeladen oder sogar als bedrohlich dargestellt. Themen, die von großer Bedeutung für Minderheiten sind, wie etwa Aufenthaltsrecht, soziale Angelegenheiten, Wohnung, Gesundheitserziehung, Erziehung, Beschäftigung oder Rassismus kommen kaum in die Schlagzeilen der Presse.

Bildungsdiskurse; Schulbücher: Neben der Primärsozialisation und dem Lernen durch die Kommunikation mit den Eltern bedeuten Kinderbücher und Fernsehprogramme, Unterrichtsstunden und Schulbücher die erste Begegnung mit institutionalisierter erzieherischer Kommunikation über Wissen, Glauben, Normen und Werte. Bereits ab dem vierten Lebensjahr oder sogar noch früher werden sich Kinder auf diese Weise ihrer eigenen ethnischen Identität bewußt. Schulbücher verfestigen die ethnozentrische Einstellung, indem sie – wie zahlreiche Untersuchungen übereinstimmend belegen – nichtwestliche Menschen, Gesellschaften und Kulturen ignorieren, marginalisieren, erniedrigen oder problematisieren (s.a. Göpfert, 1985).

> Eine unterstellte westliche Überlegenheit auf allen Ebenen kommt auch in Stil und Wortwahl zum Ausdruck, so im häufigen Gebrauch von „Hütten" (statt „Häusern"), „Stämmen" (statt „Völkern" oder „Gruppen"), „Aberglaube" (statt „Religion"), „primitiv" (statt „nichtindustrialisiert" oder „traditionell"), „Zauberdoktor" (statt „Doktor"), „sich bemalen" (statt „Make-up anlegen") etc. (von Dijk, ebd., S. 26)

Der akademische Diskurs: Wie zuvor mit dem Begriff der „Rasse" werden „Kulturen" als defizitär charakterisiert: Sie haben eine pathologische „Familienkultur", ihnen fehlt eine „Erziehungskultur" oder sie leben in einer „Kultur der Armut". Ihre angebliche Minderwertigkeit gegenüber der europäisch-nordamerikanischen Kultur wird in Sprachwissenschaft, Literatur und Kunst sowie in den anderen Geistes- und Gesellschaftswissenschaften

2. Aspekte der Multikulturalität

daran erkennbar, daß fremde Kulturen kaum einen Gegenstandsbereich darstellen und wenn, dann mit deutlich weniger Prestige und mit geringerem Status.

Der politische Diskurs: Ein dichtes Beziehungsnetz von Macht, Einfluß und Informationsprozessen grenzt den politischen Diskurs nicht auf die persönlichen Ansichten von Politikern oder politischen Organisationen ein. Im Bericht des Untersuchungskommitees „Rassismus und Fremdenangst" des Europäischen Parlaments wurden rassistische Äußerungen und Maßnahmen von Politikern fast aller politischen Richtungen der Mitgliedsländer aufgelistet, die zu folgenden Schlußfolgerungen führen:

> (a) Die Weißen sind überlegen. Einwanderer sind kulturell und moralisch minderwertiger („Barbaren", Verbrecher, Drogenabhängige, religiöse Fanatiker, Schnorrer usw.).
> (b) Rassismus, Diskriminierung oder Fremdenfeindlichkeit sind keine Probleme, für die es einer nationalen Gesetzgebung bedarf, und sie haben auch keine politische Priorität. Die gegebene Gesetzeslage reicht aus. Trotz wiederholter Aufforderungen anti-rassistischer Organisationen haben die Europäischen Staatsmänner niemals bindende Verpflichtungen verabschiedet und erst recht keine ernsthaften Maßnahmen gegen Rassismus in Europa ergriffen.
> (c) Rechtsextremistische rassistische Äußerungen brauchen nicht (ernsthaft) verfolgt zu werden, selbst wenn dabei gegen bestehende Gesetze verstoßen wird.
> (d) In „Not"-Fällen dürfen die Politiker diskriminierende Handlungen gegen die Einwanderung, die Ansiedlung oder die Einführung der Bürgerrechte ... vornehmen.
> (e) Es wird davon ausgegangen, daß Gesellschaften und Kulturen eine „Schwelle" der Akzeptanz von Einwanderern besitzen, die z.B. an absoluten Zahlen oder Prozenten festgemacht wird. Das bedeutet, daß weiße Kommunen schlicht erklären können, daß ihre „Toleranzschwelle" überschritten und Diskriminierung deshalb rechtens sei. (van Dijk, ebd., S. 38)

Während Rechtsextremisten einen offenen rassistischen Diskurs pflegen, verwenden die dominanten politischen Kräfte zwar die gleiche Ideologie, doch sind ihre Aktivitäten gegen Zuwanderer „moderater". Der Rassismus der Rechtsextremisten kann somit in den Dienst dieser Formen des Rassismus gestellt werden, um sie weniger krass erscheinen zu lassen.

Der Diskurs im Geschäfts- und Arbeitsleben: Über diese Form der Diskriminierung wird in den Medien nur selten berichtet. Die hervorstechenden Eigenarten dieses Diskurses korrespondieren mit den allgemeinen Zielen kapitalistischen Wirtschaftens, d.h. mit Wettbewerb und Profit. Wenn Angehörige von Minderheiten seltener eingestellt oder befördert werden, dann wird dies mit unterstellten Bildungs- und Ausbildungsdefiziten gerechtfertigt oder mit vermuteten „Schwierigkeiten", die sie verursachen könnten.

Der Alltagsdiskurs: Forschungsergebnisse über die Reproduktion von Rassismus in Alltagsgesprächen zeigten immer wieder, daß elitäre Formen des Rassismus einen beträchtlichen Einfluß auf alltägliche Ansichten haben. Größtenteils sind sie mit den Diskursen der Massenmedien identisch. Argumentation, Redewendungen und Stil sind häufig direkt dem öffentlichen Mediendiskurs entliehen. Bei negativen Geschichten über Minderheiten wird darauf verwiesen, daß man so etwas täglich in den Zeitungen lese. Andererseits bedienen sich Politiker des volkstümlichen Rassismus und verstärken ihn, indem sie ihn zu ihren eigenen Formen der ethnischen Diskriminierung verwenden. Van Dijk nennt mehrere Gründe, weshalb der tägliche Rassimus nur begrenzt autonom ist:

> Erstens kann er nur einflußreich sein, wenn er in der ganzen Bevölkerung verbreitet ist, und das ist ohne Zutun der Massenmedien unmöglich. Zweitens: Unsere Forschungsergebnisse zeigen, daß der volkstümliche Rassismus sich nicht nur in ethnisch gemischten Wohnvierteln findet und daher nicht nur auf persönlicher Erfahrung gründet, noch daß er in erster Linie von sozio-ökonomischen Faktoren wie schlechten Wohnungen, Verfall der Innenstädte oder Arbeitslosigkeit abhängig ist. Drittens: Einwanderer und Minderheitengruppen, die nicht oder nur selten von den Massenmedien negativ dargestellt werden, z.B. die Vietnamesischen Bootsflüchtlinge, Flüchtlinge aus anderen kommunistischen Ländern oder weiße Einwanderer, sind bedeutend seltener Ziel des Volkszorns. Mit anderen Worten: Diese und andere Faktoren scheinen darauf zu verweisen, daß die volkstümliche Feindlichkeit gegen Minderheiten und Einwanderer größtenteils von den Medien und den politischen Eliten gemanaged und manipuliert wird. (van Dijk, ebd., S. 41)

Ueltzhöffer (1993) unterscheidet aufgrund der 1980 durchgeführten Sinus-Studie fünf Dimensionen rechtsextremen Denkens:
1. Das reaktionäre Menschenbild mit Haß und Abneigung gegen alles vermeintlich Andersartige bei gleichzeitiger krankhafter Selbstüberschätzung.
2. Das Gefühl der Bedrohung kollektiver oder individueller Identität durch Angehörige fremder Nationalitäten.
3. Harmoniestreben und Antipluralismus.
4. Eine übermächtige Wertschätzung von „Volk, Vaterland, Heimat und Familie".
5. Den Siegfried-Komplex als besondere deutsche Variante des Rechtsextremismus, eine Mischung aus Männlichkeitswahn und Angst vor tückischen, listigen und intelligenten Feinden.

Dieses Denken ist Basis für mindestens drei moderne Formen des Rechtsextremismus. Der Rechtspopulismus der „Republikaner" vermischt Sozialprotest, Nationalismus und Fremdenfeindlichkeit mit gegen das etablierte Parteiensystem gerichteten Affekten. Der technoide Rechtsextremismus der „Neuen Rechten" verbreitet unter dem Anschein von Wissenschaftlichkeit und mit zunehmendem pulizistischen Erfolg neodarwinistische Theorien aus Anthropologie, Genetik, Biopsychologie und Verhaltensforschung; aus der

Verklärung einer „europiden Rasse" wird die Naturnotwendigkeit genetischer Auslese abgeleitet. Die Skin-Szene agiert mit einer Gewaltbereitschaft von zügelloser Brutalität.

2.8 Präskriptive Multikulturalität

Nieke (1990, S. 85 ff.) unterscheidet mit Esser (1983) zwei Stufen des Zielkonzepts „multikulturelle Gesellschaft" mit jeweils unterschiedlichen Präskriptionen:
1. Der deskriptive Begriff konstatiert ohne Wertung, daß Zuwanderung neue Anforderungen für das politische und pädagogische Handeln stellt. Er beinhaltet Akzeptanz der Faktizität der multikulturellen Gesellschaft, wie sie sich – zunächst mit allen Ungleichheiten – bei der Zuwanderung entwickelt hat. Er beinhaltet auch die Akzeptanz der damit sich stellenden Aufgabe. Sie darf nicht die Anerkennung von Ungleichheit und sozialer Marginalisierung einschließen, sondern muß das Gleichheitsgebot der Grundrechte für alle auf dem Territorium des Staates lebenden Personen beachten.
2. Der normative Begriff, der vorschreibt, wie eine multikulturelle Gesellschaft organisiert sein soll, anderenfalls es sich um eine Parallelgesellschaft von Majorität und Minorität handelt. Diese Stufe ist weder historisch noch im internationalen Vergleich leicht als vollständig realisiert aufzufinden.

Bevor auf Inhalte und Strukturen *präskriptiver Multikulturalität* eingegangen wird, sollen Definitionen und Explikationen zum Begriff von „Ausländer" und „Kultur" bzw. „Ethnie" und „Volk" vorgenommen werden, die für die Zielvorstellung „multikulturelle Gesellschaft" einen veränderten, bewußteren Sprachgebrauch begründen.

2.8.1 „Zuwanderer" statt „Ausländer"

Der Begriff der internationalen Migration umfaßt alle Personen, die ihren Wohnsitz in andere Länder verlegen, also Auswanderer, Umsiedler oder Aussiedler, legale Arbeitsmigranten („Gastarbeiter") oder illegale Zuwanderer, nachwandernde Familienangehörige, Flüchtlinge unterschiedlicher Art (Schulte, 1992, S. 91). Das Deutungsmuster von „Ausländer" in der gegenwärtigen Sprachgemeinschaft der Bundesrepublik Deutschland ist nach Nieke (1990, S. 58 f.) eine unzutreffende und unlogische Zusammenfassung verschiedener Bedeutungen unter einem eigentlich klar definierten Begriff. Die Konnotation des Wortes „Ausländer" bezieht sich üblicherweise nicht auf japanische Manager, hier arbeitende Niederländer, Österreicher, Franzosen, US-Amerikaner und NATO-Streitkräfte. „Ausländer" sind fremde, unangenehme, bedrohliche Zuwanderer. Das Deutungsmuster unterscheidet sich hier deutlich von der juristischen Definition. Es enthält zwei Komponenten: Der „Ausländer" als Zuwanderer ist hinsichtlich Sprache, Aussehen und Kultur ein Fremder. Er befremdet, macht Angst — oder wirkt reizvoll, interessant exotisch, wenn die Begegnung mit ihm, zum Beispiel im Urlaub, selten ist und ohne Auswirkung auf die eigene Existenz bleibt. Der „Ausländer" als Zuwanderer ist Konkurrent, derzeit um Wohnungen und Arbeitsplätze. Wahlforscher sehen darin die Erklärung des Erfolgs von rechtsextremen Parteien. Ausländer und Aussiedler werden dabei zu einer einheitlichen Gruppe von unerwünschten Zuwanderern verschmolzen und erfahren eine ähnliche Ablehnung wie um 1950 die Flüchtlinge aus den Ostgebieten. Elementarer Bestandteil vieler Kulturen ist nach Nieke die Konkurrenz um Frauen. „Deutsche männliche Jugendliche äußern in Interviews nicht selten auch ein Deutungsmuster der Konkurrenz um deutsche Mädchen: ‚Die nehmen uns die Tussies weg', wird im Blick auf ausländische männliche Jugendliche gesagt und damit die Ablehnung gerechtfertigt." (Nieke, ebd., S. 66)[7] Nach Beck (1983) handelt es sich bei der Konkurrenz um eine sich durchsetzende Form elementarer, archaischer Weltorientierung durch extreme Individualisierung in den Industriegesellschaften, die zu ihrer Überwindung der eigentümlichen Konkretheit von Naturkategorien wie „Rasse", Hautfarbe, Geschlecht, Alter oder körperlicher Behinderung bedarf. In der Wahrnehmung des „Ausländers" als Fremder und Konkurrent sind drei Formen des Umgangs mit Zuwanderern begründet: Assimilationszumutung, Vertreibung und Vernichtung sowie Segregation (s. 2.2).

2.8.2 „Lebenswelt" statt „Kultur", „Ethnie" und „Volk"

Nieke versucht im Kontext der interkulturellen Erziehung eine probeweise Bestimmung des inhärenten Begriffs Kultur und seiner praktischen Handhabbarkeit. Er diskutiert den Gebrauch des Begriffs der Ethnie, der unter dem Einfluß von Ethnologie und Kulturanthropologie synonym benutzt wird. „Interethnische" Erziehung wäre als Begriff jedoch unscharf und geriete zudem in deutliche Nähe zur Volksgruppenbewegung. Nieke versucht eine heuristische Definition für den Kontext der interkulturellen Erziehung und entnimmt in Anlehnung an Micheline Rey (1979; 1986) dem aus dem fran-

---

[7] Rivalität, nicht Fremdenhaß kennzeichnete auch die Reaktionen von deutschen Männern, als vor dreißig Jahren die ersten Italiener als „Gastarbeiter" nach Wolfsburg kamen, der inzwischen größten italienischen Stadt außerhalb Italiens. „Mit bis zu 5000 jungen Leuten waren die Gastarbeiter in einem Barackenlager untergebracht — hinter Stacheldraht. Frauen hatten keinen Zutritt. Sahen sie am Feierabend einmal einem Mädchen nach, konnte es Ärger mit den Deutschen geben." (Gückel, 1992, S. 23) Unter einer etwas anderen Perspektive thematisierte der Witz die erotische Komponente des kulturellen Kontakts und benutzte dabei einen gängigen Werbeslogan: „Bauknecht hat heute wieder tausend Italiener eingestellt — denn Bauknecht weiß, was Frauen wünschen".

2. Aspekte der Multikulturalität

zösischen Strukturalismus abgeleiteten Begriff von Kultur als Symbolsystem zwei zentrale Bestimmungsstücke:
1. Kulturen sind ein System von Symbolen, und zwar nicht irgendwelche beliebigen, sondern Interpretations-, Ausdrucks- und Orientierungsmuster.
2. Das Zusammenleben von Menschen unterschiedlicher Kulturen geht nicht ohne kulturelle und soziale Konflikte ab.

Da sich die interkulturelle Pädagogik stark an den empirischen Kulturwissenschaften orientiert, die die Definition von Kultur weder an Ethnie, noch Nation oder Sprache binden, werden Kulturgrenzen nicht identisch mit Sprachgrenzen und Grenzen von Ethnien oder Nationen betrachtet. Es gibt daher in so komplexen Gesellschaften wie der Bundesrepublik Deutschland oder der Türkei keine deutsche oder türkische Kultur, sondern nur Teil- und Subkulturen. Gemeinsame Elemente konstituieren weder eine einheitliche Gesamtkultur noch einen Nationalcharakter, den zu konstituieren eine vergebliche Bemühung der älteren Völkerpsychologie war. „Vermutlich würde ein solcher Vergleich auch Gemeinsamkeiten mit entsprechenden Kulturelementen in ähnlich organisierten Gesellschaften anderer Nationalität ergeben. Auf dieser Grundlage basieren Konzepte, die einen gesellschafts- und kulturübergreifenden Universalismus in einigen Grundelementen aller Kulturen und Gesellschaften gleichen Organisationsgrades annehmen." (Nieke, 1990, S. 123)

Teilkulturen sind als *Lebenswelten* zu verstehen, die einen Vorrat an Deutungsmustern als Alltagswissen zwecks Weltorientierung enthalten. Nach Alfred Schütz wird die Gesamtheit der fraglosen Gewißheiten des Alltags bei der Orientierung in der physischen und sozialen Umwelt aktiviert. Das nicht bewußte Alltagswissen wird mit Alltagstheorien begründet und – bei Mißlingen – neu orientiert und „repariert". Der Begriff der Lebenswelt faßt nach Nieke die Phänomene des Ethnozentrismus und der ubiquitären Feindseligkeit im Kontakt mit Kulturen genauer. Dies wird deutlich etwa an Husserls Unterscheidung der Lebenswelt nach Heimwelt und Fremdwelt. Vertrautheit und Verläßlichkeit stehen hierbei Abgrenzung und Abschirmung gegenüber. Habermas betont die Eingebundenheit der kommunikativ Handelnden in die Lebenswelt.

> Während sich dem Handelnden, sozusagen von vorne, der situationsrelevante Ausschnitt der Lebenswelt als Problem aufdrängt, das er in eigener Regie lösen muß, wird er a tergo von einer Lebenswelt getragen, die für die Verständigungsprozesse nicht nur den *Kontext* bildet, sondern auch *Ressourcen* bereitstellt. Die jeweils gemeinsame Lebenswelt bietet einen Vorrat an kulturellen Selbstverständlichkeiten, dem die Kommunikationsteilnehmer bei ihren Interpretationsanstrengungen konsentierte Deutungsmuster entnehmen. (Habermas, 1983, S. 146)

Hoffmann geht den sozialwissenschaftlichen Definitionen von ‚Volk'[8] nach und stellt am Beispiel dieses Begriffs fest, wie sehr die Unterscheidung von sozialen Gebilden und deren Etikettierung in ideologische Zusammenhänge verstrickt bleibt, insbesondere wenn — wie derzeit zu beobachten — die Rede vom ‚Volk' oder der ‚Nation' wieder in Mode kommt. Gegenüber dem Begriff ‚Volk' weist der höher bewertete Begriff ‚Nation' ein Mehr an Bewußtheit, Staatlichkeit oder Macht auf. Dennoch kann ‚Volk' auch eine Steigerung gegenüber ‚Nation' bedeuten. Für Ethnos, Demos, Nation oder Stamm kann man auch ‚Volk' sagen, während man ‚Volk' nicht ohne Bedeutungsverengung gegen diese Begriffe austauschen kann. Sie beinhalten als einzig übereinstimmendes, universales Element den *Gemeinsamkeitsglauben* (Max Weber), bezogen auf etwas Gemeinsames, das in Territorium, Herrschaft, Staat, Geschichte, Kultur, Abstammung oder irgendeiner Substanz gesehen wird. ‚Volk' kennzeichnet durch Standortgebundenheit und Totalitätsanspruch die Teilnehmerperspektive. Von ‚Völkern' zu reden, impliziert die distanzierte Perspektive, in der das Spezifische des Volksbegriffs verlorengeht.

> Erst die in der Aufklärung herausgebildete Vorstellung einer aus Individuum zusammengesetzten Menschheit macht es möglich und nötig, daß der einzelne in dieser seinen Ort bestimmt, indem er sich ihr gegenüber mit einer Teilmenge von Menschen identifiziert. Das neuzeitliche Auseinanderfallen der Erfahrungshorizonte von Individuum und Menschheit wird überbrückt durch die Vorstellung des „Volkes". (Hoffmann, 1991, S. 199)

‚Volk' ist ein Begriff der Moderne, vielleicht eher noch des Übergangs in die Moderne noch vor der universalistischen Formulierung der Menschenrechte. Sollte ‚Menschheit' der Begriff der Postmoderne sein?

2.8.3 Inhaltliche Präskriptionen

Politische Inhalte des Multikulturalismus im Bildungswesen sind bereits in einigen australischen Teilstaaten formuliert worden (Giles, 1982, S. 71). Trotz der expliziten Feststellung, daß Multikulturalismus ein deskriptiver Ausdruck für eine Gesellschaft sei, in der Gruppen gleichzeitig nebeneinander bestehen, sind präskriptive oder normative Inhalte unverkennbar. Ethnische Kulturen werden anerkannt, ihre Bewahrung und Entwicklung ermutigt und eine Politik begünstigt, die der australischen Gesellschaft kulturelle Elemente hinzufügt, statt sie zu ersetzen oder sie zu schmälern. Deutlich wird hier das Bestreben, unter Wahrung der Einheit des vorgegebenen nationalen Rahmens die Vielfalt der Zuwandererkulturen zu erhalten.

---

[8] Er benutzt hierbei drei unterschiedliche Chiffrierungen: „Volk" kennzeichnet die Vorstellung, ein *Volk* zu sein; *Volk* beschreibt die Gesamtheit der Menschen, die von sich das Bewußtsein als „Volk" haben; ‚Volk' stellt die Begrifflichkeit heraus.

2. Aspekte der Multikulturalität

Greverus (1982, S. 24) betrachtet die multikulturelle Gesellschaft als ein dynamisches Konzept, das aus zwei von fünf Strategien zur Konfliktlösung des Kulturschocks resultiert. Dabei wird die Strategie der Enklaven- oder Gettobildung nur durch den wechselseitigen Prozeß der kulturellen Erfahrung aufgehoben. Andere Strategien sind die der vollkommenen Anpassung, der Änderungen der in der Ausgangsgesellschaft liegenden traditionellen Verhaltensformen und die Durchsetzung traditioneller Kulturverhaltensformen gegenüber den Einheimischen. In einem kulturellen Pluralismus in seiner utopischen Form, einer multikulturellen Gesellschaft der sich nicht nur tolerierenden und nebeneinander lebenden, sondern der in ihrer Differenzierung gleichberechtigt miteinander lebenden Kulturgruppen, sieht die Autorin den Widerspruch zwischen sich abschließender und interaktionistischer Reaktion auf den Kulturkonflikt aufgehoben. Weder das Konzept *melting pot* kann hierbei ein Modell sein, noch eine Disengagement-Strategie, die Sonderrechte für ethnische Minderheiten fordert, dabei aber häufig mit einem regressiven Traditionalismus verbunden ist, bei dem Kultur als etwas Statisches und Unveränderbares gesetzt wird. Der kulturelle Pluralismus muß sich auf die Schaffung neuer autonomer Kulturprovinzen konzentrieren, in denen die Vielfalt des Mitgebrachten ohne Kulturschock in eine dynamische Kultur integriert wird, an der jeder beteiligt ist.

Von der Vorstellung des Schmelztiegels als Bild für eine Gesellschaft, in der die unterschiedlichsten Kulturen und Traditionen zu einer einheitlichen Legierung verschmolzen werden, haben sich die klassischen Einwanderungsländer bereits in den letzten zwei Jahrzehnten abgewandt. Bei der Suche nach einem neuen Bild, das die Richtung der Zukunft angeben könnte und nicht die Anpassung der Minderheiten an die herrschende Mehrheitskultur ausdrücken sollte, kam man auf die Metapher der Salatschüssel. „Sie steht für verschiedene Elemente, die zusammengemischt als solche weiterbestehen und den Wohlgeschmack des Ganzen, des gut angemachten Salates ausmachen." (Leuninger, 1990, S. 4 f.)

Für Cohn-Bendit und Schmid (1992) geht es im multikulturellen Zusammenleben um eine Gratwanderung zwischen zentrifugalen und zentripetalen Kräften und um das dauerhafte Austragen von Konflikten. Es ist deswegen so wichtig, daß die multikulturelle Gesellschaft sich Spielregeln gibt. Vielleicht geht es auch darum, den amerikanischen Traum mit offenen Augen und bei klarem Verstand weiterzuträumen (Kuhlmann, 1992). Eine gemischte Kultur schreibt ethnische Identität nicht fest, ignoriert sie auch nicht, sondern relativiert und transformiert diese vielmehr, indem sie miteinander kommunizieren läßt.

Integration statt Assimilation

Der Gebrauch der Begriffe Integration, Assimilation und Pluralismus ist sehr unterschiedlich und umstritten. Unter *Assimilation* wird der Prozeß verstanden, innerhalb dessen sich eine ethnische Minderheit an die dominierende Gesellschaft und ihre Kultur anpaßt.

Der Prozeß ist an sein Ende gelangt, wenn die ethnische Minderheit strukturell wie kulturell ganz in der umgebenden Gesellschaft aufgegangen ist und alle Merkmale der ursprünglichen Kultur der Gruppe verschwunden sind, so daß allenfalls noch Familiennamen und physische Merkmale an die ursprüngliche Herkunft erinnern. Der Anpassungsprozeß kann zwar auch beiderseitig sein, verläuft jedoch in der Regel nicht symmetrisch, sondern so, daß sich die Minderheit stärker an die Mehrheit anpaßt. (Just & Groth, 1985, S. 23 f.)

Soziokultureller *Pluralismus* wird als Gegenpol zur Assimilation verstanden. Eine Vielzahl selbständiger ethnischer Gruppen halten innerhalb einer Gesellschaft ihre eigene Kultur aufrecht und haben auch in ihrer sozialen Struktur eigene Institutionen. Merkmal des Pluralismusbegriffs ist das Fehlen einer hierarchischen Zu- und Unterordnung; die einzelnen kulturellen Gruppen sind autonom und gleichberechtigt. Eine in diesem Sinne pluralistische Gesellschaft ist Utopie. Als relativ pluralistische Gesellschaften können die Schweiz und Belgien betrachtet werden. Eine mittlere Position zwischen Assimilation und Pluralismus nimmt der Begriff der *Integration* ein. Mit Integration wird ein Prozeß beschritten, innerhalb dessen Teilgruppen einer Gesellschaft in größere Übereinstimmung mit den Zielsetzungen der dominanten Gruppe gebracht werden.

Die Teilgruppe (Minderheit) kann sowohl kulturell wie strukturell ein Stück Autonomie bewahren, paßt sich aber gleichzeitig in bestimmtem Maß und auf bestimmten Gebieten an. Hier gibt es eine ganze Skala von Möglichkeiten zwischen Assimilation und Pluralismus — darin liegt der wesentliche Grund für den unterschiedlichen Gebrauch des Begriffs und den Streit um seine Bedeutung. Die Vorstellungen, die sich hinter dem Begriff verbergen, reichen von dem Konzept einer „Integration auf Zeit" ... bis zur „Integration unter Beibehaltung der kulturellen Identität", die am Modell einer „multi-kulturellen Gesellschaft" orientiert ist und vom Verbleib der Wanderarbeitnehmer ausgeht. (Just & Groth, ebd., S. 23 f.)

Für Esser (1983) ist das Konzept der multikulturellen Gesellschaft durch zwei theoretische Grunddimensionen des Verhältnisses sozialer Gruppen zueinander gekennzeichnet. Die Dimension Integration bzw. Des-Integration bezeichnet die Frage, ob die Gruppen gleichgewichtige und spannungsarme Beziehungen zueinander unterhalten oder nicht. Die Dimension Assimilation bzw. Dissimilation unterscheidet, ob die Gruppen sich untereinander kulturell, sozial bzw. strukturell angeglichen haben oder nicht. Nimmt man vereinfachend für jede der beiden Dimensionen nur zwei Ausprägungen an, dann ergeben sich daraus vier Typen der Art des Zusammenlebens: *Assimilation und Integration* wäre eine Form des Zusammenlebens unter Aufgabe ethnischer Eigenständigkeit. *Assimilation ohne Integration* wäre der Fall des Zerbrechens einer kulturell homogenen Gesellschaft (z.B. in Klassenkämpfen). *Dissimilation ohne Integration* bezeichnet den Zustand des Konflikts rivalisierender ethnischer bzw. religiöser Gruppen (z.B. Südafrika und Nordirland). *Integration, aber keine Assimilation* wäre eine Kombination, unter der sich das Konzept der multikulturellen Gesellschaft subsumieren ließe.

2. Aspekte der Multikulturalität

Verschiedene ethnische, kulturelle und religiöse Gruppen behalten in einem gemeinsamen wirtschaftlichen und politischen Rahmen jeweils ihre Eigenständigkeit und stehen dabei in geregelten und spannungsarmen (Austausch-)Beziehungen zueinander. Keine der Gruppen braucht auf ihre eigenen kulturellen Einrichtungen zu verzichten oder ihre Identität aufzugeben; und alle profitieren von der Zunahme der Vielfalt des kulturellen Lebens.

Integration als „Eingliederung in ein größeres Ganzes" ist nach den bisherigen Erfahrungen Deutschlands mit seinen Zuwanderern kein in jedem Fall automatisch ablaufender, allein von der Aufenthaltserlaubnis abhängiger Prozeß. Die bisherige deutsche Ausländerpolitik erwartete als Integrationsbeitrag der Zuwanderer

- die Respektierung unserer Kultur und die Grundwerte unserer Verfassung (Trennung von Staat und Kirche, Stellung der Frau, religiöse Toleranz),
- den Erwerb deutscher Sprachkenntnisse,
- den Verzicht auf übersteigerte national-religiöse Verhaltensweisen,
- die Eingliederung in Schule und Beruf (Erfüllung der Schulpflicht, Berufsausbildung für Frauen, rechtzeitige Einreise der Kinder). (Herrmann, 1992, S. 29)

Dem Integrationskonzept fehlt eine gesellschaftspolitische Zielsetzung.

Es orientiert sich lediglich an einem angeblichen Abstand der Ausländer gegenüber den unveränderten Normalitätsvorstellungen der Inländer. Dieser Abstand wird − nicht zuletzt durch kräftige Unterstützung einer umfangreichen „Ausländerforschung" − als persönliches Defizit der einzelnen Ausländer verstanden, das überwunden werden muß. Was aber am Ende dieses Prozesses herauskommen soll, darüber schweigt das Integrationskonzept. (Hoffmann, 1992a, S. 41)

Dennoch hat in den vergangenen Jahrzehnten eine Entwicklung stattgefunden, mit der die bundesdeutschen Normalitätsvorstellungen unterlaufen und aus der Bundesrepublik *de facto* ein Einwanderungsland wurde. Dabei ließ die funktional differenzierte Struktur der Gesellschaft den Zuwanderern gar keine andere Wahl als schließlich Mitglieder dieser Gesellschaft zu werden. Je mehr Rollen Zuwanderer übernehmen und je selbständiger sie in ihnen zu handeln beginnen, desto mehr drängt sich ihnen auch die Erfahrung auf, daß sie als Nichtdeutsche diskriminiert werden. Exemplarisch hierfür ist ihre Forderung nach einem politischen Wahlrecht, das sie zum Beispiel als Gewerkschaftsmitglieder zwecks Realisierung des demokratischen Selbstverständnisses dieser Gesellschaft einklagen. Zieldefinition des Integrationskonzepts wäre eine gemeinsame Identität, die für die Zuwanderer nicht mehr die gleiche ist wie im Herkunftsland und in der auch die Deutschen und die BRD ihren Platz haben. Das Fehlen einer Einwanderungspolitik führte zu einem Bedeutungswandel des Begriffs „Ausländer" als einem Inländer ohne deutsche Volkszugehörigkeit. Damit wurden gleichsam sakrale Traditionsbestände − etwa in Gestalt des *ius sanguinis* − dem Universalismus von Recht und Moral untergeordnet (Hoffmann, ebd., S. 44 ff.). Die postnationalistische kollektive Identität innerhalb einer nicht mehr ethnisch abgrenzbaren Kommunikationsgemeinschaft ist im Sinne von Habermas (1981) dagegen auf allgemeine und gleiche Chancen der Teilnahme an gesellschaftlichen Kommunikationsprozessen gegründet. Innerhalb dieser findet Identitätsbildung als kontinuierlicher Lernprozeß statt.

Eine erste notwendige, aber noch nicht hinreichende Bedingung der Schaffung einer multikulturellen Gesellschaft, die diesen Namen verdient, ist die Beseitigung der strukturellen und rechtlich-politischen Ungleichheiten zwischen Einheimischen und ethnischen Gruppen (Esser, 1983, S. 36).

2.8.4 Strukturelle Präskriptionen

Multikulturelle Gesellschaft als Programm (Brockhaus, 1991[19], S. 174) zielt auf einen Konsens im Sinne der Anerkennung der prinzipiellen Gleichheit aller Menschen und der Gültigkeit der Menschenrechte. In der Akzentuierung der kulturellen Felder des sozialen Lebens werden zentrale Faktoren sozialer Ungleichheit und Diskriminierung vernachlässigt. Hierzu zählen insbesondere die Rechtsstellung, die ökonomische Sicherheit (z.B. Arbeitserlaubnis), der Sozialstatus sowie nicht zuletzt die Möglichkeit der politischen Partizipation von Zuwanderern. Für Narr bestünde die erste Verfassungsregel einer zeitgemäß weltbürgerlich und doch begrenzt organisierten Gesellschaft „im radikal geltenden Minderheitenrecht, damit jeder und jede als sein oder ihr ‚abweichender' Fall leben könne" (Narr, 1993).

Gaitanides konstatiert gegenüber der beschreibend-analytischen Bedeutung des Begriffs der multikulturellen Gesellschaft für den normativen Gehalt des Leitbildes der multikulturellen Gesellschaft einen Zuwachs ein Vieldeutigkeit. Er unterscheidet grob drei Konzeptionen in bezug auf die Akzeptanz der multikulturellen Gesellschaft: liberal-demokratische Position, Befürwortung der kulturellen Autonomie und Akzentsetzung auf interkulturellem Kontakt und Austausch. Die letzten beiden Positionen werden von vielen Selbstorganisationen und in der Helferszene präferiert. Trotz der von vielen liberal eingestellen Politikern vertretenen Prinzipien der Freizügigkeit und des Pluralismus in bezug auf eine multikulturelle Gesellschaft liegt auf der Hand, daß die liberal-demokratischen Ideen bisher nur unzulänglich in Realität umgesetzt wurden. Die liberale Staatstheorie leitet in ihren Naturrechtskonstruktionen das Gemeinwesen nicht vom Prinzip der Abstammung ab, sondern gründet es auf den Gesellschaftsvertrag.

> Die Menschen schließen sich aus vernünftiger Einsicht in größere territorial begrenzte Organisationen zusammen, um die Gesellschaft zu befrieden und die wirtschaftlichen Kooperationsbeziehungen zu optimieren. Von diesem liberalen Staatsverständnis her ist die Nation nur eine Etappe zu einer immer umfassenderen politischen Integration bis hin zum Weltstaat und zum Weltbürgertum *(Kant)*. (Gaitanides, 1992, S. 317)

2. Aspekte der Multikulturalität

Der Offenheit nach außen zur internationalen Umwelt mit Einwanderungsmöglichkeit und Rechtsanspruch auf Naturalisierung korrespondiert in der liberalen Staatstheorie eine Offenheit nach innen. Artikel 3 des Grundgesetzes der BRD legt fest, daß niemand wegen seines Geschlechtes, seiner Hautfarbe, seiner religiösen oder politischen Überzeugung, seiner ethnischen oder nationalen Herkunft benachteiligt werden darf. Kritiker werfen der liberalen Staatstheorie eine ideologische, die wahren Machtverhältnisse verschleiernde und herrschaftslegitimierende Funktion vor. Gaitanides verteidigt gegen sie den ambivalenten Bedeutungsgehalt der liberalistischen Tradition, der immigrationspolitisch nutzbar zu machen sei. Dies sei umso wichtiger, als sich die Identifikation mit liberalen Werten nach dem Zusammenbruch des real existierenden Sozialismus geradezu epidemisch ausbreitet. Am Beispiel der bilingualen Alphabetisierung als einem *Strukturelement* der Erziehung zur multikulturellen Gesellschaft zeigt der Autor den Argumentationsbedarf hinsichtlich einer Position, die das Prinzip der Assimilation vertritt.

> Die liberalen Universalisten lehnen die Forderung nach bilingualer Beschulung ab unter Berufung auf das Prinzip der Gleichheit der Bildungschancen, die der Staat für die Migrantenkinder sicherzustellen habe. Diesem Argument wird mit neueren soziolinguistischen *(J. Rehbein)* und sozialpsychologischen *(A. Alpaka)* Forschungsergebnissen begegnet, die – kurz zusammengefaßt – folgende Annahmen stützen: Ausschlaggebend für die kognitive Entwicklung sei der Erwerb der muttersprachlichen Schriftsprache. Mißlinge der Übergang vom einfachen Alltags-Code der Muttersprache zu ihrem elaborierten Code – also der abstrahierenden Schriftsprache – durch deren mangelnde Förderung, könne die Zweitsprache nur in verkümmerter Form gelernt werden, wodurch die geistige Entwicklung zwangsläufig blockiert würde. Für eine bilinguale Beschulung sprechen noch andere, sozialpsychologische Argumente: Wesentlich für die Entwicklung von Leistungsmotivation ist die Chance zur Entwicklung einer stabilen Identität und von Selbstvertrauen. Dieses wird aber in den real-existierenden mehrheitsdominierten Schulen durch die Außenseiterrolle und die Abwertung der Herkunftskultur verhindert. Die hohe Abiturquote der bilingualen griechischen Schulen in einigen Städten der BRD scheint dieser Argumentationsrichtung recht zu geben. (Gaitanides, ebd., S. 318)

Bezogen auf die multikulturelle Jugendrealität der Stadt Frankfurt am Main fordert Otmann (1991, S. 484 f.) ein kommunales jugendpolitisches Programm. Erforderlich, wenngleich für die Administration nicht einfach, sei ein Perspektivenwechsel weg von der Gefahrenlogik und dem Risikokalkül einerseits und dem sozialpädagogischen Betreuungsdenken andererseits hin zur Antizipation von Chancen und Möglichkeiten zur kulturellen Bereicherung. Dieses Jugendprogramm müsse davon ausgehen, daß alle Jugendlichen unabhängig von Ethnizität die gleichen Grundbedürfnisse, aber unterschiedliche soziale und kulturelle Ausgangspunkte haben. Es sollte imstande sein, gleiche Chancen für alle anzubieten und Raum für Lebensentwürfe in sozialer Freiheit schaffen. Berufliche Chancenverbesserung für alle sozial benachteiligten Jugendlichen sowie schulische und außerschulische Angebote zur Motivierung, Orientierung und Begleitung von Jugendlichen dezentral und stadtteilorientiert wären Elemente dieser multikulturellen kommunalen Jugendpolitik.

„Bausteine für eine multikulturelle Gesellschaft" (Leuninger, 1990) zu liefern, ist Anliegen der Kirchen in der Bundesrepublik. Sie sehen sich zum Teil, in theologischer Hinsicht, bereits selbst als Modell für eine multikulturelle Institution im Einwanderungsland Deutschland (Leuninger, 1982). Bereits 1980 haben die Kirchen den Begriff der multikulturellen Gesellschaft in die öffentliche Diskussion eingeführt. Zum Tag des ausländischen Mitbürgers formulierten sie neun Thesen zum Motto „Verschiedene Kulturen – gleiche Rechte. Für eine gemeinsame Zukunft". Ausgangspunkt war für sie, daß seit Jahrhunderten protestantische und katholische Kulturen in Deutschland zusammenleben und der Kirche wegen ihres nationalitätenübergreifenden Glaubens eine besondere Aufgabe für die Förderung einer multikulturellen Gesellschaft zukommt (Leuninger, 1990, S. 5).

Der katholische Fundamentaltheologe Johann Baptist Metz bezieht sich in seinen „Perspektiven eines multikulturellen Christentums" (1992) einerseits auf die Geschichte des Christentum als multikulturelles Experiment von Anbeginn, andererseits auf sein Beherrschungs- und Angleichungsdenken, „das keinerlei Augen hatte für die Spur Gottes in der Andersheit der anderen". Auf dieser Basis fordert er eine Ethik der Konvivialität, des Zusammenlebens der verschiedenen Kulturen.

Entschiedener formuliert das Plädoyer für eine ökumenische Zukunft ein Programm gegen die „Sünde des Rassismus" und für eine gerechte und multikulturelle Gesellschaft, in der alle Menschen gleichgeachtet und gleichberechtigt sind. In dem Dreijahresprogramm 1993-1995 soll die Mitwirkung bei Problemklärungen für die Bereiche Grundgesetzänderung, Europäische Gemeinschaft, Demokratische Mitsprache, Einwanderungsgesetz, Fluchtursachenbekämpfung, multikulturelle Gesellschaft und multireligiöse Gesellschaft gesucht werden.

> Nur wenn auf allen Ebenen der Kirche ökumenisch und zusammen mit den Minderheiten gedacht, gestritten, gehandelt und geteilt würde, kann das Programm ein Zeichen dafür sein, daß Fremde Kinder Gottes sind wie wir und nichts Geringeres. Nur so kann gelernt werden, was wir noch nicht verwirklicht haben und wozu es keine Alternative gibt: die multikulturelle Gesellschaft gleichberechtigter Menschen. (Plädoyer für eine ökumenische Zukunft, 1993)

Auf der Ebene der gesetzlichen, also strukturellen Voraussetzungen von Multikulturalität argumentieren auch Bürgerinitiativen, die sich aufgrund der zunehmenden Gewalt gegen Zuwanderer gebildet haben. So fordert etwa der Kölner Appell „Gegen Rassismus. Für eine BürgerInnen- und Menschenrechtsbewegung in Deutschland" (1993) die Anerkennung der BRD als Einwanderungsland auf allen administrativen Ebenen mit Schaffung von Ministerien bzw. Ämtern für Einwanderung, den Erhalt des Art. 16 GG mit zusätzlicher Anerkennung frauenspezifischer und ökologischer Fluchtursachen, die Änderung des Art. 116 GG, die Doppelstaatsbürgerschaft und Wahlrecht für Zuwanderer ermöglicht, und ein Antidiskriminierungsgesetz, das auf Erfahrungen in den Niederlanden zurückgreifen kann.

Auf der Grundlage der Erfahrungen in den USA und Kanada plädiert Hoerder für ein umfassendes Zuwanderungsgesetz, mit dem die Frage von Zuwanderung mit großem Wurf konzeptionell angegangen werden soll. Der gegenwärtigen verfahrenen Situation, entstanden aus der fehlenden Bereitschaft, die BRD als Einwanderungsland anzuerkennen, soll durch vier Gesetze begegnet werden:

1. Das Aufnahmegesetz regelt Einreise und Aufenthaltsmöglichkeiten für a) Asylbewerber und Flüchtlinge; b) Ein- und Arbeitswanderer; c) sonstige Ausländer; d) sogenannte Aussiedler.
2. Das Überführungsgesetz regelt „Altlasten": Stellung von Staatenlosen, Abschaffung des vererbbaren Ausländerstatus, Abschaffung des vererbbaren Vertriebenenstatus, Rechte der vor Generationen ausgewanderten Deutschen (Aussiedlerfrage).
3. Das Integrationsgesetz regelt Rechte und Pflichten der Zugewanderten und bietet für potentielle Einwanderer die Möglichkeit, die Staatsbürgerschaft in relativ kurzem Zeitraum zu erwerben (nordamerikanisches Modell). Es geht erstens von dem Prinzip aus, daß Zuwanderer das Tempo ihrer Akkulturation selbst bestimmen wollen. Daher macht das Gesetz Angebote und setzt keine Zwänge (Zuwandererschutz). Angenommene Rechte können gegebenenfalls Pflichten zur Folge haben. Zweitens geht das Gesetz von dem Prinzip aus, daß Rechte, Kosten und dergleichen „sozial gerecht" verteilt werden müssen (Einheimischenschutz).
4. Das Antidiskriminierungsgesetz verbietet Diskriminierung aufgrund von ethnischer oder nationaler Zugehörigkeit und Hautfarbe (und – in anderem Zusammenhang – Geschlecht, Alter u.ä.m.). (Hoerder, 1992)

2.9 Selbstreflexive Multikulturalität

Wenn wir Überlegungen zu unserer eigenen Kultur anstellen, haben wir diese bereits überschritten. Gehen wir einen Schritt weiter, reflektieren wir uns selbst in unserer Beziehung zu unserer und zu fremden Kulturen. Selbstreflexive Multikulturalität bezeichnet somit eine Metaebene von Multikulturalität und bietet Kriterien dafür, wie umfassend oder partiell wir Multikulturalität verstehen. Multikulturalität unter isolierten Konsum- oder Nützlichkeitsaspekten verletzt die Ebene des Mitmenschlichen, weil Zuwanderer instrumental und nicht als gleichwertig betrachtet werden. Auf ähnliche Weise agiert der „Ausländerfreund" partikularistisch. Gerade gegen diese Einschränkungen wehren sich Skeptiker der multikulturellen Gesellschaft und geraten dabei in Gefahr, das Kind mit dem Bade auszuschütten. Selbstreflexivität ist erforderlich, um unter der Zielperspektive der Mitmenschlichkeit Hindernisse und Erfordernisse zu erkennen und die Aspiration der Weltgemeinschaft aufrechterhalten zu können.

Da der Begriff der multikulturellen Gesellschaft auf die vielfältigen, widersprüchlichen Elemente der jeweils eigenen Kultur(en) hinweist, ist ihm auch eine (selbst)reflexive Dimension eigen. Die Diskussion um die multikulturelle Gesellschaft lenkt den Blick zurück auf die Situation der eigenen Gesellschaft, die sowohl in sozialgeschichtlicher als auch in zeitgenössiser Betrachtung als ein „Ensemble" unterschiedlicher, regionaler, historisch versetzter, gruppen- und klassenspezifischer Lebensformen und Teilkulturen erscheint. Die Diskussion um die multikulturelle Gesellschaft stellt so die Chance zur Wahrnehmung gemeinsamer Probleme wie neuer, in der Vielfalt liegender Möglichkeiten dar (Brockhaus, 1991[19], S. 175 f.). Es geht um eine neue Lernperspektive, für die wir ein multilaterales Wertspektrum benötigen. Dieses soll eine Voraussetzung für Partnerschaft und Zusammenarbeit in der Welt sein und dafür, daß Vielfalt nicht auf Kosten der Einheit geht (Leuninger, 1982, S. 49). Insbesondere geht es darum, einen Sinn für das Fremde zu entwickeln und aus dem gemeinsamen Nachdenken etwas Neues entstehen zu lassen (Kuenzer, 1989, S. 6).

Barbara John, Ausländerbeauftragte in Berlin, definiert die multikulturelle Gesellschaft als eine Gesellschaft für starke Individuen.

> Denn in einer solchen Gesellschaft muß jeder dauernd hinzulernen, vor allem, daß sein persönlicher Lebensstil, seine Vorlieben durch den anderen vollkommen in Frage gestellt werden, ohne daß es ihn aber in irgendeiner Weise gefährdet. Das bedeutet: wir brauchen viel Ich-Stärke in dieser Gesellschaft. Ich-starke Menschen sind in der Regel sehr friedliche und interessante Zeitgenossen. Aber multikulturelles Zusammenleben bleibt eine Herausforderung, weil viele mit dieser Infragestellung nicht zurechtkommen werden. Die Aufgabe besteht darin, gerade den Menschen zu helfen, die ich-schwach sind. (John, zit. n. Leggewie, 1990, S. 140 f.)

Farideh Akashe-Böhme (1989, S. 548) fordert vor jedem Versuch multikultureller Praxis, daß die eigenen Vorstellungen einer radikalen Selbstkritik unterzogen werden. Renate Nestvogel legt aus dem Blickwinkel der interkulturellen Erziehung nahe, die eigene Weltanschauung am Beispiel der Einschätzung fremder Kulturen zu überprüfen. Sie identifiziert fünf Einstellungs-Varianten, deren Existenz über mehrere Jahrhunderte belegbar ist und die auch heute noch bezüglich der Herkunftskulturen von Migranten und Asylbewerbern weit verbreitet sind:

> In der ersten Variante gibt es fremde Kulturen nicht oder sie sind es nicht wert, als Kultur bezeichnet zu werden (rassistische, sozialdarwinistische, kolonialistische und faschistische Varianten, die sich bis heute in symbolischer – z.B. „Türkenwitze" – und konkreter Gewaltausübung gegen Ausländer manifestieren).

2. Aspekte der Multikulturalität

In der zweiten Variante sind fremde Kulturen ein Hindernis für Zivilisierung (Kolonialzeit), Entwicklung (nachkoloniale Periode, Entwicklungshilfe-Konzepte der 60er Jahre) oder Integration (z.b. Konzepte der „Zwangsgermanisierung" von Migranten).
In der dritten Variante sind fremde Kulturen vorhanden und müssen bei Modernisierungs- oder Integrationsmaßnahmen eingeplant werden; z.b. um effektiver modernisieren (derzeitige Entwicklungshilfekonzepte) oder „integrieren" zu können (einige Konzepte multikultureller Erziehung).
Für die vierte Variante sind fremde Kulturen in ihrer Gesamtheit zu erhalten bzw. wiederzubeleben: Hierbei handelt es sich um eine sozialromantische Variante, bei der oft Wünsche und Sehnsüchte, die in der eigenen Gesellschaft nicht erfüllbar erscheinen, in andere Kulturen projiziert werden....
In der fünften Variante schließlich sind fremde Kulturen so „gut" oder so „schlecht" wie die Gesellschaften, in der sie bestimmte Funktionen wahrnehmen, und wie die gesellschaftlichen Zielsetzungen, zu deren Erreichung sie beitragen sollen. Diese Variante stellt einen kritischen Ansatz dar, fremde wie auch eigene Kulturphänomene zunächst aus ihrem jeweiligen gesellschaftlichen Kontext heraus zu erklären und zu verstehen und in einem weiteren Schritt, unter Darlegung der Beurteilungskriterien, zu bewerten . . ..
(Nestvogel, 1987, S. 66)

Variante 5 ist sehr viel weniger verbreitet als die Varianten 1-4, zeigt nach Meinung der Autorin jedoch einen Weg auf, sich mit fremder und eigener Kultur auseinanderzusetzen, ohne in die Extreme einer vorschnellen Abwertung oder Romantisierung zu verfallen.

Als Spiegel und Korrektiv unserer Einstellungen und Selbstbilder dient die von Zuwanderern geschriebene Literatur, die gerade bei „Ausländerfreunden" anzutreffende Mythen und Evolutions- und Fortschrittsideologien unserer eigenen Kultur, kulturelle Überlegenheit, einen universellen Wahrheitsanspruch und institutionalisierten Paternalismus aufdeckt.

Folgende Phänomene und Verhaltensweisen der Deutschen werden von Zuwanderern als diskriminierend eingestuft: Die Sozialarbeitermentalität; das Mitleids- und Helfersyndrom; die Annahme, Menschen aus unterentwickelten Ländern müßten selbst unterentwickelt sein; die Empörung oder das Erstaunen, wenn Fremde nicht den deutschen Klischeebildern entsprechen; die Folklorisierung; das Phänomen der Degradierung durch Erhöhung; die Exotisierung ausländischer Frauen und fremder Lebenswelten; die Integrationsbereitschaft der Deutschen unter der Voraussetzung, daß Zuwanderer unsere Kultur annehmen, d.h. wie wir und damit akzeptabel werden; die Reduzierung von Kommunikationsschwierigkeiten auf Sprachprobleme; die Aufforderung, sich mit der eigenen Situation vor den Deutschen auseinanderzusetzen, Identität zu zeigen, ohne daß die deutsche Seite diese Forderung an sich stellt; das Ignorieren, daß andere Menschen andere Lebens- und Kampfformen, andere Probleme haben; die Reduzierung von Ausländern auf begehrte Forschungs- und Arbeitsobjekte; das Aufdrängen unserer Erziehungs- und Emanzipationsvorstellungen (Nestvogel, ebd., S. 67).

Daß diese Verhaltensweisen in gewandelter Form auch nachhaltige Interaktionsstörungen unter Deutschen hervorrufen, sollte ein Grund mehr sein, sich intensiv mit ihnen auseinanderzusetzen.

Zur intellektuellen Grundausstattung der jungen Generation sollten nach Wierlacher (1993) Fremdheits- und Toleranzkenntnisse wie Fremdsprachen gehören. Er weist darauf hin, daß Toleranz keineswegs nicht nur „dulden" und „ertragen" bedeutet, sondern auch „unterstützen" und „erträglich machen". Toleranz ist Schlüsselbegriff und Baustein einer pluralistischen Gesellschaft. Als unterstützende Anerkennung des Andersartigen beinhaltet der Begriff der Toleranz eine kritische Affirmation inmitten der Differenz. Er bezeichnet den hermeneutischen Akt multiperspektivischen Sehens und macht so die Reduktion von Komplexität rückgängig, mit der wir uns das Alltagsleben erleichtern. Zugleich sei die Fähigkeit zur Toleranz eine *affirmatio vitae*, die das Dasein verlebendigt, wärmt und Verkrustungen auflöst. Im Sinne Erich Fromms (1976) fördere die Erziehung zur Toleranz das Leben im Sein gegenüber einem Leben im Haben und fordere zur Mäßigung des Besitzstrebens auf.

Nach Brumlik können Fremdheit und Konflikt, wenn sie vernünftig gelebt und geführt werden, zu den fruchtbarsten Faktoren einer neuen, wirklich inter-nationalen Moderne werden. Die Auseinandersetzung mit den unterschiedlichen Weltentwürfen reißt die Individuen aus den Bornierungen ihrer konventionellen Identität heraus, ermöglicht ihnen erste Einsichten in die Relativität ihrer Standpunkte und bringt sie somit auf den Weg universalistischer Wertgesichtspunkte. Der Vergleich zwischen verschiedenen Lebensformen, das Ertragen von Ambivalenzen und Spannungen zwischen verschiedenen Lebensformen setzt die Individuen zunehmend in den Stand, gegenüber allen vorgegebenen Formen eigenständige, autonome und universalistische Haltungen einzunehmen. Sie entsprechen internen Lernprozessen und Osmosen zwischen den verschiedenen Lebensformen, für die Toleranz, Abbau von Feindbildern, Neugier und Verständnis unabdingbar sind (Brumlik, 1990, S. 105 ff.).

2.9.1 Aufgeklärter Ethnozentrismus

In dem von Jouhy (1985) entwickelten Konzept des aufgeklärten Ethnozentrismus sieht Nestvogel (1987, S. 68) einen wichtigen Ansatz, Gemeinsamkeiten zu fördern, ohne kulturelle Unterschiede zu leugnen oder zu unterdrükken. Die Oberkategorie Ethnozentrismus beschreibt die Tendenz, die eigene Kultur als den Mittelpunkt von allem zu sehen, als das Maß, mit dem alle anderen Lebensstile gemessen werden (s. 2.7.1). Die Kategorie Eurozentrismus ist die Beurteilung der jeweils beobachteten Kultur einer Ethnie nach den selbstverständlichen Maßstäben, die in Nordwesteuropa gültig und heilig sind: Rationalität, Effektivität, Freiheit des Individuums, Gleichheit etc. Eurozentrismus beinhaltet auch das Deutungsmuster einer kulturellen Evolution, einer einigermaßen geradlinigen Entwicklung des Menschlichen von

2. Aspekte der Multikulturalität

den Anfängen bis zu der zuerst in Nordwesteuropa erreichten gegenwärtig höchsten Stufe. Sowohl von Vertretern vermeintlich unterentwickelter Kulturen als auch von Ethnologen und Kulturforschern in Nordwesteuropa selbst wird dieser Eurozentrismus mit seinem Universalitätsanspruch inzwischen als unhaltbar kritisiert.

Ethnozentrismus gilt, wie Egozentrismus, als negativ zu bewertende Beschränktheit, als Vorurteil gegenüber einer als universal geltenden, zeitlosen, humanen Wahrnehmung und rationalen Logik. Doch eben die Vorstellung, es gäbe einen universal gültigen Maßstab des Verständnisses von und des Umgangs mit Natur und Menschenwelt, also so etwas wie eine vorurteilsfreie Wissenschaft, die allen vorangegangenen Denk- und Bewußtseinsformen überlegen ist, diese Art des euro-amerikanischen Denkens ist selbst ethnozentrisch und befindet sich in einer tiefen Krise. Nun hat sich der europäische Anspruch der Universalität des rational-wissenschaftlichen Denkens und Handelns bzw. dessen, was dieses Denken als Irrationalität und ethnozentrische Beschränktheit einstuft, nicht allein Kraft [sic!] seiner überlegenen Logik ausgebreitet, nicht dank des „Sieges der Vernunft", sondern im Gefolge des ökonomisch-politischen Ausgriffs von Kolonialismus und Imperialismus auf die Welt.
Die Ideen der Aufklärung und der französischen Revolution wurden im wahrsten Sinne des Wortes „herrschende Ideen", mithin die Ideen der herrschenden Gruppe. Sie sind somit selbst gruppenzentriert, ethnozentrisch. So umwälzende und heute weltweit gültige Begriffe wie Entwicklung, Fortschritt, Emanzipation, Freiheit, Selbstbestimmung und „Individuelle Autonomie", ebenso wie die wissenschaftlich-technischen Denkmodelle und Verhaltensweisen, die ihnen vorgeschaltet sind, wurzeln im gleichen europäischen Bürgertum, das durch die Praxis seiner Theorien ökonomisch, politisch und kulturell die Vormacht in der Welt errungen hat. (Jouhy, 1985, S. 45 f., zit. n. Nieke, 1990, S. 90 f.)

Für Spaemann ist die Krise des euro-amerikanischen Denkens dem Eurozentrismus gleichsam immanent. „Denn der Export europäischer Zivilisation war unvermeidlich auch immer Export der Gleichheitsidee. Diese muß sich über kurz oder lang gegen den Exporteur wenden, insofern er selbst seine eigene Partikularität zum Mittelpunkt der Welt zu machen sucht. Eurozentrismus scheint so sich selbst aufzuheben." (Spaemann, 1991, S. 82) „Der europäische Universalismus beruht auf einem Wissen, das sich für universal hielt, in Wirklichkeit aber nur europäisch war. Nachdem dies einmal erkannt ist, kann auch in Europa dieses Wissen nicht mehr als Wissen gelten." (Spaemann, ebd., S. 84) Selbstrelativierung ist ein Merkmal des europäischen Universalismus.

Jouhy geht es darum, ethnozentrische Begrenztheit zu erkennen und die Vorstellung einer kulturellen Höherwertigkeit, insbesondere die eurozentristische Variante eines Universalitätsanspruchs, aufzugeben. Im Bewußtsein der Angewiesenheit auf die anderen Ethnien bzw. auf die anderen Individuen liegt für ihn die Meisterung des Dilemmas von Ethnozentrismus und europäischem Universalismus. Gerade weil Kultur der Reflexion nur schwer zugänglich ist, ermöglicht es das Konzept des aufgeklärten Ethnozentrismus, zur eigenen kulturellen Beschränktheit zu stehen und zeigt zugleich Wege auf, um in dieser Beschränktheit nicht zu verharren. Es „gibt den Blick frei für fremde Verhaltens-, Einstellungs- und Denkmuster, die in unserer Kultur in Vergessenheit geraten, verdrängt oder nie hervorgebracht worden sind" (Nestvogel, 1987, S. 69).

Selbstreflexive Multikulturalität impliziert das Menschenbild des reflexiven Subjekts (Groeben et al., 1988). Sie muß die Erfahrung des Fremden einbeziehen, dessen psychologische Perspektiven Inhalt des folgenden Kapitels sind.

3. Die Psychologie des Fremden

3.1 Die Beziehung zwischen dem Vertrauten und dem Fremden

Das „Fremde" kann umgangssprachlich für das noch-nicht-Erkannte oder noch-nicht-Verstandene stehen, aber auch für die unbekannte Person, für eine andere Kultur und ihre Menschen, schließlich für eine andere Sprache. Der Vielfalt seiner Funktionen entpricht die Verwendung des Ausdrucks in erkenntnistheoretischer, hermeneutischer, sozialwissenschaftlicher und semantischer Weise[9] (Vossenkuhl, 1990, S. 101).

Um das Konzept des Fremden aufklären zu helfen, ist es nach Graumann (1992) nützlich, einige Strukturmerkmale der Fremdheitserfahrung aus phänomenologischer Sicht zu betrachten. Fremdheit ist ein *relationaler bzw. multivalenter Begriff* und nicht eine Eigenschaft oder Disposition von jemandem oder von etwas *per se*. Ein gewisser Aspekt einer Person oder eines Objekts oder Zustands erscheinen einer Person oder Personengruppe fremd. Dies mag sich mit der Zeit ändern: Fremde Attribute können vertraut werden. Umgekehrt können Dinge von zuvor größter Vertrautheit allmählich oder plötzlich aufhören, vertraut zu sein und fremd erscheinen, was zu den Phänomenen der Entfremdung gehört. Fremdheit ist auch ein *korrelationaler Begriff*. Was wir als fremd erfahren, kennen oder empfinden wir als verschieden von dem, was wir als unsere eigene Identität und unser materielles und soziales Selbst betrachten. Wenn wir sind, was wird sind, dadurch, daß wir anders sind als andere, dann ist unsere eigene Identität ko-konstituiert durch die wahrgenommene oder attributierte Fremdheit des anderen. Das Eigene und das Fremde sind streng korrelative Begriffe, wobei letzteres sich nicht notwendigerweise außerhalb befinden muß. Auch das Unzugängliche und Unverständliche innerhalb von uns selbst, etwa die unkontrollierten und halbbewußten Antriebe, Impulse und Wünsche, sozial Unerwünschtes zu tun, ko-definiert und ko-determiniert unseres Identität. Auch innerhalb unserer eigenen Gruppe erkennen wir unerwünschte Tendenzen und Vorgänge als fremd gegenüber unseren Gruppennormen. Obwohl wir sie nicht gutheißen und zu verbergen suchen, sind sie dennoch Teil unserer eigenen Gruppenidentität. Das Fremde veranlaßt uns zu Prozessen des sozialen Vergleichs und macht uns auf diese Weise bewußt, wer wir sind und wer wir sein wollen. Die Relationalität der Fremdheit muß phänomenologisch als *Perspektivität* betrachtet werden. Nur von einem bestimmten Standpunkt aus erscheint eine Person oder Gruppe mehr fremd als vertraut. Außerdem sind es *unsere* Begriffe, mit denen *sie* und *ihr* Verhalten kategorisiert wird. Eine der vielen Bedeutungen von Ethnozentrismus ist, daß die Sichtweise einer Gruppe häufig auf unreflektierte Weise im Zentrum der *ingroup* liegt. Diese

---

[9] Zur Semantik des Fremden s. Graumann (1992, S. 4 ff.).

grundlegende Zentrierung der Perspektive, die lediglich von uns hier zu denen dort — oder umgekehrt, von denen dort zu uns hier — sieht, ist ein sozial relevanter kognitiver Mechanismus, der für den potentiellen Antagonismus zwischen *ingroups* und bestimmten *outgroups* verantwortlich ist. Die Tatsache, daß Fremdheit auch ein Bestimmungsstück unseres personalen oder sozialen Eigenen ist, macht Fremdheit zu einem Element der *Reflexivität*. Nicht nur die Fremden und Erfahrungen der Fremde machen uns unserer eigenen Identität, ihrer Grenzen und Duldsamkeiten bewußt. Fremdheit ist in der Geschichte unserer westlichen Kultur auch etwas, dem wir uns anzunähern wagen. Unsere gegenwärtige westliche Konzeption von Fremdheit wurde seit etwa einem Jahrtausend geprägt durch eine europäische Tradition, die durch die europäische Angst vor dem Fremden hindurchging und in Kolonialismus, kolonialer Ausbeutung und Assimilation sowie in einer eurozentrischen Weltsicht mündete. Kulturelle Identität ist daher als ein Produkt der Assimilation von fremden Werten, Überzeugungen, Gewohnheiten und Vorlieben zu sehen. Die Historizität unserer sozialen Identität beruht auf Fremdheit als einem wesentlichen Bestandteil unserer Kultur. Die *Ambivalenz* der Fremdheit und seine Faszination ist ein anderes phänomenologisches Merkmal. Wir sind neugierig, mehr über das Unbekannte zu erfahren, Zugang zu Unzugänglichen zu bekommen, das Unkontrollierbare zu bezwingen — Phänomene, die uns zugleich herausfordern und bedrohen. Aus diesem Grund ist die Erfahrung von Fremdheit und Fremden von so stark emotionaler Qualität. Hin- und hergerissen zwischen Wunsch und Abneigung, Sympathie und Antipathie, dem Streben nach Annäherung und der Furcht vor Entfremdung gerät die mit Fremdheit konfrontierte Person leicht in einen Konflikt. Dies ist der Ort, an dem die Sozialpsychologie mit ihren Theorien und ihrem konzeptuellen Handwerkszeug ins Spiel kommt.

Die Psychologie des Fremden soll im folgenden in Anlehnung an Graumann (1992) unter drei Perspektiven betrachtet werden: Aus der Sicht der Majorität ist der Fremde als Zuwanderer das Objekt des Alltagspsychologen. Dessen Wahrnehmungen und Einstellungen begründen ein mehr oder weniger ausgeprägtes Maß oder auch das Fehlen von Multikulturalität und Universalität. Die Selbstsicht des Fremden in der Fremde ist Thema der Erforschung des Kulturschocks. Einen Kulturschock kann jedoch auch der Einheimische erleiden, wenn er mit fremden Lebenswelten konfrontiert wird. Die Ethnopsychoanalyse erforscht das Fremde als unser „inneres Ausland" (Freud), wie es nach außen projiziert und im fremden anderen erkannt wird.

3.2 Unser Umgang mit dem Fremden

3.2.1 Fremdenangst und Fremdenhaß

Fremdenangst und Fremdenhaß sind Herausforderungen für die Sozialpsychologie, weil diese Phänomene von anhaltender Aktualität sind und trotz einer Reihe von Theorien seit dem Beginn unseres Jahrhunderts bisher noch keine befriedigende Erklärung gefunden wurde für den Haß und die Gewalt, die sie begleiten. Bestenfalls liefert die Sozialpsychologie einige kognitive Voraussetzungen, bleibt jedoch angewiesen auf Beiträge von verschiedenen anderen wissenschaftlichen Disziplinen, deren heuristischer Wert von Sozialpsychologen bisher noch nicht erkannt wurde. Schlußfolgerungen können nach Graumann (1992, S. 17 ff.) daher gegenwärtig nur versuchsweise angestellt werden:

1. Fremde sind Konstruktionen des *perspektivischen sozialen Urteils*. Nur von einem bestimmten Standpunkt aus wird jemand oder eine Gruppe als fremd wahrgenommen, kategorisiert und beurteilt.
2. Die Beurteilung anderer als fremd oder Fremde ist ein vergleichendes *Urteil durch Kontrast*. Die anderen müssen in einer psychologisch relevanten Dimension sehr verschieden von uns sein. Dieser Vergleich kodefiniert uns auf implizite Weise. Unsere Wahrnehmung anderer reflektiert die Wahrnehmung von uns selbst. Fremdheit ist ein Element unserer personalen, sozialen und kulturellen Identität.
3. Da unsere eigene und die Lebensform des Fremden aufeinander bezogen sind, ist die Erfahrung von Fremdheit *potentiell ambivalent*. Wir sind sowohl angezogen als auch abgestoßen durch das oder den, der befremdlich anders ist als wir. Ambivalenz, wenn sie stark ausgeprägt ist, kann unsere Identität in Frage stellen und sogar bedrohen.
4. Ob die Mischung aus Neugier und Befürchtung — bzw. Komponenten von ihr — *universal* sind und ob sie eine evolutionäre Basis haben, wie manche Ethnologen und die meisten Ethologen meinen, muß eine offene Frage bleiben. Gruppen leben sowohl in Harmonie als auch in Spannung miteinander. Sogar Konflikte, wie ubiquitär sie auch zu sein scheinen, werden auf friedvolle Weise gelöst, wo Maßnahmen und Strukturen der Vermittlung verfügbar sind. Politikwissenschaft und Soziologie haben diese Institutionen und Mechanismen ausreichend gut studiert und sollten hier befragt werden.
5. Nur wenn Konfliktmanagement versagt und wenn Angst und Haß gegenüber den Fremden zu *unkontrollierter Aggression* eines Teils der Bevölkerung gegen einen anderen führen, ist die Sozialpsychologie unmittelbar betroffen. Dann jedoch muß nicht nur die Gewalt, sondern auch die ihr vorausgehende und sie motivierende Angst und der Fremdenhaß berücksichtigt werden.

6. Fremdenangst ist grundsätzlich *Angst in bezug auf etwas, das einem selbst verloren geht* und das der Fremde erlangen könnte. In der Regel impliziert diese selbstbezogene Angst Prozesse des sozialen Vergleichs. Ob es nun die Angst vor dem Verlust von Macht, Geld, Arbeit, Wohnung oder Frauen ist oder lediglich die Möglichkeit, eines von diesen zu bekommen oder zu behalten oder der drohende Verlust von eher immateriellen Werten wie Würde, Stolz, Selbstbewußtsein oder was immer die eigene personale oder soziale Identität ausmacht, Auslöser für feindliche Gefühle und Handlungen sind nicht notwendigerweise reale Bedrohung und Konflikte, sondern bereits die Angst, etwas zu verlieren oder verloren zu haben.
7. Selbstbezogene Angst und Fremdenhaß können als ein wesentliches Merkmals des *Ressentiments* betrachtet werden, ein Gefühl der Demütigung, das aus der Wahrnehmung resultiert, übergangen, ungerecht behandelt oder verletzt worden zu sein. Angst und Haß sind hier aufeinanderbezogen. Die Angst vor der Minderwertigkeit und dem wiederholten Versagen und Nichterreichen, was andere erlangt haben, erzeugt als Reaktion Neid und Haß auf andere, die besitzen oder besitzen könnten, was man selbst sich vergeblich gewünscht hat.
8. Während Ressentiment im Sinne Nietzsches den reaktiven negativen Affekt betont und dabei vor allem den moralischen Wert, legt die Konzeption der „fraternistischen" relativen Deprivation die Betonung auf *kognitive Prozesse des sozialen Vergleichs* innerhalb und zwischen den Gruppen. Die affektiven Zustände werden in den meisten kognitiven Theorien außer acht gelassen.
9. Betrachtet man die komplementäre Beziehung zwischen den *Konzeptionen des Ressentiments und der relativen Deprivation,* dann sollte die Sozialpsychologie des Fremdenhasses beide Ansätze aus folgenden Gründen einbeziehen: Obwohl Resentiment und relative Deprivation individuelle Erfahrungen und Zustände bezeichnen, können sie auch zur Charakterisierung von sozialen Gruppen und Kategorien benutzt werden. Ressentiment, das als sich selbst oder anderen zugeschriebene Minderwertigkeit mehr als eine kognitive Struktur ist, gründet tief im Wertesystem einer Person und ist damit ein Affekt der verletzten Identität. Ohne die Konzeption von Deklassierung und destabilisierter Identität wird nur schwer zu erklären sein, wie sich Angst in Haß und Haß in Gewalt verwandeln.
10. Fremdenfeindlichkeit richtet sich gegen Gruppen von Fremden, die im Verdacht stehen, eigenes physisches, soziales oder symbolisches Territorium zu beanspruchen oder zu besetzen. Daher haben viele interethnische Gewalttaten die Form eines *territorialen oder Grenz-Disputes.* Eine Theorie der Fremdenangst muß daher auch diesen ökologischen Aspekt berücksichtigen.

3. Die Psychologie des Fremden

11. Die Bedrohtheitserwartungen und Ängste der Fremdenfeinde müssen auf die *objektiven politischen, sozialen und ökonomischen Bedingungen*, unter denen diese Personen und auch die zugewanderten Fremden leben, bezogen werden. Hier ist die Sozialpsychologie nicht allein von den Beiträgen anderer Sozialwissenschaften abhängig. Sie muß ebenfalls anerkennen, daß jede Verbesserung oder Beseitigung der ungünstigen Bedingungen eher eine politische als eine psychologische Aufgabe sein muß.
12. Für ein Verständnis der Fremdenangst, wie sie in der Erfahrung von Fremdheit wurzelt, sich entwickelt und zur Gewalt zwischen Gruppen führt und auch für die Entwicklung von Programmen zur Überwindung der Fremdenfeindlichkeit sind *sozialpsychologische Forschung und Theorienbildung* unentbehrlich.

3.2.2 Stereotyp, Vorurteil und Diskriminierung

Der Begriff „Stereotyp" wurde 1922 von dem Publizisten Walter Lippman geprägt und bezeichnete simplifizierte Bilder, mit deren Hilfe eine Quasi-Umwelt konstruiert wird, um in einer überwältigend komplexen sozialen Welt funktionieren zu können. Innerhalb Tajfels Theorie der sozialen Identität bezeichnen Stereotypen Generalisierungen über Menschen, die auf Kategorien-Mitgliedschaft beruhen. Ihnen liegt die Überzeugung zugrunde, daß alle Mitglieder einer bestimmten Gruppe dieselben Eigenschaften besitzen, die die Gruppe beschreiben und sie von anderen Gruppen unterscheiden. Die Gruppenmitglieder werden als miteinander identisch wahrgenommen oder behandelt und die Gruppe als eher homogen. Die Homogenisierung kann mehr oder weniger extrem und rigide sein und ist sehr häufig mit Bewertung verbunden. Ein wichtiges Merkmal der Stereotypen ist ihre allgemeine Verbreitung, d.h. es besteht ein weitgehender Konsens darüber, daß Iren „dumm", Afroamerikaner „unverantwortlich" und Frauen „emotional" seien. Stereotypen sind eine fundamentale und wahrscheinlich universale Wahrnehmungsverzerrung. Die Konsequenzen von Stereotypen reichen von relativ harmlosen Annahmen über Personen bis zum Völkermord. Eine vollständige Erklärung des Stereotyps muß die individuellen psychischen Prozesse, die diese Wahrnehmungsverzerrung erzeugen, die eher sozialpsychologischen Prozesse, die für die allgemeine Verbreitung von Stereotypen verantwortlich sind, und die sozialen Prozesse theoretisch integrieren. Darüber hinaus muß sie die unterschiedlichen Stereotypen unterschiedlichen Gruppen zuordnen und sowohl ihre zeitliche Persistenz wie ihre Resistenz gegenüber Veränderung berücksichtigen (Hogg & Abrams, 1988, S. 65 f.).

Katz und Braly (1933) lieferten den Theorierahmen für eine frühe Untersuchung des Stereotyps, indem sie einhundert College-Studenten über spezifische soziale Gruppen befragten. Aus einer langen Adjektivliste sollten für Afroamerikaner, Juden, Iren und Türken „typische" Attribute ausgewählt und die fünf charakteristischsten benannt werden. Unter anderem glaubten 75% der Befragten, daß Afroamerikaner „faul", 78% daß Juden „gerissen" seien. Hogg und Abrams referieren Tajfels (1978) Zusammenfassung der bisherigen deskriptiven Forschung zum Stereotyp:
1. Personen sind schnell bereit, große Gruppen mit recht wenigen, ziemlich groben Attributen, d.h. Stereotypen, zu charakterisieren.
2. Stereotypen besitzen eine Art Trägheit gegenüber Veränderung und verändern sich nur als Reaktion auf soziale, politische und ökonomische Veränderungen.
3. Stereotypen werden in jungen Jahren gelernt, bevor das Kind ein klares Wissen über die betreffende Gruppe hat.
4. Stereotypen werden betonter und feindlich, wenn zwischen den Gruppen soziale Spannungen entstehen.
4. Stereotypen sind schädlich und extrem schwer zu verändern in einem sozialen Klima der Spannung und des Konflikts.

Der deskriptive Ansatz ging davon aus, daß Stereotypen etwas Negatives und daher unerwünscht seien. In der Kontroverse um das „Körnchen Wahrheit" in den Stereotypen wurde viel Energie investiert, um diese Annahme zu bestätigen. Da Stereotypen bestenfalls unberechtigte Verallgemeinerungen und schlimmstenfalls völlig unkorrekte Annahmen darstellen, entstammen sie entweder unlogischen und unintelligenten Denkprozessen oder basieren auf unkritisch akzeptierten Informationen aus einer verzerrten Quellenlage. Deskriptive Untersuchungen sind unentbehrlich, wenn es um Inhalte von Stereotypen über eine bestimmte Gruppe geht, um die bewertenden Konnotationen und die Intensität, mit der sie vertreten werden, sowie den sozialen Konsens über Inhalt und Struktur von Stereotypen. Sozialpsychologische Forschung beschäftigt das Problem, wie das individuelle Mitglied der Gesellschaft solche Stereotypen auffaßt, d.h. die psychischen Prozesse, die der Stereotypbildung zugrunde liegen. Inhalt und Prozeß der Stereotypisierung müssen aufeinander bezogen werden; das bedeutet die Berücksichtigung der dialektischen Beziehung zwischen einer kognitiven Struktur als einer Repräsentation der Realität und der Realität selbst (Hogg & Abrams, ebd., S. 67 f.).

Tajfels Akzentuierungsprinzip besagt, daß Unterschiede in der Wahrnehmung stärker wahrgenommen, also akzentuiert werden, wenn die Kategorisierung für die Person wichtig, relevant oder von Wert ist. Kategorisierung bringt die Welt in einen schärferen Fokus, macht die Umwelt weniger verschwommen und vieldeutig und erfüllt damit das menschliche Grundbedürfnis nach kognitiver Sparsamkeit. Kategorisierung kann als der Prozeß betrachtet werden, der der Stereotypbildung zugrunde liegt und für sie verantwortlich ist. Es handelt sich hierbei nicht um eine reduktionistische

3. Die Psychologie des Fremden 79

Erklärung im Sinne eines Physikalismus, da Wahrnehmung immer sozial ist, weil Urteile, Überzeugungen etc. aus Übereinstimmung zwischen Menschen darüber resultieren, wie die Welt wahrzunehmen ist. Ein wichtiger Unterschied in der Kategorisierung von physikalischen Stimuli und sozialen Objekten liegt darin, daß letztere uns selbst als soziale Objekte einschließen. Kategorisierung als automatischer kognitiver Prozeß kann Streotypbildung als systematischen Wahrnehmungsfehler erklären, nicht jedoch andere Phänomene wie etwa, daß Stereotypen die eigene Gruppe positiver bewerten, daß manche Menschen extremere Stereotypen bilden als andere oder dieselben Personen nur unter bestimmten Umständen Stereotypen bilden. Da der Akzentuierungsansatz Stereotypbildung mit Gruppenzugehörigkeit oder sozialer Identität verbindet, kommen unvermeidlich motivationale Faktoren der Selbst-Konzeptualisierung und Identitätskonstruktion in den Blick. Speziell das Motiv der positiven Selbstbewertung und Selbstachtung wird durch positive Intergruppen-Distinktheit zum Vorteil der *ingroup* befriedigt. Daher tendieren Stereotypen dazu, für die eigene Gruppe vorteilhaft zu sein. Die Selbst-Kategorisierung stattet das Selbst mit allen Attributen der Gruppe aus, die wiederum das Selbst positiv reflektieren. Personen und Gruppen sind motiviert, breite Akzeptanz zu erlangen. Daher impliziert der automatische Akzentuierungseffekt einen motivierten Versuch, die Gruppen-Unterschiede auf den für sie vorteilhaften Dimensionen sogar noch zu vergrößern. Es entsteht so eine doppelte Akzentuierung, einmal um den relativen Wert und die Überlegenheit der eigenen Gruppe und zum anderen, um damit des Selbst zu maximieren. Da soziale Identität eine wichtige Quelle des Selbstwertgefühls ist, investieren Personen mit wenig positiv bewerteter sozialer Identität oder mit einem nur kleinen Repertoire an Identitäten viel Energie in ihre Selbstbehauptung: Sie haben Vorurteile; ihre extremen und rigiden Stereotypen werden wahrscheinlich von offen diskriminierendem Verhalten begleitet (Hogg & Abrams, ebd., S. 72 ff.). Ein großes Repertoire an Identitäten oder eine sogenannte *patchwork identity* sind dagegen Merkmale multikultureller Identität (s. 5.3).

Die Bildung von Stereotypen erfüllt individuelle und soziale Funktionen: Die *individuellen Funktionen* sind kognitiv und bewertend. Wertbesetzte Kategorien vergrößern den Akzentuierungseffekt und erzeugen rigidere und extremere Stereotypen. Haben diese Kategorien direkte und entscheidende Relevanz für das eigene Wertsystem und die Selbst-Konzeptualisierung, wird in die Erhaltung und Akzentuierung der Intergruppen-Unterschiede investiert.[10] Nicht eindeutige Personen werden ausgegrenzt. Die Extreme des

---

[10] Ein typisches Beispiel hierfür ist, wie Männer der westlichen Gesellschaften traditionelle Stereotypen über Frauen aufrechterhalten trotz massiver Gegenbeispiele. Erfolgreiche Frauen bedrohen den positiven Status von Männern und werden deshalb als Zufallsereignisse oder als seltsame Abweichung betrachtet (s. Deaux, 1976).

Ausgrenzungsfehlers reichen bis zum Massenmord, z.B. in der Hexenjagd im 16. und 17. Jahrhundert und im Antisemitismus Nazi-Deutschlands. Die *sozialen Funktionen* des Stereotyps betreffen soziale Kausalität, Rechtfertigung und Differenzierung. Soziale Kausalität ist die Suche nach dem Verstehen von komplexen und gewöhnlich verwirrenden großen sozialen Ereignissen. Sie impliziert die Identifikation einer sozialen Gruppe als direkt verantwortlich nach dem Sündenbockprinzip. Gegenwärtig werden Zuwanderer für Arbeitslosigkeit, Wohnungsnot etc. verantwortlich gemacht. Soziale Rechtfertigung bezieht sich auf die Bildung eines spezifischen Stereotyps, mit dem die Aktionen gegen die betroffene Gruppe gerechtfertigt werden sollen. So ließ die Dehumanisierung unterworfener Völker deren Ausbeutung immer schon gerechtfertigt, natürlich und unproblematisch erscheinen. Soziale Differenzierung bezieht sich auf eine Tendenz zum Ethnozentrismus, auf Stereotypen, die die eigene Gruppe höher bewerten unter Bedingungen, die Intergruppenunterschiede verwischen oder unsicher machen oder den eigenen niedrigen Status als illegitim und veränderbar erscheinen lassen (Hogg & Abrams, ebd., S. 75 ff.).

Stroebe und Insko (1989, S. 3 f.) ist es nach der kognitivistischen Reduktion der theoretischen sozialpsychologischen Perspektive wichtig, diese wieder zu erweitern und zu prüfen, ob auch die realistische Konflikttheorie Campbells, die Konzeption der autoritären Persönlichkeit und die soziale Lerntheorie zur Erklärung von Vorurteil und Stereotyp beitragen können. Sie grenzen das Konzept des *Stereotyps* gegenüber dem des *Vorurteils* ab: Die Unterscheidung zwischen Stereotyp und Vorurteil entspricht der Unterscheidung zwischen Meinung *(opinion)* und Einstellung *(attitude)*. Stereotypen sind Überzeugungen oder Meinungen über die Attribute einer sozialen Gruppe oder ihrer Mitglieder.

Ein Vorurteil ist als negative Intergruppen-Einstellung konzeptualisiert, d.h. als Tendenz, das Einstellungsobjekt vorwiegend negativ zu bewerten. Entsprechend der Drei-Komponenten-Hypothese der Einstellung nach Harding et al. (1954) werden Bewertung ausdrückende Reaktionen in die Klassen Kognition, Affekt und Verhalten eingeteilt. Ein Vorurteil ist charakterisiert durch eine kognitive Komponente (z.B. Stereotyp über *outgroup*-Mitglieder), eine affektive Komponente (z.B. Abneigung) und eine konative Komponente (z.B. diskriminierendes Verhalten gegenüber *outgroup*-Mitgliedern). Der Alltagsgebrauch von „Vorurteil" beinhaltet die zusätzliche Bedeutung von Abneigung, die auf irrationalen Überzeugungen beruht. Dagegen beinhaltet das wissenschaftliche Konzept des Vorurteils auch Umstände, die Ablehnung als gerechtfertigt und legitim erscheinen lassen, wie etwa die Ablehnung des Ku-Klux-Klan oder der Nazi-Partei durch ihre Opfer. Entgegen der vorherrschenden Definition von „Vorurteil" werden hier nicht alle Intergruppen-Einstellungen als negativ betrachtet. So schätzten US-amerikanische Studenten ihre schwedischen Kommilitonen noch positiver als sich selbst ein, die kanadischen und Schweizer Kommilitonen waren fast so beliebt wie die eigenen. Zur Beziehung zwischen Stereotyp und Vorurteil nehmen Informationsverarbeitungsansätze und Konsistenz-Theorie an, daß die Einstellung gegenüber dem Einstellungsobjekt auf jene Attribute bezogen ist, die mit dem Objekt assoziiert werden und die positiv oder negativ bewertet werden. Wenn etwa ein US-Amerikaner die Deutschen als „wissenschaftlich", „fleißig" und „intelligent" wahrnimmt (Stereotyp) und wenn er diese Attribute als positiv bewertet, wird er wahrscheinlich eine positive Einstellung (Vorurteil) den Deutschen gegenüber haben. Beide Theorien sehen Vorurteil und Stereotyp als eng verwandt, differieren jedoch in ihren Annahmen über die Ursachenrichtung. Nach dem Ansatz der Informationverarbeitung resultieren die Einstellungen einer Person über eine soziale Gruppe aus ihren salienten Überzeugungen von der Gruppe. Die Konsistenz-Theorie nimmt zusätzlich an, daß Einstellungswandel zu Veränderungen von Überzeugungen einer Person führen (Stroebe & Insko, ebd., S. 8 ff.).

Das Konzept der *Diskriminierung* umfaßt — nach einem Memorandum der Vereinten Nationen — jegliches Verhalten, das einem Individuum oder einer Gruppe von Menschen erwünschte Gleichheit in der Behandlung verweigert. Diskriminierung schließt nach Allport (1954) jedes Verhalten ein, das auf der Unterscheidung von natürlichen und sozialen Kategorien beruht, die jedoch entweder keine Beziehung zu individuellen Fähigkeiten und Verdiensten oder zum konkreten Verhalten der Person haben. Zur Beziehung zwischen Stereotyp, Vorurteil und Diskriminierung ist festzustellen, daß sie nicht notwendigerweise miteinander verknüpft sind, diskriminierendes Verhalten nicht notwendigerweise aus einem negativen Vorurteil resultiert. Hieraus wäre ein Modell für die Untersuchung des Zusammenhangs zwischen Einstellung und Verhalten zu entwickeln. Bisher wurden Einstellungen oder Vorurteile meist auf einer globaleren Ebene gemessen als diskriminierendes Verhalten (Stroebe & Insko, ebd., S. 10 ff.).

3.2.3 Ursachen von Stereotyp und Vorurteil

Die Vielzahl der Erklärungsansätze für verschiedene Analyseebenen bewegen sich nach Stroebe und Insko (ebd., S. 12 ff.) zwischen den Extremen soziokulturell (Konflikttheorien, soziale Lerntheorie) und individuell (Sündenbock-Hypothese, Autoritäre Persönlichkeit, Informationsverarbeitungskapazität). Eine zweite Dimension, die orthogonal zur Analyseebene steht, wurde hingegen kaum beachtet: Die Bewertung der Objekte von Vorurteilen. Theorien, die ein abwertendes Motiv annehmen, konzentrieren sich hauptsächlich auf die Entwicklung von Vorurteilen und behandeln Stereotypen als Epiphänomene.

Soziokulturelle Ursachen von Stereotyp und Vorurteil
Auf der Analyseebene der Gesellschaft korrespondiert die Unterscheidung zwischen motivationalen und nichtmotivationalen Ansätzen mit zwei Meta-

theorien der gegenwärtigen Soziologie, der Macht- vs. Integrationtheorie. Machttheoretiker (Marx, Dahrendorf) sehen die Gesellschaft als Organisation, die durch die Gewaltausübung von wenigen Mitgliedern dominiert wird. Gesellschaften sind durch Interessenkonflikte gekennzeichnet. Stereotypen, Vorurteile und die daraus folgende Entwertung von *outgroups* sind lediglich Teilaspekte einer Ideologie, durch die die Mächtigen die Unterdrückung der Machtlosen rechtfertigen. Integrationstheoretiker (Rousseau, Parsons) betrachten sozialen Zusammenhalt und soziale Ordnung als Resultat einer allgemeinen Werte-Übereinstimmung, die alle möglichen oder tatsächlichen Differenzen der Meinungen und Interessen ausgleicht. Diese Werte werden durch Sozialisationsprozesse vermittelt. Stereotypen und Vorurteile sind Teil dieses gesellschaftlichen Erbes. Die Konflikttheorien zu Stereotyp und Vorurteil gehören zur metatheoretischen Perspektive der Machttheorie, die soziale Lerntheorie zur Perspektive der Integrationstheorie (Stroebe & Insko, ebd., S. 13 f.).

Zu den Konflikttheorien gehören neben der bereits genannten Theorie der sozialen Identität von Tajfel die *Theorie des realistischen Konflikts* (Campbell, Sherif). Nach ihren Annahmen ist das Vorurteil Resultat von Gruppenwettbewerb um knappe Ressourcen. Reale Furcht erhöht die Solidarität innerhalb der Gruppe, die Bewußtheit der eigenen Gruppenidentität und die Festigkeit der Gruppengrenzen. Sie erhöht den Ethnozentrismus als einen Zustand, der durch vermehrte Gruppensolidarität und Entwertung von Außengruppen gekennzeichnet ist. Vermittelnder Prozeß zwischen Intergruppenkonflikt und Ethnozentrismus ist die − u.U. auch falsche − Wahrnehmung einer Bedrohung durch die *outgroup*. Die Theorie der sozialen Identität modifiziert die Theorie des realistischen Konflikts in zwei wichtigen Aspekten: Zum einen führt nicht jeder Konflikt über knappe Ressourcen zu Konflikten. Konflikte können sich zudem außer über knappe physikalische auch über knappe soziale Ressourcen, d.h. Status und Prestige, entwickeln mit Stereotyp und Vorurteil als ihren häufig anzutreffenden Waffen. Das Motiv, eine positive Selbstwertschätzung durch Intergruppenvergleich zu erlangen, paßt nicht in die soziokulturelle Vorurteilstheorie.

Insgesamt bietet der konflikttheoretische Ansatz nach Meinung von Stroebe und Insko sowohl für das Problem der individuellen als auch der Gruppenunterschiede Lösungen an: Individuelle Unterschiede resultieren aus dem Bedürfnis nach einem positiven Selbstkonzept oder aus einer Wettbewerbssituation. Gruppen- oder gesellschaftliche Unterschiede resultieren aus dem Konflikt zwischen den verschiedenen Gruppen. Daß die Entwertung der *outgroup* eine nützliche Funktion in Gruppenkonflikten hat, ist eine hinreichende Erklärung für Ethnozentrismus. Stereotyp und Vorurteil als Gruppenideologie unterstützen die eigene Überlegenheit und rechtfertigen Aggression und Gewalt.

Die *Theorie des sozialen Lernens* geht nicht von einem Motiv der Abwertung von *outgroups* aus. Stereotyp und Vorurteil sind entweder Resultat der Beobachtung von „tatsächlichen" Gruppenunterschieden oder basieren auf sozialer Beeinflussung durch Massenmedien, Schule, Eltern und Gleichaltrige. Geschlechtsstereotypen und viele ethnische Stereotypen werden durch die sozialen Rollen gebildet, die diese Gruppenmitglieder im Intergruppenkontakt einnehmen. Sie zeigen gewisse, durch den sozialen Kontext begrenzte Attribute. Diese beobachteten Merkmale werden dann als typische Fähigkeiten und Persönlichkeitsmerkmale angesehen. So werden Frauen wiederholt bei der Kinderpflege beobachtet, was zu der Überzeugung führt, daß sie die dafür notwendigen Charakteristika in besonderem Maße besitzen. Außerdem sind häufig Unterschiede in der Sozialstruktur für viele ethnische Stereotypen verantwortlich. Ethnische Grenzen sind mit sozialen Grenzen konfundiert, wenn Afroamerikaner z.b. Unterschichtverhalten reflektieren. Eine Falsifikation von Stereotypen als Wahrscheinlichkeitsüberzeugung ist durch informelle Beobachtung schwierig, die Anpassung von Stereotypen an veränderte soziale Situationen geschieht daher nur langsam. Die Stereotypen von heute reflektieren die Wirklichkeit von gestern. So entsprachen die Stereotypen über Afroamerikaner als „träge", „unwissend" oder „schmutzig" der realen Situation während der Sklaverei.

Durch die Theorie des sozialen Lernens werden individuelle und Gruppenunterschiede hinsichtlich Intensität und Inhalt von Vorurteilen erklärt. Die Betonung von Erziehung, Kommunikation und direkter Beobachtung ist eine wichtige Erweiterung der konflikttheoretischen Perspektive. Eine offene Frage ist in diesem Theorierahmen die Abwertung der *outgroup:* Wenn Stereotypen mehr oder weniger realistische Widerspiegelungen von gesellschaftlichen Unterschieden sind, sollten positive Einstellungen gegenüber der anderen Gruppe ebenso häufig sein wie negative. Letztere sind jedoch oft gegenseitig und die Abwertung das dominierende Muster, was auf eine motivationale Basis der Stereotyp-Bildung hinweist (Stroebe & Insko, ebd., S. 15 ff.).

Personale Ursachen von Stereotyp und Vorurteil
Psychodynamische Theorien und kognitive Ansätze konzentrieren sich auf intrapersonale Prozesse, die zu Abneigung und Entwertung von *outgroups* führen. Allerdings repräsentieren sie sehr unterschiedliche Menschenbilder. Die psychodynamischen Theorien liefern das prototypische Beispiel für eine Erklärung von Stereotyp und Vorurteil auf der individuellen Ebene. Intrapersonaler Konflikt oder Fehlanpassung sind ihre Ursachen. Weil das Vorurteil nur als ein Symptom für einen tieferliegenden Persönlichkeitskonflikt betrachtet wird, gelten die psychodynamischen Theorien als „Symptomtheorien". Die *Sündenbocktheorie* (Allport, Bettelheim) ist eine der bekannteren Symptomtheorien. Vorurteil und Aggression gegenüber Mitgliedern der *outgroup* sind — in Übereinstimmung mit der Frustrations-Aggressions-Hypothese von Dollard — Resultat einer Aggresssionsverschiebung von einem mächtigen Frustrator auf eine machtlose Minorität. Diese Verschiebung wird rationalisiert durch negative Attribute oder Schuldzuweisungen an die Minorität. Die Sündenbocktheorie hat nach Stroebe und Insko (ebd., S. 18)

einen hohen Grad an Plausibilität. Dennoch liefert sie eine nur unvollständige Erklärung für die Entwicklung von Vorurteilen, insbesondere den Wechsel des Aggressionsziels etwa von der Minderheit der Afroamerikaner auf die der Juden. Möglicherweise werden Minderheiten, die sowohl auffallen als auch machtlos sind, als Sündenböcke gewählt. Ein anderes Kriterium der Zielgruppe als ihre Machtlosigkeit wird jedoch nicht in Betracht gezogen. Nach Graumann (1992, S. 15) ist Frustration zumindest in einer Leistungsgesellschaft ein alltägliches Phänomen. Träfe die Hypothese der Frustrations-Aggressions-Verschiebung zu, müßte es eigentlich zu noch mehr offener Gewalt auf dem Hintergrund der Fremdenfeindlichkeit kommen.

Das Konzept der *autoritären Persönlichkeit* (Adorno et al., 1950) umfaßt folgende Basisannahmen: Das Vorurteil ist Teil eines umfasenderen ideologischen Rahmens, daher mit anderen politischen, sozialen und ökonomischen Überzeugungen verknüpft. Diese Verknüpfung wird durch tieferliegende Persönlichkeitsfaktoren verursacht. Die Persönlichkeitsbasis von Vorurteilen ist primär das Ergebnis elterlicher Kontrolle während der persönlichkeitsbildenden Phasen. Adorno et al. (1950) hatten Skalen entwickelt, mit denen sie Antisemitismus (A-S), Ethnozentrismus (E), politischen und ökonomischen Konservatismus (PEC) sowie Faschischmus (F) maßen. A-S + E sollten als direktes Maß für Vorurteil, PEC als Voraussetzung für Vorurteil gelten. Es ergaben sich allerdings nur schwache Korrelationen zwischen PEC und A-S + E. Hohe Korrelationen zwischen F und A-S + E wurden als Hinweis für antidemokratische und autoritäre Persönlichkeitstendenzen gedeutet. Interviews mit kleinen Personengruppen, die Extremwerte auf der F-Skala aufwiesen, ergaben ein Syndrom von affektiven und kognitiven Elementen, die insgesamt die autoritäre Persönlichkeit ausmachen: streng und diszipliniert erzogen, alle Ressentiments gegenüber den Eltern auf *outgroups* verschiebend, ein Schwächling, der seine eigenen Unzulänglichkeiten durch exzessiven Bezug auf die herrschenden Mächte kompensiert und der seiner Aggressivität gegenüber sozial niedriggestellten Personen und Gruppen Luft macht (Stroebe & Insko, 1989, S. 18 f., s.a. Stewart & Hoult, 1959-60, die eine sozialpsychologische Theorie zur Ablösung der psychoanalytischen Theorie der autoritären Persönlichkeit präsentierten).

Für Stroebe und Insko gibt es eine Reihe von Gründen und empirischen Befunden, die Anlaß geben, die Theorie der autoritären Persönlichkeit als eine nur unvollständige Erklärung für Stereotyp und Vorurteil zu werten, zumal die empirischen Befunde lediglich individuelle Unterschiede aufgrund der F-Skala sichern konnten. Daß Unterschiede im Vorurteilsniveau verschiedener Gesellschaften oder Gesellschaftsgruppen mit Unterschieden im Grad des Autoritärseins erklärt werden sollen, ist nur unzureichend empirisch belegt. Die F-Werte von weißen südafrikanischen Studenten mit erheblich rassistischen Einstellungen gegenüber Schwarzen waren nicht höher als die F-Werte US-amerikanischer College-Studenten. Zudem waren die in Afrika geborenen noch rassistischer, unterschieden sich in den F-Werten aber nicht von ihren anderswo geborenen südafrikanischen Kommilitonen

(Pettigrew, 1958). Mehr als Persönlichkeitsfaktoren sind soziokulturelle Normen für Gruppen- oder gesellschaftliche Unterschiede verantwortlich. Pettigrews (1958) südafrikanische Studenten hatten gleich hohe Werte in sozialer Konformität wie auf der F-Skala und waren damit vermutlich besonders anfällig für die Normen der südafrikanischen Gesellschaft. Die Bedeutung der Konformität zeigte sich auch bei einer Personengruppe aus den Südstaaten der USA. Mehr anti-afroamerikanische Einstellungen hatten Gottesdienstbesucher, Parteisympathisanten und Frauen. Erfahrungen außerhalb der vorherrschenden Südstaatenkultur reduzierte jedoch diese Einstellungen. Obwohl Bildungsstand und Vorurteile gegenüber Afroamerikanern bei Nord- und Südstaatlern negativ korrelieren, ist diese negative Korrelation bei letzteren ausgeprägter, was für den Einfluß von soziokulturellen Normen spricht. Eine weitere Schwäche des Persönlichkeitsansatzes liegt im Inhalt der Stereotypen: Neben den Eltern müssen auch Massenmedien, Schule etc. zum Überzeugungssystem beitragen. Insgesamt bieten die Symptomtheorien eine höchstens partielle Erklärung, und zwar für die Variation von Vorurteilen innerhalb einer Kultur, nicht zwischen Kulturen. Sie liefern keine Erklärung für spezifische Ziele und Inhalte von Stereotyp und Vorurteil (Stroebe & Insko , ebd., S. 19 ff.).

Der *kognitive Ansatz* wurzelt in dem Versuch, das irrationale Menschenbild der Psychoanalyse ersetzen zu wollen durch das Menschenbild vom rationalen Informationverarbeiter. Basisannahme ist, daß die menschliche Informationsverarbeitung begrenzt ist, was für angebliche Zusammenbrüche in Wahrnehmung und Kognition verantwortlich ist. Motivationale Faktoren bei der Bildung und Beibehaltung von Stereotypen werden nicht berücksichtigt. Die *Überzeugungskongruenztheorie* (Rokeach) stellt die kognitive Konsistenz in den Mittelpunkt: *Outgroup*-Mitglieder werden nicht wegen ethnischer oder physischer Charakteristika abgelehnt, sondern weil sie ungleiche oder inkongruente Überzeugungen haben. Der Fokus liegt auf der privaten Ablehnung; institutionelle Manifestation der Ablehnung, wie etwa das Heiratsverbot, werden explizit ausgeschlossen. Aus Überzeugungen, Einstellungen und Werten werden Verhaltensmerkmale attribuiert, was die Interpretation nahelegt, daß Stereotypen Vorurteile verursachen. Auf die zahlreichen Forschungsarbeiten zur Theorie von Rokeach soll hier nicht näher eingegangen werden (Stroebe & Insko, ebd., S. 21 ff.). Die Überzeugungskongruenz-Theorie liefert, so die Autoren, nur eine Partialerklärung für die Entwicklung von Stereotyp und Vorurteil.

Um individuelle oder Gruppendifferenzen und deren psychologische Ursachen erklären zu können, kann auf die Theorie des sozialen Lernens oder die Balance-Theorie zurückgegriffen werden. Nach der *Theorie der kognitiven Balance* werden *outgroup*-Mitglieder als in ihren Überzeugungen abweichend wahrgenommen, weil die Wahrnehmung der Gruppenmitgliedschaft ausgeglichen wird durch die Wahrnehmung der Überzeugungs-Unähnlichkeit. Anstelle dieser umständlichen Erklärung sei es jedoch möglich, daß Vorurteile und attribuierte Überzeugungsdiskrepanz das gemeinsame Resultat der Gruppenwahrnehmung ist. Konsistenter ist dagegen die Alternativerklärung nach der Theorie des sozialen Lernens: Es wird nicht nur gelernt, daß es verschiedene soziale Gruppen gibt, sondern auch, daß diese in ihren Einstellungen und Überzeugungen von den Mitgliedern der eigenen Gruppe abweichen.

Die *Akzentuierungstheorie* als ein weiterer kognitiver Ansatz dient als *label* für den Beurteilungsansatz Tajfels. Insgesamt werden im kognitiven Ansatz Korrelationen zwischen Kategorien und Persönlichkeitsmerkmalen für die meisten Stereotyp-Tendenzen verantwortlich gemacht. Akzentuierung und *illusorische Korrelationen* (Chapman) beeinflussen die Interpretation von sozialen Handlungen und die Enkodierung von Informationen über soziale Gruppen (Stroebe & Insko, ebd., S. 23 ff.).

Zusammenfassend stellen Stroebe und Insko (ebd., S. 28 ff.) fest, daß zur Erforschung von Stereotyp und Vorurteil eine Multiprozeßtheorie notwendig sei, da keiner der bisherigen theoretischen Ansätze die differentiellen kognitiven und motivationalen Prozesse bei der Entwicklung, Aufrechterhaltung und Veränderung von Stereotyp und Vorurteil erklären kann. Ausgangspunkt für die Analyse ist die Beobachtung, daß trotz individueller Unterschiede viele Stereotypen weithin sozial geteilt werden und daß Konsensus und Stabilität von ethnischen und nationalen Stereotypen erstaunlich hoch sind. Ihre historische und kulturelle Stabilität kann nur mit der Theorie des sozialen Lernen befriedigend erklärt werden. Da Geschlechts- und nationale Stereotypen bereits im Alter von sechs oder sieben Jahren stabilisiert sind, kommt vermutlich den Eltern eine wichtige Rolle in deren Sozialisation zu.

3.2.4 Soziale Diskriminierung durch Sprache

Nach Graumann und Wintermantel (1989) besteht das wissenschaftliche Interesse an der sozialen Diskriminierung hauptsächlich an den verschiedenen Techniken und Modalitäten der Benachteiligung anderer, der Verneinung oder Verweigerung von Erfolgen und Zielen, die anderen wiederum gewährt werden. Es besteht eine enge Verbindung zu Vorstellungen von Gerechtigkeit und Gleichheit: Die Ablehnung der Gleichbehandlung läuft auf Verweigerung von gleichen Rechten in den Bereichen Beschäftigung, Bezahlung, Wohnung, politische Repräsentation oder Nutzung von öffentlichen Einrichtungen hinaus.

Abgesehen von der offenkundigen Verweigerung von gleichen Rechten, wie sie in nationalen Verfassungen und internationalen Abkommen kodifiziert sind, gibt es eine weite Spannbreite diskriminierenden Verhaltens auf der Basis von Gruppenunterscheidung. Was wir anderen mit Worten antun, ist die Etablierung, Aufrechterhaltung sowie Reproduktion oder Auflösung von sozialen bzw. interpersonalen Beziehungen. Der Aspekt der Aufrechterhaltung von Machtbeziehungen durch Sprechakte ist daher besonders interessant für die Erforschung der sozialen Diskriminierungen. Zu den von

3. Die Psychologie des Fremden

Graumann und Wintermantel entwickelten fünf sozialen Funktionen der Diskriminierung lassen sich Sprechakte identifizieren:
1. *Separierung:* Eine minimale aber wichtige Form ist das Ziehen einer Linie und der systematische Gebrauch von *wir* und *sie*, was soziale Identität ausdrückt: Mit *denen* identifizieren wir uns nicht.
2. *Distanzierung* mit *wir* und *die da*, was soziale Distanz und – innerhalb der eigenen Gruppe – kein gutes Benehmen anzeigt. Hierzu gehören als linguistische Mittel auch der Verzicht auf Unmittelbarkeit, auf Gefühle, die Mehrdeutigung und der Bezug auf die Situation statt auf Handelnde *(Es fielen Schüsse.)* oder das „Bürokratesisch" *(Die Rate der Nettoeinwanderung . . .)*[11].
3. *Akzentuierung* wird üblicherweise durch den Gebrauch von disjunktiven Kategorien statt dimensionalen Attributen ausgedrückt. Schwarze, weiße, rote Hautfarbe sind keine Wahrnehmungskategorien. Wir sind alle farbig, was jedoch nur über Nicht-Weiße gesagt wird. Ähnlich verhält es sich mit der fiktiven Kategorisierung nach „Rassen" und damit die Einteilung in die überlegene *wir*-„Rasse" und die „rassisch" minderwertigen *die* – den Rest der Welt. Sprache dient hier der Vorbereitung und Aufrechterhaltung einer Trennungspolitik oder Apartheid und sogar des Genozids.
4. *Bewertung:* Die auf Distanz gehaltenen und als sehr verschieden akzentuierten Gruppen werden durch herabwürdigende Ausdrücke und Redensarten entwertet: *Nicht-Arier, unamerikanische Umtriebe, Barbaren, Heiden.* Auch die Selbstbezeichnung vieler Ethnien als Menschen (z.B. Inuit, Hottentotten) erniedrigt den Rest der Menschheit.
5. *Fixierung* im Bezug zur Gruppenmitgliedschaft statt der persönlichen Identität. *Er ist Franzose* – hier wird eine Information als Erklärung angeboten. Typisierung als Anwendung eines Gruppenstereotyps ist

---

[11] Dazu gehört auch der Euphemismus „aufenthaltsbeendende Maßnahmen", der statt „Abschiebung" gebraucht wird. Dem Wörterbuch des Unmenschen könnten die von deutschen Politikern gebrauchten Begriffe „asylantenfreie Zone" oder „durchrasste Gesellschaft" entnommen sein. Selbst in der ansonsten sprachbewußten Frankfurter Rundschau und in dem Programm einer Evangelischen Akademie läßt sich immer noch das Verb „türken" für „etwas vortäuschen", also „betrügen", finden, das die größte in Deutschland lebende Zuwanderergruppe der Türken beleidigt.

In der Diskussion um Bevölkerungswachstum und Migration werden mit „Wogen", „Fluten", „Überschwemmungen", „steigender Druck", „Explosionen", die „Katastrophen" auslösen, Bilder verwendet, die zu Distanzierung gegenüber den Menschen der „Dritten Welt" führt. Diese Sprache schafft diskriminierende Wirklichkeit: „Diese aggressive Argumentation bildet den Hintergrund, vor dem sich das Drängen der Bevölkerungslobby zur Eindämmung des Bevölkerungswachstums als rational abhebt: Es muß sofort etwas getan werden, sonst ist die Katastrophe unabwendbar." (Engelhardt, 1994, S. 50)

dabei der Kern der sozialen Diskriminierung (Graumann & Wintermantel, ebd., S. 189 ff.).
Neben der Diskriminierung als Sprechhandeln gibt es eine Form von Diskriminierung, die der Semantik der Sprache inhärent zu sein scheint und Sprache als Mittel der Symbolisierung und Repräsentation von Erfahrung nutzt. Ein wohlbekanntes Beispiel ist das männliche Genus vieler Substantive neben zahlreichen anderen Wortformen, die auf „mann" zurückzuführen sind. Der unvermeidliche Gebrauch dieser Wörter kann als Voraussetzung für einen andauernden Prozeß der Schaffung von Ungleichheit in einer Gesellschaft gesehen werden. Eine weitere Form der Diskriminierung resultiert aus der Art des Sprachgebrauchs, die Hinweise auf sozialen Hintergrund, Erziehung oder Status gibt. Die Unterscheidung zwischen Standard- und Nichtstandardfrom des Gebrauchs der eigenen Sprache wird wichtig für die soziale Unterscheidung. Was Standard ist, wird dabei durch die dominante Gruppe bestimmt (Graumann & Wintermantel, ebd., S. 196 f.).

Diskriminierende Äußerungen gegenüber Individuen und Gruppen sind Alltagsrealität und kommen in politischen Reden, Intergruppenkonflikten, unter Freunden und in Familiengesprächen vor. Dabei lassen sich zwei Arten von Unmittelbarkeit in der verbalen Diskriminierung unterscheiden: Direkte oder nichtdirekte verbale Diskriminierung, d.h. gegenüber dem Interaktionspartner oder über ihn, und explizite oder implizite verbale Diskriminierung, d.h. das negative Prädikat wird offen ausgesprochen oder ist nur aus den situativen Bedingungen zu erschließen. Aus diesen beiden Dimension läßt sich ein Vier-Felder-Schema direkt/nondirekt vs. explizit/implizit konstruieren, dem die Funktionen der Separierung, Distanzierung, Akzentuierung, Bewertung und Fixierung zugeordnet werden können. Evidenz für sich die daraus ergebenden zwanzig Formen des diskriminierenden Sprechens ergaben sich aus Interviews von Personen mit Vorurteilen sowie aus Berichten der Opfer von Vorurteilen (Graumann & Wintermantel, ebd., S. 199 ff.).

3.3 Das Phänomen des Kulturschocks

Eine wesentliche Erfahrung des Kulturschocks ist, daß er uns zur Selbstreflexion zwingt.

> Culture hides much more than it reveals, and strangely enough what it hides, it hides most effectively from its own participants. Years of study have convinced me that the real job is not to understand foreign culture but to understand our own. I am also convinced that all that one ever gets from studying foreign culture is a token understanding. The ultimate reason for such study is to learn more about how one's own system works. The best reason for exposing oneself to foreign ways is to generate a sense of vitality and awareness – an interest in life which can come only when one lives through the shock of contrast and difference. (Hall, 1973, S. 30.)

3. Die Psychologie des Fremden

Der Schock des Kontrasts und der Differenz (Hall) beim Kontakt mit einer fremden Kultur, der „Kulturschock", scheint eine unvermeidliche Erfahrung beim Reisen zwischen Kulturen zu sein (Brislin, 1980, S. 7). Obwohl seine heilsamen Auswirkungen insbesondere im Bereich interkultureller Forschung nicht wissenschaftlich bestätigt sind, gibt es doch — im Sinne Halls — Hinweise dafür, daß die Erfahrung einer fremden Kultur die Sensitivität für die Variationen menschlichen Verhaltens erhöhen. Der durch die Erfahrung unterschiedlichen Verhaltens ausgelöste affektive Zustand kann Lernen stimulieren. Idealerweise wird daher angenommen, daß Menschen mit interkultureller Erfahrung in ihrem Denken weniger rigide und alternativen Problemlösungen gegenüber aufgeschlossener sind. Sie sollen weniger dem stereotypen Verhalten der eigenen Kultur unterworfen und aufgeschlossener sein gegenüber der Tatsache, daß unterschiedliche Verhaltensweisen zu demselben gewünschten Resultat führen können.

3.3.1 In der Fremde sein — Beschreibung einer Erfahrung

Fremd in der Fremde sein ist Deskription einer Erfahrung, die zugleich Abenteuer, Forschungsaufgabe und problematische Situation ist. Der Fremde, unter gewissen Umständen aber auch der Heimkehrer, der sich nach langer Abwesenheit zuhause wie in einem fremden Land fühlt, erlebt, wie Schütz (1964a,b) in seinen sozialpsychologischen Essays ausführt, eine Krise, die den Fluß seiner Gewohnheiten unterbricht und ihn zu Veränderungen in seinem Bewußtsein und seinem praktischen Handeln veranlaßt. Das kulturelle Muster des Menschen in der Fremde hat nicht mehr die Funktion von bewährten und verfügbaren Rezepten. Es erweist sich in seiner Anwendbarkeit als auf eine spezifische historische Situation beschränkt. Diese Einschätzung teilt der Fremde aufgrund seiner persönlichen Krise jedoch nicht. Er wird zu einem Menschen, der fast alles in Frage stellt, was den Mitgliedern der anderen Kultur so fraglos gültig erscheint. Er nähert sich ihnen als ein Neuling; für sie wird er zum Menschen ohne Geschichte. Der Fremde beginnt nun, seine neue soziale Umwelt in den Begriffen seines ihm vertrauten Denkens zu interpretieren. Innerhalb des mitgebrachten Referenzsystems findet er die vorgefertigte Idee von einem Muster, das auch in der neuen Gruppe Gültigkeit haben soll, was sich notwendigerweise bald als inadäquat erweisen wird und zwar aus folgenden Gründen: Die aus der eigenen Kultur stammende Vorstellung vom kulturellen Muster der neuen Gruppe hat ihren Ursprung in der Haltung eines uneigennützigen Beobachters. Der Fremde ist jedoch dabei, sich von einem unbeteiligten Zuschauer in ein potentielles Mitglied der neuen Gruppe zu verwandeln. Wenn aber das kulturelle Muster der neuen Gruppe sich nicht mehr als bloßer Gegenstand seiner Reflexion, sondern als Segment einer Welt erweist, die durch Handlungen bestimmt wird, ist für seine Interpretation ein anderer Typ von Wissen erforderlich. Das neue kulturelle Muster nimmt Umweltcharakter an; seine Ferne verwandelt sich in Nähe. Die Ebene der Umwelterfahrung von sozialen Objekten ist nicht kongruent mit der Ebene bloßer Überzeugungen bezüglich eines Objekts, dem man sich bisher nicht näherte, sodaß alle früheren Konzepte sich in ihrer Anwendung notwendigerweise als inadäquat erweisen. Das vorgefertigte Bild der fremden Gruppe ist deshalb inadäquat, weil es nicht mit dem Ziel erstellt wurde, Reaktionen der Mitglieder der fremden Gruppe hervorzurufen und eine Interaktion zwischen eigener und fremder Gruppe zu ermöglichen. Es repräsentiert ein isoliertes Wissen, das durch die Mitglieder der neuen Gruppe weder verifiziert noch falsifiziert werden kann. Bei ihnen erzeugt es einen *looking glass*-Effekt: Sie lehnen es als unangemessen und sogar unverantwortlich ab und beklagen die in ihm enthaltenen Elemente der Voreingenommenheit, Vorurteile und Mißverständnisse.

Insgesamt wird die Entdeckung, daß in seiner neuen Umgebung die Dinge ganz anders aussehen, als er es von zuhause gewohnt ist, zum ersten Schock für den Fremden und zur Erschütterung seines Vertrauens in die Gültigkeit seines habituellen *thinking as usual*. Er steht vor dem Problem, alle Koordinaten seines bisherigen Orientierungsschemas in solche zu verwandeln, die innerhalb des neuen Orientierungsschemas gültig sind, und zwar aus zwei Gründen: Jedes Orientierungsschema setzt voraus, daß der Benutzer des Schemas die ihn umgebende Welt als so angeordnet betrachtet, daß er selbst ihr Zentrum ist; er hat einen bestimmten Status innerhalb der Hierarchie seiner Gruppe, ist sich dessen bewußt und kann ihr kulturelles Muster als natürliches und verläßliches Orientierungsschema anwenden. Der Fremde dagegen hat keinen Status als Mitglied dieser sozialen Gruppe, empfindet sich selbst als Grenzfall außerhalb des gültigen Orientierungsschemas und kann sich daher nicht mehr als das Zentrum seiner eigenen sozialen Umwelt betrachten. Das kulturelle Muster und seine Anwendungsvorschriften repräsentieren nur für das Mitglied der eigenen Gruppe ein Ganzes aus übereinstimmenden Schemata der Interpretation und der Expression. Für den Außenseiter fällt diese scheinbare Einheit auseinander; er muß die Begriffe dieser Schemata in die Begriffe seines eigenen kulturellen Musters „übersetzen", vorausgesetzt, daß in diesem eine interpretative Äquivalenz besteht. In diesem Fall kann er die übersetzten Begriffe verstehen, kann sich an sie erinnern und sie bei ihrem Erscheinen wiedererkennen. Aber selbst dann hat er mit fundamentalen Diskrepanzen bei der Wahrnehmung von Dingen und im Umgang mit Situationen zu rechnen. Erst mit einer gewissen Kenntnis über die interpretative Funktion des neuen kulturellen Musters kann der Fremde beginnen, dieses als Schema seiner eigenen Expression zu übernehmen. Der Unterschied zwischen diesen beiden Stadien von Wissen ist vergleichbar dem Unterschied zwischen passivem Verstehen und der aktiven Beherrschung einer Fremdsprache (Schütz, 1964a, S. 96 ff.).

3.3.2 Definition des Kulturschocks

Der Begriff „Kulturschock" ist mittlerweile ein Alltags- und fast ein Modewort, das häufig von Journalisten gebraucht wird, ohne irgendwie definiert zu werden, in einer Zeit, in der der Kontakt mit fremden Kulturen durch Ferntourismus, Jugendaustauschprogramme, Tätigkeit in internationalen Organisationen und mehr noch durch internationale Flucht und Arbeitsmigration die Welt zu einem „globalen Dorf" zu machen scheint. Bedauerlicherweise hält mit der physischen Beweglichkeit des Menschen die konzeptuelle Beweglichkeit seiner politischen, ökonomischen und administrativen Institutionen nicht Schritt; denn beides sollte der Entwicklung eines universalen Bewußtseins zugute kommen, das imstande ist, die Einheit des Menschlichen in der Vielfalt der Kulturen wahrzunehmen. Programme der interkulturellen Ausbildung, Beratung und Betreuung, die auf Erfahrungen des Kulturschocks gründen oder diese Erfahrungen als mögliche zumindest einbeziehen, können Annäherungen an ein Ziel bieten, das von lebenswichtiger Bedeutung ist für einzelne Völker, eventuell sogar überlebenswichtig für die Menschheit als ganze.

Als eine Art Kürzel bezeichnet „Kulturschock" die Summe von Reaktionen eines Fremden, der die Sicherheit des ihm Vertrauten verloren hat. Das Konzept des Kulturschocks wird am häufigsten angewandt, um die Erfahrungen von Menschen zu analysieren, die über bestimmte Zeiträume in einem anderen Land leben. Kulturschock kann aber auch eine Erfahrung sein, die Individuen im direkten Kontakt mit Mitgliedern einer anderen Gruppe ihres eigenen Landes machen (Brislin, 1981, S. 155).

Taft (1977, S. 140 ff.) unterscheidet sechs Bedeutungen in der Anwendung des Kulturschock-Konzepts:
1. *Anspannung, die aus der Bemühung resultiert, die erforderlichen Anpassungen zu leisten.*

Guthrie unterscheidet dabei gegenüber dem Kulturschock die Kultur-Strapaze *(culture fatigue)*, wenn die Anspannung über eine längere Zeit fortdauert (Guthrie, 1966, S. 25). Die Anstrengung, sich an neue Menschen, neue Umgangsformen und neue Umgebungen anzupassen, erinnert an die physische Ermüdung und Unbeholfenheit beim Erlernen von neuen Fertigkeiten wie Skifahren oder Autofahren, wenn man noch bewußt über die zu erbringende Leistung nachdenken muß. Folgen dieser Adaptationsanstrengungen können sich in koronaren Herzerkrankungen und anderen physiologischen Fehlfunktionen infolge vermehrter Ausschüttung von Stresshormonen äußern.

2. *Gefühl der Verlorenheit, das durch die Entwurzelung aus der ursprünglichen Umgebung und einem Deprivationsgefühl in der neuen resultiert.*

Eine Verlorenheit dieser Art mit begleitendem Heimweh ist sicherlich eine Erfahrung von Flüchtlingen, Ausgewiesenen und Asylanten. Sie impliziert auch einen Verlust gewohnter und angenehmer sensorischer und perzeptueller Erfahrung von „Heimat" in Form von visuell Vertrautem, von vertrauten

Gerüchen, Geräuschen und geschmacklichen Erfahrungen, aber auch den Verlust alter Freunde. Kulturschock in diesem Sinne charakterisiert auch Anthropologen oder interkulturelle Psychologen während ihrer Feldforschung, die sozialen Kontakt und ein gewisses Maß an Anerkennung erfordert. „Er oder sie ist wie ein Fisch außerhalb des Wassers. Wie weitherzig und voll guten Willens man auch sein mag, eine ganze Reihe von Stützpfeilern sind unter einem weggeschlagen worden, gefolgt von einem Gefühl der Frustration und Angst", schreibt der Anthropologe Oberg (1960, S. 177), der vermutlich als erster den Begriff „Kulturschock" verwendete.

3. *Zurückweisung der Gastbevölkerung durch den Neuankömmling oder auch das Gefühl des Fremden, von der neuen Gesellschaft zurückgewiesen zu werden.*

Insbesondere das Gefühl, nicht akzeptiert zu werden, führt beim Fremden zu einer Selbstentwertung, macht ihn ängstlich und nicht bereit, in irgendeiner Weise integriert zu werden.[12] Die wohl verwirrendste Situation tritt ein, wenn der Fremde sich sowohl zurückgewiesen fühlt, als auch unter dem Druck steht, mit der lokalen Bevölkerung häufig zu interagieren. Das historische Beispiel hierfür ist der Kolonialbeamte, der mit einer feindlich gesinnten Bevölkerung zusammenarbeiten muß. Brein und David (1971) beschreiben Wahrnehmungen der Status-Diskrepanz bei ausländischen Studenten und *Peace Corps*-Mitarbeitern, bei denen diese sich der einheimischen Bevölkerung gegenüber entweder unterlegen oder weit überlegen fühlten. In beiden Fällen kam es gelegentlich zu Fehlanpassungen, die beim Fremden von Gefühlen der Angst, Depression und Entfremdung begleitet waren.

4. *Verunsicherung in der eigenen Rolle und den Rollenerwartungen sowie in den eigenen Werten und dem Gefühl der Selbstidentität.*

Die Verunsicherung kann von den Gefühlen bloßer Ambivalenz oder Ungewißheit bis zur emotionalen Lähmung reichen oder einem Typ kultureller Verwirrung, die sich in Phobien, psychosomatischen Symptomen, Depression etc. äußert. Sie wird insbesondere bei neuangekommenen Einwanderern und bei Menschen nach erzwungener kultureller Veränderung angetroffen, obwohl bisher keineswegs feststeht, daß die Rate der mentalen Zusammenbrüche in diesen Gruppen besonders hoch ist. Kulturelle Verwirrung ist möglicherweise Symptom und nicht Ursache der Erkrankung. Es gibt Hinweise dafür, daß Kulturkonflikt dann zu einem Stressfaktor wird, wenn eine der Kulturen mit einer Identität assoziiert wird, vor der die bikulturelle Person zu fliehen versucht, wenn eine der beiden kulturellen Identitäten mit starken negativen Emotionen etwa der Scham, Schuld oder Angst besetzt ist.

---

[12] Unter Umständen führt diese Nichtakzeptanz zu trotziger Ethnizität und zu einem ethnischen Nationalismus (s. 2.7).

5. *Wahrnehmung der kulturellen Unterschiede, begleitet von Gefühlen der Überraschung, der Unbehaglichkeit, der Angst, der Entrüstung und des Ekels.*
Hier wird „Schock" im (englischsprachigen) Alltagsgebrauch als „Anstoß nehmen", „Entrüstung", nicht „Erschütterung" verstanden. Weder *Peace Corps*-Mitarbeiter noch Touristen waren von den Gefühlen der moralischen Entrüstung ausgenommen, wenn ihre geheiligten Werte verletzt wurden; auch Reaktionen in Form von Schuld- oder zumindest Schamgefühlen sind bekannt (Oberg, 1960; Brein & David, 1971). Der sie begleitende Schock macht u.U. jede effektive Adaptation unmöglich.

6. *Das Gefühl der Ohnmacht als die häufigste Bedeutung von Kulturschock.*
Das Gefühl der Ohnmacht unter fremden kulturellen Bedingungen ist durchaus in der Lage, einige der zuvor beschriebenen Phänomene des Kulturschocks zu verschlimmern und kann zur Kultur-Strapaze, dem Gefühl der Verlorenheit, zur tatsächlichen Zurückweisung durch die neue Gesellschaft mit nachfolgendem Schaden für das Selbstwertgefühl führen. Der Verlust an Kontrolle kommt der infantilen Regression gleich, d.h. der Neuankömmling wird auf einen Zustand der Unwissenheit und Schwäche reduziert. Dieser Schockaspekt ist z.B. deutlich zu erkennen bei der eingewanderten Mutter, die ihr kleines Kind als Vermittler einsetzen muß bei Besuchen in der Schule oder sogar bei ihrem Gynäkologen. Andere mögliche Folgen der Ohnmachtsgefühle, die häufig auf Frustration folgen, sind Apathie, Aggressivität und sogar Panik.

Angesichts der unter den vorausgegangen sechs Punkten aufgelisteten Manifestation des Kulturschocks fragt Taft, wie eine Person jemals imstande sein könne, diese emotionalen Barrieren ausreichend zu überwinden, um schließlich mit einer ihr nicht vertrauten Kultur umgehen zu können. Hier ist einmal festzustellen, daß die geforderte Adaptation in der Regel keinen irreversiblen Schock verursacht. Andererseits zeigten Erfahrungen unter extremen Lebensumständen, daß die Anpassungsfähigkeit des Menschen größer ist als üblicherweise vermutet wird. Viktor Frankls (1985[4]) Berichte über seine Inhaftierung in Auschwitz liefern Beispiele dafür, daß der Mensch viele Schläge gegen sein psychophysisches System einzustecken und dennoch seine Spannkraft zu bewahren vermag. In der Regel bieten die Gesellschaft oder gesellschaftliche Subsysteme schützende und wiederherstellende Anpassungshilfe für Fremde an, z.B. Vereine für ausländische Studenten. Wo es jedoch Gruppen ohne diese Hilfe gibt und diese unter einem andauernden Kulturschock unter extremem Risiko für ihre soziale Existenz stehen, wie etwa die Aborigines in Australien, wird diese extreme Ausprägung von Kulturschock als *acculturative stress* bezeichnet (Taft, 1977, S. 142 f.). Unter extremem Risiko für ihre individuelle Existenz stehen Migranten in Abschiebehaft, die ohne schützende soziale Subsysteme sind und in ihrer Heimat eine noch weniger sichere Zukunft zu erwarten haben. Suizid erscheint manchen dann als der letzte Ausweg oder ist Ausdruck einer langdauernden Erschöpfung und Verzweiflung.

Unter günstigen individuellen und sozialen Ausgangsbedingungen kann der Kulturschock durchaus positive Folgen haben. Adler sah den Beitrag des Kulturschocks zu persönlichem Wachstum in sieben möglichen Bereichen: Als Gelegenheit zu neuem Lernen allgemein; als Situation mit interindividuell unterschiedlichen Konsequenzen, die das motivierende Gefühl der Einzigartigkeit vermitteln; als Herausforderung zur Selbsterforschung; als ein dem Lernen dienliches optimales Erregungsniveau vermittelnd; als eine Gelegenheit, die Positionen des Gastgeberlandes aus der einzigartigen Warte des Außenseiters zu betrachten; als Experimentierfeld für neue Entdeckungen in angemessenem Verhalten und für das Vergleichen und Kontrastieren von neuen Ideen und ihre Anwendung in bezug auf unterschiedliche Gesellschaften (Adler, 1975; Brislin, 1981, S. 157 f.). Diese Möglichkeiten, Kulturkontakt zu nutzen, kennzeichnen den Kosmopoliten oder Weltbürger (s. 2.6.1). Eine interessante empirische Fragestellung wäre, ob auch die Erfahrung des Kulturschocks zu einem universalen Bewußtsein und damit zu Multikulturalität beiträgt.

3.3.3 Die Kontakt-Hypothese als Erklärungsansatz für Verständigung

Dem Konzept Kulturschock kommt nach Furnham und Bochner (1982, S. 167) keinesfalls die Bedeutung eines explanatorischen Prinzips zu, die ihm z.B. Brislin (1981, S. 157) beimißt. Im Sinne von Herrmann (1984, S. 64) handelt es sich um ein deskriptives Konstrukt, eine begriffliche Klasse, in die das konkrete Verhalten und Erleben eingeordnet wird. Bei dem Konzept Kulturschock handelt es sich um weitgehend hypothetische intrapsychische Ereignisse, die bisher noch keiner unabhängigen, objektiven Verifikation unterzogen wurden (Furnham & Bochner, 1982, S. 167). Diese „intrapsychischen Ereignisse" und das mit ihnen einhergehende beobachtbare Verhalten entstehen im Kontakt des Individuums mit einer fremden Gruppe. Es liegt daher nahe, den Kontakt als Antezedensbedingung für Kulturschock zu akzeptieren. Die Kontakt-Hypothese besagt jedoch das Gegenteil, daß nämlich der Kontakt zwischen lebensweltlich verschiedenen Gruppen zur Verständigung führt und damit zum Abbau des Kulturschocks beiträgt.

Der historische Ursprung der Kontakt-Hypothese reicht zurück in die *Human Relations*-Bewegung der USA nach dem Zweiten Weltkrieg als eine Reaktion auf den Antisemitismus Nazi-Deutschlands. Es war das Ziel dieser Bewegung, „rassische", religiöse und ethnische Vorurteile zu bekämpfen und zwar ausgehend von den drei voneinander abhängigen Grundannahmen, daß das individuelle Vorurteil das Grundproblem von Gruppenkonflikten sei, daß Vorurteile ein erzieherisches und psychisches Problem seien, das einerseits Ignoranz in bezug auf die andere Gruppe reflektiere, andererseits aber auch − wie im Falle Nazi-ähnlicher Randgruppen − psychischen Mechanismen von Individuen entstamme, die ihre eigenen Probleme auf Minoritäten projizieren, und daß Erziehung ein effektives Mittel sei, die Einstellung zu verändern, der dann verändertes Verhalten folgen solle. Aus diesen

3. Die Psychologie des Fremden

Grundannahmen konstruierte die *Human Relations*-Bewegung eine recht optimistische „Theorie" des Kontakts zwischen Gruppen, und da sie das individuelle Vorurteil weitgehend als Resultat der Unwissenheit ansah, glaubte sie, daß Kontakt zwischen Gruppen nur vorteilhaft sein könne (Pettigrew, 1986, S. 172 f.). Der bloße Kontakt zwischen Individuen aus unterschiedlichen Gruppen schaffe eine Gelegenheit zum miteinander Bekanntwerden, fördere Verstehen und Akzeptanz bei den interagierenden Gruppenmitgliedern und reduziere daher Vorurteile, Konflikte und Spannungen zwischen den Gruppen. Diese Überzeugung fand – auf empirischen Befunden basierend – Anwendung in nationalen politischen Entscheidungen in den Bereichen von Wohnen, Arbeit und Erziehung und in internationalen Programmen des Schüler- und Studentenaustauchs, der beruflichen Konferenzen, des Sports etc. (Ben Ari & Amir, 1988, S. 152).

Eine Theorie im Sinne empiristischer Methodologie, nämlich ein System von widerspruchsfreien Sätzen mit Erklärungswert, ist die Kontakt-Hypothese allerdings bisher ebensowenig wie andere „Theorien", die an dem beklagten Theoriendefizit in der Sozialpsychologie leiden. Die theoretische Fundierung, die der Kontakt-Hypothese zugrunde gelegt wird, basiert zumeist auf kognitivistischen Annahmen. Negative Stereotypen und Einstellungen resultieren aus dem Fehlen ausreichender Informationen und/oder der Existenz falscher Informationen, die eine Gruppe über eine andere hat.[13] Wenn in Kontakt-Situationen Individuen entdecken, daß die „anderen" ihnen doch ähnlicher sind als vermutet oder sogar dieselben Einstellungen haben, tendieren sie dazu, ihre negativen Einstellungen aufzugeben oder neue positive Einstellungen über die andere Gruppe zu entwickeln (Ben-Ari & Amir, ebd., S. 152).

---

[13] Eine Studie des Psychologischen Instituts der Universität Marburg zeigte, daß Fremdenfeindlichkeit und Desinformiertheit über die Asylproblematik miteinander zusammenhängen. In den Kreisen Offenbach, Marburg und Aschaffenburg waren Mitte 1992 108 deutsche Bürgerinnen und Bürger mit einem dreiseitigen Fragebogen auf der Straße, in Betrieben und Gaststätten befragt worden. Viele zeigten sich über das Thema Asyl in starkem Maße fehlinformiert.

> So hielten über 70 Prozent der Befragten Deutschland für eines der Hauptaufnahmeländer von Asylbewerbern, obwohl die Bundesrepublik hier auf Platz 23 liegt. Auch kamen nach Statistiken der Vereinten Nationen 1991 nur 1,4 Prozent der weltweit als Flüchtlinge geltenden Menschen hierher. Die Herkunft der Flüchtlinge wurde häufig falsch eingeschätzt, der Anteil der Europäer (faktisch 65 Prozent) deutlich zu niedrig, der Anteil der Afrikaner und Südamerikaner dagegen zu hoch geschätzt. (Terstappen, 1993)

> Die Wechselwirkung zwischen Informationsaufnahme und -verarbeitung auf der einen Seite und Einstellungen gegenüber Zuwanderern auf der anderen Seite zeigt sich daran, daß Personen, die besser informiert waren über das Thema Asyl, auch eine erheblich positivere Einstellungen gegenüber Fremden hatten.

Daß die Dinge so einfach nicht sind, die Kontakt-Hypothese darüber hinaus gelegentlich aus politischen Motiven so verdreht wurde, daß sie nicht mehr wiederzuerkennen war (Pettigrew, 1986, S. 174), zeigt die sozialwissenschaftliche Forschung in den Jahrzehnten seit der *Human Relations*-Bewegung. In Kontrast zu deren drei Grundannahmen sind Vorurteile eine wichtige, jedoch nicht die fundamentale Komponente in Gruppenbeziehungen im Vergleich zu der institutionalisierten Diskriminierung als Kern des Problems (z.B. der Verweigerung gesetzlicher Gleichheit), die Vorurteile sowohl aufrechterhält als auch durch ihre restriktiven Anordnungen erzeugt. Vorurteile sind nicht lediglich ein „psychisches" Problem, wie die Untersuchungen zum autoritären Charakter durch Adorno et al. (1950) nahelegten, sondern alle Menschen benutzen Stereotypen und neigen zu vorgefaßten Urteilen, ein Phänomen, das in Kultur und Gesellschaftsstruktur eingebettet ist. Zudem hat sich Erziehung als ein enttäuschendes Mittel erwiesen gegenüber der wirklichen Aufgabe, die die *Human Relations*-Bewegung nicht ins Auge faßte, nämlich den strukturellen Veränderungen, die nötig sind, um Gruppentrennung und institutionelle Diskriminierung zu beseitigen (Pettigrew, ebd., S. 172 f.).

Erwies sich die Kontakt-Hypothese in ihrer ursprünglichen Version mit der Zeit als wenig aussagekräftig bereits unter US-amerikanischen Bedingungen und als revisionsbedürftig, so gestattet sie noch weniger eine direkte Extrapolation auf Gruppenkontakte, wie sie beispielsweise für Großbritannien typisch sind. Obwohl hier die Rate an interethnischen Heiraten höher ist als in den USA, werden die Minoritäten in Großbritannien dennoch nicht in dem Maße als zum Land „gehörend" betrachtet, wie dies etwa für die afroamerikanische Bevölkerung der USA selbstverständlich ist (Pettigrew, ebd., S. 188 f.). Auch der Kontakt zwischen Israelis und Ägyptern unterscheidet sich von Situationen, die in der Literatur zur Kontakt-Hypothese beschrieben wurden. Zum einen haben sie einen unterschiedlichen, wenn nicht sogar gegensätzlichen kulturellen, historischen, religiösen und politischen Hintergrund, und zum anderen befanden sie sich bis zum ägyptisch-israelischen Friedensabkommen von 1979 etwa 30 Jahre im Kriegszustand (Amir & Ben-Ari, 1985, S. 105).

Mögliche Erweiterungen der Kontakt-Hypothese ergeben sich aus den Modellen von Brewer und Miller (1984) und Hewstone und Brown (1986), aus einer Verbindung mit der Informationstheorie (Ben Ari & Amir, 1988) und der Theorie der sozialen Identität (Tajfel, 1982a,b). Insgesamt jedoch, so Amelie Mummendey, könne nach Durchsicht der gegenwärtigen sozialwissenschaftlichen Erkenntnisse die kritische und pessimistische Einschätzung der Wirksamkeit von Kontakten zwischen Gruppen unterschiedlicher Herkunft nicht wesentlich gemildert werden. Allerdings sei Kontakt immer noch besser als nichts, auch wenn der Erfolg nicht garantiert ist. Eine Reihe von Bedingungen können allerdings dazu führen, daß Kontakte zwischen Gruppen zu einer Verringerung von Vorurteilen und zur Verbesserung von Beziehungen zwischen ihnen führen:

1. Die Situation, in der Kontakt stattfindet, sollte ein hohes Potential für persönliche Bekanntschaft haben, unterschiedliche soziale Settings unterscheiden sich in diesem Potential wie z.b. Schulen, Arbeitsplätze oder andere Gelegenheiten im Arbeitskontext.
2. Die Mitglieder der miteinander in Kontakt tretenden Gruppen sollten auf jeden Fall einen gleich hohen sozialen Status haben, damit Statusunterschiede, die häufig gerade problematische Beziehungen zwischen Gruppen kennzeichnen, nicht repliziert und damit die Vorurteile verstärkt werden.
3. Die gemeinsame Tätigkeit sollte in Form einer Kooperation zur Erreichung eines gemeinsamen Ziels, nicht in Form von Wettbewerb stattfinden....
4. Bedingungen, die intimere Kontakte zwischen einzelnen Mitgliedern unterschiedlicher Gruppen fördern, wie persönliche Freundschaften. Oberflächliche, gelegentliche Kontakte hingegen lassen wenig Veränderung der Beziehungen, oft sogar die Zementierung bestehender Vorurteile erwarten.
5. Unterstützung durch Institutionen und prominente Autoritäten aus Politik, Kultur, Kirchen. Es muß vermittelt werden, daß der Kontakt zwischen den Gruppen sozial angemessen, ja im Sinne gesellschaftlicher Normen erwünscht ist.
6. Die Aktivitäten im Rahmen von Kontakt zwischen den Gruppen sollten Spaß machen, in positiver Stimmung stattfinden. (Mummendey, 1993, S. 137)

Strukturelle Maßnahmen vorausgesetzt, wie etwa ein Einwanderungsgesetz (s. 2.8.4), ergeben sich aus diesen Bedingungen Hinweise darauf, wie in der Bundesrepublik Deutschland Multikulturalität gefördert werden könnte.

3.4 Das Fremde als „inneres Ausland"

Eine gleichsame tiefere — und schmerzhaftere — Ebene der Selbstreflexivität, jene der psychoanalytischen Introspektion, bezieht sich auf das Fremde in uns selbst. Dieses Fremde, das Andere im Menschen, ist nicht nur nichtidentischer Rest, sondern das Nichtidentische an sich (Görner, 1992, S. 324). In unserem Umgang mit dem Fremden wird das nichtakzeptierte Fremde im eigenen Selbst nach außen projiziert. Manifester Haß entsteht so aus verdrängtem Selbsthaß (Richter, 1993, S. 112), aus Angst und Abwehr von Wahrnehmungen (Devereux, 1984).

Richter hatte im Jahre 1989 eine repräsentative Untersuchung durchgeführt, um Näheres darüber zu erfahren, in welchem Maße sich in der Bevölkerung Angst und Ablehnungsgefühle gegenüber den AIDS-Risikogruppen im Vergleich zu anderen Minderheiten niedergeschlagen hatten. Fazit war:

> Es gibt ... sehr wohl eine psychologische Disposition für Fremdenfeindlichkeit, die zu sozialen und ökonomischen Bedingungen hinzutritt. Die Gefährdung steigt mit dem Ausmaß persönlicher Kontaktangst, Verschlossenheit und erotischer Befangenheit. Daraus entspringt ein Ressentiment: das eigene

> Defizit an Offenheit und Vertrauensfähigkeit wird in eine narzißtisch weniger kränkende kämpferische Position verkehrt, in eine angeblich notwendige Wappnung gegen äußere Bedrohung. Auch die angedeuteten Sexualängste erscheinen plausibel als Kehrseite der insbesondere den Flüchtlingen aus den Armutsländern meist zugeschriebenen massiven Triebhaftigkeit, Promiskuität und hohen Fruchtbarkeit. (Richter, 1993, S. 111)

Der Ethnopsychoanalytiker Paul Parin (1986; s.a. 1993a,b) spricht hier von einem psychischen Mechanismus, der im Individuum ebenso wirksam ist wie in größeren und größten Gruppierungen:

> Die Verschiebung des Bedrohlichen auf ein anderes Objekt, auf eine andere Gefahr, die aktives Handeln oder zumindest die Mobilisierung von Haß oder anderen Formen der Aggression zuläßt. Subjektiv ist dieser Vorgang entlastend, für das psychische Gleichgewicht zweckmäßig. Objektiv ist es für die Einzelperson zumeist ungünstig, wenn nicht geradezu verderblich, die eine Gefährdung, der man ausgeliefert ist, gegen eine andere zu vertauschen. Für größere Gruppen und ganze Nationen hat sich der gleiche Mechanismus zur Entlastung von inneren Spannungen und zur Stabilisierung politischer Verhältnisse bewährt; doch hat sich das Abwenden von der größeren Bedrohung oft bitter gerächt. (Parin, 1986)

Nestvogel (1987, S. 67) sieht die weitverbreitete Problemsicht in der „Dritte-Welt"- und Ausländerpädagogik dadurch gekennzeichnet, daß sie in äußerst reduzierter selektiver Wahrnehmung sämtliche Probleme in die Fremden projiziert. In bezug auf die Fremden ist oft die Rede von Entfremdung, Deprivation, Identitätstörung, Orientierungslosigkeit, Anomie, Marginalität, Neigung zu psychosomatischen Beschwerden, zu Schizophrenie, Kriminalität etc. Dies mag damit zusammenhängen, daß das Neue und Fremde entweder überhaupt − als Abwehr von Wahrnehmung − keine Aufmerksamkeit erweckt oder eine überwältigende in der Form von Projektion all dessen, was für Individuen und soziale Gruppen bedrohlich ist.

In Diskussionen über Fremdenangst und Aggression gegen Fremde wird oft aufs Biologische, aufs genetische Programm rekurriert. Manche Theoretiker, so Erdheim (1992, S. 19) versuchen eine Entwicklungslinie zu ziehen „von den Schleimpilzen bis zur Nation". Unter der biologistischen Perspektive erscheint es als völlig „natürliche" Reaktion, daß der Fremde ausgestoßen wird: Der Mensch ist so vorprogrammiert. Aggressionen gegenüber Fremden sind Teil der archaischen Erbschaft des Menschen. Findet hier lediglich eine Verschiebung des bedrohlichen Fremden in das „Erbgut" des Menschen über den Abwehrmechanismus einer − verwissenschaftlichten − Rationalisierung statt? Denn das Fremde erweckt neben der Neugier auch Angst. Im Bild des Fremden eröffnet sich in der frühen Sozialisationsphase die Möglichkeit, eine Beziehung zu einer Person aufzunehmen, die nicht die eigene Mutter ist, und damit die Chance, sich beim Fremden etwas zu holen, was diese nicht geben kann. Die Fremdenrepräsentanz kann so Spannungen neutralisieren:

3. Die Psychologie des Fremden

Das Bild der Mutter wird wieder makellos, aber der Fleck taucht nun im Bild des Fremden auf: nicht die Mutter ist böse, man sah nicht die Wut und den Haß in ihren Augen, sondern der Fremde ist es, und in ihm erkennt man den Haß. Ebenso ergeht es den eigenen verpönten Wünschen: man hat sie nicht mehr selber, sondern die anderen, die fremden Menschen haben sie, und die sind es, die einen betrügen, bestehlen und bedrohen. So vermag sich die Fremdenrepräsentanz zu einer Art Monsterkabinett des verpönten Eigenen zu entwickeln. Der Gewinn ist beachtlich, denn das Eigene wird zum Guten und das Fremde zum Bösen. Der Nachteil drängt sich aber unabsehbar dann auf, wenn das Eigene keine Entwicklungsmöglichkeiten mehr anbietet, der Zugang zum Fremden vermauert ist und man am Eigenen allmählich verdorrt. Genau das ist auch der Moment, in welchem man am leichtesten gewalttätig wird. Mit Gewalt versucht man seine Angst zu beruhigen – man ist ja aktiv, kämpft gegen das Böse, merkt aber nicht, daß es gar nicht im anderen, sondern in einem selbst liegt. Dieser Kampf ist immer vergeblich, und die Aggression kommt nie an ihr Ziel: das Böse zu vernichten, sondern muß es sich immer neu erschaffen, immer neue Verfolgungsziele setzen. (Erdheim, ebd., S. 22)

Wir bewegen uns in unablässigen Überschreitungen von innen nach außen und umgekehrt. Dabei sind wir nie frei von illusionären Vorstellungen und situieren etwas im Außen, was nur, unerkannt, Ausdruck unseres Inneren – etwa der Krieg in uns – ist (Heinrichs, 1992, S. 11). Allein diese Überschreitungen von innen nach außen und umgekehrt machen eine Art „stereoskopisches Sehen" erforderlich, das jede Art von geistiger, politischer, ökonomischer und sozialer Ausgrenzung des Fremden erfassen sollte. Bewußtseinsmäßig sind wir noch nicht auf die multikulturelle Gesellschaft vorbereitet. Das heißt jedoch auch, noch nicht vorbereitet auf die Selbsterkenntnis, daß jedes Ich multikulturell, synkretistisch, gespalten und gebrochen ist (Heinrichs, ebd., S. 57).

Ohne das Fremde gibt es keine Kultur (Glaser, 1990). Und Eigenes in sich freizusetzen und mit seiner (zunächst) fremden Umgebung reagieren zu lassen, ist ein Bildungsvorgang, der bereits eines bestimmten Maßes an Bildung bedarf. In der dialektischen Beziehung von Eigenem und Fremden bewegen wir uns um das Fremde gleichsam „wie auf Orbitalen; wir umkreisen es, ganz so wie es uns selbst umgibt" (Görner, 1992, S. 328).

Eine „neue Entwicklungsstufe der Moderne" (Münch, 1993) oder eine *zweite Aufklärung* Adornoscher Prägung macht es notwendig, die Fremdheit des Fremden, den Fremdraum als Anreiz und Inspiration zu bewahren, damit wir uns nicht das Staunen über jenes ganz Andere abgewöhnen (Görner, 1992, S. 328). Diese zweite Aufklärung betrifft auch jenes (noch) Fremde als eine Potentialität, die im universalen Bewußtsein (s. 5.5) und im universalen Menschen (s. 6.1) aufscheint.

4. Universale Werte und Bezugsgrößen

Bruner (1990) empfiehlt der Psychologie, sensibel zu sein gegenüber sozialen, politischen und philosophischen Problemen. Multikulturalität als psychologisches Thema bezieht alle drei Bereiche mit ein. Philosophische Konzeptionen von Einheit und Vielheit, die Frage nach transkulturellen Werten und Überlegungen zur Globalisierung mit der sie erfordernden Ethik der globalen Verantwortung repräsentieren ein universalistisches Denken, das Gegenstand von multikultureller Reflexion und Selbstreflexion ist. Wenn die Menschheit als ganze auf dem Spiel steht, dann wird auch ihre kleinste Einheit, der Mensch, thematisch und mit ihm seine Stellung im Universum. Für Grenzüberschreitungen in beide Richtungen ist kennzeichnend, daß das Transzendente wenn nicht denkbar, so doch in seiner Präsenz erfahrbar und Gegenstand der Aspiration wird. Wahrnehmung des Ganzen ist bereits ein erstes Erfassen dessen, was es transzendiert. Diese Ahnung wird Anlaß zu einem Denken, Fühlen und Handeln unter der Perspektive der Einen Welt und von Multikulturalität als ihrer Sphäre des Mitmenschlichen.

4.1 Die Beziehung von Einheit und Vielheit

Odo Marquard, Philosoph und Skeptiker, sieht die moderne Welt als „die Balance von Einheit und Vielheit; denn als das Zeitalter der Universalisierungen ist sie zugleich das Zeitalter der kompensatorischen Pluralisierungen und darum – als Ära der Kompensationen – mehr Nichtkrise als Krise. Die derzeit aktuelle Frage, wieviel Einheit man brauche, um die Vielheit ertragen zu können, und wieviel Vielheit man brauche, um die Einheit aushalten zu können, ist der postmoderne Aggregatzustand eines alten Streits zwischen den Traditionen der Einheits- und der Vielheitsphilosophen. Die Grundthese der Einheits- oder Universalisierungsphilosophien war:

> ... vollkommen ist – durch seine Vielheitslosigkeit – ausschließlich das Eine, hilfsweise das Eine im Vielen, das Allgemeine. Wo Vielheit herrscht, ist das ein Unglücksfall, der repariert werden muß: es muß universalisiert, totalisiert, globalisiert, egalisiert, emanzipiert, revolutioniert werden. Gelingt dies nicht, kommt es zur Krise. So ist die Welt und – durch Blockade des Universellen und das zunehmende Regiment von Sonderinteressen – gerade die moderne, die bürgerliche Welt Krise: nämlich Krise durch Vielheit aus Mangel an Einheit. (Marquard, 1990b, S. 2)

Demgegenüber vertritt die Tradition der Vielheits- oder Pluralisierungsphilosophie den Vorrang des Vielen vor dem Einen in ihrer durchgängigen Grundthese:

> ... die wirkliche Wirklichkeit des Lebens – gerade auch die des menschlichen Lebens – ist unerschöpflich vielgestaltig; ihr Grundcharakter ist die

> Vielheit. Einheit – Allgemeinheit, also auch Vergleichbarkeit und Gleichheit – gibt es nur durch Komplexitätsreduktion, durch Vereinfachungen, deren Herrschaft ist – insbesondere modern, wo die schrecklichen Vereinfacher am Werk sind, die terribles simplificateurs mit ihren Uniformisierungen und Gleichschaltungen: mit der Einheitswissenschaft, der Einheitsgeschichte, der Einheitspartei, der Einheitsmeinung, der Einheitsmenschheit – ein Unglücksfall, der repariert werden muß: es muß detotalisiert, dezentralisiert, differenziert, pluralisiert, traditionalisiert, regionalisiert, individualisiert werden. Gelingt das nicht, kommt es zur Krise. So ist die Welt und – durch den modernen Siegeszug der Uniformisierungen – gerade die moderne, die bürgerliche Welt Krise: nämlich Krise durch Einheit als Mangel an Vielheit. (Marquard, ebd., S. 2 f.)

Beide philosophischen Traditionen für sich genommen diagnostizieren die Welt – insbesondere die moderne Welt – als Krise und benennen als Ursache Gegensetzliches: Mangel an Einheit bzw. Mangel an Vielheit. Tatsächlich werden in der modernen Welt die beiden Mängel kompensiert in einer Balance von Einheit und Vielheit. Die technologischen Vereinheitlichungen werden kompensiert durch traditionale, historische und ästhetische Pluralisierungen. Die vielfältigen Herkunftstraditionen religiöser, sprachlicher, kultureller und familiärer Art nehmen in der modernen Welt nicht nur nicht ab, sondern können in bunter Vielfalt koexistieren. Die sozialen Vereinheitlichungen werden kompensiert durch gewaltenteilige und individualistische Pluralisierungen. Während alles „singularisiert" wird: Fortschritte zum Fortschritt, Revolutionen zur Revolution, Freiheiten zur Freiheit, Sitten zur – universalistischen – Moralität des einen einzigen Sittengesetzes, Geschichten zur einer einzigen Weltgeschichte, entstehen kompensatorisch und zum Schutz gegen diese Zentralisierungen und Vereinheitlichungen die „Grund- und Menschenrechte als juristisch operationalisierte Lizenzen für jeden, rechtfertigungsfrei und ohne Angst anders zu sein als die anderen" (Marquard, ebd., S. 5). Unter dem Schutz der Gewaltenteilung ist die Individualisierung die entschiedenste Form der Pluralisierung.

In der Balance von Einheit und Vielheit ist es Marquard wichtig, daß man mit der eigenen Wirklichkeit seinen Frieden macht. Unter dem Aspekt der *vita brevis* und der *vita una* des Individuums trifft es nicht zu, daß seine Lebenseinzigkeit die Vielheit beseitigt.

> Weil wir trotz unserer Lebenseinzigkeit mehrere – viele – Leben brauchen, brauchen wir unsere Mitmenschen: die Kommunikation mit ihnen in all ihrer Vielfalt ist für uns die einzige Chance, trotz unserer Lebenseinzigkeit viele Leben zu leben. Dabei ist gerade die Vielheit dieser Mitmenschen – ihre bunte Verschiedenartigkeit – wichtig und darf durch die Kommunikation mit ihnen nicht getilgt, sondern sie muß dabei gerade geschützt und gesteigert werden. (Marquart, ebd., S. 9)

Nach Habermas bezeichnet „Einheit und Vielheit" das Thema, in dessen Zeichen die Metaphysik von Anbeginn gestanden hat.

4. Universale Werte und Bezugsgrößen

> Die Metaphysik will alles auf Eines zurückführen; seit Plato präsentiert sie sich in ihren maßgeblichen Ausprägungen als All-Einheitslehre; Theorie richtet sich auf das Eine als Ursprung und Grund von Allem. Dieses Eine hieß vor Plotin Idee des Guten oder Erster Beweger, nach ihm *summum ens,* Unbedingtes oder absoluter Geist. (Habermas, 1988, S. 1)

Nach einer langen Geschichte der Metaphysikkritik und dem szientistischen Verzicht auf Metaphysik im späten 19. Jahrhundert mit dem Rückzug der Erkenntnistheorie in die Wissenschaftstheorie gewinnt das Thema in den letzten Jahrzehnten erneut Aktualität. Gegen eine Rehabilitierung vorkantischer Denkfiguren und die Rückkehr zur Metaphysik über Kant hinaus stellt sich der Kontextualismus. Dieser ist, mit Jean-Francois Lyotard und Richard Rorty, radikal und steht in der alten metaphysikkritischen Tradition, die das Viele, die Differenz, das Andere nicht dem Idealismus der All-Einheitslehre opfern will. Eine dritte Partei steht in Gegnerschaft sowohl zum philosophischen Idealismus als auch zum Kontextualismus. Sie ist skeptisch und nachmetaphysisch und vertritt den sprachphilosophischen Vernunftbegriff in der Kant-Tradition. So lautet Habermas' These,

> daß die Einheit der Vernunft allein in der Vielheit ihrer Stimmen vernehmbar bleibt – als die prinzielle Möglichkeit eines wie immer okkasionellen, jedoch verständlichen Übergangs von einer Sprache in die andere. Diese nur noch prozedural gesicherte und transitorisch verwirklichte Möglichkeit der Verständigung bildet den Hintergrund für die aktuelle Vielfalt des einander – auch verständnislos – Begegnenden. (Habermas, ebd., S. 2)

Dem Verzicht auf Metaphysik entspricht in der westlichen Philosophie eine Beschränkung der Erkenntnismittel auf das spekulative Denken, das nur fragmentarische Repräsentationen der Wahrheit einfangen kann. In der indischen Philosophie stellt sich das Verhältnis von Einheit und Vielheit nicht als Monismus (Primat des Seins) oder Dualismus (Trennung von Sein und Seiendem) dar. Für den Hinduismus konstitutiv ist, daß das Unsichtbare als reale Präsenz erfahrbar ist (Aurobindo, 1971a, S. 139). Diese Erfahrung impliziert ein über den Intellekt hinausgehendes Bewußtsein, mit dessen Zugänglichkeit die ultimate Realität erreichbar und erkennbar wird (Aurobindo, ebd., S. 148 ff). Das kosmische Bewußtsein (s. 5.5.2) mit seiner Einheitserfahrung ist ein Schritt über den bloßen Intellekt hinaus zu einer suprarationalen Erfahrung. Am Ende des europäischen Denkens steht immer, implizit oder offen erklärt, der Agnostizismus: Ich kann nicht wissen. Von Weizsäcker (1992b, S. 571) schreibt jedoch auch der Philosophie die Aufgabe zu, erst zu erfahren und dann zu beurteilen. Die Erfahrung essentieller Einheit als Basis phänomenaler Vielheit ermöglicht die polare Integration von Unversalismus und Relativismus. Universalität bleibt eine Zielperspektive, deren zentrale Dimension Existenzrecht der Vielheit ist, das wiederum die zugrundeliegende Einheit nicht verletzen darf. Diese paradoxale Aufgabe auszutarieren, müßte – inzwischen – menschenmöglich sein.

4.1.1 Zur Komplementarität von Universalismus und Relativismus

Universalismus und Relativismus sind zwei korrespondierende geistige Gestalten, von denen eine nicht ohne Schaden für das Ganze vernachlässigt werden darf (Tönnies, 1992b). Nach Schöfthaler befinden sich evolutionärer Universalismus und Kulturrelativismus in einer Zwickmühle und sind doch nur zwei Seiten einer humanistisch orientierten Kulturwissenschaft, von der jede die Ergänzung der jeweiligen anderen Seite benötigt. Denn es fällt beispielsweise unter der universalistischen Perspektive schwer, „Praktiken der Klitorisbeschneidung in afrikanischen Geellschaften oder der Re-Islamisierung im Iran nicht vorschnell mit dem Etikett ‚emanzipationsfeindlich' zu versehen, sondern auch unter dem Aspekt einer Lösung von kulturimperialistischen Einflüssen zu beurteilen" (Schöfthaler, 1983, S. 333). So war die Neubelebung relativistischer Positionen überfällig. Sie reflektiert den weltweiten Trend zur Aufwertung nationaler, ethnischer und partikularer Bindungen, erhöht jedoch die Beliebigkeit wissenschaftlicher Erkenntnisse über die Vielfalt von Kulturen, wenn sie sich nicht der Auseinandersetzung mit ihrem traditionellen Widerpart, dem Universalismus, stellt. Dieser will in seiner evolutionären Variante die Vielfalt der Kulturen anhand eines Modell individueller und gesellschaftlicher Entwicklung ordnen. In der Perspektive der Universalisten sind Betonungen kultureller Differenzen bloßer Variantenreichtum, organisierender Faktor oder Krisenerscheinungen, hinter der die kosmopolitische Hoffnung einer Weltgesellschaft steht.

Die Blockaden und ideologischen Wendungen in der Diskussion um Kulturrelativismus und evolutionären Universalismus lassen sich nach Schöfthaler (ebd., S. 342 f.) auf zwei Grundprobleme reduzieren: Relativistischen Positionen fehlt es an evolutionär begründeten Außenkriterien (wie Produktivkraftentwicklung, Freiheit) bei der Deutung kultureller Ordnungen und damit an zureichend kritischen Maßstäben für die Beurteilung sozialer Systeme. Die kulturrelativistische Forderung „Laßt die Kulturen der Dritten Welt doch in Frieden!" ist unrealistisch in einer Zeit, in der dies nur noch um den Preis musealer Insulation möglich wäre. Den universalistischen Positionen fehlt es dagegen an zureichenden Innenkriterien (wie Situationsangemessenheit, Äquivalenz) kulturell unterschiedlicher Lebensformen. Damit fehlen zum Beispiel Kriterien zur Kritik eines Kulturimperialismus, der neokolonialen Beziehungen das Prädikat einer „Entwicklungspolitik" verleiht. Für den Universalismus bedeutet dies, daß die vermeintlichen Grenzen in der Bindung des Interpreten an die Traditionen seiner eigenen Lebenswelt notwendig sind, um die Theorie nicht in soziologischen Ästhetizismus abgleiten zu lassen, der den Kontakt mit den harten Lebenswirklichkeiten zu verlieren droht. Das Konzept eines Universums besserer Möglichkeiten bedarf der kontinuierlichen Revision durch die Realität. Immerhin sollte es möglich sein, Stufenleitern besserer Möglichkeiten zu entwickeln, die Spannweite realisierter Alternativen zu erkennen und beide jeweils zu kritisieren. Das Lernen von fremden Kulturen ist überlebensnotwendig

4. Universale Werte und Bezugsgrößen 105

geworden. In gegenseitiger Fixierung können universalistische und relativistische Perspektive wenig dazu beitragen, die Gefahr einer Erosion kultureller Vielfalt in der „Weltgesellschaft" zu erkennen und Änderungswissen zu produzieren. „Als zwei Seiten humanistisch orientierter Kulturwissenschaft können sie Konzepte einer Entfaltung menschlicher Möglichkeiten formulieren, in denen sowohl der Widerstand gegen Veränderer als auch die Veränderung gegen Bewahrer ihren Platz haben." (Schöfthaler, ebd., S. 345)

Daß es heute nur noch abgeklärte Universalisten und aufgeklärte Relativisten geben könne, ist die Position Leggewies. Der differentialistischen Argumentation des Relativismus könne man die Aufgabe zuweisen, daß sie den überzogenen Ansprüchen der universalistischen Ideologie eine prinzipielle Grenze setzt. Sie sei heute allerdings oft „die defensive Barbarei der Besonderheit, die jede Kultur nur noch als jeweils fremde ansieht und sein läßt, will sagen: in Ruhe läßt." (Leggewie, 1990, S. 103) Dahinter steht die Erfahrung, daß man die Sehnsucht nach dem Ganzen und Einen teuer bezahlt habe. Denn Sätze und Normen, die wir für allgemeingültig hielten, werden anderenorts energisch bestritten und ignoriert.

> Universalität ist nur ein Instrument der Analyse, ein regulierendes Prinzip, das die fruchtbare Gegenüberstellung der Differenzen erlaubt, und ihr Inhalt kann nicht ein für allemal festgestellt werden: sie ist dauernder Revision unterworfen. Das, was im eigentlichen Sinne human ist, ist offensichtlich nicht dieser oder jener Kulturaspekt. Die Menschen sind beeinflußt von dem Kontext, in dem sie zur Welt kommen, und dieser Kontext wandelt sich in Zeit und Raum. Das, was aber alle Menschen gemeinsam haben, ist die Fähigkeit, solche Bestimmungen zurückzuweisen; diese Freiheit ist das entscheidende Wesensmerkmal der Menschengattung. (Todorov, 1989, zit. n. Leggewie, ebd., S. 104)

Diese Freiheit impliziert die Möglichkeit, sich für die Eine Welt als Zielperspektive zu entscheiden, auch wenn wir (noch) nicht wissen (können), nach welchen Normen diese Einheit zu gestalten wäre.

4.2 Das Dilemma des agnostizistischen Wertrelativismus

Anlässe von Befremdung und Ursachen von Konflikt zwischen kulturellen Gruppen, die auf ein und demselben Territorium leben, sind eine andere Familiensprache, einschließlich Regiolekte und Soziolekte, eine bisher nicht oder kaum vertretene Religion, bisher nicht oder kaum vertretene Unterschiede im physischen Phänotyp (im französischen oder englischen Schrifttum unbefangen als „Rasse" bezeichnet), eine als befremdend und bedrohlich erlebte und als sehr anders wahrgenommene Lebensweise, meist als Kultur bezeichnet, und teilweise die dauerhaft beibehaltene Staatsbürgerschaft eines anderen Staates, was den Rechtsstatus des Ausländers konstituiert. Ob und welche Formen von Konflikt und Konkurrenz zwischen

Lebenswelten im allgemeinen und zwischen einheimischen Kulturen und zugewanderten Minoritäten ausgetragen werden, wird dadurch entschieden, ob und wie soziale Ungleichheit von den Betroffenen gedeutet wird. Gegenüber dem Dominanzstreben der Einheimischen gewinnt der Konflikt an Schärfe, wenn Zuwandererkulturen zentrale Wertungen und Deutungen der einheimischen Majoritätskultur in Frage stellen und so eine starke Befremdung hervorrufen. Konkurrenz zwischen Kulturen kann es nur unter der Bedingung der Gleichwertigkeit geben. Konflikt ist die Form der Auseinandersetzung unter Bedingungen der Ungleichheit, wobei es sich auch um ungleiche Mittel bei grundsätzlich zugestandener Gleichwertigkeit handeln kann (Nieke, 1990, S. 144 f.).

Das Problem der mit „Gleichwertigkeit" implizierten Wertung von Kulturen ist mit der Spannung zwischen Ethnozentrismus und Kulturrelativismus beschrieben.

> Der Gegensatz des Ethnozentrismus ist der *Kulturrelativismus:* die Praxis, andere Kulturen *nicht* nach den Standards der eigenen Kultur zu beurteilen. Voraussetzung dafür ist die Bemühung, sich in seinen Beobachtungen von Vorurteilen freizuhalten. In anderen Worten: Der Kulturrelativismus bekennt sich dazu, daß andere Kulturen voneinander *verschieden,* aber nicht besser oder schlechter als andere sind, da es keinen absoluten Vergleichsmaßstab gibt. (Vivelo, 1981, S. 46)

Nieke nennt diese Position des Kulturrelativismus *agnostizistisch,* um deutlich zu machen, daß es ein Relativismus aus der Verlegenheit heraus ist, keinen allgemeingültigen Maßstab zu haben, an dem die Kulturen verbindlich gemessen und untereinander verglichen werden können.

> Alle Maßstäbe, die implizit oder explizit herangezogen werden, unterliegen dem Verdikt, ethnozentrisch oder kulturzentrisch zu sein, und können deshalb keine Universalität beanspruchen. Damit wird aber noch nicht zugestanden, daß es einen solchen universalen Maßstab überhaupt nicht gebe oder geben könne; er ist lediglich gegenwärtig nicht widerspruchsfrei zu begründen. Eine solche Position der Unentschiedenheit, ob etwas sei oder nicht sei, hat die Philosophiegeschichtsschreibung für den Bereich der Erkenntnistheorie *Agnostizismus* genannt; diese Bedeutung wird hier auf den Bereich des Wertens übertragen. (Nieke, 1990, S. 146)

Vivela (1981, S. 46 ff.) veranschaulicht den kulturellen Relativismus an seinem Verhältnis zur Moral: Im Gegensatz zum Ethnozentrismus vertritt er nicht die Ansicht, daß eine Kultur „im Recht" ist, während eine andere „im Unrecht" ist. So wäre zum Beispiel das Töten eines Kindes (Infantizid) für eine Frau in Europa „unrecht", während es dies bei vielen Eskimo-Gruppen unter bestimmen Bedingungen nicht ist. Das Töten eines Großvaters, weil er zu alt ist, um für sich selbst zu sorgen, wäre in Europa „unrecht"; bei manchen amerikanischen Indianern war es dies nicht. Der Kulturrelativismus sieht Bräuche nicht als moralische Probleme, sondern als Antworten auf Probleme, mit denen Menschen konfrontiert werden sowie als Anpassung an bestimmte Arten von Bedingungen. Wenn überhaupt, können sie nur nach

4. Universale Werte und Bezugsgrößen

der Wirksamkeit bei der Bewältigung dieser Probleme bewertet werden. Daraus folgt nicht, daß der Kulturrelativismus seine Anhänger davon freispreche, einen Weg zur Lösung der Konflikte zwischen den verschiedenen Wertsystemen der Welt zu finden. Für Anthropologen beinhaltet er die Aufforderung, sich der menschlichen Vorliebe für wertende Urteile bewußt zu sein und den Versuch zu machen, diese in ihren eigenen Arbeiten auf das Mindestmaß zu reduzieren. Zum Zweck der Untersuchung werden Urteile über „recht" und „unrecht" suspendiert, damit Lebensweisen, die von den eigenen verschieden sind, verstanden werden können. Das Verständnis fremder Handlungen impliziert keineswegs deren Billigung.[14] Kulturrelativismus in diesem Sinne bedeutet nicht, daß Menschen als Mitglieder einer Gesellschaft und als verantwortungsbewußte Bürger der Welt überhaupt keine Werturteile abgeben, keine Vorlieben und keine Begriffe von Gut und Schlecht haben und daß sie ihre eigenen Standards nicht anwenden, um auf fremde Handlungen zu reagieren, die sie persönlich oder ihre Kultur bedrohen. Es geht zunächst einmal um die ehrliche Bemühung, eine andere Kultur zu verstehen, ohne sie zu beurteilen. Das zwingt dazu, von der eigenen Kultur abhängige Glaubenssätze zeitweilig zu suspendieren. Dadurch wird deutlicher, was bisher stillschweigend vorausgesetzt wurde, und damit ist auch der Weg zu einem volleren Verständnis des eigenen soziokulturellen Systems offen.

Bidney (1968) sieht in dieser Form des Kulturrelativismus eine (ethnologische) *Methode,* durch die soziale und kulturelle Phänomene mit wissenschaftlicher Distanz wahrgenommen und beschrieben werden und in der *idealiter* die Perspektive der Angehörigen der entsprechenden Kultur eingenommen wird. Das erfordert neben der Fähigkeit zur Rollendistanz auch Imaginationskraft und Empathie. Der Kulturrelativismus als *Theorie* der modernen Ethnologie sieht in der kulturellen Konditionierung den Grund für ein gewisses Maß an kultureller Relativität, die Personen unterschiedli-

---

[14] Ein Beispiel für das Auseinanderklaffen von Verstehen und Akzeptieren gibt Schiffauer (1983). Die Vergewaltigung einer jungen Frau in Kreuzberg durch türkische Jugendliche wird zwar durch deren frauenfeindlich-patriarchale Kulturstandards verstehbar und erklärbar, ist aber dennoch nicht zu billigen. Die Frage an die Kulturanthropologie müßte lauten: Wenn es denn die Umstände sind, die Menschen menschenverachtend handeln lassen, müßte man dann nicht diese Umstände verändern? Und wenn das hieße, sich ethnozentrisch kulturvernichtend zu verhalten, wäre zu fragen: Ist menschenverachtende Vielfalt überhaupt eine wünschenswerte Vielfalt? Und liegt dem Vorwurf der Kulturvernichtung nicht ein statisches Konzept von Kultur zugrunde? Kulturen entstehen immer neu und entwickeln sich und können somit auch Werte und Praktiken verändern, ohne sich deshalb völlig aufzugeben. In diesem Sinne wünscht etwa Marquard (1990a, S. 113) für den islamischen Bereich eine Reformation, wie sie im Christentum stattgefunden und über die Jahrhunderte zu einem toleranten Zusammenleben zwischen Katholiken und Protestanten geführt hat.

cher Kulturen unterscheidet. Kultur ist eine essentielle Bedingung menschlicher Erfahrung, und alle Erfahrung wird bis zu einem bestimmten Maß kulturell vermittelt. Ebenso wichtig ist jedoch die Anerkennung anderer Dimensionen von Realität, jene der kosmischen Natur, die der Erfahrung des Menschen einen gemeinsamen Bezugsrahmen liefern, innerhalb dessen er seine kulturellen Konstrukte testen kann. Kultur ist letztlich nicht das Maß aller Dinge, sondern die Natur ist es, innerhalb derer es mehr gibt, als durch unsere menschlichen, kulturellen Symbole jemals erfaßt werden kann. Kultur liefert uns nur die Mittel, uns der Natur anzupassen und ihre Kräfte im Dienste der Menschheit zu nutzen. Das Postulat einer *metakulturellen Realität* erlaubt nach Bidney fortschreitende wissenschaftliche Erkenntnis und bewahrt vor dem kulturzentrischen Dilemma des historischen Idealismus, historischen Materialismus und des evolutionären Positivismus.

Apel (1973) sieht in der bloß hermeneutischen Bildungsposition im Sinne eines normativ nicht mehr zu bewältigenden historisch-kulturanthropologischen Relativismus eine Paralyse des moralischen Urteils und des moralisch-politischen Engagements. Wenn alle anderen Orientierungen schwierig, fragwürdig und beliebig werden, werden quasi-biologische Kategorien unterschwellig wirksam. „Diese Regression scheint also nicht nur für ‚Dekadente' ein Ausweg aus einem nicht oder nur schwer lebbaren Wertrelativismus zu sein, sondern eine offenbar naheliegende kognitive Orientierungsstrategie, wenn nichts mehr gewiß zu sein scheint." (Nieke, 1990, S. 148) In der Postmoderne werden Pluralität und Vielfalt der gegenwärtigen Denk- und Lebensformen nicht länger als Verlust der großen einheits- und sinnstiftenden Erzählungen betrauert, sondern im Gegenteil als neue Qualität menschlicher Existenz gefeiert. Dies verstärkt die Tendenz zu einem Hedonismus *(Ich will Spaß sofort)* und einem Egozentrismus, der sich als Individualismus feiert, und die Tendenz zum sensativen Konsumerismus. Ohne kulturelle Über- und Durchformung können sich so regressive Tendenzen und in ihnen besonders aggressive Triebäußerungen durchsetzen. Mögliche Wege aus dem Dilemma des agnostizistischen Wertrelativismus sieht Nieke (ebd., S. 159 ff.) unter anderem im Konventionalismus durch Rückzug auf die Menschenrechte und im evolutionären Universalismus mit der Ethik der planetaren Verantwortung und der Diskursethik. Diese Lösungsversuche stehen im Verdacht des Eurozentrismus. Deutlich wird dies in der Diskussion um die Menschenrechte, auf die zum Beispiel gegenüber Eltern aus zugewanderten Kulturen argumentativ zurückgegriffen wird, wenn es Wertkonflikte in der Schule gibt.

4.3 Universalität versus Universalisierbarkeit der Menschenrechte

Nach Nieke sind die Menschenrechte politische Rechte zur Regelung des Verhältnisses von Staat und Individuum und haben daher nur eine begrenzte Eignung als *tertium comparationis* bei kulturellen Normkonflikten. Die Menschenrechte, wie sie in der UN-Charta festgelegt wurden, sind Nordwesteuropa-zentrisch. Die in ihnen festgeschriebene Dominanz des Individuums vor allen Gemeinschaften und Vergesellschaftungsformen widerspricht den Wertungen vieler nichtwesteuropäischer Kulturen, auch der asiatischen Hochkulturen. „Dort hat das einzelne Individuum seinen Wert und seinen Sinn nur durch seine Einordnung in Gemeinschaften und Sozialverbänden oder in einem übergreifenden Kosmos. Diese übergeordneten sozialen oder metaphysischen Eintitäten haben also Vorrang vor den Belangen des einzelnen." (Nieke, 1990, S. 160) Kühnhardt stellt in seiner Untersuchung zur Universalität der Menschenrechte fest:

> Von einer ideengeschichtlichen Perspektive aus besehen, kann keine Übereinstimmung zwischen der im Westen erstmals präzise gefaßten Menschenrechtsidee und traditionellen außerwestlichen Formen der Regelung des Verhältnisses von Staat und Individuum konstatiert werden. Eher ist das Gegenteil der Fall. Der Personalismus in der Menschenrechtsidee korrespondiert nicht mit Grundannahmen des politischen Denkens in islamischer, indischer, japanischer, chinesischer oder afrikanischer Auffassung und Tradition. (Kühnhardt, 1991[2], S. 160)

Ist dieses Ergebnis überraschend, wenn man bedenkt, daß Ideen aus Lebensbedingungen resultieren, daß — nach Marx — das Sein das Bewußtsein bestimmt? Umgekehrt gilt jedoch auch, daß verändertes Bewußtsein ein verändertes Sein bewirken kann. Universales Denken in Form der Menschenrechte ist als ein Resultat der Aufklärung unter den spezifischen historisch-politischen und sozialen Bedingungen in Europa zuerst dort und in der nordamerikanischen Kolonie formuliert worden. Universales Denken findet sich jedoch auch im vormodernen außereuropäischen Denken des Hinduismus und dem aus ihm entstandenen Buddhismus. Sein zentraler Inhalt ist die Identifikation mit der ganzen menschlichen Gesellschaft, verteilt über verschiedene Teile der Erde (Vyas, 1970, S. 5). In den *Veden* und *Upanishaden*, der ältesten erhaltenen philosophischen Literatur der Menschheit, entspricht diese Universalität dem Denkmuster des *Advaita*, nach dem es nur eine alles durchdringende, höchste Realität gibt. Im *Rigveda* ist Demokratie in den Konzepten von *Sabha* und *Samiti*, Versammlung und Gemeinschaft, thematisiert. Der *Atharvaveda* wollte die umfassende Einheit und Integrität des Universums vom Volk voll verstanden wissen. Die den Menschen inhärente Einheit der Menschheit wird jedoch nur evident, wenn der Mensch seine Intelligenz schärft; sie ist Resultat der Reflexion und nicht ein physisches Faktum (Vyas, ebd., S. 11 f.). Trotz ihrer Betonung des spirituellen Lebens ist soziales Denken auch Thema der *Upanishaden*. Die metaphysische Wahrheit ist Fundierung des sozialen Verhaltens. Für Vyas (ebd., S. 16) begründet dieses Denken ein *socialistic pattern of society*, wie es der Verfassung der ersten indischen Republik entspricht, in der keine Unterschiede gemacht werden nach Hautfarbe, Geschlecht, Kaste, Religion oder Alter der Menschen.

Verfassungsanspruch und Verfassungswirklichkeit sind jedoch häufig zweierlei Dinge. So war es denn auch die Kluft zwischen den hehren Idealen der Aufklärung und der brutalen sozialen Praxis, die spätere Freiheitskämpfer aus den Kolonien, zum Beispiel die Inder Aurobindo, Gandhi und Nehru, während ihrer akademischen Ausbildung im sogenannten Mutterland erfuhren und die sie zu ihrem Freiheitskampf motivierte. Mit dem Gedankengut der Moderne trugen sie auch die Idee der Menschenrechte in ihre Gesellschaft, um dort etwas zu versuchen, was den Herkunftsländern der Menschenrechte selbst nicht gelungen ist oder dort immer wieder gefährdet ist. Es wäre konstruktiver, statt in der Selbstanklage des Eurozentrismus beim „Export" der Menschenrechte zu verharren, sich auf die bereits im eigenen Land anzutreffende Kluft zwischen Anspruch und Wirklichkeit der Menschenrechte zu konzentrieren.[15] Zu bedenken ist auch das Argument Spaemanns (1991, S. 83 f.), nach dem der Eurozentrismus, gegründet auf das Gleichheitsprinzip des modernen Denkens, sich durch seine Selbstreflexivität selbst aufhebt. Es bestehen in der Menschenrechtsfrage und ihrer internationalen Kodierung noch immer erhebliche Spannungen (Forudastan, 1993). Die Ambivalenz gegenüber Bürgerrechten und Rechten von nichtwestlichen Kulturen drückt sich auch in der Haltung von Nichtregierungsorganisationen aus, die einerseits vor jeder westlichen Dominanz warnen, andererseits sich jedoch voll zur Geltung der Menschenrechte bekennen und ihre Regierungen für deren Mißachtung kritisieren. Für den indischen Psy-

---

[15] Daß die Menschenrechte nicht universal sind, sondern überall angetastet werden und in Mitteleuropa „an einem seidenen Faden" hängen, ist eine Feststellung Rupert Neudecks:

> Die Menschenrechte verstehen sich ja durch Kodifizierung, nicht von selbst. Sie müssen Tag für Tag erkämpft werden. Wir müssen uns in Form halten. Wir müssen vor uns, in uns und mit anderen immer wieder den Skandal deutlich machen, daß in den Genuß dieser Rechte allenfalls wir kommen, aber nicht die anderen – und bei uns auch schon lange nicht mehr alle. (Neudeck, 1993)

Für die Milliarden Habenichtse auf der Erde sind sie ein Versprechen, von dem sie nicht einmal träumen können

> – denn es müßte ja ein (Tag-)Traum von einer Sache sein, die sie kennen: Freiheit von Unterdrückung von materieller Not pro Tag, von Bedrohung, Verfolgung, Folter und Tod, von Krankheit, von der Bedrohung der Menschenwürde, von ungerechtfertigter Haft. Nein, das kennen drei von fünf Milliarden Menschen so gut wie nicht. (Neudeck, ebd.)

chologen Sudhir Kakar (1982, S. 5) war der Westen einmal die Heimat der Moderne, inzwischen ist er eher ein Bewußtseinszustand *(state of mind)* als eine geographische Region.

Nieke (1990, S. 162) empfiehlt in bezug auf die Menschenrechte, den Anspruch auf *Universalität* und damit auf unbedingte Geltung von einem solchen auf *Universalisierbarkeit* zu trennen, d.h. darauf, daß die Idee der Menschenrechte, auch wenn sie in Nordwesteuropa entstanden ist, doch so attraktiv sein könnte, daß sie überall Zustimmung finden kann und muß. Dieser Anspruch auf Universalisierbarkeit statt Universalität könne ein aussichtsreicher Weg zu einer Akzeptanz der Menschenrechte sein im Verhältnis von Staat und Individuum und der Menschen untereinander. Zwei Begründungsfiguren können im interkulturellen Konflikt die Universalisierbarkeit der Menschenrechte stützen: Die Menschenrechte sind *universal*. Die als jedem Individuum unveräußerlich gedachten Menschenrechte sind und müssen von universaler Geltung sein, d.h. sie gelten in jeder Epoche und unter allen Lebensumständen. Ihre Nichtrealisierung ist kein Einwand gegen ihre grundsätzliche Geltung. Die Menschenrechte sind *konventional*. In kodifizierten Formen sind sie im Wege einer kollektiven Selbstbindung verbindlich geworden zum Beispiel in der UN-Charta. Nicht die Herkunft der Menschenrechte, sondern die Zustimmung ist entscheidend. Aufgrund der letzten Begründungsfigur sind etwa im pädagogischen Feld Konfrontationen von sich widersprechenden Deutungsmustern aus verschiedenen Kulturen möglich, da die Herkunftsstaaten der meisten Zuwanderer der UN-Menschenrechtskonvention grundsätzlich zugestimmt haben.

4.4 Multikulturelle versus transkulturelle Werte

Dickopp (1986) kommt in seiner Konzeption einer transkulturellen Pädagogik zu der Schlußfolgerung, daß es möglich sei, transkulturelle Konstanten des Menschlichen zu bestimmen, die jenseits der möglichen konkreten Ausformung in einer spezifischen Kultur gelten müssen und wirksam werden.

> Dabei handelt es sich nicht um allgemeine Grundtatbestände, die in allen empirisch verglichenen Kulturen gemeinsam auffindbar wären, sondern um Tatbestände, die hinter jeder spezifischen Kultur liegen und auf die Grundlagen menschlicher Existenz verweisen. Das rechtfertigt ihre Bezeichnung als *transkulturell*, als jenseits jeder spezifischen Kulturprägung liegend. Zur diesen transkulturellen Tatbeständen gehören nicht nur elementare Bedingungen menschlicher Existenz und damit auch für Erziehung und Bildung, sondern auch Grundkategorien der Moral. (Nieke, 1990, S. 171)

Auernheimer (1990, S. 2 f.) beklagt die Vieldeutigkeit und begriffliche Unschärfe in der Verwendung der Begriffe „multikulturell" und „interkulturell" in der interkulturellen Erziehung. Der Disput über normative und deskriptive Bedeutungen mute scholastisch an und berge in sich die Gefahr der Entpolitisierung der Pädagogik. Multikulturalismus und seine verschiedenen Varianten seien als soziale Fakten gesellschaftlich hergestellt und damit auch veränderbare Tatsachen. Ob „multikulturell" ein bloßes Nebeneinander, die Koexistenz unterschiedlicher kultureller Gruppen ausdrückt, während mit dem Begriff „interkulturell" die Bezugnahme aufeinander propagiert wird, wird von einigen Autoren diskutiert. Beide Bezeichnungen haben Eingang in die deutsche pädagogische Fachsprache gefunden. Für ein Alternativkonzept zur interkulturellen Erziehung gibt es noch den Begriff der „bikulturellen" Bildung oder Erziehung, daneben den von Schöfthaler (1984) programmatisch vertretenen Aspekt der „transkulturellen", also kulturübergreifenden Bildung.

Für Schöfthaler bieten sowohl „multikulturelle" als auch „transkulturelle" Erziehung kosmopolitische Orientierungen an. Eine Unterscheidung sei schwierig; denn beide argumentieren universalistisch für den Abbau sozialer und kultureller Zwänge, die die Entwicklung des Individuums behindern.

> Multikulturelle Erziehung fordert Pluralismus; mit Jean Piaget und Jürgen Habermas bedeutet dies, die Befreiung des Individuums von ‚heteronomen' Bindungen an kulturelle Traditionen zu fordern.
> Transkulturelle Erziehung ist weniger fortschrittsoptimistisch, weniger ‚modern'. Sie fordert das Austragen und Aushalten kultureller Konflikte; . . . [das kann] dazu führen, die ‚unsichtbare Pädagogik' der dominanten Kultur vor allem dort aufzudecken, wo sie Schwierigkeiten mit der Assimilation fremder Kulturen hat. (Schöfthaler, ebd., S. 17)

Die Verwandtschaft zwischen multikultureller Erziehung und der Position des evolutionären Universalismus erscheint Schöfthalter groß genug, um die Zitierung von Piaget und Habermas als geistige Väter unter Rückgriff auf deren These einer Parallelität von Ontogenese und Phylogenese zu rechtfertigen. Problematisch sei dabei die nicht zureichende Trennung von humanen und gesellschaftlichen Evolutionsprozessen. Für Piaget sei die zum Verstehen fremder Kulturen und Gesellschaften erforderliche universelle Begrifflichkeit erst auf der Stufe entwickelten logischen Denkens verfügbar. Daß in manchen Gesellschaften der Dritten Welt nach den Ergebnissen der kulturvergleichenden Tests die Denkentwicklung nicht das Stadium der formalen Operationen erreicht, sondern der Anschauung verhaftet bleibt, nehme Piaget als Beleg für die Rückständigkeit dieser Gesellschaften. In ähnlicher Weise bestimme Habermas die Orientierung an einem modernen wissenschaftlichen Weltbild als Voraussetzung für entwickeltes Denken und universelle Moral. Multikulturelle Erziehung teile das in der Tradition europäischer Philosophie formulierte dualistische Denken, das sich etwa in den begrifflichen Oppositionen von Zwang und Freiheit, Partikularismus und Universalismus, konkret und abstrakt, Verstand und Gefühl ausdrückt und ein in ihnen enthaltenes hierarchisches Prinzip abbildet. Das Konzept der transkulturellen Erziehung hingegen plädiere für die Aufdeckung der Wertbindungen aller kulturellen Orientierungen einschließlich wissenschaftlicher Entwürfe.

Multikulturelle und transkulturelle Erziehung sind zwar beide universalistisch und kosmopolitisch, jedoch nicht im gleichen Sinn. Ideologiekritisch gesehen, unterscheiden sie sich in ihrer Interessenbindung an die dominanten oder dominierten Kulturen der Weltgesellschaft: So sind kulturelle Differenzen für multikulturelle Erziehungskonzepte Varianten oder organisierende Faktoren im Rahmen einer sich durchsetzenden Weltgesellschaft. Für Konzepte transkultureller Erziehung dagegen ist die Erhaltung kultureller Differenzen auch die Erhaltung von Widerstandspotentialen gegen die Herrschaft der Stärksten in der Weltgesellschaft. (Schöfthaler, ebd., S. 19)

Vergleichsweise pragmatisch geht Smolicz (1982; 1988) vor in seiner Formulierung eines „überwölbenden Wertesystems" *(overarching framework of values)* von transkulturellen Normen. Sie repräsentieren nach der Unterscheidung Schöfthalers (1984) lediglich multikulturelle Werte unter Anerkennung der dominierenden westlichen Kultur. So enthält nach Smolicz (1988, S. 165) das die multikulturelle australische Gesellschaft überwölbende Wertesystem die von allen ethnischen Gruppen geteilten Werte als gemeinsamen Besitz aller Bürger gegenüber zusätzlich aufrechterhaltenen ethnischen Kern-Werten wie eine besondere Sprache, Familientradition oder Religion. Die in der australischen Gesellschaft herausgebildeten gemeinsamen Werte beziehen sich auf die westliche demokratische Tradition, das Menschenbild von Freiheit- und Respektwürdigkeit, den ökonomischen Pluralismus, durch den Individuen entsprechend ihren Verdiensten Fortschritte erzielen können, und die englische Sprache als Basiswert für alle Australier. Obwohl diese Werte im wesentlichen ein Erbe der angelsächsischen Gruppe sind, seien sie schließlich das Eigentum aller ethnischen Gruppen geworden.

4.5 Globalisierung

Featherstone (1990, S. 1) fragt, ob es so etwas wie eine globale Kultur gebe. Wenn damit so etwas wie die Kultur des Nationalstaates von größerem Umfang gemeint sei, dann müsse die Antwort negativ ausfallen, denn der Nationalstaat betont kulturelle Homogenität und Integration. Eine weitergefaßte, Prozeßmerkmale umfassende Definition von Kultur könnte sich auf die *Globalisierung* von Kultur beziehen. Hier wären Prozesse von kultureller Integration und Desintegration nicht nur auf einem zwischenstaatlichen Niveau zu sehen, sondern auch Prozesse, die die Einheiten von Staat und Gesellschaft transzendieren. Auf diesem transnationalen oder transgesellschaftlichen Niveau unterstützen Prozesse den Austausch und Fluß von Gütern, Menschen, Informationen, Erkenntnissen und Bildern und erzeugen so Kommunikationsprozesse, die eine gewisse Autonomie auf einer globalen Ebene gewinnen. Diese Elemente einer „dritten Kultur" sind mehr als das Produkt eines bilateralen Austauschs zwischen Nationen. Die Postmoderne liefert bereits aussagekräftiger Bilder der Vielheit, Verschiedenheit und des Reichtums von Diskursen, Codes und Praktiken auf der Ebene der nationalen und lokalen Kulturen. Alle symbolischen Hierarchien sind nun als räumliche und der Kontext als grenzenlos zu betrachten. Die Fokussierung auf den Globus macht eine neue Ebene der Konzeptualisierung notwendig. Das Bild des Globus als einem einzigen Ort liefert den generativen Rahmen von Einheit, innerhalb dessen sich Vielheit ereignen kann. Für die Sozial- und Geisteswissenschaften ergeben sich in der Konzeptualisierung und Erforschung der Globalisierungsprozesse neue Herausforderungen, obwohl das Interesse an globalen und universalen Prozessen bis in die Zeit der Aufklärung und weiter zurück reicht. Nach der Universalisierung des westlichen Modells der Modernisierung, Rationalisierung, Industrialisierung, der Revolution und des Staatsbürgertums über den Rest der Welt und damit auch der Universalisierung des Egalitarismus, der den Partikularismen und Unterschieden gerecht werden will, entsteht nun unter der globalen Perspektive eine zunehmende Rücksichtnahme, mit der andere kulturelle Traditionen nicht mehr ignoriert werden können.

Robertson fürchtet, daß das Konzept der Globalisierung lediglich eine intellektuelle Spielwiese bleiben könnte. In einer Phase, die uns als große globale Ungewißheit erscheint – so sehr, daß die bloße Vorstellung der Ungewißheit dabei ist, institutionalisiert zu werden –, sind weitreichende, empirisch sensitive Interpretationen der globalen *human condition* erforderlich. Die Diskussion des Modernitätskonzepts und der eurozentrischen *international society* und die Reaktion von Postmoderne und *ethnic revival* können als Aspekte der gegenwärtigen Phase der Globalisierung verstanden werden. Globalisierung ist nach Robertson (1990, S. 18) am ehesten zu verstehen als konzeptueller Zugang zu dem Problem einer Weltordnung im allgemeinsten Sinn, ein Problem der *Form* der Bedingungen, unter denen die Welt „eins" wird, das interdisziplinäre Behandlung erfordert. Dazu ist eine neue wissenschaftliche Disziplin erforderlich, die die Welt als ganze und nicht Sozialtheorie im weitesten Sinn behandelt, sondern die Beschäftigung mit *der Welt* als ganze zu einer zentralen Hermeneutik macht. Das Konzept der Globalisierung sollte dabei auf eine bestimmte Entwicklungsreihe angewandt werden, die sich mit der konkreten Strukturierung der Welt als ganze beschäftigt. Robertson (ebd., S. 25 ff.) bietet hierzu ein Minimal-Phasenmodell der Globalisierung an, das die Haupttendenzen des Globalisierungsprozesses in der jüngsten Geschichte anzeigen soll. Als die Komponenten des Globalisierungsprozesses gelten nationale Gesellschaften, Systeme internationaler Beziehungen, sowie Konzeptionen des Individuums und der Menschheit. Der zeitgeschichtliche Pfad bis zu dem gegenwärtigen sehr hohen Grad an globaler Dichte und Komplexität ist nicht ein Ergebnis von Prozessen, die sich primär innerhalb von Gesellschaften oder auf interstaatlicher Ebene ereigneten, sondern verlief nach Meinung des Autors wesentlich komplexer und kulturell reicher, wie etwa in der derzeitigen Phase V – *the uncertainty phase* –, beginnend in den 60er Jahren und Krisentendenzen in den 90er Jahren zeigend. Sie schließt die „Dritte Welt" und die Schärfung des globalen Bewußtseins in den später 60er Jahren ein. Mondlandung, Akzentuierung post-materialistischer Werte, Ende des Kalten Krieges und die Ausbreitung von nuklearen Waffen sind einige ihrer Merkmale, ebenso die erhebliche Zunahme von globalen Institutionen und Bewegungen. Die Gesellschaften sehen sich zunehmend Problemen der Multikulturalität und Polyethnizität gegenüber. Die Konzeptionen des Individuums werden komplexer durch Berücksichtigung von Geschlechts- und ethnischer Zugehörigkeit. Weitere Phänomene dieser Phase sind die Bürgerrechte, das Ende der Bipolarität im internationalen System und die Konsolidierung des globalen Mediensystems. Die Sorge um die Menschheit als Spezies-Gemeinschaft wächst erheblich, sowie das Interesse an Weltbürgergesellschaft und Weltbürgertum.

4.6 Die Ethik der planetaren Verantwortung

Für Hoff (1988) sind die Menschenrechte und die Ethik der planetaren Verantwortung eine Orientierungsbasis für Norm- und Wertkonflikte innerhalb der interkulturellen Pädagogik. Er unterstellt, daß eine Anzahl von Grundüberzeugungen etwa auf der Basis der UN-Menschenrechts-Charta bei sehr vielen Menschen konsensfähig sind. Sein Kollege Dickopp hierzu:

> So bleiben dann auch einige Generalintentionen, die einen gewissen Kenntniskanon vorgeben, den ein Mensch heute zumindest in den industrialisierten Gesellschaften gelernt haben muß:
> - Daß die natürlichen Ressourcen dieses Planeten begrenzt sind.
> - Daß alle Menschen grundsätzlich gleiche Rechte haben, Ansprüche auf bestimmte Lebensqualitäten zu stellen.
> - Daß die Freiheit eines Menschen seine Grenzen findet in der durch seine freie Entfaltung entstehenden Begrenzung eines anderen.
> - Daß Konfliktlösung mit gewalttätigen Mitteln heute zugleich mit der Beseitigung des Konflikts die Beseitigung aller Menschen und ihres Lebensraumes zur Folge haben kann. (Dickopp, 1968, S. 57)

Smolicz (1982, S. 39 f.) sieht in der Sichtweise der Beziehung von Mensch und Natur ein Beispiel für einen verinnerlichten Wert, der europäischer Wissenschaft und Technologie zugrunde liegt. Keine andere Kultur gebe dem Menschen solch freie Hand wie die westliche Form des Christentums, die den Menschen über den Rest der Schöpfung erhob und den Dualismus von Mensch und Natur ermöglichte. Hierin zeige sich ein Festhalten an vorwissenschaftlichen Ideen unserer eigenen Einzigartigkeit und Wichtigkeit, die trotz Kopernikus und Darwin weiterleben.

Die „Hilflosigkeit der Philosophen vor den Herausforderungen unserer Zeit" (Tugendhat, 1990) läßt die eigene Zunft sich fragen, ob Denker nur Sozialingenieure für die Katastrophen der Welt sind. Denn zum erstenmal leben wir in einer Generation, „die mit einem Gefühl zurechtkommen muß, was für die bisherige Menschheit neu ist, nämlich daß sie damit rechnen muß, daß die Gattung als Ganze möglicherweise wenig Zeit vor sich hat" (Sloterdijk, 1992).

Die „tiefe Hilflosigkeit, in der wir uns angesichts der Moral befinden" (Tugendhat, 1990), hat zwei Ebenen: Die erste Ebene betrifft die Begründung der Moral überhaupt, die die Philosophie schon seit dem 17. und 18. Jahrhundert beunruhigt. Denn es ist die spezifische Herausforderung der Aufklärung, daß Moral nicht mehr durch Tradition und religiösen Glauben begründet ist und daher eine irgendwie natürliche Begründung erfordert. Keiner der bisher gemachten verschiedenen Versuche einer natürlichen Begründung war so überzeugend, daß er allgemeine Zustimmung gefunden hätte. Die zweite Ebene betrifft die Frage, wer alles es ist, dem gegenüber wir moralische Verpflichtungen haben. Erst nach dem Zweiten Weltkrieg hat das Bewußtsein an Gewicht gewonnen, daß unsere moralische Verantwortung sich auf alle Menschen und auf die folgenden Generationen erstreckt. Daß dieses Bewußtsein nicht unangefochten besteht, zeigt sich an vielen Fragen, z.B. an der Frage der Einwanderung und des Asyls sowie der Frage, wieweit Verelendung in der „Dritten Welt" unser moralisches Problem ist. Hier stehen sich universalistische und ethnozentrische Moralvorstellungen gegenüber.

Die Idee der Einen Welt ist mehr als nur Ausdruck von Tagträumen und Utopien. Unter dem Herrschaftsmodell der „Ersten Welt", etwa der *pax americana* der Nachkriegsära, verkäme die Idee der Einen Welt jedoch zur hegemonialen Utopie, wenn man der „Dritten Welt" nur die Werte der Industriestaaten überstülpen wollte. Sozialökonomische Ungleichheit und das kulturelle Einerlei, die dann herrschten, wären alles andere als die Erfüllung des Menschheitstraums von der Einen Welt. Soll dieser Traum nicht zum Albtraum werden, muß gelten, was die Vorkämpfer der Weltstaatsidee schon vor Jahrzehnten propagierten: Einheit in der Vielfalt und Vielfalt in der Einheit und dazu natürlich Gleichheit; denn das Motto heißt ja: Eine Welt für alle (Nies, 1990). Eine „Moral zwischen den Identitäten" müßte den Weg des Verstehens gehen, die zu einer übergreifenden Identität führt, und den Weg des Anerkennens von Pluralität, der auf vereinheitlichende Konstruktionen verzichtet (Schwemmer, 1992). Eine *pax universalis* ist gefordert. Gelingt es, die globalen Probleme, die alle Nationen und Regionen transzendieren, in Richtung des Gewaltverzichts, der wirtschaftlichen Entwicklung und der Demokratisierung zu steuern, ist ein gutes Stück dieser Neuen Weltordnung verwirklicht worden (Czempiel, 1992).

Damit geht eine „Grundstellung des Bewußtseins, die wir als Modernität bezeichnen" (Spaemann, 1991) ihrem Ende zu. Die Rolle der Philosophie ist dabei, zu sagen, was ist, und zu verstehen suchen, wie es geworden ist. Das

4. Universale Werte und Bezugsgrößen

Kommende zu denken darf sie sich nach Ansicht Spaemanns nicht anmaßen. Pointierter ist die Auffassung von Jonas (1993b), nach der sich Philosophie vortrefflich zur Prophylaxe eigne. Drei gewaltige Faktoren bestimmen den gegenwärtigen Zustand der Erde: Wissenschaftliche Erkenntnis und durch sie beeinflußtes allgemeines Bewußtsein sowie ein politisches System, das Einsichten in Praxis umsetzt. Die Rolle der Philosophie ist es, ein geistiges Klima mit vorzubereiten, die Problematik herauszuarbeiten, was bereits prophylaktisch wirkt. Es kann so ein kollektives Verantwortungsgefühl entwickelt werden, bei dem der psychologische Faktor Angst eine aufrüttelnde Funktion einnimmt. In diesem Jahrhundert haben die Konsequenzen von sechstausend Jahren Menschheitsgeschichte und vier- bis fünfhundert Jahren neuzeitlicher Geschichte eine Deutlichkeit bekommen, die sie vorher nicht hatten (von Weizsäcker, 1992b). Die Einsicht, daß reine Erkenntnis als Wissenschaft immer Macht zur Folge hat und Macht immer mit Verantwortung verbunden ist, stellt uns vor eine riesige Aufgabe. Unser Jahrhundert bringt die Ambivalenz alles menschlichen Handelns in Dimensionen zum Vorschein, die es so vorher nicht gegeben hat.

> Aber das Wort „Ambivalenz" bedeutet nicht, daß es schlecht ist; es bedeutet nur auch nicht, daß es gut ist, sondern es bedeutet: Es ist eine Aufgabe! Der Mensch kann denken; und er kann handeln und lieben. Und dann soll er bitte auch denken und handeln und lieben. Und er soll nicht meinen, das geht von selber gut, und nicht meinen, es geht von selber schlecht. (von Weizsäcker, 1992a)

Die historisch neue Grenzsituation einer möglich gewordenen Selbstzerstörung der Menschheit als ganze ist nach Nieke (1990, S. 207) ein Maßstab, der die inhaltlichen Differenzen und Divergenzen der verschiedenen Moralen und Kulturen zu überschreiten gestattet und auch dazu verpflichtet. Analog zu Jonas' Prinzip der Verantwortung nennt der Autor in Anlehnung an Apels „planetarische Makroethik der Verantwortung" die erst beginnenden Überlegungen zu einer neuen Form der Moralbegründung *Ethik der planetaren und gattungsgeschichtlichen Verantwortung*. Es muß der ethischen Perspektive eine neue Dimension hinzugefügt werden. In einem seiner letzten Interviews sagt Jonas:

> Das Universum der modernen Naturwissenschaft und das, welches die Gnostiker sich vorstellten, haben etwas gemein: Es ist den menschlichen Belangen gegenüber fremd. Im Falle der Gnosis ist es feindlich, im Fall der Moderne völlig indifferent, so daß menschliche Werte ihren Sitz nur im menschlichen Willen haben und nirgendwo sonst. Dieser Sicht habe ich nicht nur abgesagt, sondern in meinen Ansätzen zu einer biologisch verankerten Naturphilosophie den entgegengesetzten Versuch gemacht zu zeigen, daß Zwecke schließlich auch ihren Sitz in der Natur haben.
> Denn das ganze Lebensabenteuer, obwohl es kosmisch gesehen vielleicht eine minimale Ausnahme ist, die sich unter den besonders günstigen Umständen dieses Planeten einmal ereignet hat, und somit im Universum mengenmäßig vielleicht gar keine Rolle spielt, verrät doch, daß in der Mate-

rie, die seit Descartes nur noch als äußerlich angesehen wird – entblößt von allen Prädikaten der Innerlichkeit einschließlich Zwecken, Zielen, Interessen usw. –, doch mehr steckt als in dieser cartesischen, sehr künstlichen Annahme gedacht worden ist. Eigentlich ist es nur eine Arbeitsteilung, daß die Naturwissenschaft, die auf dieser cartesischen Grundlage ruht – die Materie sei nichts als das, was sich äußerlicher Messung darbietet –, eine Art methodologischer Freibrief war, so die Natur zu erklären und nie darüber hinauszugehen. (Jonas, 1993a, S. 93)

Es sei dieses naturwissenschaftliche Denken gewesen, das die Menschheit in die globale Krise hineingeritten hat. Aber es sei dasselbe mächtige Denken, das noch eine Chance erspähen und damit aufrufen kann, etwas zu tun. Apel faßt die Grundgedanken von Jonas' „Prinzip der Verantwortung" zusammen:

Die bisherigen Typen philosophischer Vernunftethik, von Aristoteles bis Kant, erfüllen noch nicht die heute notwendige Funktion der *Zukunftsverantwortung*, weil sie noch an der selbstverständlichen Voraussetzung einer *konstanten conditio humana* orientiert sind. Das heißt: diese Ethiken postulieren zwar ein *Verallgemeinerungsprinzip*, das für alle in einer Gegenwart aufeinander beziehbaren Handlungen der Menschen gültig ist; aber sie rechnen noch nicht mit dem *irreversiblen, geschichtlichen Zukunftsbezug der menschlichen Handlungen*, insbesondere nicht mit dem, die *conditio humana* selbst verändernden Zukunftsbezug der *technologischen Kollektivhandlungen*, die im Zeitalter der ökologischen Krise primär zu verantworten sind. (Apel, 1990, S. 193)

Jonas geht es vielmehr um eine universalistische Vernunftethik und um eine planetar bezogene Makroethik, in der auch die heute noch vielfach selbstverständliche „Binnenmoral" der nationalen und sonstigen sozialen Selbstbehauptungssysteme transzendiert werden müßte. Allenfalls könnte man die geforderte Makroethik als eine solche des ökologischen Selbstbehauptungssystems Menschheit verstehen, wobei aber die Selbstbehauptung nach Jonas nicht mehr durch Unterwerfung und Ausbeutung der Natur, sondern eher durch Solidarisierung mit der durch uns gefährdeten Natur zu leisten wäre.

Apel (1973, S. 358-435) begründet ein eigenes Lösungsmodelle einer Ethik der Verständigung.

Unterscheidet man etwa hinsichtlich der neuen möglichen Auswirkungen menschlicher Handlungen zwischen einem Mikrobereich (Familie, Ehe, Nachbarschaft), einem Mesobereich (Ebene der nationalen Politik) und einem Makrobereich (Schicksal der Menschheit), so läßt sich leicht zeigen, daß die zur Zeit bei allen Völkern wirksamen moralischen Normen noch immer überwiegend auf den Intimbereich (insbesondere auf die Regelung der sexuellen Beziehungen) konzentriert sind; schon im Mesobereich der nationalen Politik sind sie weitgehend auf den archaischen Impuls des Gruppenegoismus und der Gruppenidentifikation reduziert . . .; soweit aber der Makrobereich der menschlichen Lebensinteressen tangiert wird, so scheint die Sorge darum vorerst noch relativ wenigen Eingeweihten überlassen zu sein. Dieser Situation auf dem konservativen moralischen Sektor steht aber seit kurzem eine völlig andersgeartete Situation auf dem Gebiet der Auswir-

4. Universale Werte und Bezugsgrößen 119

kungen menschlicher Handlungen, insbesondere ihres Risikos gegenüber: Infolge der planetaren Expansion und internationalen Verflechtung der technisch-wissenschaftlichen Zivilisation sind in der Gegenwart die Auswirkungen menschlicher Handlungen – z.b. innerhalb der industriellen Produktion – weitgehend im Makrobereich der gemeinsamen Lebensinteressen der Menschheit zu lokalisieren.

Am deutlichsten wird die ethisch relevante Seite dieses Phänomens, wenn man das Handlungsrisiko, etwa die Gefährdung menschlichen Lebens, in Betracht zieht. Konnte etwa bis vor kurzem der Krieg als ein Instrument der biologischen Auslese und u.a. der räumlichen Expansion der menschlichen Rasse durch Verdrängung der jeweils Schwächeren in unbesiedelte Gebiete interpretiert werden, so ist diese Auffassung durch die Erfindung der Atombombe endgültig überholt: Seitdem ist das Zerstörungsrisiko der Kriegshandlungen nicht mehr auf den Mikro- oder Mesobereich möglicher Auswirkungen beschränkt, sondern bedroht die Existenz der Menschheit im ganzen. Ähnlich steht es aber heute mit den Wirkungen und Nebenwirkungen der industriellen Technik insgesamt.

... Die wissenschaftlich-technische Zivilisation hat alle Völker, Rassen und Kulturen ohne Rücksicht auf ihre gruppenspezifischen kulturrelativen Moraltraditionen mit einer gemeinsamen ethischen Problematik konfrontiert. Zum ersten Mal in der menschlichen Gattungsgeschichte sind die Menschen praktisch vor die Aufgabe gestellt, die solidarische Verantwortung für die Auswirkungen ihrer Handlungen im planetarischen Maßstab zu übernehmen. Man sollte meinen, daß diesem Zwang zur solidarischen Verantwortung die intersubjektive Geltung der Normen oder wenigstens des Grundprinzips einer Ethik der Verantwortung entsprechend müßte. (Apel, ebd., S. 360 f.)

Manon Andreas-Grisebach (1991) sieht in ihrem Plädoyer für eine Ethik für die Natur und in ihrem Bemühen, die Rangordnung zwischen Mensch und Natur abzubauen, die Jonassche Verantwortungsethik noch „im Bann des Anthropozentrischen" verharrend:

Ein Imperativ, der auf den neuen Typ menschlichen Handelns paßt und an den neuen Typ von Handlungssubjekt gerichtet ist, würde etwa so lauten: „Handle so, daß die Wirkungen deiner Handlungen verträglich sind mit der Permanenz echten menschlichen Lebens auf Erden"....
„Handle so, daß die Wirkungen deiner Handlungen nicht zerstörerisch sind für die künftige Möglichkeit solchen Lebens" oder einfach: „Gefährde nicht die Bedingungen für den indefiniten Fortbestand der Menschheit auf Erden" oder, wieder positiv gewendet: „Schließe in deine gegenwärtige Wahl die zukünftige Integrität des Menschen als Mit-Gegenstand deines Wollens ein". (Jonas, 1979, S. 36)

Für Andreas-Grisebach spiegeln alle Formulierungen von Jonas im Hinblick auf die Natur höchstens den Nutzen-Kontext. Natur stellt nur die Bedingungen für den Fortbestand der eigenen Gattung, und in der Unversehrtheit des Menschen als „Mit-Gegenstand" des Wollens geht es nur um seine Zukunft. Die Autorin plädiert für einen Perspektivenwechsel von Natur als anthropozentrischer „Umwelt" in "Umgebungsnatur" (Bloch) und einen mühsamen geistigen Weg der Umschulung weg von einem Anthropozentrismus, der als Gefängnis der eigenen Gattung und darüber hinaus als Gefahr für das Lebensganze erscheint. Paradoxerweise stehe dieser Perspektivenwechsel im Dienst eines *wohlverstandenen* Anthropozentrismus. Vor dem Hintergrund eines Weltbildes der unlösbaren Vernetzung alles dessen, was Natur beinhaltet – also auch die Natur des Menschen – muß die Pflicht menschlicher Selbsterhaltung notwendigerweise in die Pflicht zur Erhaltung alles anderen übergehen. In der Dezentralisierung sieht sie Ausweg und Aufgabe zur Umschulung des Bewußtseins und benennt vier Zuständigkeitskreise für moralisches Tun: Der erste Kreis ist *anthropozentrisch,* umfaßt die Menschen für sie selbst und mit ihnen. Der zweite Kreis ist *pathozentrisch* und umfaßt alles, was leiden kann, die zum Leiden fähigen Tiere eingeschlossen. Der dritte Kreis ist *biozentrisch* und umfaßt alles, was lebendig ist. Der vierte Kreis umfaßt das Ganze des Seins, „das Erdhaus", ist *ökozentrisch, holozentrisch* oder *holistisch.* Diese vier Zuständigkeitsbereiche sollen je andere Gültigkeitsmengen markieren, für die wir uns entscheiden können, falls wir nach der ethischen Reichweite unserer Verantwortung fragen sollten. (Andreas-Grisebach, ebd., S. 36 f.)

Andreas-Grisebach entwickelt eine Typologie der geistesgeschichtlich vorfindlichen Ganzheitsvorstellungen und untersucht ihre jeweiligen ethischen Implikationen. „Ganzheit", „Ganzheitlichkeit" bzw. „ganzheitlich" oder „holistisch" sind derzeit vielgebrauchte Begriffe, die sowohl erwünschte Qualitäten als auch konzeptionelle Unklarheiten bezeichnen („ganzheitliche Medizin", „ganzheitliche Pädagogik", „ganzheitliches Denken"). Das globale *System-Modell* wurde im 20. Jahrhundert von Naturwissenschaftlern erstellt.

> Systemtheorie überzog und überzieht alles, verbindet alles zum Ganzen, legt aber auch gleichzeitig die Verletzbarkeit bloß, zeigt auf die Wunden, die menschliches Handeln dem Erdkörper geschlagen hat. Von diesen Wunden aufgeschreckt, ebenso wie von neuen wissenschaftlichen Erkenntnissen unterrichtet, haben sich Wissenschaftler/innen auf die Systemlehren u.a. mit Namen „Ökosystem" und „Ökologie" gestützt. Sie prägen immer neue Begriffe, um den Einsichten in das globale Großschauspiel gerecht zu werden . . .. (Andreas-Grisebach, ebd., S. 99 f.)

Je rationaler jedoch der Begriff „Ganzheit" in der Systemtheorie konstruiert werde, desto mehr gehen nach Meinung der Autorin seine idealen Momente verloren, d.h. diejenigen, die mit der Idee von Ganzheit das Gute mitmeinten, „ganz" mit „gut" identifizierten.

> Gerade im Benutzen und Ausnutzen der Natur bedienen sich die Menschen der Systemtheorie, wissen sie das Funktionieren von Netzwerken für ihre Zwecke einzusetzen. Zerstörungsmaschinerien haben in sich das Wissen um systematischen Zusammenhang: Cruise Missiles, Atombomben, chemische und ökologische Kriegsführung, aber auch die naturfeindliche Herstellung von Pflanzen- und Tiervernichtungsmitteln, die Massentierhaltungen, Tierversuchs-Industrien, die rabiate Eingriffswissenschaft der Gentechnologie. Ohne Kenntnisse der systematischen Zusammenhänge wären solche Handlungen nicht effektiv. Deshalb muß innerhalb ethischer Überlegungen eine

Unterscheidung vorgenommen werden: Wenn es um den Erhalt von Ganzheit als System geht, dann nur inbezug auf das Große Ganze – nur die Welt als vernetztes System ist zur Bewahrung und Heilung aufgegeben, nicht solche Teil- und Zwecksysteme, die aufgrund und häufig auf Kosten des Globalsystems erstellt wurden. (Andreas-Grisebach, ebd., S. 104 f.)
Die Autorin wendet sich gegen den Vorwurf des naturalistischen Fehlschlusses in ihrem Plädoyer für eine Ethik für die Natur. Gegen den Einwand der Nichtableitbarkeit von ethischen Regeln aus dem Ganz-Sein der Natur führt sie folgende Argumente an: Folgt man der Regel, daß vom Sein nicht auf das Sollen geschlossen werden darf, dann müßten andere ethische Zusatzquellen als die Ganzheitsnachweise gesucht werden, die in den Werten der Verantwortung, Achtung, Rücksicht oder auch Liebe zu finden wären. Die Ganzheit der Natur könne nicht außerhalb unseres Bewußtseins existierend gedacht werden, sondern werde als Ganzheit inklusive unserer selbst erfahren. Mit unseren ethischen Postulaten folgen wir unseren Vorstellungen und dem aus ihnen als möglich zur Verfügung gestellten Wissen mit Bewunderung, Staunen und einem Gefühl der Achtung für das Ganze. Die Sorge um das Ganze ist nützlich auch für das Einzelne, entspricht also dem wohlverstandenen Eigeninteresse des Menschen.

4.7 Die Gaia-Hypothese

In den siebziger Jahren formulierte der Naturwissenschaftler James Lovelock die Gaia-Hypothese, die sich inzwischen wachsender Popularität erfreut. Gaia – als ein neuer Blick auf das Leben der Erde – betrachtet die ganze Bandbreite der lebenden Materie auf der Erde, von den Walen bis zu den Viren, von den Eichen bis zu den Algen, als die Konstitution einer einzigen lebenden Entität (Voller, 1989, S. 136).

Der Name des lebenden Planeten, Gaia, ist kein Synonym für die Biosphäre. Die Biosphäre ist als der Teil der Erde definiert, in dem die Lebewesen normalerweise existieren. Noch weniger ist Gaia mit der Welt der Lebewesen schlechthin gleichzusetzen, welche nur die Gesamtheit aller lebenden Einzelorganismen darstellt. Die Lebewesen und die Biosphäre bilden zusammen einen Teil von Gaia, nicht jedoch ihre Gesamtheit. So wie das Gehäuse Teil einer Schnecke ist, so sind die Felsen, die Luft und die Meere Teil von Gaia. Gaia weist ... einen Kontinuitätsbogen auf, der sich von den Lebensanfängen in der Vergangenheit bis zum Ende von Leben in irgendeiner Zukunft spannt. Als ein gesamtplanetarisches Wesen verfügt Gaia über Eigenschaften, die sich nicht notwendigerweise aus dem Wissen über einzelne Arten oder Populationen von zusammenlebenden Organismen erschließen.
... Genauer ausgedrückt besagt die Gaia-Hypothese, daß die Temperatur, der Oxydationszustand, der Säuregehalt und bestimmte Aspekte von Gesteinen und Gewässern zu jeder Zeit konstant bleiben und daß sich diese Homöostase durch massive Rückkoppelungsprozesse erhält. Diese Prozesse werden von der Lebenswelt unwillkürlich und unbewußt in Gang gesetzt.

Für die geeigneten Lebensbedingungen sorgt die Sonnenenergie. Die Bedingungen bleiben allerdings nur kurzzeitig konstant. Sie entwickeln sich entsprechend den wechselnden Erfordernissen in einer Welt von Lebewesen, die sich ebenfalls entwickeln. Leben und seine Umgebung sind so eng miteinander verflochten, daß eine Evolution immer Gaia betrifft, nicht die Organismen oder deren Umgebung für sich genommen. (Lovelock, 1991, S. 43)

Hatte Lovelock die Gaia-Hypothese zwar auf die empirischen Wissenschaften gegründet und nicht auf einen intuitiven Supernaturalismus, so beinhaltet sie doch eine religiöse Konzeption:

Jeder lebende Organismus, der ein Viertel so alt ist wie das Universum und immer noch voller Kraft, ist in einem Maße unsterblich, wie wir uns das überhaupt nur vorstellen können. Gaia gehört zu diesem Universum und man kann sie als einen Teil Gottes begreifen. Auf der Erde ist sie Quelle immerwährenden Lebens – und sie lebt jetzt. Sie gab auch den Menschen das Leben, und wir sind ein Teil von ihr.
Aus diesem Grund ist Gaia für mich gleichermaßen eine religiöse wie wissenschaftliche Konzeption, und sie ist auch in beiden Bereichen anwendbar. (Lovelock, ebd., S. 265)

Durch Naturwissenschaft und eine holistische Sicht des Universums wird eine vielersehnte Einheit und eine fast religiöse Anschauung erreicht.

Als ich Gaia zum ersten Mal vor meinem geistigen Auge sah, fühlte ich mich so, wie sich ein Astronaut gefühlt haben muß, der vom Mond aus auf die Erde zurückblickte. Das Gefühl verstärkt sich, je mehr Theorie und Augenschein das Denken bestätigen, daß die Erde ein lebender Organismus sein kann. Der Gedanke an eine lebende Erde läßt an glücklichen Tagen und am rechten Ort den Eindruck entstehen, als ob der ganze Planet eine heilige Zeremonie feiere. Man ist auf der Erde: dieser Umstand gibt einem ein ganz eigenes Gefühl des Trostes, das man auch bei einer religiösen Feier spürt; es muß nur zu einem passen und man muß bereit sein, es aufzunehmen. Man braucht dabei seine kritische Vernunft nicht beiseite zu lassen. Umgekehrt bewahrt es einen auch nicht davor, die falschen Hymnen anzustimmen. (Lovelock, ebd., S. 263)

Die Natur verkörpert und repräsentiert zugleich metaphysische Möglichkeiten, die traditionelle westliche Systeme der Philosophie und Theologie nicht anerkennen wollen oder können. Voller (1989, S. 154) sieht in der Gaia-Hypothese nicht eine vereinfachende eskapistische Utopie. Weil sie auf die reale empirische Natur gegründet ist, seien ihre Implikationen für ein Umweltbewußtsein offenkundig.

4.8 Bezugsgröße Mensch

Das Konzept des Individuums geht dem Konzept der Kultur nicht voraus, sondern transzendiert es. Dickopp (1986, S. 42 ff.) setzt sich in seiner Konzeption einer transkulturellen Pädagogik dafür ein, die Bezugsgröße des

4. Universale Werte und Bezugsgrößen 123

Individuums oder der Person in den Mittelpunkt der pädagogischen Bemühungen zu rücken. Die maßgebliche Legitimationsgrundlage und Bestimmungsinstanz des Pädagogischen könne nur im Menschlichen eines jeden einzelnen selbst begründet sein. Diese „personale" Pädagogik spreche dem einzelnen über sein relational-zeitlich-geschichtlich-kulturell ausgeprägtes Sein hinaus ein absolutes-autarkes-transkulturelles Sein zu, weil erst dadurch individuell-menschlich Freiheit begründet und menschliche Vernünftigkeit die Kompetenz dazu aufbringen könne, das Gute zu tun und das Böse zu lassen. Personale Erziehung als transkulturelle Erziehung sei von ihren Begründungen, Zielen und Zwecken her moralische und sittliche Erziehung. Denn im Rückbezug auf die gemeinsame Personalität hinter den zu vermittelnden jeweiligen kulturellen Verschiedenheiten seien die Maßstäbe und Werte eines künftigen Zusammenlebens zu reflektieren.

In der französischen Denktradition wurde nach Featherstone (1990, S. 4) die Betonung auf die Idee der Menschheit als einem neuen universalen säkularen Ideal gelegt. Für Durkheim expandierten die komplexer werdenden Gesellschaften und ihr Grad an sozialer und kultureller Differenzierung bis zu einem Punkt, an dem sogar für die Mitglieder derselben Gesellschaft das einzig Gemeinsame ihr Menschsein war. Diese Idee der menschlichen Person, die sich aus der individualistischen Moral entwickelte, war der natürliche Nachfolger des Christentums. Für Durkheim könnte die Heiligkeit der Person eines der wenigen kulturellen Ideale werden, die einen Schnittpunkt der Einheit für eine zunehmend differenziertere, aber unabhängigere Welt liefern.

Für Finkielkraut (1989b, S. 30) gibt es im anderen immer einen Überschuß oder eine Abweichung im Vergleich zu dem, was ich von ihm weiß. „Diese Maßlosigkeit, dieses ständige Übersteigen der Intention durch das Sein, auf das sie es abgesehen hat, heißt Antlitz." Diese Unterscheidung zwischen dem phänomenalen und dem essentiellen Menschsein trifft Metz (1992) in seinen „Perspektiven eines multikulturellen Christentums", wenn er der katholischen Kirche vorwirft, im Christianisierungsprozeß Amerikas keinerlei Augen für die Spur Gottes in der Andersheit der anderen gehabt und deshalb die unbegriffenen anderen immer wieder kulturell entwürdigt und zu Opfern gemacht zu haben.

Das Konzept des Individuums wird transzendiert durch das Konzept des Gottes; innerhalb der essentiellen Dimension des Menschlichen gehen die Konzepte „Mensch" und "Gott" jeweils ineinander über. Remarque verdeutlicht dies anhand der Erfahrung von internationalen Häftlingen eines Nazi-Konzentrationslagers kurz vor ihrer Befreiung. „Sie spürten, daß es nicht nur Länder und Völker waren, die gerettet werden würden; es waren die Gebote des Lebens selbst. Es war das, wofür es viele Namen gab – und einer, der älteste und einfachste war: Gott. Und das hieß: Mensch." (Remarque, 1988, S. 154) Für Spaemann ist es das zu schonende Unbedingte, das im Menschen aufscheint.

> Das Unbedingte ist gegenwärtig in jedem Satz, für den wir Wahrheit beanspruchen. Es ist gegenwärtig in jeder bewußten Verschonung der Wirklichkeit vor Zugriffen, die uns nicht zustehen. Das Unbedingte als Gott denken ist jedem möglich, der sich von den Denkverboten der Moderne emanzipiert. Wem diese Befreiung nicht gelingt, dem bleibt doch immer möglich, in allem was Menschenantlitz trägt die prekäre Repräsentation des Unbedingten zu verehren, das zerbrechliche Bild des unbekannten Gottes. (Spaemann, 1992)

Jonas entwickelt in seiner Revision des jüdischen Gottesbegriffs „nach Auschwitz" mittels eines selbsterdachten Mythos – einer „bildlichen Vermutung für die Sphäre jenseits des Wißbaren" – die Idee von Gottes In-der-Welt-Sein. Gott entkleidet sich seiner Gottheit, um sie nach unvorhersehbarer zeitlicher Erfahrung in verklärter oder vielleicht auch entstellter Form zurückzuempfangen. In dieser Selbstpreisgabe göttlicher Integrität um des vorbehaltlosen Werdens willen kann es kein Vorwissen Gottes geben, sondern nur ein Wissen um Möglichkeiten, denen sich Gott in seiner Entäußerung zugunsten der Welt ausliefert. Im Jonasschen Mythos von der Evolution Gottes in der Welt gibt es über den Zeitraum von Äonen nur ein Kreisen der Materie und ein zögerndes Auftauchen der Transzendenz aus der Undurchsichtigkeit der Immanenz, dann mit der ersten Regung von Leben eine neue Sprache der Welt und einen plötzlichen Wachstumssprung in Richtung Wiedererwerb der Fülle. Dieses Werden ist ein widerrufliches und zerstörbares Sein, das den Preis der Sterblichkeit zahlen muß. Jeder Artunterschied, den die Evolution hervorbringt, ist eine neue Modalität für Gott, sein verborgenes Wesen zu erproben und sich selbst zu entdecken. Das sich verbreiternde Spektrum des Werdens geht mit dem Wachsen von Wahrnehmung und Bewegung ins Tierreich ein und mündet mit der Heraufkunft von Wissen und Freiheit in die Heraufkunft des Menschen. Mit dem Erscheinen des Menschen erwachte die Transzendenz zu sich selbst und begleitet seitdem – mit angehaltenem Atem, hoffend und werbend, mit Freude und Trauer – die Verantwortung des Menschen unter der Disjunktion von Gut und Böse, die aus der höchst zweischneidigen Gabe von Wissen und Freiheit entsteht.

> Nachdem er sich ganz in die werdende Welt hineingab, hat Gott nichts mehr zu geben: Jetzt ist es am Menschen, ihm zu geben. Und er kann dies tun, indem er in den Wegen seines Lebens darauf sieht, daß es nicht geschehe, oder nicht zu oft geschehe, und nicht seinetwegen, daß es Gott um das Werdenlassen der Welt gereuen muß. (Jonas, 1987, S. 47)

Jonas' evolutionäres Gotteskonzept nähert sich der indischen Konzeption von der – individualen, universalen und transzendentalen – Trias des Göttlichen: Es ist im Individuellen verborgen, in allem enthalten und hebt die Vielheit in die Einheit auf. In seinem universalen Aspekt ist es als kosmisches Bewußtsein erfahrbar (s. 5.5.2).

4.9 Radikales Zusammendenken von Gott und Welt

Mit der Globalisierung ereignet sich die „Wiederkehr des Sakralen" (Robertson, 1992, S. 319). Religion wird bei den individuellen, gesellschaftlichen und intergesellschaftlichen Reaktionen auf die Situation der Globalität ebenfalls eine Rolle spielen, möglicherweise die, eine „globale Moralität" zu stützen.

Eine Theologie der universalen Versöhnung (Hummel, 1993) sucht in der Nachfolge Paul Tillichs nach einem radikalen Zusammendenken von Gott und Welt, das von Gott als einer Erfahrung zu reden zwingt. Der katholische Theologe Zulehner fordert mit der Formel „Je mystischer, desto politischer" eine gerechte Verteilung der Lebenschancen im Sinne der Bergpredigt, die dazu auffordere, „politisch zu sein wie Gott". Den Begriff der Mystik verwendet er hierbei in einem ursprünglichen Sinn:

> Das aus dem Griechischen stammende Wort enthält *mysterion,* was soviel bedeutet wie Geheimnis. Die Mystik setzt also mit einem Geheimnis in Verbindung. Dabei ist der Mystiker nicht an einer Aufklärung dieses Geheimnisses interessiert, sondern daran, es gleichsam zu bewohnen, in ihm daheim zu sein. Das deutsche Wort Geheimnis enthält nicht zufällig das Heim. Der Mystiker ist also einer, der in einem Geheimnis daheim, zuhause ist. Das Geheimnis, das dem Mystiker Heimat gibt, aber ist der lebendige Gott selbst. Das Herzstück der Mystik ist somit ein lebendiges Ineinander von Gott und Mensch. (Zulehner, 1989)

Mynarek (1986) entwirft innerhalb einer Ökologischen Religion Bewußtseins- und Verhaltensformen des Menschen, die eine Einheit mit der Natur und einen ökologischen Auftrag gegenüber der Natur zum Gegenstand haben. Amery[16] stellt im Anschluß seiner Thesen zu einem ökologischen Materialismus fest, daß dessen Verheißung „kein eschatologisches Jenseits, sondern etwas, was täglich Brot ist, das wir uns abgewöhnt haben — etwas ungemein Kostbares, von dem man, wie von der Luft und dem Brot, erst im Verlust den Wert begreift" (Amery, 1991, S. 347).

„Kein Überleben ohne Weltethos. Kein Weltfriede ohne Religionsfriede. Kein Religionsfriede ohne Religionsdialog." Diese drei Sätze kennzeichnen den programmatischen Ansatz von Küngs „Projekt Weltethos" (1992⁴). Von Weizsäcker erläutert zusammenfassend das Anliegen des Projekts Weltethos, zu dem im christlichen Raum durch die „Weltversammlung für Gerechtigkeit, Frieden und Bewahrung der Schöpfung" 1990 bereits Vorarbeit geleistet wurde:

> Das moralische Verhalten innerhalb einer Gesellschaft wird weitgehend durch in dieser Gesellschaft überlieferte Normen erzwungen. Diese Normen

---

[16] Von Amery stammt die Bemerkung, daß nur ein Heiliger wie Franz von Assisi unsere Welt retten könne — eine Anspielung auf Karl Rahners Aussage, daß der zukünftige Mensch ein Mystiker sein oder nicht mehr sein werde.

beschützt meist die in der Gesellschaft herrschende Religion. Der Streit um solche Normen kann, gerade wegen ihrer Wichtigkeit, besonders heftige und fortdauernde Konflikte erzeugen. Ebenso das gegenseitige Verhältnis der Gesellschaften – der Familien, der Stämme, der Nationen, der großen Kulturen, auch der sichtbar unterschiedenen Rassen. Ein fundamentales Thema der Hochreligionen ist die Wahrnehmung des Mitmenschen und als deren Folge oder Bedingung die Moral, die ebendiese Konflikte der Normen und Gesellschaften überwindet oder doch erträglich eingrenzt. Nun treten aber die verschiedenen Hochreligionen oft untereinander in einen Konflikt. Dieser Konflikt widerspricht im Grunde der tiefsten Einsicht jeder von ihnen.

An diese Einsicht appelliert der Aufruf zum Projekt Weltethos. Es ist nicht der Aufruf eines Propheten alten Stils, der sich auf göttliche Inspiration beruft. Es ist der Aufruf eines Gelehrten unseres Jahrhunderts, eines Theologen und Religionswissenschaftlers, der die Einsichten aller großen Religionen und der säkular denkenden Ethiker studiert hat und ihre Übereinstimmung im zum Überleben Notwendigen zugleich mit ihrer legitimen Verschiedenheit kennt und anerkennt. Der Erfolg des Dialogs hängt daran, ob man ihn *will*, ob eine hinreichende Anzahl von Menschen ihn wollen wird. (von Weizsäcker, 1992b, S. 1067)

Auf der philosophischen Suche nach dem Ganzen versucht von Weizsäcker selbst, im Geviert von Bibel, Metaphysik, Wissenschaft und buddhistischer Meditation den in der Zeit in die Vielheit von Gestalten entlassenen Geist aufzuspüren:

Für die Metaphysik in ihrem höchsten Anspruch gibt es *ein* Seiendes, das zugleich das *eine* Bewußtsein ist; wir, Himmel und Erde, Menschen und alle lebenden Wesen sind Erscheinungen des Einen im Medium der vergehenden Zeit. Die biblische Religion beginnt mit Gott, dem Schöpfer; Mensch und Welt, seine Geschöpfe, leben in der endlichen Zeit der Heilsgeschichte, von der Schöpfung über die Sünde bis zur Erlösung. Die Wissenschaft beginnt mit der Vielheit der Dinge der Welt, aber sie steigt auf zur fortdauernden Frage nach dem obersten gesetzmäßigen Zusammenhang. Die buddhistische Meditation beschreibt die höchste Erleuchtung als Wahrnehmung der Leere, des prädikatlosen Nichts.

Die Philosophie muß alle vier Wege des Aufstiegs vollziehen. Man kann nicht beurteilen, was man nicht vollzogen hat. (von Weizsäcker, ebd., S. 571)

5. Psychologische Grundlagen von Universalität und Multikulturalität

5.1 Globalisierung als Herausforderung für die Psychologie

Im Zeitalter der Postmoderne, so Sampson (1989), ereignet sich der Übergang zu einem global verknüpften Weltsystem und damit zu einer veränderten funktionalen Einheit des sozialen Systems, die nicht mehr das Individuum sein kann, sondern eine globaler konzeptualisierte Form haben muß. Die Psychologie, selbst ein Kind der Moderne, konzipierte die Person innerhalb einer Welt der Industrialisierung, Technologie, Säkularisierung, Individualisierung und Demokratie. Das in sich geschlossene, unabhängige *(self-contained)* Individuum war aus seiner Einbettung in die verschiedenen vormodernen Kollektivitäten entstanden, in der es lediglich Rollen einnahm, um in der Moderne eine freistehende, zentrale Einheit der neuen Sozialordnung zu werden. Angesichts des historischen Wandels von der Moderne zur Postmoderne und der mit ihr einhergehenden Globalisierung im ökonomischen, technologischen und politischen System usw. ist die Konzeptualisierung eines neues Selbst erforderlich, das diesem historischen Wandel gewachsen ist.

In der Moderne war die Gemeinschaft das Instrument des Individuums; nun wird das Individuum zum Antezedens der Gesellschaft, in der es lebt. Denn es besteht eine tiefe Verbindung zwischen der jeweiligen sozialen Ordnung, ihren zentralen funktionalen Einheiten, der Form der individuellen Einheit sowie der Psychologie als jener wissenschaftlichen Disziplin, die diese Einheit erforscht. Die globalisierte funktionale Einheit bedarf einer anderen Konzeption von Person und daher einer anderen Konzeption von Psychologie, die vom Individuum weg zu einer globaler konzeptualisierten Entität führt. Das Individuum *qua individuum* zu verstehen, ist dem gegenwärtigen Verständnis menschlichen Lebens nicht mehr angemessen. Daher ist die Annahme, daß unser Bewußtsein und sogar unsere Rationalität im in sich geschlossenen Individuum ruhen, nicht mehr aufrechtzuerhalten.

Die globalere funktionale Einheit als das Individuum ist eine Herausforderung für die Psychologie, zu der es bereits Ansätze in der Sozialpsychologie gibt dort, wo die soziale Dimension der Person Berücksichtigung findet (u.a. bei Tajfel). Für das Individuum ist das Konzept des Besitzes mit seinen weitreichenden Implikationen zentral gewesen. Der – possessive – Individualismus definierte individuelle Freiheit primär als die Freiheit, sich selbst zu besitzen.

Im Wandel vom in sich geschlossenen zum *konstitutiven Individuum* werden Besitz, Fähigkeiten, Leistungen etc. zu einem gemeinsamen Gut, d.h. stehen der Gemeinschaft zur Verfügung. Weil andere mich machten und niemals aufhören, mich zu „machen"[17], ist es angemessen, sie als Teilnehmer und gemeinsame Nutznießer „meiner" Errungenschaften zu betrachten. Die Person ist nicht länger Eigentümerin, sondern Hüterin ihrer Leistungen, Besitztümer, Talente etc. im Interesse von etwas, das größer ist als sie selbst. Psychologie für die Zukunft ist eine Psychologie, die sich aktiv um den Entwurf einer Persönlichkeitstheorie bemüht, die nicht mehr in den liberalen individualistischen Annahmen wurzelt, sondern Bedingungen formuliert, die der Lösung der Probleme des globalen Zeitalters angemessener sind (Sampson, ebd., S. 920).

Ellis (1990) antwortet auf die Vorschläge Sampsons mit der Warnung, die Individualität des einzelnen bei der Globalisierung nicht zu vernachlässigen. Ebenfalls aus der Perspektive der Psychotherapie wenden sich Seedat und Nell (1990) gegen eine Universalisierung, die der Kultur das Primat gegenüber der Person einräumt. In mystifizierender Weise werde so *cross cultural psychology* zu einer Vorbedingung für Klienten aus der „Dritten Welt". Der pragmatische Ansatz sieht dagegen die Psychotherapie als universal an, indem sie sich auf *eine* Menschheit beziehe. Kultur wird als mit menschlichen Universalien interagierend betrachtet. Therapeutische Mißerfolge werden so nicht auf kulturelle Faktoren, sondern mangelnde Professionalität zurückgeführt. Das Primat der Kultur verschleiert andere Einflußfaktoren, wie etwa die Schichtzugehörigkeit. In der Psychotherapie sei eine vermittelnde Position *(inbetweenity)* notwendig, die die Interaktion zwischen Universalismus und kulturellem Partikularismus berücksichtigt. Klineberg (1985, S. 34) stellt zur Beziehung zwischen Sozialpsychologie und interkultureller Beratung *(cross-cultural counseling)* fest, daß es keine Alternative dazu gebe, sowohl die kulturellen Universalien als auch die Partikularien zu beachten. Auf der Basis der Erkenntnis, daß keine zwei Individuen völlig identisch sind, müssen drei Analyseebenen berücksichtigt werden: Das menschliche Wesen im allgemeinen, das Mitglied einer besonderen kulturellen Gruppe und das Individuum in seiner Einzigartigkeit. Nur auf der ersten Analyseebene fallen Mensch und Menschheit als universale Kategorien zusammen. Die beiden anderen repräsentieren Vielheit als Kultur und individuelle Vielfalt. Das konstitutive Individuum hätte folgende Selbstdefinition: Ich bin ein Einzelnes in einer Vielheit, die einer umfassenderen Einheit angehört.

Aus der Sicht der noch recht bescheidenen akademischen Disziplin der *Politischen Psychologie* ergeben sich nach Sears (1987) Forschungsaufgaben in den Bereichen interethnische Konflikte, Sozialisationsbedingungen und Wirkung der Massenmedien. Lippert (1992, S. 3 f.) stellt fest, daß die Entwicklung multi- oder übernationaler Strukturen wie die der Europäischen Gemeinschaft keine belastungsfähigen supranationalen oder internationalisti-

---

[17] Hier ist die Unterscheidung zwischen „begabt sein" und – durch die Sozialisationsagenturen – „begabt werden" zu bedenken.

5. Psychologische Grundlagen von Universalität und Multikulturalität

schen bzw. nationsindifferenten Identitäten hervorgebracht habe. Aus der Multikulturalität, aber auch aus der neu erwachten Nationalität im Bewußtsein der Bevölkerung ergebe sich für die Psychologie die Aufgabe, ihre ahistorische Haltung aufzugeben und die Einmischung in die Politik nicht länger als ein „eher garstiges Geschäft" (Lippert, ebd., S. 12) zu betrachten. In der Untersuchung der Entwicklung individueller Soziomoral in ihrer Wechselwirkung mit historisch bestimmten gesellschaftlichen Verhältnissen würde die Politische Psychologie wieder „politisch":

> Erst wenn die gesellschaftliche und historische Fundierung einer Psychologie der „Nation" gelungen ist, lassen sich andererseits auch Präventiv- und Gegenstrategien aufzeigen, wie die „Nation" über den Aufbau einer vernünftig-universalistischen Identität als Gegenentwurf zum Nationalismus (Habermas 1976 [1982³]) überwunden werden kann. Und selbst wenn sich dies möglicherweise als utopisch erweisen sollte, könnte ein solches Paradigma auf Wege hinweisen, wie die Nichtlösbarkeit der sozialpsychologischen Probleme der „Nation" akzeptiert werden kann und wie sich damit gegebenenfalls leben läßt. (Lippert, ebd., S. 15)

Herausforderungen der Globalisierung ergeben sich auch für die *Kulturpsychologie*, die – rein gegenstandsbezogen – eine Psychologie der kulturellen Erscheinungen ist. Als selbst kulturwissenschaftlich betriebene Psychologie der kulturellen Erscheinungen ist sie jedoch nicht einfach eine weitere Bindestrich-Psychologie, sondern erhebt einen methodologischen Anspruch, von dem fast kein Bereich der psychologischen Wissenschaft ausgespart bleibt. Dieser Anspruch bedeutet neben der Einbeziehung der kausalen Wirkungsdimension die Betonung der Dimension der subjektiven Bedeutung der psychologischen Gegenstände (Zitterbarth, 1980, S. 382 f.). Für die psychologische Untersuchung der Auswirkungen von Globalisierungsprozessen kommt der Deutungs- und Sinndimension sicherlich das Primat zu.

Die *Interkulturelle Psychologie* betrachtet jede Kultur gleichsam als ein wahrnehmendes Kollektivsubjekt, das seine eigene Realität konstruiert. Gerade die relativistische Kulturtheorie hat eine ganze Reihe von Forschungsansätzen in der Wahrnehmungs-, Denk- und Lernpsychologie befruchtet, die der Gefahr einer vorschnellen Universalisierung von psychologischen Merkmalen begegnen (Floßdorf, 1980). Für die psychologische Untersuchung von Globalisierungsphänomenen könnten interkulturelle Vergleiche einerseits die Wachsamkeit gegenüber einer der Wissenschaft inhärenten Universalisierungstendenz schärfen, andererseits durch Befunde aus anderen Kulturen konzeptuelle Korrektive bieten. Beispiele hierfür sind die außerhalb der drei monotheistischen Religionen, insbesondere im Hinduismus und Buddhismus vorfindlichen Konzepte einer universalen Ethik und einer universalen Identität.

Eine *Psychologie interkulturellen Lernens und Handelns* hat sich nach Thomas wissenschaftlich-erkenntnisorientiert und praktisch-intervenierend und effektorientiert zu befassen mit den psychischen Bedingungen, Verlaufsprozessen und Wirkungen menschlichen Verhaltens in Sonder- und Grenzsituationen, in denen Menschen aus verschiedenen Kulturen einander begegnen.

Die Legitimation einer noch zu entwickelnden Psychologie interkulturellen Lernens ergibt sich aus zwei Gründen:
1. Es besteht ein grundsätzliches Erkenntnisinteresse daran, menschliches Verhalten unter den durch internationale und interkulturelle Begegnungen erzeugten Sonder- und Grenzsituationen zu studieren. Hier sind spezifische Bedingungen des Wahrnehmens, Urteilens, Entscheidens und Handelns gegeben, aus denen heraus besondere, psychologisch bedeutsame Wirkungen für den einzelnen und für Gruppen entstehen. So ergeben sich gerade auf dem Hintergrund des interkulturellen Vergleichs für die verschiedenen Teilgebiete der Psychologie interessante Forschungsanregungen.
2. Die Organisatoren von Austausch- und Begegnungsprogrammen, die Leiter von Organisationen, die solche Programme vermitteln, Politiker, Pädagogen u.a. haben ein Interesse an der Erforschung von Zusammenhängen zwischen den Austauschbedingungen, Austauschaktionen sowie kurzfristigen und langfristigen Austauschwirkungen. Dabei interessieren einerseits die Bedingungen, unter denen die oben beschriebenen Ziele wirkungsvoll erreicht werden können, die Art, Gestaltung und Kontrolle interpersonaler und gruppendynamischer Prozesse zur Förderung interkulturellen Lernens und andererseits die Überprüfung der erreichten Effekte mit Hilfe sachgerechter Evaluationsmethoden. (Thomas, 1993, S. 379)

Hinsichtlich der Erfahrungen von Migranten in einer Weltgesellschaft ist nach Nestvogel (1987, S. 65) möglicherweise ein Kausalität und Finalität menschlichen Handelns verbindender Ansatz wegweisend, den Jouhy (1985) in Anlehnung an Marx und Adler rekonstruierte. Der Doppelcharakter von Erfahrung und Entwurf, der menschliches Handeln bestimmt, könnte Migrantenverhalten nicht nur aus ihrer Kollektiv-Erfahrung erklären. Ihre Rückkehr- und Verbleib-Absichten sind nicht nur in der Erfahrung enthalten, sondern stellen vielmehr die Vorwegnahme einer zukünftigen Situation dar. Subjektive Definitionen von objektiven Verhältnissen, insbesondere persönlichkeits- und identitätsstabilisierende Lebensentwürfe könnten damit theoriegeleitet erfaßt werden. Ingleby (1990, S. 70) schlägt für einen nichtethnozentrischen Umgang die Methode der sukzessiven Approximation vor. Die Annäherung könnte analog dem klassischen hermeneutischen Zirkel erfolgen und so diskursive Brücken zwischen den kulturellen Subjekten auf beiden Seiten bilden. Piagets Konzept des Äquilibriums durch Adaptation könnte hier eine mögliche Annäherungsform sein: Wenn es nicht gelingt, das Fremde unseren eigenen kognitiven Strukturen zu assimilieren, müssen wir diese entsprechend an das Fremde akkommodieren.

Eine *Multikulturelle Psychologie* sollte sich nach Ossorio (1983) bemühen, sowohl der Einheit als auch der Vielheit kultureller Erscheinungen gerecht zu werden. Psychologische Methodologie ist nicht eurozentristisch *per se*, sondern erlaubt die Analysen von kulturellen Parametern, die Status, Entwicklung und Vergleichbarkeit kollektiven Denkens, Fühlens und Handelns

anzeigen. Für Bibeau (1990, S. 300) ist es ein fundamentales Paradox, als Sozialwissenschaftler in einer lokalen Sprache oder in einer nationalen intellektuellen Tradition zu sprechen und dennoch an weitgespannten internationalen Debatten teilzunehmen, auf denen Kolleginnen und Kollegen in unterschiedlichen Stilen über alternative Paradigmen sprechen. Die umfassendere internationale Szene mit lokalen konzeptuellen Systemen zu verbinden bedeute, das Leben einer Nation im Kontext makroskopischer Weltprozesse zu betrachten. Für das Denken über Differenzen unter einer globalen Perspektive schlägt er sieben Regeln vor, die sich als Heuristiken für eine Psychologie der Multikulturalität anbieten:
1. Berücksichtige die historischen Determinanten der jeweiligen gegenwärtigen Konzeptionen.
2. Berücksichtige die gegenwärtige geopolitische Situation.
3. Favorisiere den Perspektivismus, der die Komplettierung eines Bildes aus der Addition multipler Aspekte erlaubt.
4. Kombiniere das Denken in Universalien mit der Berücksichtigung des Besonderen, Lokalen; berücksichtige die Vielheit in der Einheit.
5. Vermeide die Akkumulation von intellektuellem Stückwerk durch kreative Konzepte und Imagination oder die Konzentration auf eine einzige Fragestellung.
6. Beteilige dich an einem transnationalen Netzwerk in einer neuen Ökologie des Denkens.
7. Nutze die Kreativität von Persönlichkeiten, die neues Terrain bearbeiten (Bibeau, ebd., S. 305 ff.).

5.2 Psychologische Universalien

Die Balance zwischen Relativismus und Universalismus zu finden, ist eine der Aufgaben der Kulturpsychologie und Kulturvergleichenden Psychologie (van de Vijver & Hutschemaekers, 1990). Die Psychologie hat nach Grossmann (1993, S. 53) Mühe, auf dem gedachten Kontinuum zwischen Allgemeinaussagen über den Menschen und speziellen Aussagen über Individuen einen festen Platz zu finden. Es besteht nach wie vor das Problem der Definition und der Bestimmung von psychologischen Universalien (Kagan, 1979). In der Kulturvergleichenden Psychologie liegt der Schwerpunkt noch immer auf den Unterschieden zwischen den Gruppen. Die differentiellen Effekte ökologischer und soziokultureller Faktoren werden betont (van de Vijver & Poortinga, 1982). Dennoch wird die Forschung nach psychologischen Universalien nicht völlig vernachlässigt, wie etwa über die Universalität von sozialpsychologischen Konzepten (Pepitone & Triandis, 1987), von Inhalt und Struktur von Werten (Schwartz & Bilsky, 1990), von kognitiven Fähigkeiten (Witkin, 1974; Dasen, 1981), von Emotionen (Ekman, 1971) oder von interpersonalem Verhalten (Foa, 1964).

Für einen universalistischen Ansatz kann das Denken der evolutionären Kulturtheorie nach Durham (1990; zit. in Grossmann, 1993) fruchtbar gemacht werden: Sehr viele menschliche Eigenschaften sind allen bekannten menschlichen Kulturen gemeinsam, z.B. Inzest-Tabus, Verwandtschaftssysteme, Ausdrucksverhalten, und lassen Erklärungen wie Diffusion — ein horizontales Lernen verschiedener Kulturen voneinander oder auch unabhängige Erfindungen in verschiedenen Kulturen zur gleichen Zeit — als unwahrscheinlich erscheinen. Es gibt eine eindrucksvolle und wachsende Liste globaler Erkenntnis- oder Wissensstrukturen unter den Sprachen dieser Welt, Universalia in der Phonologie, bei Wertstrukturen und in der Syntax. Die Frage ist heute nicht mehr, ob alle Sprachen dieser Welt miteinander verwandt sind, sondern warum es so lange gedauert hat, bis diese offenkundige Tatsache bekannt wurde. Es gibt einen starken Zusammenhang zwischen einer auf Abstammung beruhenden Klassifikation der Sprachen dieser Welt und dem Stammbaum menschlicher genetischer Divergenz aus einer gemeinsamen Population unserer Vorfahren.

Der kulturelle Universalismus orientiert sich an der biologischen Abstammungslehre und ihren verwandtschaftlichen *Homologien*. Der Kulturrelativismus sieht demgegenüber die Ähnlichkeiten zwischen verschiedenen Kulturen eher als zufallsbedingte *Analogien* aus vergleichbaren Anpassungszwängen heraus oder als Synologien und durch Diffusion erklärbar. Die Verhaltensuniversalia sind geeignet, sowohl zur Erklärung kultureller Universalia als auch kulturrelativer Besonderheiten beizutragen. Das Problem ist nicht die gegebene Vergleichbarkeit, sondern innerhalb einer Population zu entscheiden, was für ein gegebenes soziokulturelles System einzigartig, was für die Menschen einer gegebenen Region allgemein gilt und was vielleicht für die Gesamtheit der Menschen gilt (Grossmann, 1993, S. 55 f.).

Die beiden Begriffe Universalismus und Relativismus spiegeln, so Grossmann (ebd., S. 58), den müßigen Streit um Anlage und Umwelt wider, der die Psychologie so lange beherrscht hat. Insbesondere in der Forschungstradition um einen als angeboren zu bestimmenden Anteil des Intelligenzquotienten stecken viele Denkfehler, methodische Unzulänglichkeiten und weltanschauliche Vorurteile. Gerade hieraus läßt sich lernen, daß die Anpassungsleistung des Individuums sich nicht auf das statistische Modell der Varianzanalyse reduzieren läßt. In Abgrenzung hierzu empfiehlt sich das transaktionale Modell des passiven, evokativen und aktiven Lernens, transaktional genannt, weil in der ständigen Auseinandersetzung des Individuums der Schlüssel zum Verständnis der menschlichen Anpassungen an Kulturen und der Veränderungen von Kulturen liegt.

5.2.1 Universalität in der Moralentwicklung

In Kohlbergs (1976; 1978; 1981; 1983; 1984) System der Moralentwicklung spielt Universalität eine dreifache Rolle: Universalität wird *empirisch* beansprucht: Die Entwicklung von einer vorkonventionellen über eine konventionelle zu einer nachkonventionellen Ebene sei eine menschliche und kulturelle Universalie, obwohl nur eine Minderheit in jeder Kultur die höchste Stufe erreicht. Universalität wird *normativ* beansprucht, indem unter einer universalen Perspektive das empirisch letzte Stadium auch die normativ angemessenste Form moralischen Denkens sei. Universalität charakterisiert darüber hinaus *inhaltlich* die Natur des moralischen Denkens selbst auf der sechsten und höchsten Stufe in Kohlbergs Entwicklungsmodell (Blum, 1990, S. 59 f.).

Moralische Urteile wurden kulturvergleichend am intensivsten untersucht (Eckensberger, 1983; 1993). Im Bereich dieser psychologischen Forschung zeigt sich die Spannung zwischen universalistischen und kulturrelativistischen Gesichtspunkten besonders klar. Für die kulturrelativistische Forschungsatmosphäre der sechziger Jahre erwies sich Kohlbergs Postulat, daß sich die Stufen moralischen Urteils transkulturell invariant entwickeln, geradezu als Provokation. Mit dem Universalismuspostulat sind zwei mögliche Mißverständnisse verknüpft: Zum einen liegt ein Mißverständnis vor, wenn man die Behauptung universeller Struktursequenzen gleichsetzt mit der Behauptung, sie seien deshalb biologisch oder anlagebedingt festgelegt. Zweitens impliziert die These universeller, nichtumkehrbarer Stufensequenzen keineswegs, daß in jeder Kultur auch die höchsten Formen moralischer Kategorien empirisch auftreten sollten. Ob dies geschieht, hängt von spezifischen Anregungsbedingungen ab. Die jeweils in einer Kultur vertretenen Stufen sind offenbar für die Lösung der in dieser Kultur auftretenden Konflikte hinreichend und angemessen. Dieselbe Einschränkung wäre auch dahingehend zu machen, daß moralische Urteilsstufen nicht in allen Kulturen in gleichen Altersabschnitten erreicht werden müssen. Universalistische Annahmen stehen also keineswegs im Gegensatz zu einer kulturrelativistischen Position. Allerdings ist eine deutliche theoretische und empirische Unterscheidung von Struktur und Inhalt moralischer Urteile gefordert: strukturell universelle Stufen können sehr wohl inhaltlich kulturspezifisch variieren, was für den Kulturvergleich von zentraler Bedeutung ist (Eckensberger, 1993, S. 261 f.).

Für die transkulturelle Invarianz der Entwicklungsstufen des moralischen Urteils kann als Hinweis gelten, daß von den Querschnittsuntersuchungen 85% eine Zunahme der Stufenhöhe mit dem Alter aufweisen und daß in nur 15% (z.B. Indien, Guatemala, Kenia und Polen) Trends zu niedrigeren Stufen vor allem im Erwachsenenalter auftreten. Vermutete Kohorteneffekte und die noch wenig geklärte Erwachsenenentwicklung moralischer Urteile können hierfür verantwortlich sein (Eckensberger, ebd., S. 272 f.). Die Prüfung der transkulturellen Existenz aller Kohlberg-Stufen ergab, daß zwar die Stufen 2 und 4 als universell gelten können, daß jedoch bezüglich der Stufen 1 und 5 Zweifel angebracht sind. Stufe 5 ließ sich wie Stufe 1 selten nachweisen, trat — entgegen der Erwartung, daß Stufe 5 nur bei Probanden des Mittelstandes der westlichen Kultur nachzuweisen sei — nicht in den USA auf, sondern war am häufigsten im Kibbuz vertreten. Prinzipienorientierte

Stufen finden sich auch in Deutschland und in der Mittel- und Oberschicht Indiens. Die Zwischenstufe 4 1/2 zum postkonventionellen Urteil fand sich relativ häufig in Taiwan. Unter den Anregungsbedingungen spielen umfassendere intrakulturelle Faktoren (s.a. Döbert & Nunner-Winkler, 1973, sowie Lempert, 1988) wie sozio-ökonomischer Status, Religiosität und Stadt-Land-Unterschiede eine Rolle in der Moralentwicklung neben Erziehungsvariablen und Geschlechtszugehörigkeit (Eckensberger, 1993, S. 276 ff.).

Inhaltliche Universalität ist impliziert auf Stufe 6 (Universelle ethische Prinzipien) der nachkonventionellen Ebene (Postkonventionelles und prinzipiengeleitetes Niveau). Im Kern geht es auf Stufe 6 um universale Prinzipien der Gerechtigkeit, Gegenseitigkeit und Gleichheit menschlicher Rechte sowie der Achtung vor der Würde der Menschen als individuelle Personen.

Habermas (1982[3], S. 63 ff.; 1983) kritisiert, daß nach Kohlbergs Konzeption die Verständigung über die Bedürfnisse und Ansprüche aller Betroffenen nicht durch Kommunikation zwischen Menschen vollzogen wird, sondern — wie im kategorischen Imperativ Kants — durch den einzelnen rein im Gedankenexperiment. Kohlberg bedenke ebensowenig wie Kant, daß die Gewissensentscheidung des einzelnen nur deshalb einen ethischen Inhalt hat, weil sie immer schon auf das universale Wechselverhältnis aller Subjekte bezogen ist. In der so verstandenen Gewissensentscheidung geschieht zugleich mit Notwendigkeit ein Vorgriff auf die idealen Bedingungen der Konsensbildung aller betroffenen Kommunikationsteilnehmer in der idealen Kommunikationsgemeinschaft. Deshalb vollendet sich nach Habermas die ethische Kompetenz des Menschen in der Fähigkeit zur Teilnahme am „praktischen Diskurs" in einer politisch freien Gemeinschaft von Menschen, die — im Idealfall — alle Konflikte und Meinungsverschiedenheiten durch Verständigung und Konsensbildung lösen würde. Diesen letzten Schritt zu einer Entwicklungslogik der Moral, die in der Struktur der Kommunikation verankert ist, hat Habermas (ebd., S. 83) vollzogen, indem er der Kohlbergschen Stufe 6 der universalen Pflichten eine Stufe 7 der universalen Bedürfnisinterpretation hinzufügte. Die moralische Freiheit *sensu* Kant wird um politische Freiheit erweitert. Die Menschen handeln nicht mehr als Privatpersonen, sondern alle als Mitglieder einer fiktiven Weltgemeinschaft. Es herrscht nicht länger eine formalistische Ethik, sondern eine universale Sprachethik. Auf der 7. Stufe, der Stufe der universalen Kommunikationsethik, sollen auch die „Bedürfnisinterpretationen, also das, was jeder Einzelne als seine ‚wahren' Interessen verstehen und vertreten zu sollen glaubt, Gegenstand des praktischen Diskurses werden" (Habermas, ebd., S. 84 f.). In diesem argumentativen Dialog wird die Prüfung der praktischen Geltungsansprüche mit dem Handeln verbunden. Die Bedürfnisse aller Betroffenen eines möglichen Normenkonflikts werden nicht länger nach den in einer Kultur überkommenen Maßstäben übernommen und interpretiert, sondern sie werden im praktischen Diskurs zuallererst ermittelt und dann als Ansprüche zueinander in Beziehung gesetzt.

5. Psychologische Grundlagen von Universalität und Multikulturalität

Kohlberg et al. (1983, S. 155 ff.) sehen in der Habermasschen Rekonstruktion und Erweiterung der Kohlberg-Stufen eher eine Konzeptualisierung der Ich- und Moralentwicklung als eine Definition des Gerechtigkeitsdenkens *per se*. Seine Ebenen der kommunikativen und Rollenkompetenz sehen sie in Analogie zu Selmans Konzept der Einnahme sozialer Perspektiven. Auch Habermas' Anspruch, eine 7. „harte" Stufe des moralischen Denkens entdeckt zu haben, stößt bei den Autoren auf Widerspruch, die das dialogische Prinzip bereits in der 6. Stufe angelegt sehen. Blum (1990, S. 66) stimmt dieser Kritik in jenem Punkt zu, daß die ideale Rollenübernahme der Stufe 6 konsistent ist mit Habermas' dialogischem Ansatz, da der Dialog eine gute Art sei, über die Perspektive anderer Personen zu lernen. Daß Stufe 7 kompatibel sein soll mit Stufe 6, ist nach Blum allerdings eine unzureichende Anwort auf Habermas, der die dialogische Sicht der Moral mehr sozial und weniger individualistisch, konkreter und weniger abstrakt als Kohlberg betrachte. Habermas' Position beinhaltet, daß der aktuelle Dialog der allgemeinen Methode der Universalisierung, d.h. der Einbeziehung von jedermanns Perspektive, überlegen sei und das höchste Stadium der Moralentwicklung voraussetze.

Kohlberg selbst hat eine „weiche", hypothetische Stufe 7 seines Modell der Moralentwicklung postuliert, die über die Gerechtigkeitsorientierung hinausgeht, auf der sein Modell beruht:

> We conceptualize Stage 7 as a high soft stage in the development of ethical and religious orientations, orientations which are larger in scope than the justice orientation which our hard stages address. Generally speaking, a Stage 7 response to ethical and religious problems is based on constructing *a sense of identity or unity with being, with life, or with God*. With reference to the work of James Fowler (1981), Kohlberg and Power (Volume I, Chapter 9) present a theoretical analysis and case material concerning this senventh stage of ethical and religious orientation which appears after the attainment of postconventional justice reasoning.
> To answer the question Why be moral? Why be just in a universe filled with injustice, suffering, and death? requires one to move beyond the domain of justice and derive replies from the meaning found in metaethical, metaphysical, and religious epistemologies. Power and I (Volume I, Chapter 9) basing our theoretical conclusions on empirical findings, suggest that meaningful solutions to these metaethical questions are often articulated within theistic, pantheistic, or agnostic cosmic perspectives. (Kohlberg, 1984, S. 249 f.; Hervorh. v. E.B.)[18]

Anders als die analytische und dualistische Entwicklung des Gerechtigkeitsdenkens, das auf der Trennung von Selbst und anderen, von Subjekt und Objekt basiert, kulminiert das Stadium der ethischen und religiösen Entwicklung in einer synthetischen und nichtdualistischen Teilnahme an und

---

[18] Diese kosmische Perspektive — innerhalb oder außerhalb von Religion — kennzeichnet die Z-Persönlichkeit Maslows (s. 5.5.3).

einer Identität mit einer kosmischen Ordnung. Das Selbst wird als eine Komponente dieser Ordnung verstanden und seine Bedeutung mit der Teilnahme an dieser Ordnung zusammenfallend. Unter dieser kosmischen Perspektive werden die postkonventionellen Prinzipien von Gerechtigkeit und Anteilnahme als Teil eines Systems wahrgenommen, das als Naturgesetz bezeichnet werden könnte. Moralische Prinzipien sind dann nicht mehr willkürliche menschliche Erfindungen. Das Prinzip der Gerechtigkeit befindet sich jetzt in Harmonie mit umfassenderen Gesetzen, die die Evolution der menschlichen Natur und die kosmische Ordnung regulieren.

> Thus, in our opinion, a soft Stage 7 of ethical and religious thinking presupposes but goes beyond postconventional justice reasoning. More generally, we believe that the development of soft stages toward the cosmic perspective just described informs us of trends in human development which can not be captured within a conceptual framework restricted to the study of justice reasoning. (Kohlberg, 1984, S. 250)

Bisher gibt es kaum empirische psychologische Forschungsarbeiten zur Stufe 7 der Moralentwicklung, noch weniger den Versuch einer sie begründenden Persönlichkeitstheorie. Interessant wäre eine Untersuchung in Verbindung mit den Variablen der Maslowschen Z-Persönlichkeit (s. 5.5.3).

5.3 Identität in der multikulturellen Gesellschaft

Multikulturalität erfordert Ich-Stärke bzw. eine starke Ich-Identität. Bei genauerer Betrachtung ist Identität immer schon eine zusammengesetzte, also multiple Identität. Ich-Stärke als eine Voraussetzung für Identität hätte zugleich die Merkmale Flexibilität und Zukunftsoffenheit, um einer *patchwork identity* der Multikulturalität genügen zu können.

5.3.1 Voraussetzungen und Korrelate von multikultureller Identität

Empathie als *role taking* wird von Krappmann neben Rollendistanz und Ambiguitätstoleranz als eine der identitätsfördernden Fähigkeiten betrachtet. Diese sind für ihn nicht stabile, in der psychischen Struktur verankerte Persönlichkeitsmerkmale, sondern werden entsprechend der interaktionistischen Perspektive des Autors innerhalb sich fortentwickelnder und immer wieder neuer kritischer Situationen beschrieben. Um hinreichende Ich-Identität zu entwickeln, die der erfolgreiche Fortgang des Interaktionsprozesses verlangt, sind neben den aktiven und passiven Fähigkeiten des Individuums auch gesellschaftliche Voraussetzungen erforderlich. Auf der Seite der Gesellschaft müssen flexible Normensysteme bestehen, die Raum zu subjektiver Interpretation und individueller Ausgestaltung des Verhaltens offenlassen, sowie ein Abbau von gesellschaftlicher Repression, der gewährleistet, daß diese Um- und Neuinterpretationen von Normen und ihre Übersetzung

5. Psychologische Grundlagen von Universalität und Multikulturalität

nicht negativ sanktioniert werden. Auf Seiten des Individuums ist die erste Voraussetzung für Errichtung und Wahrung von Identität, daß das Individuum überhaupt in der Lage ist, sich Normen gegenüber reflektierend und interpretierend zu verhalten. *Rollendistanz* ist im Sinne Goffmans die Fähigkeit, sich über die Anforderungen von Rollen zu erheben, um auswählen, negieren, modifizieren und interpretieren zu können. Das Ausmaß der Hingabe eines Individuums an eine Rolle kann sehr unterschiedlich sein und auf einem Kontinuum zwischen den Polen *overattachment* und *alienation* angesiedelt sein. Die Fähigkeit zur Rollendistanz ist einerseits Voraussetzung der Identitätsbildung, andererseits auch deren Korrelat. Identitätsbildung und Rollendistanz werden durch die Vielfältigkeit von Rollen, die ein Individuum innehat, begünstigt. „Denn die Inkompatibilitäten und Überschneidungen sind Stimulus für Bemühungen um interpretierende Integration und können Anlaß sein, ein höheres Maß differenzierter Individuierung zu erreichen." (Krappmann, 1978[5], S. 138)

Rollendistanz bzw. Distanz zu Normen ist Voraussetzung für das Meadsche *role taking*, für die Fähigkeit, die allgemein als Empathie bezeichnet wird. *Empathie* ist in der Meadschen Tradition eine rein kognitive Fähigkeit und bedeutet die Möglichkeit, die Erwartungen von Interaktionspartnern zu übernehmen. Krappmann erscheint diese Definition von Empathie, das gewöhnlich mit „Einfühlungsvermögen" übersetzt wird, ergänzungsbedürftig. *Role taking* wird in der Alltagserfahrung stark von affektiv-motivationalen Faktoren beeinflußt. Sympathie etwa scheint es zu erleichtern, die Reaktionen eines anderen zu antizipieren. Der Autor räumt ein, daß die heutigen technologischen Gesellschaften die Relevanz kognitiver Fähigkeiten zwar in besonderer Weise betonen. „Bei der großen Bedeutung, die den affektiv-motivationalen Strukturen in den Prozessen der Identitätsbildung eingeräumt wurde, kann jedoch auch Empathie nicht nur als rein kognitive Fähigkeit betrachtet werden." (Krappmann, ebd., S. 143) Auch Empathie ist sowohl Voraussetzung wie Korrelat von Ich-Identität. Ohne die Fähigkeit, die Erwartungen der anderen zu antizipieren, ist die Formulierung der Ich-Identität nicht denkbar. Die Ich-Identität wiederum legt die Grenzen fest, über die hinweg der Person *role taking* schwerfällt. Das Gleichgewicht, das gelungene Ich-Identität vermittelt, ist immer ein labiles – im Gegensatz zu der Stabilität, die etwa die distanzlose Identifikation mit einer rigiden Rolle vermitteln kann. In der ungenügenden Fähigkeit zum *role taking* wird denn auch die Ursache für die Entstehung des Verhaltens- und Einstellungssyndroms der autoritären Persönlichkeit gesehen. Der Autoritarismus eines Individuum korreliert negativ mit der Anzahl der Rollen, die es übernehmen kann.

Zu *Ambiguitätstoleranz* ist jedes interagierende Individuum gezwungen, wenn es neben der Befriedigung, die ihm eine Interaktion gewährt, ein gewisses Maß an gleichzeitig auftretender und durch eben diese Interaktion erzeugte Unbefriedigtheit ertragen muß. Dabei kann es sich sowohl um Ambivalenzen innerhalb einer Rollenbeziehung handeln, als auch um Konflikte zwischen den Anforderungen verschiedener Rollen. Das Konzept des *marginal man* beschreibt die unausweichlichen Ambivalenzen zwischen den Anforderungen verschiedener Berufsgruppen, kultureller Werte und zwischen kulturell vorgegebenen Zielen und angebotenen Mitteln. Die Fähigkeit, Ambivalenz zu ertragen, ist unterschiedlich ausgeprägt. Untersuchungen über den Zusammenhang zwischen Ambiguitätsintoleranz und Vorurteil ergeben eine positive Korrelation zwischen beiden Variablen sowie zwischen Ambiguitätsintoleranz und mangelhaften Fähigkeiten der Begriffsbildung und deduktiven Logik. Toleranz für Ambiguität ist umso wichtiger, je weniger repressiv die Rollen sind, in denen sich das Individuum bewegt. „Dem Individuum wird die Befreiung von rigiden Rollen und Normen für die Bemühungen um eine Ich-Identität wenig nützen, wenn es die Spontaneität, den Wechsel und die Verschiedenartigkeit seiner eigenen Antworten und der der Interaktionspartner auf divergierende Erwartungen nicht ertragen kann." (Krappmann, ebd., S. 155)

Hoff (1988, S. 55) beklagt strukturelle Mängel des deutschen Bildungswesens, die die Entwicklung von Ich-Identität bei Zuwandererkindern beeinträchtigen: „Wenn ich davon ausgehe, daß zur Entwicklung von *Ich-Identität Sprachkompetenz* unerläßlich ist, dann ist eine Beschulungsverordnung, die Muttersprachenkompetenz in einen freiwilligen Nachmittagsunterricht verlegt und ansonsten als quasi Behinderung einordnet, schlicht inhuman." Ruhloff (1989, S. 10) bezweifelt, ob man noch von einer „achtenswerten Kultur der Schule" sprechen kann, wenn über die Hälfte der Zuwandererkinder in Deutschland nur deshalb, weil sie Ausländer sind, keinen Hauptschulabschluß erreichen. Es sei kulturfeindlich, Kinder heranwachsen zu lassen, die aufgrund einer „doppelten Halbsprachigkeit" daran gehindert werden, an einem der traditionellen Kulturkreise niveauvoll teilzuhaben oder eine bessere, die bisherigen Sonderkulturen übergreifende Kultur einzuleiten.[19] Essinger und Kula betonen in ihren Thesen zur bilingualen Erziehung, daß sich der Prozeß der Persönlichkeitsbildung eines Menschen in seiner Muttersprache vollzieht.

> Eine Gesellschaftsordnung, deren Ziel die Verwirklichung der Menschenrechte ist, muß auch das Recht auf die Muttersprache einer jeden Minorität sichern, um eine autonome Bewußtseins- und Persönlichkeitsentwicklung zu gewährleisten. Wie die Kultur einer Minorität, so darf auch deren Sprache nicht diskriminiert werden. (Essinger & Kula, 1987, S. 48)

---

[19] „Doppelte Halbsprachigkeit" bedeutet in der Familie, daß das Grundprinzip „Eine Person — Eine Sprache" zunehmend durchbrochen wird und die Sprachpraxis nicht gleich intensiv ist. Nach einem Bericht über den 26. Internationalen Kinderkongreß (Frankfurter Rundschau, S. 34, 15.4.1993) ist es denn auch kaum verwunderlich, daß fast die Hälfte der Kinder, die heute in München eine Sprachbehindertenschule besuchen, kleine Ausländerkinder sind.

5. Psychologische Grundlagen von Universalität und Multikulturalität

Die Multikulturalität einer Gesellschaft zeigt sich konkret in ihrer *Multilingualität*. Die unterschiedlichen Ausdrucksmittel und Ausdrucksmöglichkeiten jeder Sprache zeigen die Eigenheit der Kultur auf, die sie trägt. Das Niveau interkultureller Beeinflussung wird u.a. auch durch den Entwicklungsstand der einzelnen Sprache bestimmt.

1. Es besteht ein unmittelbarer Zusammenhang zwischen Sprache und Kultur: Kulturelle Fähigkeiten, Fertigkeiten, Wertvorstellungen und Lebensweisen finden u.a. in der Sprache ihren Ausdruck.
2. Die Sprache ist ein Medium, durch das das Erfahrungsreservoir und die Errungenschaften der Menschheit an die jüngeren Generationen weitergegeben werden.
3. Die Vervollkommnung der Sprachkenntnisse stellt die Voraussetzung für eine kritische Reflexion und Analyse gesellschaftlicher Verhältnisse und Prozesse dar.
4. Der Erwerb des aktuellen Sprachstandes erleichtert das Verständnis bzw. den Erwerb der aktuellen Kultur.
5. Kulturinhalte, die auf der sprachlichen Ebene nicht reflektiert werden, verlieren ihre ursprüngliche Funktion und degenerieren zur bloßen Konvention. (Essinger & Kula, ebd., S. 48)

Heintz (1968[2], S. 86 ff.) stellt gerade bei Personen, die einen Kulturwechsel vornehmen, eine Tendenz zur stereotypen Verwendung von abstrakten Urteilen fest, die von der Reifizierung der entsprechenden Begriffe geleitet ist und oft ein schwerwiegendes Hindernis für Verständnis und Lernen darstellt. Er schreibt insbesondere der Schule die Funktion zu, den Umgang mit relativ abstrakten Bezugsrahmen zu erleichtern, indem sie eine gewisse Abstraktionsfähigkeit fördere. Hoff sieht in der *Lernkompetenz,* die kognitive, pragmatische und soziale Prozesse umfaßt, den primären Inhalt interkulturellen Lernens. Ziele des interkulturellen Lernens sind eine humanistische Grundhaltung, die Kritikfähigkeit gegenüber monokausalen Ideologien und Dogmen, klassen-, geschlechts- und ethnozentrischer wie nationalistischer Fixierung und Diskriminierung und die Fähigkeit zur Konfliktlösung mit argumentativen, gewaltfreien Mitteln. Die Gruppe, die dabei den entscheidenden, viel größeren und schwieriger zu leistenden Lernschritt zu vollziehen hat, ist die sogenannte Mehrheitsgruppe. Die von ihr geforderten Fähigkeiten sind neben Empathie Toleranz (als Akzeptanz und nicht nur Duldung des Fremden) und „Emanzipation vom Traditionalismus, von allen -ismen, von den ungerechtfertigten Hierarchien, vom Patriarchat, vom Recht behalten müssen, vom Konkurrenzkampf um seiner selbst willen" (Hoff, 1988, S. 58 f.).

Ramirez und Castaneda befürworten eine *bikognitive Entwicklung,* die mehr kulturelle Demokratie in die Erziehung bringen soll. Sie gehen von der Annahme aus, daß kulturelle Werte über Sozialisationspraktiken die kognitiven Stile der Kinder determinieren oder zumindest beeinflussen, darunter den Lernstil, den Motivationsstil und die Stile der menschlichen Beziehung und der Kommunikation. Die Autoren sehen in dem auf Witkin zurückgehenden Konzept der Feldabhängigkeit bzw. Feldunabhängigkeit als einem kulturell bedingten unterschiedlichen kognitiven Stil einen geeigneten Ansatz. Dieses Konzept integriert das intellektuelle und affektive Verhalten von Kindern und kann als Instrument dienen, ihren kulturell bedingten Unterschieden in der Schule eher gerecht zu werden. Zwei theoretische Nachteile sind nach Meinung der Autoren dabei zu überwinden. Zum einen die Annahme, daß es sich bei Feldabhängigkeit bzw. Feldunabhängigkeit um zwei dichotome Merkmale handele, die zudem über die Lebensspanne stabil bleiben. Zum zweiten sei es ein ethnozentrisches Vorurteil, in der Feldunabhängigkeit, die bei anglo-amerikanischen gegenüber etwa mexikanischen Versuchspersonen vorherrscht, das höherwertige Merkmal zu sehen. Anstatt Feldabhängigkeit als das rudimentäre Entwicklungsstadium zu betrachten, sei es angemessener, beide Merkmale als komplementär und damit gleichwertig anzusehen, analog etwa der Zwei-Hemisphären-Theorie des Gehirns. Die eigenen Untersuchungen der Autoren zeigten, daß jene bikulturellen Kinder, die den Anforderungen beider Kulturen auf effektive Weise entsprachen, sowohl Elemente des feldunabhängigen als auch des feldabhängigen kognitiven Stils aufwiesen (Ramirez & Castaneda, 1974, S. 153). Nicht nur Bi-, sondern Multikognitivität empfiehlt Ornstein (1990^2) als ein für die Erziehung nutzbar zu machendes Ergebnis der Humanwissenschaften.

5.3.2 Entwicklung von multikultureller Identität

Eine „Erosion der Identitäten" (Zahlmann, 1993) wird von Psychoanalytiker-Seite angesichts des Nationalismus in Europa festgestellt. „Subjektivität neu überdenken: Die Moderne und das Selbst" (Pries, 1993) war Thema der interdisziplinären Tagung „Philosophy and Social Sciences" in Prag, auf der u.a. festgestellt wurde, daß keine allgemeine Theorie über unser „multiples Selbst" mehr zur Verfügung steht.

Nach Brumlik (1990, S. 103 f.) wird sich die ethnisch geprägte Identität von Zuwanderern der ersten Generation erheblich von der ihrer Enkel unterscheiden. Diese ist Ergebnis von Abgrenzung und Auseinandersetzung mit der neuen Kultur und der neuen Umwelt. Entwurzelung, Entfremdung und Identitätskonflikte sind häufig Ursachen für gesundheitliche Probleme von Zuwanderern (Morten, 1988). Für die zweite Generation italienischer Jugendlichen stellt Portera einen mehr oder weniger gravierenden Bruch im Prozeß der Identitätsfindung fest. Häufig werden sie zu „Anpassungskünstlern", die zu Hause die Erwartungen ihrer Eltern zu erfüllen versuchen und sich „italienisch" verhalten, in der Schule aber versuchen, so „deutsch" wie möglich zu sein.

5. Psychologische Grundlagen von Universalität und Multikulturalität

> Darüber hinaus treten bei diesen Jugendlichen die ungünstigen psychosozialen Bedingungen, die prekäre ökonomische Situation, die fehlenden politischen Rechte und die Stigmatisierungen, der ausländische Familien in der Bundesrepublik ausgesetzt werden, zweifellos als zusätzlich gravierende Hindernisse bei ihrem Prozeß der Identitätsfindung auf.
> Diese nahezu unlösbaren Konflikte führen bei den Jugendlichen der zweiten Generation ausweglos zu starken Identitätskrisen und Identitätsdiffusionen, die sich nicht selten in psychischen und psychosomatischen Beschwerden äußern. (Portera, 1989, S. 28)

Für Zimmer (1986, S. 228) gibt es historisch und international Beispiele dafür, daß nach der verunsicherten ersten Generation von Zuwanderern die zweite Generation zu (Über-)Anpassung an die Maßstäbe des Aufnahmelandes und erst die dritte Generation sich bewußt auf eigene ethnische Werte besinnt und für ihre Erhaltung eintritt. Ob diese Besinnung auf eigene ethnische Werte die Form einer trotzigen Ethnizität annimmt, oder ob sie Teil einer multikulturellen Identität werden kann, wird in hohem Maße von den gesellschaftlichen Rahmenbedingungen abhängen, die diese Generation in dem Aufnahmeland vorfindet, in das sie bereits hineingeboren wurde. Öktem und Öktem (1985, S. 94) sehen bei den Zuwandererkindern eine Entwicklung zur internationalen Solidarität als kaum mehr möglich, wenn durch eine Abwertung der Muttersprache als einziges intragruppales Kommunikationsmittel bereits die Solidarität in der Primärgruppe gestört ist.

Esser und Friedrichs bzw. Hill und Schnell versuchen, den Identitätswandel bei Zuwanderern auf handlungstheoretischer Basis zu erklären. Die bekannte „zweifelhafte Loyalität des Fremden" (Schütz) oder die Wirkung des „Einreisealters" als Hemmnis für den Wandel von Identitäten erklären Esser und Friedrichs (1990, S. 14 ff.) anhand der drei verschiedenen Ebenen des Begriffs der „Identität": Während der primären Sozialisation wird *soziale Identität* aufgrund der Identifikationen mit den grundlegenden sozialen, kulturellen und religiösen Orientierungen aufgebaut. Geschlechtsrolle, grobe Zuordnungen von *ingroup* und *outgroup* (Familie, soziale Schicht, Religion), später auch von ethnischer Zugehörigkeit und Nationalität sind (noch) unreflektierte Orientierungen, die einen Teil der „mechanischen Solidarität" des Gruppenzusammenhalts begründen.

> Auf Änderungen in der Umgebung, z.B. durch berufliche Mobilität, Emigration. Statuswechsel, kann (ohne weitere personale Fähigkeiten) nur durch Rückgriffe auf die ursprüngliche Identität, durch Aufsuchen identitätsstützender Umgebungen (z.B. in ethnischen Kolonien), durch Versuche zur Durchsetzung der eigenen sozialen Identität oder aber durch Überanpassung an die neue Umgebung reagiert werden. Das Ergebnis der „Krise" ist − so die verbreitete Hypothese − entweder eine Regression, die Aufgabe der Orientierung oder eine neue personale Identität. (Esser & Friedrichs, ebd., S. 15)

Auf der sozialen Identität baut sich unter gewissen Bedingungen bereits im Verlauf der kindlichen Sozialisation eine besondere *personale Identität* (*sensu* Goffman als spezielle Definition und Bewertung individueller Besonderheiten bei der Mitgliedschaftsdefinition) auf. Das Lernen einer erfolgreichen Bewältigung von Krisen führt zu einer Anreicherung der Persönlichkeitsstruktur mit erfolgversprechenden Handlungsrezepten und einer individuell einzigartigen Wissensstruktur.

> Die wichtigsten Bedingungen für die Entwicklung einer derartigen personalen Identität sind die soziale Möglichkeit für eine individuelle Biographie und ein individuelles Mitgliedschaftsprofil, ohne daß diese individuellen Abweichungen negativ sanktioniert würden. Funktionale Differenzierung, Arbeitsteiligkeit oder gesellschaftlich tolerierte Statusinkonsistenz können derartige Voraussetzungen sein. Die Sozialisation in städtischen Kontexten und „modernen" Gesellschaften erzeugt regelmäßig derartig differenzierte personale Identitäten. Sie bauen zwar immer auf den sozialen Zugehörigkeiten auf, ermöglichen aber bereits eine gewisse – wenngleich meist noch unreflektierte – Distanz zur sozialen Identität. (Esser & Friedrichs, ebd., S. 15)

Die im Anschluß an die Sozialisations- und Handlungstheorie von Mead konzipierte *Ich-Identität* ist schließlich eine Art von generalisiertem Wissen („Vertrauen") davon, in der Lage zu sein, völlig neue Problemsituationen, auch unter der Entwicklung neuer Lösungsrezepte, zu meistern.

> Ich-Identität kann sich entsprechend auch erst auf der Grundlage einer gewissen personalen Identität entwickeln. Man vermutet, Ich-Identität bilde sich als Folge von Reifungskrisen im Sozialisationsvorgang in Form eines kumulativen Lernprozesses heraus: Aus der erfolgreich bewältigten Bedrohung einer jeweils aktuellen Identität der Person dergestalt, daß unter Aufhebung und Erhalt der bisherigen Identitäten auch die neuen Bedingungen verarbeitet werden. So entsteht ein komplexes, differenziertes und strukturiertes Repertoire an Reaktionsmöglichkeiten und Kompetenzen, das es erlaubt, Rollenambivalenzen bewußt zu ertragen und verinnerlichte Normen und Identifizierungen auch in völlig neuen Situationen flexibel anzuwenden – und diese Normen und Identifizierungen auch ggf. zu ändern bzw. strategisch zu handhaben. (Esser & Friedrichs, ebd., S. 16)

Soziale, personale und Ich-Identität werden so als ein Bündel von Wissens- und Wertorientierungen gesehen, die über Lernprozesse erworben werden und deren Erhalt bzw. Wandel von bestimmten situationalen Bedingungen abhängt. Die Aneignung etwa einer „neuen" ethnischen Identität wird nur dann möglich, wenn ein Zugang zu entsprechenden Umgebungsbedingungen und keine ähnlich attraktiven alternativen Opportunitäten vorliegen. Die „neue" Umgebung wiederum wird durch die bisherige Lernbiographie „gebrochen" und modifiziert. Generationszugehörigkeit und die Grob-Kategorie „Nationalität" repräsentieren in diesem Kontext Teilpopulationen mit typisch unterschiedlichen Lernbiographien und damit unterschiedlichen sozialen Identitäten. Die handlungstheoretische Spezifizierung des Identitätskonzeptes gründen Hill und Schnell (1990, S. 35) auf die Wert-Erwartungs-Theorie. Verhalten wird hier als Ergebnis einer nach Nutzen-Kosten-Erwägungen erfolgten Entscheidung zwischen Handlungsalternativen betrachtet. Situationale Umstände (wie etwa Schichtlagen, Geschlechtsrollenerwartungen) gehen als Randbedingungen in die individuellen Handlungskalküle ein. Vorstellbare Handlungsalternativen werden gesellschaftlich vermittelt, das Handeln selbst — lerntheoretisch — durch die Belohnungswahrscheinlichkeit der sozialen Umwelt gesteuert. Unter den Rahmenbedingungen zunehmender gesellschaftlicher Differenzierung variieren die mit unterschiedlichen „Lebenslagen" verknüpften Belohnungsmuster genügend, um höchst individuelle — aber dennoch typisierte — Reaktionsmuster zu produzieren. Sobald die organische Entwicklung des Individuums abstraktere Denkvorgänge ermöglicht, beginnt es mit der Kategorisierung eigener und fremder Reaktionsmuster als „Identitäten". Das Bewußtsein der Differenz zwischen eigenen und fremden Reaktionsmustern erfolgt hierbei als Reaktion auf die erfahrenen Widerstände der Außenwelt den eigenen Zielen gegenüber. Die wiederholte Beobachtung eigener Reaktionsmuster führt zur Ausbildung von Hypothesen über das Selbst.

> Die Reflexion über eigene Reaktionsmuster muß nicht zwangsläufig als bewußter Denkakt erfolgen. Im Gegenteil: Bewußte Prozesse sind hierbei nur in besonders kritischen Situationen zu erwarten, bei denen u.a. genügend Zeit zur Kalkulation neuer Handlungsvektoren bleibt. Nur falls durch den Wechsel der sozialen Umwelt, z.B. bei Migration, sozialer [sic] Aufstieg oder durch Veränderung physischer Randbedingungen wie körperlichen Veränderungen durch Krankheit oder Unfall, Katastrophen ein großer Teil der bisherigen als „Selbst" erlebten Reaktionsmuster unanwendbar erscheinen, erfolgt ein bewußter, „reflexiver" Denkakt: Zunächst als problemlösendes Denken zur Entwicklung „neuer" Handlungsvektoren, dann aber auch zur Legitimation der neuen Handlungsvektoren im Lichte der „alten" Maßstäbe. Die Situationsanmutungen können allerdings immer auch eine Stärke erreichen, die den Austausch kompletter (sanktionierender) Netzwerke oder kompletter Wertsysteme (oder Ideologien) erfordert. (Hill & Schnell, ebd., S. 40)

Nach diesem handlungstheoretischen Ansatz ist das „Problem" situationsabhängiger „multipler Identitäten" kein Problem: Situationsabhängig ist *per definitionem* die Auswahl der Handlungsvektoren, was dann stark übertrieben als „multiple Identität" bezeichnet werde. Nur falls diese Auswahl bewußt zwischen als unvereinbar angesehenen Reaktionsmustern erfolgt, kann ein kognitives Problem entstehen, das — ein Konsistenzbedürfnis als gegeben vorausgesetzt — mit den üblichen Rationalisierungsmechanismen (Verdrängen, Uminterpretieren, Bekehrungserlebnisse) angegangen werden kann (Hill & Schnell, ebd., S. 40, Fußn. 3). Die Entwicklung eines konsistenten Hypothesensystems über die eigenen Reaktionsschemata kann nach Ansicht der Autoren schon als „Identitätsbewußtsein" aufgefaßt werden. Allein durch das Erleben der zeitlichen Kontinuität der eigenen Person trotz wechselnder Interpretationen, durch das Erleben von Krisen und von Nichtanwendbarkeit bewährter Reaktionsmuster kann sich ein Identitätsbewußtsein ausbilden. Solange die eigenen Reaktionsmuster stets erfolgreich bleiben, gibt es keinen Grund für einen reflexiven Akt. Daß sich diese Krisen der nicht mehr anwendbaren Handlungsvektoren in einer hochdifferenzierten Industriegesellschaft öfter ereignen (dies bereits aufgrund der weit höheren Lebenserwartung), ist nach Ansicht der Autoren Ursache für die zunehmende Reflexion von Identitätsproblemen, insbesondere bei jenen Personen, die von unmittelbaren ökonomischen Zwängen der Lebensführung befreit sind (Hill & Schnell, ebd., S. 41 f.).

Ethnische Selbstvergewisserung widerspricht keineswegs dem Pluralismus der Moderne, deren Kinder die ethnischen Selbstidentifikationsfolien sind und damit auch die ethnischen Konflikte. Denn Nationalbewußtsein und Ethnizität als wesentliche Kategorien kollektiver Identifikation sind genuin moderne Erscheinungen, also mit jener funktionalen gesellschaftlichen Differenzierung verknüpft, die den religiös codierten Schichtindex der traditionalen kollektiven Identitäten ablöste (Nassehi, 1991). Nach von Bredow (1991, S. 673) stehen sich in der Frage nach der Rolle von Nation und Nationalstaat im internationalen System der Gegenwart zwei Denkschulen gegenüber: Die eine betrachtet angesichts internationaler und transnationaler Beziehungen den westeuropäischen Nationalstaat als überholt. Die Gegenposition unterstreicht die politische Erfolglosigkeit von Ordnungsstrukturen, die nationale Bezüge unberücksichtigt läßt. Eine über die nationale hinausgreifende kollektive Identität, die auf Dauer hält, scheine nicht ausmachbar zu sein. Wenn allerdings Turbulenz (d.h. Ungeordnetheit und die „neue Unübersichtlichkeit") das entscheidende Merkmale des internationalen Systems der Gegenwart sind, dann ist die Suche nach einer transnationalen, multikulturellen Identität ihre logische Folge.

Für den einzelnen gibt es immer einen Spielraum persönlicher Gestaltung dessen, was für ihn „Volk" und damit nationale oder kulturelle Identität ist (Hoffmann, 1991, S. 202 ff.). Dazu gehört auch die Kombination verschiedener Volkszugehörigkeiten als „Bindestrich-Identität", die es ermöglichen sollten, die ethnische Einheit nicht mehr als Herausforderung und Irritation des Univeralismus zu betrachten, sondern in ein differenzierteres Konzept des Universalismus zu integrieren.

Nach dem Lehrwert der nordamerikanischen Multikulturalität für die Situation in Europa fragt Katz. Ob Amerikaner selbst die Identitätsüberwindung in eine neue, übernationale und globale Identität bewältigen können, erscheint vor der Perspektive einer ungewissen Wirtschaft, Regierung und Kultur zweifelhaft. Dennoch sind für Katz

> die transzendentalen Werte, die sich aus der Idee einer gemeinsamen europäischen Zivilisation ableiten – der gesamte Komplex westlicher humanistischer Werte von den alten Griechen bis in die Gegenwart – in sich selbst hinreichend, um jeglichen europäischen und westlichen Chauvinismus zu kritisieren, um den europäischen Kontinent für die Nationen und Völker des Südens und Ostens zu öffnen und den europäischen wie auch den amerikanischen Gedanken um den einer kosmopolitischen Existenz als Weltbürger zu erweitern. (Katz, 1992, S. 25)

Smith (1990) sieht in der Geschichtslosigkeit das Hauptproblem der Herausbildung einer globalen Identität. Das Konzept der kulturellen Identität bein-

5. Psychologische Grundlagen von Universalität und Multikulturalität

haltet für ihn drei Komponenten gemeinsamer Erfahrung: Den Eindruck von Kontinuität in den Erfahrungen von einander nachfolgenden Generationen einer Bevölkerungseinheit; gemeinsame Erinnerungen an spezifische Ereignisse und Persönlichkeiten, die Wendepunkte einer kollektiven Geschichte waren, und den Eindruck des gemeinsamen Schicksals bei jenem Teil des Kollektivs, der diese Erfahrungen teilt. Nationen lassen sich auf diese Weise als historische Identitäten verstehen, während sich eine globale und kosmopolitische Kultur nicht auf eine solche historische Identität beziehen könne.

Die Vorstellung multipler Identitäten ist jedoch wesentlich für ein Verständnis von ethnischer Identität als sozialer Prozeß (Khan et al., 1983, S. 100). Ethnische Identität ist danach nichts Fixiertes, Einheitliches oder Homogenes; ihre verschiedenen Komponenten verändern sich über historische Zeit und situationalen Wandel hinweg und berühren sowohl individuelle als auch Gruppenprozesse. Ethnische Identität ist nur eine von vielen Identitätsoptionen, weil jede Person mehr als eine Antwort hat auf die Frage: Wer bin ich? (Wallman, 1983, S. 69) Weil Identität durch andere Dinge strukturiert wird bzw. von ihnen abhängt, kann die Bedeutung der Ethnizität für die indivivuelle oder Gruppen-Identität nicht fixiert sein. Für Pradelles de Latour (1983, S. 79) implizieren die multiplen Optionen ein *komplexes Netzwerk von Identitäten,* das auf so unterschiedlichen Zugehörigkeiten wie Nation, Region, sozioökonomischer Schicht und Sprachgruppe sowie Verwandtschaft basiert.

Multiple Identität besitzt eine vertikale und eine horizontale Struktur, resultierend aus drei interagierenden Basisprozessen der Identifikation (Graumann, 1983). Die *Identifizierung unserer Umgebung,* mit der wir versuchen, unsere Welt zu verstehen, geschieht bereits zu einem sehr frühen Stadium des Heranwachsens. Mit dem zweiten Identifikationprozeß werden wir selbst *durch unsere soziale Umgebung identifiziert.* Mit den Erwartungen und Zuschreibungen durch andere werden wir nach diversen Rollen kategorisiert, die uns durch Attributionen verpflichten. Der dritte Basisprozeß der Identifikation betrifft die *Identifizierung mit der eigenen Umwelt.* Neben der Identifikation der anderen als Verwandte(r), Freund(in) etc. erwarte ich selbst ihre Anerkennung als Verwandte(r), Freund(in) etc. und identifiziere mich im eigentlichen Wortsinn mit Personen, die ich als Modell betrachte. Innerhalb des ersten Identifikationsprozesses (Identifizierung der Umwelt) ist das Subjekt nicht notwendigerweise ein Individuum, während der dritte Identifikationsprozeß (Identifizierung mit der Umwelt) das am stärksten individualistische Verhaltensmuster und damit die individuelle Form der Identität zu begründen scheint. Der Prozeß der Identifizierung durch die Umwelt begründet die soziale, kollektive oder Gruppen-Identität (Graumann, ebd., S. 309 ff.).

Diese Sicht der Entwicklung von Identität könnte eine Abfolge von Vorkonventionalität, Konventionalität und Postkonventionalität nahelegen, wie sie Kohlberg für die Stufen der Moralentwicklung entworfen hat. Wegen der

Interaktionalität und prinzipiellen Offenheit der fortlaufenden Konstruktion der eigenen Selbst-Identität als Sozialisation bleibt Identität jedoch immer nur der Versuch einer *unitas multiplex*. Diese Einheit in der Vielheit beschreibt am besten die soziale Identität einer Person, wenn man berücksichtigt, daß ein und dasselbe Subjekt auf verschiedene und konflikthafte Weise identifiziert sein kann und doch ein einzelner sozialer Akteur bleibt, der sich selbst wiederum mit verschiedenen Personen und Objekten identifiziert. Dabei ist die Einheit einer Person nichts Naturgegebenes, sondern muß psychologisch durch Identifikationen erlangt und als Identität aufrechterhalten werden in einem kontinuierlichen und oft konflikthaften Sozialisationsprozeß.

Die horizontale Struktur der multiplen Identität, d.h. die soziale Identität, besteht überwiegend aus situationsspezifischen Erwartungen der nationalen, regionalen, beruflichen oder politischen Identität. Innerhalb Tajfels Theorie der sozialen Identität (Hogg & Abrams, 1988, S. 24 f.) werden personale Identifikationen in der Regel weniger als Rollen, sondern als Beziehungen zu bestimmten Personen oder Objekten konzipiert. Soziale und personale Identität als *unitas multiplex* genommen, ergibt sich die Frage, ob mit der so konzipierten multiplen Identität bereits die Struktur einer multikulturellen oder gar globalen Identität (Thomas, 1992, S. 317) beschrieben werden kann.

Die neuen Bindungsformen in einer offenen, pluralistischen Gesellschaft machen „Mehrfachloyalität" (Gehmacher, 1988) erforderlich, d.h. über eine Diversifizierung von „Salienzen" je nach situativem Kontext wird soziale Identität umgestaltet, flexibilisiert und erweitert. Die Fähigkeit zur Mehrfachloyalität macht den notwendigen Pluralismus an Subkulturen in der modernen Gesellschaft erträglich.

> Ohne diese Fähigkeit geht die pluralistische Gesellschaft in inneren Konflikten („Klassenkampf", Kulturmuster) und Brutalisierung („Rassismus", „Antisemitismus", „Ethnozentrismus") zugrunde. Mehrfachloyalität erlaubt es, gleichzeitig der eigenen Klasse wie dem Staat, der eigenen ethnischen Minderheit wie der Nation, der eigenen Religion wie der Humanität treu und verbunden zu sein. Und darüber hinaus ermöglicht Mehrfachloyalität einzelnen Menschen sogar, in zwei konkurrierenden, ja sogar „verfeindeten" Gruppen integriert zu sein. Ein „aufgestiegenes" Arbeiterkind kann gleichzeitig der Machtelite und der Arbeiterklasse verbunden sein, ein „Aussteiger" aus dem Bildungsbürgertum mag traditionelle Kulturmuster, etwa im Kunstgenuß, mit einer grün-alternativen Subkultur, etwa in der Alltagskultur und in der Urlaubsgestaltung, bruchlos verbinden. (Gehmacher, ebd., S. 34)

Aus der internationalen Verflechtung in allen Bereichen des öffentlichen Lebens (Politik, Wirtschaft, Kultur etc.) und zum Teil auch des privaten Lebens (Arbeit und Freizeit im Ausland, gemischtkulturelle Ehen und Freundschaften etc.) ergibt sich die Forderung nach einer „multikulturellen Identität", „globalen Identität" oder „*world identity*" (Thomas, 1992,

5. Psychologische Grundlagen von Universalität und Multikulturalität

S. 317 ff.). Thomas referiert Bochners (1982) vier Typen des Wandels kultureller Identität, für die es teilweise empirisches Belegmaterial gibt. In der interkulturellen Begegnung, aber auch im Zusammenhang mit interkulturellem Lernen und dem Bemühen um interkulturelles Verstehen kommt es zu Veränderungen der sozialen und kulturellen Identität, die verschiedene Formen annehmen können:

1. Der Assimilationstyp: Personen dieses Typs lehnen die eigene Heimatkultur radikal ab und übernehmen problemlos die Werte und Normen der Fremdkultur. Es kommt allmählich zum Verlust der eigenen kulturellen Identität. Die Anpassungstendenzen an die fremde Kultur werden verstärkt, was zunächst zu interkulturellen Konflikten führen kann, aber im weiteren Verlauf auch die Ausbildung einer neuen kulturellen Identität ermöglicht.
2. Der Kontrasttyp: Dem Handelnden werden die Unterschiede zwischen der eigenen und der fremden Kultur deutlich bewußt. Er lehnt die Gastkultur radikal ab und betont vor dem Hintergrund der fremdkulturellen Erfahrungen den Wert der eigenen Kultur. Die Folgen zeigen sich in einer Verstärkung ethnozentristischer Tendenzen bis hin zum Chauvinismus.
3. Der Grenztyp: Der Handelnde erfährt beide Kulturen als Träger bedeutungsvoller Werte und Normen. Da diese aber für ihn inkompatibel sind und ihm keine Integration gelingt, schwankt er unentschlossen zwischen beiden Kulturen. Dies kann einen belastenden Identitätskonflikt zur Folge haben, aber auch in innere Reformbestrebungen und Bemühungen um sozialen Wandel einmünden.
4. Der Synthesetyp: In diesem Fall gelingt es, die bedeutsamen Elemente beider Kulturen so zu einer „neuen Ganzheit" zu verschmelzen, daß sie zu einer Bereicherung der eigenen Persönlichkeit werden. Für die Gesellschaft erwachsen daraus Chancen zur interkulturellen Verständigung und zur Entwicklung einer multi-kulturellen Identität oder kulturellen Universalität. Bei diesem Typ gelingt es wohl noch am ehesten, so etwas wie eine „World identity" aufzubauen, indem es zu einer subjektiven Identifikation mit Werten und Normen kommt, die nicht mehr nur einer Kultur alleine eigen sind, sondern Orientierungsmerkmale mehrerer Kultur darstellen. Nach Furnham und Bochner (1986) gelingt nur dem Synthesetyp eine wirklich konstruktive Lösung des durch fremdkulturelle Einflüsse erzwungenen Wandels der kulturellen Identität. (Thomas, ebd., S. 326 f.)

Bochners Typologie liegt ein Persönlichkeitsmodell zugrunde, nach dem das Individuum im Kontakt mit Personen zunächst der eigenkulturellen, dann der fremdkulturellen Umwelt Einstellungen, Wertungsmuster und Verhaltensweisen entwickelt, die einem der vier Typen zuzuordnen sind. Für Thomas bleibt jedoch fraglich, ob im Verlauf des Akkulturationsprozesses nicht verschiedene Reaktionstypen durchlaufen werden und ob nicht sogar verschiedene Typen nebeneinander existieren können. „So läßt sich beobachten, daß z.B. im Bereich des beruflichen Lernens bei Praktikanten und Studenten aus Ländern der Dritten Welt Reaktionen des Assimilationstyps vorherrschen, wohingegen im sozialen Handlungsfeld oder in der Bewältigung des

Alltagslebens Reaktionsformen des Kontrast- oder Grenztyps überwiegen."
(Thomas, ebd., S. 327)

Useem und Useem (1967) haben in ihren umfassenden Untersuchungen von US-Amerikanern in Indien eine binationale dritte Kultur gefunden. Die Vermittlung zwischen US-amerikanischer und indischer Kultur ließ sich den Ebenen des Miteinander-Auskommens, des tieferen gegenseitigen Verständnisses und der umfassenderen Gemeinschaft der Menschheit zuordnen. Adler (1977; n. Thomas, 1992) sieht die multikulturelle Persönlichkeit geprägt durch eine hohe soziale und kulturelle Anpassungsfähigkeit und einen flexiblen Umgang mit interpersonalen Beziehungen. Sie ist in der Lage, sich den jeweiligen kulturüblichen Verhaltensregeln anzupassen, ohne dabei in einen persönlichen Konflikt zu geraten. Da sie sozusagen mit verschiedenen Maßstäben mißt, ist sie in der Lage, sowohl die kulturspezifischen Elemente als auch die den Kulturen zugrundeliegenden Gemeinsamkeiten zu erkennen. Sie entwickelt einen Blick für übergeordnete, einheitliche, für alle bzw. viele Kulturen bedeutsame Orientierungsmaßstäbe und ist dabei noch in der Lage, die kulturspezifischen Besonderheiten zu würdigen.

Nach Thomas (1992, S. 329) sehen die Verfechter des Konzeptes der multikulturellen Persönlichkeit in der multikulturellen Identität ein die eigene Gruppe und Kultur transzendierendes Konstrukt, das ein effektives Funktionieren in jeder Kultur erlaubt, ohne an eine spezifische Kultur gebunden zu sein. Diese überkulturelle Identität, die sich praktisch aus vielen Einzelteilen verschiedener Kulturen zusammensetzt, werfe jedoch aus psychologischer Sicht die Frage auf, ob eine solche Person, falls es ihr gelingt, diese Fähigkeiten und Leistungen zu erbringen, überhaupt lebensfähig ist. Denn nach den Ergebnissen der sozialpsychologischen Forschung insbesondere der letzten Jahrzehnte erfolge die Entwicklung des Selbst und der Aufbau einer persönlichen, sozialen und kulturellen Identität nicht in Isolation, sondern durch kontinuierliche Interaktion mit anderen Personen. Ein weiterer Einwand gegen das Konstrukt der multikulturellen Identität ergebe sich aus der Intergruppentheorie von Tajfel, nach der die fundamentale Überbewertung der Eigengruppe im Vergleich zur Abwertung der Fremdgruppe eine bedeutsame Orientierungsfunktion im Verhältnis von Individuum zur Gruppe und in den Intergruppenbeziehungen erfüllt. Insbesondere bestehen Unklarheiten hinsichtlich der von einer multikulturellen Persönlichkeit vertretenen Werte, Normen und der für die Eigen- und Fremdbeurteilung wichtigen Bezugsmaßstäbe.

> Handelt es sich dabei um eine Art „synthetische" Kultur, die aus einem Mosaik unterschiedlicher Teilaspekte verschiedener Kulturen zusammengesetzt ist und damit individualistischer Willkür unterliegt, oder handelt es sich möglicherweise um eine im Kern der westlichen Kultur verpflichteten Identität (mit kulturspezifischen Komponenten wie Individualität, Rationalität, Kausalität, Effektivität usw.), die lediglich um eine nicht näher definierte, multikulturelle Dimension angereichert ist. Es ist auch zu fragen, ob eine

5. Psychologische Grundlagen von Universalität und Multikulturalität 149

multikulturelle Persönlichkeit, die sich keiner spezifischen Kultur verpflichtet fühlt, aber von sich überzeugt ist, in allen Kulturen beheimatet zu sein, tatsächlich einen produktiven Beitrag im Gefüge existenter kultureller Vielfalt leisten kann. (Thomas, ebd., S. 330)

Dem Autor erscheint es daher interessanter und vielversprechender, anstatt ein diffuses Konzept der multikulturellen Persönlichkeit zu verfolgen, ein Modell der reflektierten eigenkulturellen Identität in Verbindung mit interkultureller Handlungskompetenz zu entwickeln.

Unter einer Perspektive, die nicht − wie Thomas (1992) − „überkulturelle" mit einer „multikulturellen" Identität konfundiert, sind allerdings, so Habermas im Anschluß an Mead, universalistische Handlungsorientierungen denkbar, die über alle bestehenden Konventionen hinausgreifen und einen Abstand von sozialen Rollen ermöglichen, die Herkunft und Charakter formen. Die Mitglieder einer idealen Kommunikationsgemeinschaft würden auf eine Weise sozialisiert, daß sie eine Identität erwerben, die zwei komplementäre Aspekte hat: den der Verallgemeinerung und den der Besonderung.

Einerseits lernen diese unter idealisierten Bedingungen aufwachsenden Personen, sich innerhalb eines universalistischen Bezugsrahmens zu orientieren, d.h. autonom zu handeln; andererseits lernen sie, ihre Autonomie, die sie mit allen übrigen moralisch handelnden Subjekten gleichmacht, einzusetzen, um sich in ihrer Subjektivität und Einzigartigkeit zu entfalten. Beides, Autonomie und Kraft zu spontaner Selbstverwirklichung, schreibt Mead jeder Person zu, die sich in der revolutionären Rolle eines Teilnehmers am universellen Diskurs von den Fesseln eingewöhnter, konkreter Lebensverhältnisse löst. Die Zugehörigkeit zur idealen Kommunikationsgemeinschaft ist, in Hegels Worten, konstitutiv für beides: Für das Ich als Allgemeines und das Ich als Einzelnes. (Habermas, 1981, Bd. II, S. 148)

Selbstbestimmung und Selbstverwirklichung sind die beiden Aspekte der Ich-Identität, die implizit auf Strukturen der idealen Kommunikationsgemeinschaft Bezug nehmen. So kann in extremen Fällen eine Person in ihrer Selbstbestimmung ihre Selbstachtung nur wahren, wenn sie dem moralischen Urteil aller Zeitgenossen entgegenhandelt und eine höhere, bessere Gemeinschaft in Ansatz bringt, die in gewissem Sinn die vorgefundene überstimmt.[20] Selbstverwirklichung andererseits orientiert sich für Mead an einem Ideal zwanglosen Umgangs, in dem die Selbstverwirklichung der einen Seite nicht mit der Kränkung der anderen erkauft werden muß.

---

[20] Dies tun derzeit christliche Gemeinden, die von Ausweisung bedrohten Flüchtlingen Kirchenasyl gewähren in einer „Pflicht zum Ungehorsam" gegenüber einer menschenverachtenden Asylpolitik.

5.3.3 Das multiple Selbst

Die „Konstruktion des Selbst im Zeitalter der Postmoderne", d.h. die Konstruktion eines *multiplen Selbst* im postmodernen Bewußtsein vom Verlust der objektiven Wahrheit, ist ein Anliegen Gergens. Die Auffassung vom Selbst als soziale Konstruktion und die neuen Fragen komplexer und weltweiter Interdependenzen mit ihren Gefahren gegenseitiger Zerstörung müssen ein neues Verständnis des Selbst eröffnen.

> In der neu entstehenden Begriffswelt wird das Selbst als Substanz durch das Selbst als Konstruktion ersetzt, ein Produkt der Gesellschaft, bar jeglicher Eigenständigkeit und Unabhängigkeit. Hand in Hand mit dieser Transformation verändert sich auch unser Alltagsleben auf unmerkliche, aber entscheidende Weise. Viele Leute werden diese Veränderung alarmierend finden: Wie können wir weiterhin an unserer überlieferten Begriffswelt festhalten, die uns doch so kostbar ist? Für andere wiederum ist der neue Diskurs geradezu befreiend: vielleicht bietet er die Möglichkeit weltumspannender Gemeinschaft. (Gergen, 1990, S. 192)

Gergens Argument lautet, daß unser technologisches Zeitalter eine Entwicklung zu einem extremen Perspektivismus in Gang setzt. Eben diese Vielfalt der Perspektiven sei es, die die Grundlage für die sogenannte postmoderne Wende − auch in der Psychologie − bildet. Die romantische Auffassung vom Selbst als einer tiefen, geheimnisvollen und irrationalen Innenwelt wurde durch die modernistische Auffassung vom Menschen als Maschine abgelöst. Das „Selbst als Konstruktion der Gesellschaft" wird auch diese in der Psychologie weitgehend vorherrschende Position untergraben. Unter dem Schlagwort der Postmoderne sind nach Gergen einige Aspekte eines grundlegenden kulturellen Wandels beachtenswert. Die jahrhundertelange westliche Suche nach dem Wesentlichen, Grundlegenden, Elementaren, die verläßliche und objektive Antworten auf die vielen Ungeklärtheiten des Lebens geben sollte, ist an ihrem Ende angelangt. Zudem bewegen wir uns auf einen Zustand der sozialen Sättigung hin. Dieser Prozeß ist durch die immer häufigeren Konfrontationen der Menschen miteinander gekennzeichnet, durch die Anzahl der Menschen, zu denen eine Beziehung bestehen kann, durch die Zeit, die für direkte oder indirekte soziale Aktivitäten aufgewendet wird, und durch die räumliche Entfernung der Kontakte. Nach Gergens Auffassung ist eine unmittelbare Auswirkung dieser sozialen Sättigung eine Art Besetzung des Selbst.

> In dem Maße, wie wir mit anderen Menschen konfrontiert werden, lernen wir auch ihre Einstellungen, Wertvorstellungen, Ideologien und ihre Lebensweise kennen. Wir werden hierdurch in die Lage versetzt, die Welt mit ihren Augen zu sehen. Mit zunehmendem sozialen Kontakt nehmen wir die anderen sozusagen in uns auf: wir nehmen einzelne Abschnitte und Teile ihres Lebens mit uns mit. Tatsächlich werden wir in zunehmendem Maße mit anderen Menschen „besetzt". Jeder von uns wird zunehmend eine bunte Mischung von Potentialen, wobei jedes Potential eine oder mehrere der Beziehungen, in die wir uns einlassen, darstellt. Zur Verdeutlichung: nach

einem ernsthaften Gedankenaustausch mit einem Kommunisten in Bologna erscheint eine bestimmte Form des Kommunismus durchaus plausibel; nach einem exquisiten Abendessen mit einem Pariser büßt die enthaltsam-gesunde Lebens- und Ernährungsweise enorm an Anziehungskraft ein; lernt man die Lebenswelt der Japaner kennen, wird das Ideal von individueller Leistung fraglich. (Gergen, ebd., S. 195)

So wie wir in zunehmendem Maße mit anderen „besetzt" sind, ergibt sich für uns verstärkt die Möglichkeit (und Notwendigkeit) einer Selbstreflexion. Daß der postmoderne Mensch viele Meinungen, Standpunkte und Wertvorstellungen in sich vereinigt, hat für Gergen u.a. die Konsequenz, daß die moderne Idee der objektiven Wahrheit durch den Konsens als Wahrheitskriterium abgelöst wird. Und Selbstverständnis wird zur Selbstkonstruktion, weil wir die Möglichkeit so vieler konkurrierender Perspektiven in uns tragen. Die Persönlichkeit ist nicht mehr unabhängiges, in sich ruhendes Individuum. Das Selbst ist nunmehr nichts als ein Knotenpunkt in der Verkettung von Beziehungen. Unter dieser Perspektive sind Gefühle (erst recht wohl Gedanken) nicht mehr ein Teil des Menschen, sondern Komponenten, die aus der Beziehung zu anderen entstehen. Mit zunehmender sozialer Sättigung und zunehmender Besetzung des einzelnen durch andere besteht die Chance, uns als pan-kulturelle Mitglieder einer Weltgesellschaft zu betrachten, die über Raum und Zeit hinweg miteinander in Beziehung stehen.

Vielleicht steckt ja in der Betrachtungsweise des Selbst als Beziehung die Chance für eine neue weltweite Harmonie. Wenn wir vollständig voneinander „bevölkert" sind, wenn mein Dasein gleichzeitig dein Dasein ist, wie können wir dann anderen etwas antun, ohne damit uns selbst etwas anzutun? Genau diese Entwicklung auf eine weltweite Interdependenz hin ist es, die ich als den besten Effekt der postmodernen Wende ansehe. Es ist eine Entwicklung, zu der eine verantwortungsbewußte Psychologie viel beizutragen haben müßte. (Gergen, ebd., S. 198)

Gergens Plädoyer für ein multiples Selbst ist nicht unwidersprochen geblieben. Ash (1990, S. 202) sieht in einer Weltgemeinschaft auf der Grundlage der Kommunikation die Gefahr, daß Divergenzen ausgeklammert oder übersehen statt respektiert und ernstgenommen werden. Wirkliches Bezogensein und Dialog setzen Anerkennung des Andersseins voraus, eine Erfahrung, die gerade Migranten aus der „Dritten Welt" kaum machen. Luckmann (1990, S. 204) sieht u.a. die These von der sozialen Sättigung nicht ausreichend belegt. Für Bruner (1990, S. 207) ist die Vorstellung, durch andere völlig „besetzt" zu sein und damit eine neue Basis für Mitgefühl zu haben, nicht ohne Risiko. Beunruhigend sei die Beobachtung, daß *multiple personality disorders* gerade in den USA in letzter Zeit stark zunehmen. Er stellt fest, daß es uns bisher noch nicht gelungen sei, unser neuerlich „besetztes" Selbst zusammenzuhalten und die klassische *unitas multiplex* zu erlangen. Immerhin sei die Herausforderung jetzt erkannt und Gergens Versuch ein gutes Beispiel dafür, wie Psychologie betrieben werden sollte: sensibel gegenüber sozialen, politischen und philosophischen Problemen.

„Die Geschlossenheit psychologischer Systeme wird durch die Fixierung von Menschenbildern erzeugt, welche die Systeme zugleich definieren." (Jüttemann, 1991, S. 341) Die im 20. Jahrhundert konsequent verwirklichte Idee einer „Psychologie ohne Seele" (und ohne Bewußtsein, s. 5.5.1) läßt die Vermutung zu, „daß es gegenwärtig eher angemessen ist, von der Vorgeschichte als von der Geschichte *der* wissenschaftlichen Psychologie zu sprechen" (Jüttemann, ebd., S. 355).

Die Seele, das essentielle Selbst, ist die einheitsstiftende Entität innerhalb der *unitas multiplex*. Im Bereich des Kognitiven und Motivationalen befindet sich alles ständig in Fluktuation. Das einzige Dauerhafte ist die Seele, der Geist *(spirit)*, das essentielle Selbst (Aurobindo, 1971a, S. 761). In seinem essentiellen Selbst ist der Mensch eine einheitliche Person, in seinen Manifestationen dieses Selbst eine Multiperson. Äußerlich betrachtet tritt einer seiner rationalen oder motivationalen Teile in den Vordergrund als Repräsentant der Seele, und dieses Stellvertreter-Selbst kann fälschlicherweise für das innerste Seelenprinzip genommen werden. Dem Menschen wird es jedoch nicht gelingen, Kontrolle über sich selbst zu gewinnen, bevor er nicht nach innen geht und in Kontakt kommt mit dieser innersten Realität (Aurobindo, 1973, S. 897). Die dem Geist verwandte Seele verleiht der Vielheit der phänomenalen Wahrnehmung einen Ruhepunkt, von dem aus Vielheit aushaltbar und sogar genießbar wird.

In der Aspiration der Einen Welt drückt sich ein Motiv der Seele, eine Qualität des Seins (Fromm) aus, die Gergens Plädoyer zugleich rechtfertigt und um eine wesentliche anthropologische Einheit erweitert. Allerdings wird der hier sich abzeichnende Eintritt der wissenschaftlichen Psychologie in die „Geschichte" die Metaphysik wieder in den Blick nehmen müssen. Die zukünftige Psychologie wird, wenn sie vollständigere und gültigere Aussagen über den Menschen machen will, eine Synthese von metaphysischer und wissenschaftlicher Erkenntnis sein müssen. Einheit oder Ganzheit können immer nur die essentielle, metaphysische und nicht die phänomenale Natur des Menschen betreffen. Dennoch bleibt die Einheit das Ziel der sich stets im Transzendieren bemühenden Vielheit des phänomenalen Stellvertreter-Selbst, das Gegenstand bisheriger wissenschaftlicher Psychologie ist.

5.3.4 Identität in dialektischer Beziehung zwischen Fragment und Ganzheit

Identität oder das phänomenale Selbst sind nicht nur sozial konstruiert, sondern auch prinzipiell unabschließbar. Gegen die Verwendung des Identitätskonzeptes als normatives Ziel wendet sich Luther (1985). Der Vorstellung von der Ausbildung und Bewahrung einer *vollständigen, ganzen und integrierten Identität* liege ein objektivistisches und statisches Mißverständnis zugrunde. Im Gegensatz hierzu steht das Identitätskonzept, das im Anschluß an Piaget und Kohlberg Identität als kritischen Maßstab der Entwicklung des Subjekts sieht, die sich stufenweise in verschiedenen Prozessen des Umgangs mit Natur, Sprache, Gesellschaft und Tradition aufbaut.

5. Psychologische Grundlagen von Universalität und Multikulturalität

Gerade der Entwicklungsgedanke kann jedoch zu Objektivismus und Dogmatismus führen, wenn der Identitätsbegriff nicht als regulatives Prinzip einer Entwicklung, sondern als deren konstitutives Ziel angesetzt wird. Gefördert wird dieses Mißverständnis durch Formulierungen gerade der beiden prominentesten Vertreter einer Theorie der Ich-Entwicklung: Mead (1973) und Erikson (1966). Der dynamische Aspekt der Identitätsentwicklung wird beschnitten, wenn bei Mead die gelungene Identitätsbildung durch Vollständigkeit und Ganzheit und bei Erikson durch zeitenübergreifende Einheitlichkeit und Kontinuität gekennzeichnet ist. Identitätsentwicklung wird so lediglich als Vorbereitung und Vorlauf zu dem als erreichbar und erreicht gedachten Ziel der voll entfalteten Identität als Vollendung der Persönlichkeitsreife und Festigung der Ich-Stärke gesehen. Mit den Kriterien der Vollständigkeit, Einheitlichkeit und Kontinuität gerät dieser Begriff in die Nähe jener klassischen Bildungskonzeptionen, die als ihr Ziel die Entfaltung der vollen Persönlichkeit oder der allseitig gebildeten Persönlichkeit ansehen.

In Anlehnung an den Begriff des Fragments innerhalb des ästhetischen Vorstellungsrahmens konzipiert Luther *Identität als Fragment* unter einer doppelten Bedeutung: Fragment aus Vergangenheit als Überrest eines zerstörten, aber ehemals Ganzen, als Torso oder Ruine; Fragment aus Zukunft als unvollendet gebliebenes Werk, das seine endgültige Gestaltungsform (noch) nicht gefunden hat. Blickt man auf das menschliche Leben insgesamt, d.h. sowohl in seiner zeitlichen Erstreckung als auch in seiner inhaltlichen Breite, so erscheint dem Autor einzig der Begriff des Fragments als angemessene Beschreibung legitim. Fragmente lassen Ganzheit suchen, die sie selber aber nicht bieten und finden lassen.

> Dieser umfassende Blick auf menschliches Leben, der auch die Perspektive auf das Leben in sozialen Gefügen — seine gesellschaftliche Vermitteltheit — übersteigt, ist freilich ein metaphysischer, den m.E. Erikson und Mead im kategorialen Rahmen ihrer Theorie nicht berücksichtigen können. Die nicht vorhersehbare und planbare Endlichkeit des Lebens, die jeder Tod markiert, läßt Leben *immer* zum Bruchstück werden. (Luther, 1985, S. 324)

Für die sich als Fragment begreifende Ich-Identität ist das Merkmal der Selbsttranszendenz konstitutiv. Die Differenz, die das Fragment von seiner möglichen Vollendung trennt, verweist als Sehnsucht positiv nach vorn. Selbsttranszendenz ist nur möglich, wenn die Ich-Identität gerade nicht als vollständige und dauernde, sondern als fragmentarische verstanden wird. Aus der Zukunftsoffenheit des Fragmentarischen entsteht die prinzipiell unerschöpfliche Fülle der möglichen Begegnungen mit anderen, in Differenz zu denen das interagierende Ich sich jeweils neu bestimmt. Nach dem Modell Eriksons wird jedoch gerade als Vorteil und Stärke der gefestigten Ich-Identität angenommen, sich von der Andersheit der begegnenden anderen in seiner eigenen Identität nicht verunsichern und verwirren zu lassen.

Die als erreichbar gedachte Ich-Identität ist nur um den Preis von drei Einschränkungen möglich:

1) sie ist auf die Verdrängung nichtrealisierter Wünsche der Vergangenheit und die Verdrängung nicht positiv verarbeiteter Schuld- und Versagenserfahrungen angewiesen; volle Identität wäre nur bei Verzicht auf *Trauer* möglich;
2) sie ist zum zweiten – als dauerhafte – auf die Ausblendung des überraschend Neuen einer offenen Zukunft angewiesen, die Weiterentwicklung provozieren und Erstarrungen des Selbstbildes aufbrechen würde; volle Identität wäre nur bei Verzicht auf *Hoffnung* möglich;
3) sie ist schließlich auf die Abschottung gegenüber dem/den anderen angewiesen, dem das Ich nur als derselbe fremdbleibend gegenübertritt, ohne die Begegnung mit dem anderen als Veränderung zu verstehen; volle Identität wäre nur bei Verzicht auf – empathetisch, den anderen *als* Anderen ernstnehmende – *Liebe* möglich. (Luther, ebd., S. 327)

Unfähigkeit zu trauern, Hoffnungslosigkeit und Lieblosigkeit sind Merkmale einer Konzeption von Ich-Identität, die vor allem für das bürgerliche Prinzip der Individualität und Persönlichkeit typisch ist. Letztlich ist aber eine auf Vollständigkeit und Dauerhaftigkeit insistierende Ich-Identität selbstwidersprüchlich. Sie betrügt die Ich-Entwicklung um entscheidende Dimensionen und setzt für sich eine Ganzheit und Totalität im Phänomenalen an, die – nach Sartre (1993) – Begierde ist, Gott zu sein. In der Verwischung der Differenz zwischen Fragment und Totalität manifestiert sich „Sünde" als das Aus-Sein auf vollständige und dauerhafte Ich-Identität, das die Bedingungen von Fragmentarität nicht zu akzeptieren bereit ist: der Gotteskomplex des modernen Menschen, die Illusion von der menschlichen Allmacht (Richter, 1979).

5.4 Multikulturelles Bewußtsein

In einer Untersuchung über ostdeutsche Jugendliche und ihr Ausländerbild hatten etwa zwei Fünftel der insgesamt einhundert Aufsätze einen ethnozentrischen, etwa ein Zehntel einen ausländerfeindlichen, ein Drittel einen ausländerfreundlichen und etwa ein Zehntel einen universalistischen Inhalt. Die etwa zehn Prozent „Universalisten" unter den 14- bis 15-jährigen ostdeutschen Schülerinnen und Schülern „wenden sich gegen eine Bewertung von Menschen nach Hautfarbe, Religion, Nationen und/oder Ethnien. Dabei berufen sie sich auf die Menschenrechte, für die sie universelle Geltung beanspruchen. Sie lehnen Gewalt strikt ab und fordern eine konsequente Bestrafung der Gewalttäter" Schubarth, 1993, S. 9). Haben diese Jugendlichen eine multikulturelle oder gar eine universale Identität?

Für Kohr und Wakenhut (1992, S. 28) bereitet es grundsätzlich Schwierigkeiten, das individuum- bzw. gruppenbezogene Konzept von Identität auf eine Nation zu übertragen. Die zentrale Fragen bleiben offen, ob, unter wel-

5. Psychologische Grundlagen von Universalität und Multikulturalität

chen Bedingungen und in welcher Form eine Nation gemeinsam (alle Staatsbürger, eine Mehrheit oder nur bestimmte Gruppen?) ein kollektives Selbstkonzept, ein kollektives Selbstwertgefühl und eine kollektive Kontrollüberzeugung als die drei Elemente des neueren Identitätskonzepts entwikkeln. Daher liege es nahe, anstelle von „nationaler Identität" einen weniger vorgeprägten, weiter gefaßten Begriff zu benutzen, etwa den des *Bewußtseins nationaler Zugehörigkeit*.

Zur Operationalisierung des Bewußtseins nationaler Zugehörigkeit stützten sich die Autoren auf die Konzeption individueller Bewußtseinsentwicklung anhand qualitativ unterschiedener Stufen oder Ebenen in der Tradition Piagets. Unter drei nationbezogenen Sozialperspektiven sollten Funktionen und Deutungen, die mit nationalen Symbolen verknüpft werden, abgebildet werden: Auf der präsystemischen Ebene: Abgrenzung, Ausschließung, Dominanz, Vormachtstellung, Überlegenheit, Stärke, Vorteil, Effizienz; auf der systemischen Ebene: Gemeinschaft, Solidarität in der Gesellschaft, Stabilisierung, staatliche Ordnung, Traditionen, Heimat; auf der transsystemischen Ebene: Europa, Staaten- und Völkergemeinschaft, Demokratie, Freiheit, Grundrechte und andere universalisierbare Funktionen. Den Befragten wurde eine Liste nationaler Symbole vorgelegt, zu denen sie in einem ersten Schritt angaben, ob diese für sie persönlich nationale Symbole darstellen oder nicht. In einem zweiten Schritt wurden die Symbole auf einer mehrstufigen Antwortskala als positiv bzw. negativ bewertet. Schließlich wurden die Symbole mit jeweils drei möglichen Deutungen bzw. Funktionsbeschreibungen der drei nationbezogenen Sozialperspektiven versehen, zu denen die Befragten mehrfach abgestuft zustimmen oder die sie ablehnen konnten (Kohr & Wakenhut, ebd., S. 29 f.). Innerhalb des gleichen Theoriekonzepts wurden auch soziomoralische Orientierungen nach Kohlberg über relativ alltagsnahe Situations- bzw. Handlungsskizzen erfaßt: auf der präkonventionellen Ebene Egozentrismus, auf der konventionellen Ebene Konformität und auf der postkonventionellen Ebene Elemente des Sozialvertrages, des Gewissens, der Fairness und der Orientierung an sozialen Übereinkünften bzw. an universellen ethischen Prinzipien.

Die umfassendere Hypothese von Kohr und Wakenhut war, daß nationbezogene Perspektiven und Orientierungen als spezifische Realisierungen des allgemeinen soziomoralischen Bewußtseins zu begreifen sind. Dann müßten nationbezogene Sozialperspektiven und soziomoralische Orientierungsmuster auf dem jeweils entsprechenden Niveau (präsystemisch – präkonventionell; systemisch – konventionell; transsystemisch – postkonventionell) besonders eng korrelieren. Ihre zweite Hypothese ging davon aus, daß das Bewußtsein nationaler Zugehörigkeit nicht primär mit der Soziomoral verbunden ist. Vielmehr sollte es sich dann um eine politische Einstellung handeln, die für die befragten Jugendlichen und jungen Erwachsenen eher ich-fern ist und keine besondere Zentralität aufweist (Kohr & Wakenhut, ebd., S. 33). Die Ergebnisse zeigten negative Korrelationen zwischen der transsystemischen Perspektive und der postkonventionellen Moral, und zwar von -.05 für die Versuchspersonen aus den alten Bundesländern und von -.20 für die Versuchspersonen der neuen Bundesländer. Die Frage nach einem „multikulturellen Bewußtsein", das den jeweils postkonventionellen, universalen Ebenen zuzuordnen wäre, ist nach der zweiten Hypothese von Kohr und Wakenhut damit in Richtung „Einstellung" zu beantworten, die eher ich-fern ist und nicht die besondere Zentralität von „Bewußtsein" hat.

Kern und Wakenhut beziehen sich auf die Untersuchung von Piaget und Weil (1979) über die Entwicklung von kindlichen Heimatvorstellungen. Im Mittelpunkt steht die Frage nach der Genese von Nationalbewußtsein, das sich über Prozesse der Dezentrierung entwickelt. Mit dem Begriff der Dezentrierung wird die schrittweise Auflösung des ursprünglich egozentrischen Weltverständnisses des Kindes in Richtung auf eine sozial bestimmte bzw. universeller werdende Perspektive beim jungen Erwachsenen bezeichnet. Einen möglichen Endpunkt von Dezentrierung bildet die Reziprozität, mit der sich eine wechselseitige Anerkennung der jeweiligen Standpunkte und Interessen verbindet. Daß der Begriff „Heimat" Piaget als übergeordnete Kategorie dient, dem die spezifischeren Bezugsebenen von Bewußtsein (Staat, Region, Stadt) untergeordnet werden, eröffnet die Möglichkeit, auch supranationales Bewußtsein zu berücksichtigen, ebenso wie regionales oder nationales. Zu fragen bleibt jedoch, von welchen Bedingungen die Erkenntnis der Reziprozität gegenüber fremden Ländern und Menschen abhängt, wenn, nach Piaget und Weil (1979), die Entwicklung vom Egozentrismus zur Reziprozität ständig rückläufigen Tendenzen durch ein Wiederauftauchen von Egozentrismus ausgesetzt ist (Kern & Wakenhut, 1990, S. 168 ff.).

Für Lippert (1992, S. 3 f.) war die Entwicklung von multi- oder übernationalen Strukturen wie die der Europäischen Gemeinschaft auch ein Nebenprodukt des Kalten Krieges. Das erzwungene enge Zusammenrücken der jeweils miteinander verbündeten Staaten erzeugte keine belastungsfähigen supranationalen oder internationalistischen bzw. nationsindifferenten Identitäten. Demoskopische Untersuchungen finden daher nur eine wenig ausgeprägte subjektive Repräsentation des gemeinsamen Europas. Es ist zu fragen, ob statt einer konkurrierenden Beziehung nicht eine Beziehung in Form eines ergänzenden Verhältnisses zwischen regionaler, nationaler und transnationaler Bindung vorgestellt werden kann. Für Gallenmüller (1992, S. 46 ff.) ist eine solche Beziehung nicht nur unter praktisch-politischer Perspektive plausibel, da politisches Engagement für regionale Belange notwendigerweise auch übergeordnete Ebenen einbeziehen muß. Psychologisch-theoretisch könnten diese Bindungen innerhalb einer entwicklungslogischen Stufenfolge rekonstruiert werden. Es ergab sich bei der Untersuchung von regionaler und nationaler Bindung[21] bei Jugendlichen der neuen und der

---

[21] Gefragt wurde:
Was ist für Sie in erster Linie Heimat?

alten Bundesländer bei den primär oder sekundär regional gebundenen Jugendlichen ein wesentlich höherer Prozentsatz einer zusätzlichen transnationalen Orientierung (Europa, Welt) als bei den primär oder sekundär national gebundenen.

Melanie Piepenschneider stellt in ihrer Untersuchung zu den Europabildern von deutschen Jugendlichen fest, daß es verschiedene Standorte der Selbstlokalisation gibt, die ihren Ausdruck in bestimmten Bewußtseinsinhalten und -zugehörigkeiten finden. Die Bewußtseinsschichten der Zugehörigkeit zur Welt, zu Europa, zur Bundesrepublik Deutschland und dem Bundesland werden auf verschiedenen Ebenen, jedoch nebeneinander erlebt, gleich konzentrischen Kreisen, in deren Mittelpunkt der/die Jugendliche selbst steht. Dabei gibt die der erlebten Situation naheliegendste Dimension den Ausschlag für die Betrachtung. Hierzu die Aussage eines Jugendlichen: „Ich glaube, als Europäer fühlt man sich ganz einfach. Also wenn ich von zu Hause weg bin, fühle ich mich als Mainzer, als Rheinland-Pfälzer, als Deutscher, und wenn ich von Europa weg bin, fühle ich mich als Europäer." (Piepenschneider, 1992, S. 93) Die verschiedenen Identifikationsebenen schließen einander nicht aus, sondern werden je nach aktueller Situation aktiviert und überlagern die darunterliegenden Schichten, ohne diese zu verdrängen. Die Intensität ihrer Strahlkraft hängt von den situativ bedingten Anforderungen ab.

Für Brun-Rovet (1983, S. 66) ist Bewußtsein ethnischer oder anderer Art nicht immer wohldokumentiert oder gerade von sozialpsychologischer Seite mit Aufmerksamkeit bedacht worden. Dennoch ist es eine Realität, ist häufig unbewußt, beeinflußt und wird beeinflußt in einer pluralistischen Gesellschaft. Obwohl Menschen dazu tendieren, in der Gesellschaft multiple Loyalitäten zu zeigen, muß dem pluralistischen Bewußtsein wohl eine pluralistische Gesellschaft vorausgehen. Ethnisches Bewußtsein ist dann unter Umständen ein reaktives Phänomen. Ein Beispiel hierfür ist der *ethnic revivalism* bei der Enkelgeneration in der siebziger Jahren in den USA.

— da, wo ich aufgewachsen bin; — da, wo ich heute lebe;
— durch... Lebensumstände bestimmt; — bedeutet eigentlich nichts
Womit fühlen Sie sich verbunden?
— Ort/Stadt/Gegend, wo ich lebe; — Land/Bundesland; — bisherige BRD;
— ehemalige DDR; — Deutschland insgesamt; — Europa; — Welt
Sind Sie gefühlsmäßig eher...?
— DDR-Deutsche/r; — Bundesdeutsche/r; — Deutsche/r; — Europäer/in;
— Weltbürger/in

Winter versteht Europa- und Nationalbewußtsein als Teilbereiche von sozialer Identität und diese wiederum als ein Untersystem des komplexeren Selbstkonzepts. Im Europabewußtsein der befragten Jugendlichen steht jedoch dem offiziellen und nach wie vor stark nationalitätsverhafteten Europa der Behörden mit negativen Assoziationen wie Bürokratie und Butterberg ein fortschrittliches „modernes", supranationales Europa gegenüber, das sich innerhalb des Privatbereichs ausdifferenziert und gleichsam die attraktive Konkretisierung des imaginierten guten Lebens darstellt.

Das ‚moderne Europa der Zukunft' erfährt seine geistig-moralische Fundierung durch Rekurs auf ein geschichtliches Europa, eine Akkumulierung von Grundwerten der Humanität, Freiheit und Sozialverpflichtung, ein Fond wissenschaftlicher und künstlerischer Ideen. Übergänge zwischen dem ‚offiziellen und dem privaten Europa' sind für die befragten Jugendlichen offensichtlich schwer zu vollziehen, da sich persönliche, authentische Erfahrungen (z.B. via Reisen, Teilnahme an Austauschprogrammen) mit den abstrakten, häufig widerspruchsvollen und schwer verständlichen Deklarationen der EG-Behörden nicht in einen sinnvollen Gesamtzusammenhang bringen lassen. Es drückt sich also ein deutlicher Gegensatz zwischen einem Gefühl der persönlichen Zugehörigkeit zur Kultureinheit Europa und dem Wissen um eine formelle, organisatorische Mitgliedschaft in einer allenfalls mäßig funktionierenden Staatenassoziation aus. Nur eine kleine aktive Minderheit der Jugendlichen ist in der Lage, diese Kluft durch soziales und/oder politisches Handeln für Europa zu überbrücken, zum Beispiel durch freiwillige Mitarbeit in internationalen Jugendorganisationen, durch Mitwirkung in christlichen Friedensdiensten und Jugendgemeinschaftsdiensten. (Winter, 1990, S. 196)

Für den Autor stellt sich psychologisch u.a. das Problem, wie durch zweckrationale Begründungen definierte, unpersönliche Sachverhalte des offiziellen Europa (z.B. Produktionsquoten, Wechselkursoperation) in ein vitales Verhältnis zu den Subjekten gesetzt werden können, sodaß hieraus neue Impulse für engagiertes Denken und Handeln im Sinne eines trans- oder supranationalen Europabewußtseins entstehen. Daß im Europabewußtsein der Jugendlichen möglicherweise auch ein Geborgenheitsmotiv zum Ausdruck kommt, legt eine Untersuchung von Preiser (1990) über die Bedeutung von Kontroll- und Geborgenheitsmotiven für politikorientierte Problembewältigungsstrategien nahe.

Wenn, so Haeberlin (1990), Kollektiven und Gruppen Eigenschaften wie Mentalität, Bewußtsein oder Einstellung zugewiesen werden, dann befürchten Psychologen nicht selten die Wiederkunft der „erfolgreich exorzierten Gruppenseele" (Graumann, 1979, S. 294). Diese gruppenbezogenen Konstrukte sind auf jener Schnittmenge der soziologischen und der psychologischen Sozialpsychologie plaziert, auf der die Animositäten der jeweiligen Seite siedeln: gegenüber dem Interaktionalen einerseits und dem Individuellen andererseits. Problematisch sei u.a., daß Begriffe wie Mentalität, Charakter oder Bewußtsein in der Psychologie kaum noch gebräuchlich seien und ihr theoretischer Hintergrund und die Beziehungen zu benachbarten theoretischen Konstrukten zu klären sei. Der Mangel an theoretischen Grundlagen für den Überschneidungsbereich zwischen Soziologie und Psychologie bleibe das zentrale Problem, dessen Lösung in der Sozialpsychologie kaum zu finden und in nächster Zeit wohl kaum zu erwarten sei (Preiser, 1990, S. 145 f.).

5.4.1 Worldmindedness

Buss und Craik (1983) untersuchten Einstellungs- und Überzeugungskonstellationen gegenüber weltweiten Problemen wie technologisches Wachstum, Bevölkerungsexpansion, Umweltqualität, globale Ressourcen etc. und deren psychologische Basis sowie die Implikationen für Risikowahrnehmung und gesellschaftliche Entscheidungsprozesse. Die Autoren konstruierten zwei Skalen mit je zwölf Items, die die allgemeine Orientierungen „Pro-Wachstum" (Weltsicht A) und „Anti-Wachstum" (Weltsicht B oder Umweltskala) repräsentieren sollten. Es zeigte sich, daß die weiblichen Versuchspersonen (alle Teilnehmer waren Psychologiestudenten bzw. -studentinnen der ersten Semester) Weltsicht B stärker präferierten als ihre männlichen Kommilitonen. Obwohl die Umweltskala bereits Items im Sinne einer globalen Verantwortung und eines *one world*-Bewußtseins enthalten[22], ist auch eine wesentlich radikalere Weltsicht hinsichtlich einer Transformation von gesellschaftlichen Zielen und Prozessen denkbar (Buss & Craik, ebd., S. 276).

Smith untersuchte bereits 1955 Einstellungsänderungen aufgrund interkultureller Erfahrung. Er fand, ebenso wie andere Autoren, eine stark negative Korrelation zwischen internationalistischen oder weltbezogenen *(worldminded)* Einstellungen und einem Autoritarismus *sensu* Adorno et al. (1950). *Worldmindedness* wurde zu einem Konzept, das in der Folgezeit mehrfach untersucht wurde (Sampson & Smith, 1957; Smith & Rosen, 1958; Prien, 1966; Carment & Alcock, 1976; Sinha & Sinha, 1977).

Sampson und Smith (1957) unterscheiden zwischen *worldmindedness* und *international-mindedness*, das sich auf Interesse oder Kenntnis über internationale Angelegenheiten bezieht. Im Gegensatz dazu bezeichnet das Konzept

---

[22] Zum Beispiel:
 - The „new scarcity" (of diminished physical resources, waste-absorbing capacity of the environment, resilience of planetary life-support systems) is qualitatively different from the scarcity problems „solved" by modern industrial production.
 - Richer nations like the U.S. must consume less, support the redistribution of resources, and recognize the validity of societal choices other than Western style industrialization and agribusiness.
 - The rich nations of the world consume far more than their fair share of the earth's limited resources and contribute far more than their share of environmental damage.

worldmindedness eine reine Wertorientierung oder einen Bezugsrahmen, der von diesem Interesse verschieden ist. Ein hoch weltbezogenes Individuum favorisiert eine Weltsicht der Menschheitsprobleme, deren primäre Bezugsgruppe die Menschheit und nicht Amerikaner, Engländer, Chinesen etc. sind. Eine solche Person kann zusätzlich ein gesteigertes Interesse an internationalen Angelegenheiten haben. Häufig zeigt sich jedoch, daß eine Person international denkt, ohne weltbezogen zu sein — und das heißt, menschheitlich zu fühlen.

Um weltbezogene Einstellungen zu messen, entwickelten Sampson und Smith (1957) eine *worldmindedness*-Skala mit *worldmindedness* an dem einen Ende des Kontinuums und *national-mindedness* an dem anderen. Je 16 pro- und anti-weltbezogene Items repräsentierten mit jeweils vier Items die acht Dimensionen Religion, Einwanderung, Regierung, Wirtschaft, Patriotismus, „Rasse", Erziehung und Krieg. Gemessen wurde mit sechs Einstellungsgraden; die mögliche Reichweite der Skalenwerte umfaßte 0 für extrem national-bezogenes Denken bis 192 für extrem weltbezogenes Denken mit 96 als theoretisch neutralem Punktwert.[23]

---

[23] Die 16 weltbezogenen Items unter den insgesamt 32 Fragen lauten:
4. All prices for exported food and manufactured goods should be set by an international trade committee.
5. Our country is probably no better than many others.
10. Immigration should be controlled by an international organization rather than by each country on its own.
11. We ought to have a world government to guarantee the welfare of all nations irrespective of the rights of any one.
13. It would be better to be a citizen of the world than of any particular country.
14. Our responsibility to people of other races ought to be as great as our responsibility to people of our own race.
15. An international committee on education should have full control over what is taught in all countries about history and politics.
18. Any healthy individual, regardless of race or religion, should be allowed to live wherever he wants to in the world.
20. If necessary, wo ought to be willing to lower our standard of living to cooperate with other countries in getting an equal standard for every person in the world.
23. Our schools should teach the history of the whole world rather than of our own country.
24. An international police force ought to be the only group in the world allowed to have armaments.
26. Our country should permit the immigration of foreign peoples even if it lowers our standard of living.
27. All national governments ought to be abolished and replaced by one central world government.
30. It would be a good idea if all the races were to intermarry until there was only one race in the world.

Smith und Rosen (1958) untersuchten einige psychologische Korrelate von *worldmindedness* und *authoritarianism*. Unterschiedliche Studien hatten zuvor bereits eine starke negative Korrelation zwischen internationalistischen bzw. weltbezogenen und autoritären Attributen ergeben. Einstellungen und Persönlichkeitsunterschiede zwischen zwei Extremgruppen wiesen eine große Ähnlichkeit mit hohen bzw. niedrigen Werten des F(aschismus)-Syndroms nach Adorno et al. (1950) auf. Es wurden 193 junge Männer und Frauen aus der Mittelschicht mit College-Abschluß untersucht. Je 20 Personen mit jeweils dem höchsten und dem niedrigsten Wert auf der *worldmindedness*-Skala wurden für einen Test mit zwölf Variablen, gewonnen aus den Untersuchungen der Autoren der *Autoritären Persönlichkeit,* ausgesucht. Die Ergebnisse zeigten, daß die Dimension *worldmindedness* mit der Dimension *authoritarianism* eng umgekehrt verwandt ist: Niedrige Werte auf der *worldmindedness*-Skala entsprechen einem hohen Grad an Autoritarismus.

Prien untersuchte *worldmindedness* und diverse Persönlichkeitsmaße bei 101 US-amerikanischen College-Anfängerinnen vor und nach einem zehnwöchigen Aufenthalt in einem europäischen Studienzentrum. Die Basisannahme des Autors war, daß *worldmindedness* eher ein multidimensionales Persönlichkeitssyndrom als eine singuläre Dimension mit einem bipolaren Kontinuum darstellt. Die Resultate ergaben Anzeichen dafür, daß die proweltbezogenen Studentinnen anpassungsfähiger, offener und weniger ich-orientiert waren und interpersonale Beziehungen höher bewerteten als unmittelbare und konkrete Befriedigungen im Vergleich zu den erheblich konservativeren anti-weltbezogenen Studentinnen. Der Grad an *worldmindedness* wurde durch die interkulturelle Ausbildung jedoch nicht signifikant beeinflußt (Prien, 1966, S. 246 f.).

Carment und Alcock wendeten die *worldmindedness*-Skala von Smith und Sampson mit anderen Persönlichkeitsskalen im interkulturellen Bereich an. Versuchspersonen waren Studenten und Studentinnen in Kanada und Indien. Es zeigte sich, daß die indischen Studenten und Studentinnen insgesamt weniger weltbezogen dachten als die kanadische Versuchsgruppe, die indischen Studentinnen weniger als ihre indischen Kommilitonen, die als Hindus ein Muslim-College besuchten und ähnlich hohe Werte wie die muslimischen und kanadischen Männer aufwiesen. Ähnliche Ergebnisse erbrachten auch die Skalen Leistungsmotivation, Risikobereitschaft und *Locus of control*. Für die insgesamt niedrigeren Werte bei den indischen Versuchsteilnehmern ziehen die Autoren im Vergleich zum kanadischen Sample einen niedrigeren sozioökonomischen Status und Faktoren der kulturell unterschiedlichen Erziehungsmethoden in Betracht (Carment & Alcock, 1976, S. 62).

---

31. We should teach our children to uphold the welfare of all people everywhere even though it may be against the best interests of our own country.
32. War should never be justifiable even if it is the only way to protect our national rights and honor. (Sampson & Smith, 1957, S. 100 ff.)

Sinha und Sinha überprüften die Hypothese, daß *worldmindedness* positiv mit Selbstkontrolle, Sozialisation und Verantwortung korreliere, an 160 männlichen Studenten der Universität von Bihar/Indien mit entsprechenden ins Hindi übersetzten Skalen. Die Ergebnisse bestätigten die Hypothese der Autoren. Die Personen mit hoher weltbezogener Einstellung hatten signifikant höhere Werte auf den Skalen Sozialisation, Selbstkontrolle und Verantwortung als die Versuchspersonen mit einer niedrigen weltbezogenen Einstellung. Dieser Befund legt nach Ansicht der Autoren (Sinha & Sinha, 1977, S. 30) nahe, daß pro-weltbezogene Personen „sozialisierter" sind und *worldmindedness* eine Variante eines Persönlichkeitssyndroms ist, das Sozialisation, Verantwortung und Reife umfaßt.

5.5 Universales Bewußtsein

Universales Bewußtsein läßt sich als bipolare Dimension beschreiben. Denken in universalen Kategorien (s. Kap. 4) oder die Metapher vom universalen Bewußtsein als Meer (Capra, 1992²) wäre dem einen Pol und kosmisches Bewußtsein dem anderen Pol des Kontinuums anzuordnen. Denken in Universalien bezieht sich auf Konzepte als Bewußtseinsinhalte. Kosmisches Bewußtsein dagegen ist als Erleben umfassender als das Denken und integriert Denken, Fühlen und Handeln als eine das Alltägliche transzendierende Befindlichkeit (z.B. bei der von Maslow, 1969c, beschriebenen Z-Persönlichkeit oder im Erleben der Weltraumfahrer). Die Dimension universales Bewußtsein verbindet Konzepte der westlichen Aufklärung mit asiatisch-meditativer Praxis. Das kosmische Bewußtsein ist eines der beiden Ziele traditioneller indischer Spiritualität und bezeichnet die dynamische Seite der Brahman-Erfahrung, von *cit* als Bewußtseinskraft, im Vergleich zum Erleben des statischen Brahman, dem *sat* als essentielles Sein.

5.5.1 Das kosmische Bewußtsein als Thema der Transpersonalen Psychologie

Es gibt, so von Cranach (1983), noch keine Bewußtseinspsychologie, obwohl Bewußtsein das ist, was den Menschen zuallererst auszeichnet. Am Anfang der kurzen Geschichte der Psychologie als Einzelwissenschaft bezeichnete der Begriff des Bewußtseins den Gegenstand der Psychologie in seiner Gesamtheit. Wundt und Ebbinghaus sahen die Psychologie noch als Wissenschaft von Bewußtseinszuständen und Bewußtseinsvorgängen (Groeben & Westmeyer, 1981, S. 17). Als jedoch versucht wurde, die kleinste Einheit des Bewußtseins, die Empfindung, naturwissenschaftlich abzuleiten, geriet über der experimentellen Zerlegung die spezifische Ganzheit des individuellen Bewußtseins immer mehr aus dem Blickfeld psychologischer Forschung (Schäfer, 1980, S. 65). Für die wahren Wissenschaftler wurde Bewußtseinsforschung schließlich zu einer verkappten Pseudowissenschaft von der Seele

5. Psychologische Grundlagen von Universalität und Multikulturalität

(Natsoulas, 1978, S. 906). In einer Psychologie, die nach Modellen der Physik und Biologie nur objektives Verhalten und meßbare Reize zum Untersuchungsgegenstand machte, verlor der Körper seine Seele, wenn nicht gar seinen Kopf (Zimbardo & Ruch, 1978³, S. 230).

Eine Psychologie ohne Seele war zugleich eine Psychologie ohne Bewußtsein. Nur so konnte ein Zurückgleiten in einen Zwischenbereich von Psychologie und Philosophie verhindert werden. Überlegungen von eher fundamentaler, umfassender Art, wie etwa über die Natur des Bewußtseins oder das Bewußtsein an sich blieben auf diese Weise ausgespart (Natsoulas, 1978, S. 906). Noch zu Beginn der sechziger Jahre war Bewußtsein in der Psychologie, wenn überhaupt, entweder nur ein Thema unter anderen, oder es bedurfte keiner Erklärung (Graumann, 1966, S. 80). Erst in den letzten drei Jahrzehnten erfolgt eine Rückkehr des Bewußtseins in die Psychologie (Natsoulas, 1978, S. 907), und zwar vor allem als Gegenstand für Forscher und Forscherinnen, die bereit sind, die Grenzen ihrer eigenen Disziplin zu überschreiten, wenn sie versuchen, die Natur des menschlichen Bewußtseins und seine Rolle im Verhalten und bei Verhaltensänderungen zu definieren (Zimbardo & Ruch, 1978³, S. 230).

Während Kulkarni (1978) als hauptsächliche und zwingende Ursachen für diese Rückkehr zu einer Bewußtseinspsychologie die spektakulären Fortschritte in der Neurophysiologie und das völlige Versagen der Lerntheorie als einer Theorie des Verhaltens als Ganzes ansieht, werden von anderen Autoren auch außerpsychologische und soziale Phänomene genannt, die ein neues Interesse an einer Bewußtseinspsychologie begründeten und als individuelle Bedürfnisse und sozialpsychologische Erscheinungen wiederum selbst Forschungsgegenstand von Psychologen wurden (Hilgard, 1980, S. 18). Gemeint ist eine mit den sechziger Jahren einsetzende „Sehnsucht nach Bewußtseinsveränderung", die auch als Reaktion auf zunehmende psychische Verelendung verstanden werden kann (Schäfer, 1980, S. 67). Neben einer „Drogenkultur" entstand dabei auch eine Nachfrage nach Meditation, die wie eine Flutwelle durch die westliche Welt geht (von Weizsäcker, 1979, S. 10). In der Folge dieser „Meditationsbewegung" ergab sich die Notwendigkeit, „die westliche Technologie mit den östlichen mystischen und meditativen Techniken zu vereinigen, um eine gegenseitige Bereicherung statt einen dauernden Widerstreit herbeizuführen" (Pelletier, 1982, S. 17).

Zur Aktualität der psychologischen Bewußtseinsforschung („Exploration of Consciousness is now ‚the game in the town'" – Rao, 1979) haben verschiedene wissenschaftliche Erkenntnisse und Theorien sowie subjektive Erfahrungen von Individuen und Gruppen beigetragen, die als Beispiele einer Synthese zwischen „Ost" und „West" genommen werden, jedoch, wenn sie als Belege für eine psychologische Theorie des Bewußtseins gelten sollen, präziser Untersuchung mittels empirisch-sozialwissenschaftlicher Methoden bedürfen: Die Theorie, wonach den beiden Großhirnhälften zwei unterschiedliche Bewußtseinsformen zuzuordnen sind; Befunde der neueren Biofeedbacktechniken; begriffliche Ähnlichkeiten zwischen Quantenphysik und östlicher Philosophie; Meditationstechniken in der Heilbehandlung; in religiösen Texten beschriebene Bewußtseinszustände, denen die Bewußtseinsveränderungen von Astronauten entsprachen; Untersuchungen indianischer Traditionen; Darstellungen der Grenzen wissenschaftlicher Forschung und Beispiele einer Integration wissenschaftlicher und mystischer Erkenntnis (Pelletier, 1982, S. 17 f.).

Mit der kognitiven Wende in der Psychologie ereignete sich die Wiederkehr des Verdrängten, des Bewußtseins. Dies geschah zunächst noch in Form eines Kompromisses und einer Entstellung: Statt von Bewußtsein wurde von „mediierenden" oder „mentalen" Prozessen gesprochen. Später ersetzte „kognitiv" zunehmend das Wort „mental", das Adjektiv zu *mind,* das im Deutschen je nach Kontext mit Geist, Seele oder Bewußtsein wiedergegeben wird (Graumann, 1988, S. 84). Unter dem Sinnbezug (phänomenologisch: der Intentionalität) bilden die in der Psychologie konkurrierenden und immer verkürzten Konzeptionen des Bewußtseins, Erlebens und Verhaltens eine sinnvolle Einheit (Graumann, 1984, S. 567). Die Einheit von Bewußtsein und Erleben, aber auch das aus dieser Einheit resultierende Handeln, wird im Phänomen des „kosmischen Bewußtseins" in der Transpersonalen Psychologie thematisch.

Tart versucht auf theoretischer Ebene parapsychologische (besser: parakonzeptuelle) Phänomene mit zwei distinkten Bewußtseinsbegriffen zu erklären. Die ontogenetische Bewußtseinsentwicklung vergleicht er mit der Herstellung eines inneren Lageplans, der darüber Auskunft gibt, was der jeweiligen Kultur entsprechend übereinstimmend als Realität angesehen wird. Er empfiehlt die Unterscheidung zwischen „Bewußtsein" und „elementarer Bewußtheit an sich".

> Das Bewußtsein ist vielschichtig und inhaltsreich, es füllt den größten Teil unserer Erfahrung; die elementare Bewußtheit dagegen ist jenes Etwas hinter dem Bewußtsein, jene reine Form des Wissens, die ganz einfach weiß, daß Dinge geschehen, nicht aber weiß, daß ich in eben diesem Augenblick in meinem Arbeitszimmer sitze und durch eine gläserne Scheibe hindurch dem Regen zuschaue, der nach einer langen Trockenperiode nun endlich fällt. Bewußtheit per se läßt sich auf keine Weise zufriedenstellend definieren, denn die Definition ist eine Funktion des verbalen Wissens, und das verbale Wissen samt seiner komplexen Grammatik ist eine Frage des Bewußtseins, das heißt sehr komplexer, in sich verbundener Inhalte. In mir sind in diesem Augenblick sowohl Bewußtheit als auch Bewußtsein. . . . Es gibt Augenblicke im Leben, insbesondere im Verlauf meditativer Übungen, in denen die Menschen sehr häufig die Erfahrung machen, daß ihre geistige Verfassung sich auf die einfachere Ebene der elementaren Bewußtheit zubewegt, weg von dem hochkomplexen und deutlich ausgeprägten Bewußtsein, das unsere Verfassung normalerweise kennzeichnet. (Tart, 1986, S. 260)

Im Gegensatz zur Unterscheidung von Bewußtsein und Bewußtheit lautet das orthodoxe Bewußtseinsverständnis (die konservative oder physikalistische Sicht, s. Tart, 1975), daß die elementare Bewußtheit nur eine in sich abgrenzbare Unterfunktion des Gehirns und des Nervensystems ist. Entsprechend dieser Sicht können wir zwar bis zu einem gewissen Grad unsere Kultur auch verändern, das heißt, wir werden nicht bis in alle Einzelheiten von ihr gesteuert, aber an den feststehenden Gesetzen der physikalischen Realität, die letztlich alle Gehirnprozesse bestimmen, führt kein Weg vorbei.

Diese orthodoxe Betrachtungsweise des Bewußtseins hat eine Reihe von Implikationen. Da der Schlüssel zum Verständnis des menschlichen Geistes im Verständnis des Gehirns liegt, hängt die Erkenntnis vom technologischen Fortschritt bei der Herstellung von immer leistungsfähigeren Computern ab. Unter dieser Perspektive ist es absurd, daß das Bewußtsein den Tod überleben könnte. Letztlich ist jeder von uns vollkommen allein; denn mein Ichgefühl ist nichts als ein bestimmtes Schaltmuster in meinem Gehirn. Wenn chemische und elektrische Abläufe in meinem Gehirn meine einzige Realität sind, dann sind sie auch mein einziges wirkliches Anliegen. Was anderen widerfährt, von denen ich letztlich ja doch isoliert bin, ist nur von zweitrangigem Interesse. Fremdes Leid hat keine direkte Realität für mich; nur *mein* Vergnügen und *mein* Schmerz sind real. Neben Drogen gibt es dann noch direktere Wege zum Glück, mit denen die Wissenschaft lockt: In das Lustzentrum eingesetzte Elektroden können dann chemische Aktivitäten in Gang setzen. Mystische Erfahrungen lassen sich je nach Lage der Elektroden als elektrische Muster und chemische Aktivitäten im Gehirn erzeugen.

Die der physikalistischen Sicht entgegengesetzte „radikale" Betrachtungsweise des Bewußtseins weist den komplexen Strukturen des Gehirns und des Nervensystems ebenfalls eine zentrale Rolle zu, ebenso der „Software", die durch unsere Kultur, unsere Sprache und unsere Interaktion mit der äußeren Realität programmiert ist. Auch ist das Bewußtsein, wie wir es erfahren, nur ein winziger Bruchteil des gesamten Ausmaßes an in Gang befindlicher Qualität.

> Aber es gibt auch zwei bedeutsame Unterschiede zwischen der orthodoxen und der radikalen Sicht des Bewußtseins. Zum einen ist die elementare Bewußtheit etwas, das der Struktur des Gehirns von außen her hinzugefügt ist, nicht aber etwas, das sich aus dieser Struktur ergibt. Das heißt, es besteht ein qualitativer Unterschied zwischen der elementaren Bewußtheit und dem Funktionieren des Gehirns. Der zweite Gegensatz besteht zwischen der orthodoxen Ansicht, der zufolge die Hirnstruktur vollkommen bestimmt ist von bis ins einzelne fixierten physikalischen Gesetzen, und der radikalen Ansicht, welche eine Interaktion mit einer teilweise veränderbaren physikalischen Realität sieht, mit einer äußeren Realität also, die gelegentlich auch von unseren geistigen Prozessen mitgeformt wird, und zwar auf psychokinetischem Wege. Die Gesetze der physikalischen Realität spielen auch in der radikalen Sicht des Bewußtseins eine wichtige Rolle — sie setzen nämlich zahlreiche Beschränkungen —, aber sie haben nun ihre Rolle als „Alleinherrscher" eingebüßt. (Tart, ebd., S. 267 f.)

Elementare Bewußtheit kann in einer für uns noch nicht verständlichen Weise über Raum und Zeit hinausgehen.

> Wichtig ist in diesem Zusammenhang, daß wir in aller Regel ja nicht die elementare Bewußtheit „erfahren", sondern daß wir unser Bewußtsein „erfahren". Unsere Kapazität zur elementaren Bewußtheit ist gewissermaßen in jedem Augenblick überall vorhanden, und zwar wegen des ständigen Funktionierens von Gehirn und Nervensystem; sie funktioniert als eine Art Energie . . ., welche die Arbeit der physischen Strukturen im Gehirn aktiviert oder lenkt. Unsere normale Erfahrung ist nicht Bewußtheit per se; vielmehr handelt es sich um eine Art Verbundsystem aus Bewußtheit in ihrer Interaktion mit der Hirnstruktur, eine Gestalt, eine gegliederte Ganzheit, eben das Bewußtsein. (Tart, ebd., S. 269)

Das Gehirn hat eine wichtige Aufgabe in der Übermittlung und Modifizierung von Bewußtheit mit der Folge, daß Bewußtsein entsteht; es ist aber nicht der Erzeuger des Bewußtseins. Aus dieser Betrachtungsweise erwachsen andere Wertvorstellungen als sie von isolierten „Egos" kommen können. Das Leid des anderen Menschen wird dann auch mein Leid. Und wenn wir der Meinung sind, „daß es gute Gründe für die radikale Sicht des Bewußtseins gibt, dann werden wir einen Menschen, der ein mystisches Erlebnis hatte und dabei unmittelbar erfuhr, ‚daß wir alle eins sind', nicht mehr automatisch in psychiatrische Behandlung schicken" (Tart, ebd., S. 275).

Ein neues Denken, das dem Mitgefühl bei der Erlangung von Erkenntnis eine zentrale Rolle zuweist, ist ein Anliegen Fritjof Capras, das er u.a. in seinen Begegnungen mit den Psychotherapeuten Grof, Laing und Simonton entwickelte. Intellekt und Intuition sind dabei komplementäre Erkenntnismethoden, die das cartesianische Denken in lediglich linearen Zusammenhängen überwinden und östliche ökologische Weisheit integrieren soll. Die Physik als die methodisch strengste der Naturwissenschaften stellt dabei nicht mehr das Modell für andere Wissenschaften dar, sondern nur einen wichtigen Sonderfall in dem viel allgemeineren Rahmen der Systemtheorie. Dabei kommt der Metapher bei der Darstellung der Schönheit und Komplexität eine besondere Rolle zu, etwa bei der Frage nach dem Zusammenhang zwischen Bewußtsein und Materie. Grofs therapeutische Erfahrungen des Tod-Wiedergeburt-Vorgangs machten deutlich, daß sich dabei die Vorstellung des Menschen vom physikalischen Universum verändert. Der Mensch verliert das Gefühl der Getrenntheit, glaubt nicht mehr an feste Materie, sondern denkt an Energiemuster. Dem im Alltagsbewußtsein existierenden objektiven, absoluten Raum, in dem alles geschieht, und der linearen Zeit steht die transpersonale Ebene gegenüber, auf der die Vorstellungen von dreidimensionalem Raum und linearer Zeit vollkommen aufgehoben werden. So wird die konventionelle naturwissenschaftliche Frage: In welchem Augenblick entsteht Bewußtsein? Wann wird Materie ihrer selbst bewußt? auf den Kopf gestellt. Sie lautet jetzt: Wie erzeugt das Bewußtsein die Illusion der Materie? (Capra, 1992², S. 116 f.)

Wird das Bewußtsein als etwas Ursprüngliches betrachtet, verdeutlicht die Metaphorik des Wasserkreislaufs in der Natur seine unterschiedlichen Ebenen von der universalen Einheit bis zur individuellen Separatheit und

5. Psychologische Grundlagen von Universalität und Multikulturalität

die Dialektik von Einheit und Vielheit: Das *universale Bewußtsein* wird mit dem Meer verglichen, einer flüssigen, undifferenzierten Masse, und die erste Phase der Schöpfung mit der Bildung von Wellen. Die Welle ist bereits etwas Einzelnes, und dennoch ist unbestritten die Welle der Ozean und der Ozean die Welle; beide sind nicht zu trennen. Das nächste Stadium der Schöpfung wäre eine Woge, die sich am Felsen bricht, so daß Wassertropfen in die Luft gischten und für kurze Zeit als individuelle Einheiten existieren, bevor sie wieder vom Meer aufgenommen werden; sie genießen flüchtige Augenblicke separater Existenz. Das folgende Stadium wäre eine kleine Wasserpfütze, die eine hochschwappende Woge auf der Felsenküste zurückläßt, bis die nächste Welle kommt und das zurückgelassene Wasser wieder mitnimmt. Während dieser Zeit ist die Pfütze eine abgetrennte Einheit, und dennoch ist sie eine Ausweitung des Meeres, die schließlich wieder in ihren Ursprung zurückkehrt. In der Phase der Verdunstung wird die ursprüngliche Einheit durch eine tatsächliche Transformation verdeckt; schließlich aber wird sich das Wasser in der Wolke wieder als Regen mit dem Meer vereinen. Die endgültige Trennung von der ursprünglichen Quelle symbolisiert die Schneeflocke, eine in hohem Maße strukturierte, sehr individuelle separate Entität, die aber nur scheinbar keine Ähnlichkeit mit ihrer Herkunft mehr besitzt. Um sich wieder mit dem Meer zu vereinen, muß die Schneeflocke ihre Struktur und Individualität aufgeben (Capra, ebd., S. 117 ff.).

Unter der Perspektive, daß Bewußtsein die primäre Wirklichkeit ist, sind alle Formen von Materie und alle Lebewesen Manifestationen des reinen Bewußtseins. Laing verdeutlicht dem Autor, daß *jede* Erfahrung der Wirklichkeit unbeschreibbar ist. Das menschliche Bewußtsein kann in einem einzigen Augenblick an all den Farbschattierungen, Klängen, Düften und Empfindungen eines südlichen Sommerabends teilhaben, ohne daß es jemals möglich sein wird, diese Erfahrung zu beschreiben. Bewußtsein ist eine Eigenschaft lebender Systeme von gewisser Komplexität. Als Selbst-Gewahrsein manifestiert es sich nur bei höheren Tieren und entfaltet sich voll im menschlichen Geist. Eine neue Wissenschaft vom Bewußtsein müßte sich mehr mit Qualitäten als mit Quantitäten befassen und mehr auf gemeinsamen Erfahrungen als auf verifizierbaren Messungen beruhen. Die Daten würden Erfahrungsmuster sein, die sich weder quantifizieren noch analysieren lassen. Andererseits müßten die begrifflichen Modelle, die diese Daten miteinander verknüpfen, logisch stimmig sein wie alle wissenschaftichen Modelle und könnten sogar quantitative Elemente enthalten. Laing fügt dieser Ansicht Capras hinzu,

> daß die neue Naturwissenschaft, die neue Epistemologie, auf einem Wandel des Herzens, auf einer völligen Umkehr beruhen muß. Von der bisherigen Absicht, die Natur zu beherrschen und zu kontrollieren, müßte sie sich zur Anschauung eines Franz von Assisi wandeln, daß die ganze Schöpfung unser Gefährte, wenn nicht unsere Mutter ist. (Capra, ebd., S. 151)

Das neue Denken erfährt als universales Bewußtsein seine Konkretion in den Zielkriterien von Multikulturalität (s. 6.2).

Das Phänomen des *kosmischen Bewußtseins* ist wohldokumentiert aus vielen unterschiedlichen historischen und kulturellen Kontexten (u.a. James, 1982; Huxley, 1970; Mynarek, 1986, 1991; Wilber, 1988; Zundel & Fittkau, 1989; Willi, 1985).

Wenn, wie Tart (1986) postuliert, elementare Bewußtheit als etwas, das von außerhalb unseres Gehirns kommt, sich in Interaktion mit unserer „Software" zu Bewußtsein verbindet, wird die jeweilige individuelle und kulturelle Färbung des „kosmischen Bewußtseins" verständlich. So nach einer Schilderung Gregors des Großen in der Vision des Ordensgründers Benedikt von Nursia:

> Er stand am Fenster und betete zum allmächtigen Gott. Während er so in frühester Stunde hinausblickte, sah er plötzlich, wie sich ein Licht von oben her ergoß, die ganze Finsternis der Nacht verscheuchte und so hell aufleuchtete, daß dies in der Finsternis strahlende Licht den Tag übertraf. Etwas sehr Wunderbares war mit dieser Erscheinung verbunden: Es wurde ihm nämlich, wie er später selbst erzählte, auch die ganze Welt in einem einzigen Sonnenstrahl vereinigt vor Augen geführt. (Thiele, 1989, S. 33)

So Carl Gustav Jung im Zustand der Bewußtlosigkeit nach einem Herzinfarkt:

> Es schien mir, als befände ich mich hoch oben im Weltraum. Weit unter mir sah ich die Erdkugel in herrlich blaues Licht getaucht. Ich sah das tiefblaue Meer und die Kontinente. Tief unter meinen Füßen lag Ceylon, und vor mir lag der Subkontinent von Indien. Mein Blickfeld umfaßte nicht die ganze Erde, aber ihre Kugelgestalt war deutlich erkennbar, und ihre Konturen schimmerten silbern durch das wunderbare blaue Licht....
> Später habe ich mich erkundigt, wie hoch im Raume man sich befinden müsse, um einen Blick von solcher Weite zu haben. Es sind etwa 1500 km! Der Anblick der Erde aus dieser Höhe war das Herrlichste und Zauberhafteste, was ich je erlebt habe. (Jaffé, 1986[4], S. 293)

So im Erleben des Nuklearphysikers Fritjof Capra:

> Eines Nachmittags im Spätsommer saß ich am Meer; ich sah, wie die Wellen anrollten, und fühlte den Rhythmus meines Atems, als ich mir plötzlich meiner Umgebung als Teil eines gigantischen kosmischen Tanzes bewußt wurde. Als Physiker wußte ich, daß der Sand und die Felsen, das Wasser und die Luft um mich herum sich aus vibrierenden Molekülen und Atomen zusammensetzen. Diese wiederum bestehen aus Teilchen, die durch Erzeugung und Zerstörung anderer Teilchen miteinander reagieren. Ich wußte auch, daß unsere Atmosphäre ständig durch Ströme kosmischer Strahlen bombardiert wird, Teilchen von hoher Energie, die beim Durchdringen der Luft vielfache Zusammenstöße erleiden. All dies war mir von meiner Forschungstätigkeit in der Hochenergie-Physik vertraut, aber bis zu diesem Augenblick beschränkte sich meine Erfahrung auf graphische Darstellungen, Diagramme und mathematische Theorien. Als ich an diesem Strand saß, gewannen meine früheren Experimente Leben. Ich „sah" förmlich, wie aus

5. Psychologische Grundlagen von Universalität und Multikulturalität

dem Weltenraum Energie in Kaskaden herabkam und ihre Teilchen rhythmisch erzeugt und zerstört wurden. Ich „sah" die Atome der Elemente und die meines Körpers als Teil dieses kosmischen Energie-Tanzes; ich fühlte seinen Rhythmus und „hörte" seinen Klang, und in diesem Augenblick wußte ich, daß dies der Tanz Shivas war, des Gottes der Tänzer, den die Hindus verehren. (Capra, 1992², S. 33)

Cosmic consciousness, 1901 von dem kanadischen Psychiater Richard Maurice Bucke veröffentlicht, gilt immer noch als das Standardwerk in der Beschreibung des Phänomens des kosmischen Bewußtseins. Bucke versucht, unter der Faszination der Darwinschen Evolutiontheorie, eine Explikation des kosmischen Bewußtseins als ein suprakonzeptionales Stadium der mentalen Entwicklung. Als Belege dienen ihm schriftliche Zeugnisse aus mehreren Jahrtausenden und aus unterschiedlichen Kulturen bis zu anonymen zeitgenössischen Beschreibungen der Erfahrung des kosmischen Bewußtseins. Anlaß für Buckes Forschungsarbeit[24] war eine eigene Erfahrung. Bucke (1973, S. 1 ff.) definiert kosmisches Bewußtsein als eine höhere Form von Bewußtsein als sie der gewöhnliche Mensch besitzt. Insgesamt unterscheidet er drei — hierarchisch angeordnete und sich jeweils ergänzend zu betrachtende — Formen oder Grade von Bewußtsein:

1. *Simple consciousness,* das der — evolutionstheoretisch — oberen Hälfte des Tierreichs zur Verfügung steht. Ein Hund oder ein Pferd hat auf diese Weise ein Bewußtsein von den Objekten oder seinem eigenen Körper wie ein Mensch.
2. Darüber hinaus besitzt der Mensch noch *self consciousness,* das ihn befähigt, sich selbst als eine Entität zu betrachten, die vom Rest des Universums verschieden ist. Auf diese Weise wird er fähig, seine eigenen mentalen Zustände als Objekte des Bewußtseins zu betrachten und sprachlich auszudrücken.
3. Weit oberhalb des Selbst-Bewußtseins und zusätzlich zu diesem und dem Einfach-Bewußtsein ist *cosmic consciousness* eine dritte Fähigkeit, das Bewußtsein vom Kosmos, d.h. vom Leben und der Ordnung des Universums.

Außer dem kosmischen Gefühl als dem zentralen Merkmal kennzeichnen eine Reihe von Begleitphänomenen das kosmische Bewußtsein, u.a. eine intellektuelle Erleuchtung oder Illumination, die dem Individuum eine neue Existenzebene, die Zugehörigkeit zu einer neuen Spezies bewußt macht; ein unbeschreibliches Gefühl der Verzücktheit und Freude; ein Gefühl der

---

[24] William James schrieb darüber dem Autor:
I believe that you have brought this kind of consciousness ‚home' to the attention of students of human nature in a way so definite and unescapable that it will be impossible henceforward to overlook it or ignore it .... But my total reaction on your book, my dear Sir, is that it is an addition to psychology of first rate importance, and that you are a benefactor of us all. (Acklom, G.M., Vorwort zu Bucke, 1973)

Unsterblichkeit und ein Bewußtsein vom ewigen Leben. Bucke (ebd., S. 4 ff.) betrachtet den evolutionären Übergang zum kosmischen Bewußtsein, der unter gewissen hereditären Bedingungen und einem nicht zu hohen Alter jedem möglich sei, als die dritte der zu Beginn des 20. Jahrhunderts zu erlebenden Revolutionen. Diese psychische Revolution werde für die Menschheit mehr tun als die technische und ökonomisch-soziale Revolution. Alle drei zusammen werden buchstäblich einen neuen Himmel und eine neue Erde erschaffen.

Kosmisches Bewußtsein ist nur einer der „veränderten Bewußtseinszustände", die in den letzten Jahren näher untersucht wurden. Bates und Stanley (1985, S. 547) versuchen eine Differentialdiagnose der Nah-Tod-Erfahrung, die mit dem Phänomen des kosmischen Bewußtseins fünf von acht Symptomen gemeinsam hat: Freude, veränderte Zeitwahrnehmung, Transzendenz der Identität, ungewöhnlich klare Wahrnehmung und Luzidität im Denken.

5.5.2 Explikation des kosmischen Bewußtseins bei Aurobindo

In der Transpersonalen Psychologie besteht in bezug auf das kosmische Bewußtsein ein Phänomenüberhang neben einem Erklärungsdefizit auf der Theorieebene. Bei Aurobindo kann dagegen von einem Theorieübergang gesprochen werden: Viele der von ihm nach vorausgehender Erfahrung in kritischer Auseinandersetzung mit der indischen Tradition explizierten Bewußtseinsphänomene sind in der Transpersonalen Psychologie nicht oder nur unzureichend beschrieben worden. Das gilt insbesondere für das Phänomen des kosmischen Bewußtseins und seine Beziehungen zum Alltagsbewußtsein *(mind* als instrumentales Bewußtsein) einerseits und dem noch über es hinausgehenden transzendentalen Bewußtsein andererseits.

Nach Aurobindo (1973, S. 21 ff.) ist das kosmische Bewußtsein in der östlichen Psychologie immer als eine Realität und als Ziel subjektiver Entwicklung betrachtet worden. Es beinhaltet eine Ausdehnung der Grenzen, die uns das Ich-Gefühl auferlegt, und eine Teilnahme bis Identifikation mit jenem Selbst, das als Geheimnis in allem Leben ist und in all dem, was uns unbelebt erscheint. Dieses kosmische Bewußtsein umarmt das Universum und erscheint als eine immanente Intelligenz in all seinen Phänomenen. In das kosmische Bewußtsein einzutreten, heißt für den Menschen, wie dieses in kosmischer Existenz zu leben. Unser ganzes Bewußtsein verändert sich und sogar unser Empfinden und Erleben. Wir werden uns der Materie als *einer* Existenz bewußt und der Körper als ihrer Formationen, in denen sich die eine Existenz physikalisch in dem einzigen Körper von sich selbst in alle anderen aufteilt und durch physikalische Mittel wiederum die Kommunikation zwischen diesen zahllosen Punkten ihres Seins etabliert. Denken und Leben erfahren wir in gleicher Weise als diese eine Existenz in ihrer Vielheit, die sich trennt und wiedervereinigt in jeder ihrer Domänen jeweils durch Mittel, die dieser Bewegung entsprechen. Falls wir das wollen, können

5. Psychologische Grundlagen von Universalität und Multikulturalität 171

wir weitergehen und − nach dem Durchlaufen vieler Verbindungsstufen − eines *supermind* bewußt werden, dessen universale Operation der Schlüssel zu allen darunterliegenden Aktivitäten ist. Wir werden der kosmischen Existenz nicht nur bewußt, sondern betreten sie in Bewußtheit und leben in ihr wie wir zuvor im Ich-Bewußtsein lebten, aktiv, mit wachsendem Kontakt und zunehmend vereint mit anderen im Mentalen, Vitalen und Körperlichen als Teilen eines Organismus, den wir uns selbst nennen. Das hat Auswirkungen nicht nur auf unsere eigenes moralisches und mentales Verhalten und auf das Verhalten anderer, sondern sogar auf die physikalische Welt und deren Ereignisse durch Mittel, die dem Göttlichen näher sind als unseren Ich-Fähigkeiten möglich ist. Wer diesen Kontakt hatte oder in ihm lebt, für den ist dieses kosmische Bewußtsein real und zwar von einer größeren als der physikalischen Realität. Und ebenso, wie wir in ein kosmisches Bewußtsein eintreten und einssein können mit der ganzen kosmischen Existenz, so können wir in ein welttranszendierendes Bewußtsein über der kosmischen Existenz gelangen.

Das Eine als Träger, Essenz und fundamentale Kraft in allen Dingen wahrzunehmen, ist Merkmal des über das Denken hinausgehenden Fähigkeit des *overmind*. Im Mentalen ist die zugrundeliegende Einheit vage, abstrakt, unbestimmt und unbestimmbar. Seine einzige offenkundige Konkretheit ist die des Phänomenalen, das seiner Natur nach Form und Repräsentation des Einen ist. Es hat nicht die konkrete Vision, die Erfahrung und den Kontakt mit dem Einen, die der Mystiker und spirituelle Sucher anstrebt (Aurobindo, 1971a, S. 244 f.). Im Erleben des kosmischen Bewußtseins empfindet sich das Individuum als *ein* Zentrum dieser als göttlich erfahrenen Universalität, einer ruhigen Einheit und eines Friedens, der über den Dingen ist. Da Bewußtsein zugleich eins und multipel sein kann, kommt dem Denken als *mind* bestenfalls die instrumentale Funktion als Abstraktion und synthetische Konstruktion von Einheit in Form von universalen Konzepten (s. Kap. 4) zu.

Dem bisher explizierten Begriff des kosmischen Bewußtseins ist das Konzept des *spirituellen Bewußtseins* inhärent, d.h. eine Öffnung des instrumentalen, mentalen Bewußtseins in Richtung auf das essentielle Bewußtsein *(spirit*, Geist; *àtman*, Selbst). Kosmisches Bewußtsein bedeutet zunächst nur, daß die Grenzen des Ich, des persönlichen Mentalen und des Körpers verschwinden und man einer kosmischen Weite gewahr wird, die kosmischer Geist ist oder durch ihn gefüllt ist. Zugleich wird man auch des direkten Spiels von kosmischen Kräften bewußt, von universalen mentalen, vitalen und materiellen neben den *overmind*-Kräften. Man wird all dieser Kräfte nicht auf einmal gewahr, da die Öffnung des kosmischen Bewußtseins gewöhnlich fortschreitend erfolgt. Ich, Körper und persönliches Denken verschwinden nicht, sondern werden nur als kleiner Teil des Selbst wahrgenommen. Man beginnt, andere ebenfalls als Teil oder variierende Verdoppelungen von sich selbst wahrzunehmen, als das durch die Natur modifizierte selbe Selbst in anderen Körpern oder zumindest als in einem größeren universalen Selbst lebend, das die eigene größere Realität ist. Alle Dinge verändern sich ihrer Natur und Erscheinung nach. Diese ganze Erfahrung der Welt ist auf radikale Weise verschieden von jener, die im in sich geschlossenen individuellen Selbst gemacht wird. Fallstricke dieses so über das Spirituelle hinausgehenden kosmischen Bewußtseins sind eine Aufblähung des grandiosen Ich, die Konfrontationen mit Kräften auf der vitalen Ebene (als Gefahr schamanistischer und drogeninduzierter Erfahrung) und die Verführung einer kosmischen Illusion, die alle insgesamt das Wachstum der individuellen Seele in Richtung des kosmischen Geistes und damit seelische Gesundheit behindern. Eine unegoistische Motivation und der Kontakt mit der individuellen Seele und ihre beständige Orientierung hin zum Göttlichen sind notwendig, um in das kosmische Bewußtsein eintreten und es auf sicherem Weg passieren zu können (Aurobindo, ebd., S. 316 f.).

Im kosmischen Bewußtsein ist bereits der Treffpunkt, an dem Materie für den Geist *(spirit)* als essentielles Bewußtsein real wird und Geist für die Materie real wird (Aurobindo, 1973, S. 25 f). Denn im kosmischen Bewußtsein sind die mentalen und vitalen Bereiche nur Vermittler und nicht mehr − wie sie im Ich-Bewußtsein erscheinen − Agenten von Trennung und Anstifter von künstlichen Auseinandersetzungen zwischen den positiven und negativen Prinzipien derselben unwißbaren Realität. Das zu kosmischem Bewußtsein gelangte Denken − erleuchtet durch eine Erkenntnis, die zugleich die Wahrheit der Einheit und die Wahrheit der Vielheit und ihre Interaktion begreift −, findet seine eigenen Mißklänge sofort erklärt und versöhnt durch eine göttliche Harmonie. So zufriedengestellt, erklärt sich das Denken dazu bereit, ein Agent jener höchsten Union zwischen Gott und Leben zu werden, auf die wir uns hinbewegen. Materie enthüllt sich dem begreifenden Denken und den subtilisierten Sinnen als Figur und Körper des Geistes − als Geist in seiner selbstformativen Ausdehnung. Geist enthüllt sich als Seele, Wahrheit, Essenz der Materie. Beide bekennen einander als göttlich, real und essentiell eins. Mentalität und Vitalität erscheinen in dieser Erleuchtung zugleich als Figuren und Instrumente des höchsten bewußten Seins, durch die es sich ausbreitet und in denen es selbst in materieller Form wohnt − und in dieser Form enthüllt es sich seinen multiplen Bewußtseinszentren. Denken erlangt seine Selbsterfüllung, wenn es reiner Spiegel der Wahrheit des Seins wird, das sich selbst in den Symbolen des Universums ausdrückt. Leben, wenn es seine Energien bewußt der perfekten Selbstfiguration des Göttlichen zuwendet, gelangt zu immer neuen Formen und Aktivitäten der universalen Existenz.

Unter dieser Perspektive können wir die Möglichkeit eines göttlichen Lebens für den Menschen in der Welt wahrnehmen. Sie wird Wissenschaft rechtfertigen durch die Erschließung eines lebendigen Sinns und eines verstehbaren Ziels für die kosmische und terrestrische Evolution. Zugleich wird durch die Transfiguration der menschlichen Seele in eine göttliche der große ideale Traum aller Hochreligionen eingelöst (Aurobindo, ebd., S. 26).

Das kosmische Bewußtsein ist nicht Gnosis, die „menschlichen Belangen gegenüber fremd" ist (Jonas, 1993a, S. 93). Es umarmt Menschheit und Welt und ist, wenn stabil, ein Merkmal seelischer Gesundheit (s. Maslow und Kohut).

5.5.3 Seelische Gesundheit und Maslows Z-Persönlichkeit

Maslow avancierte zu dem auf dem *mental health*-Sektor wohl am häufigsten zitierten Autor. Trotz der Mängel in Begriffsbildung, Theorienkonstruktion und methodischem Vorgehen sind Maslows Bedürfnishierarchie und sein Konzept der Selbstverwirklichung von anhaltender Faszination im pädagogischen, gesundheits- oder auch betriebspsychologischen Feld. Seine Motivhierarchie (Becker, 1982, S. 106), die nach Defizitmotiven, die der Spannungsreduktion dienen und nach ihrer Befriedigung vorübergehend erlöschen, und nach Wachstums-, Seins- und Metamotiven, die mit lustvollem Spannungsanstieg verbunden sind, differenziert, läßt sich auch nach Ebenen der Individualität, Sozialität und Universalität bzw. Transzendentalität einteilen:

A. Individuelle Ebene:
1. Die physiologischen Bedürfnisse nach Nahrung, Sauerstoff, Schlaf, Sexualität, Schutz vor extremen Temperaturen etc. sind die fundamentalsten und mächtigsten Motive; sie betreffen das physische Überleben des Menschen.
2. Die Sicherheitsbedürfnisse lassen den Menschen nach hinreichender Ordnung, Struktur und Vorhersagbarkeit seiner Umwelt streben; neurotische Fehlentwicklungen führen zur Überbetonung der Sicherheitsbedürfnisse und können die Verwirklichung höherer Motive blockieren.

B. Soziale Ebene
3. Das Bedürfnis nach sozialer Zugehörigkeit und Liebe.
4. Selbstwertbedürfnisse und das Streben nach Selbstachtung und nach Achtung seitens anderer Menschen.

C. Universale bzw. Transzendentale Ebene
5. Das Selbstverwirklichungsbedürfnis mit dem Streben nach Wahrheit, Schönheit, Gerechtigkeit, Vollkommenheit etc.

Alle Motive werden als zur Natur des Menschen gehörend betrachtet, entsprechend Maslows Menschenbild, nach dem der Mensch von Natur aus gut ist und über ein kreatives Potential verfügt.

Der Grad der seelischen Gesundheit eines Erwachsenen läßt sich an der Stufe seiner ihm möglichen Bedürfnisbefriedigung ablesen. Das heißt, seelische Gesundheit ist am größten, wenn nicht nur die Defizitmotive, sondern auch das Selbstverwirklichungsbedürfnis das menschliche Handeln bestimmen. Dabei sind die Metamotive flüchtiger und gleichsam unaufdringlicher. Dennoch kann ihre Frustrierung zu einer existentiellen Neurose führen, zu einer „Metapathologie" der Desillusionierung, der frustrierten Ideale und des Fehlens von intrinsischen Werten.

In seinem Vortrag vom September 1967 (Maslow, 1969a; 1989), in dem er die Transpersonale Psychologie als vierte Kraft der Psychologie einführte, gibt Maslow auch den „höheren" Bedürfnissen eine biologische, instinktoide Fundierung. Das neue Menschenbild der Transpersonalen Psychologie habe umfassende Auswirkungen auf die menschliche Arbeit, auf menschliche Institutionen und Wissenschaften u.a. in einer zunehmenden Bewußtheit von interpersonalen Beziehungen. Danach gibt es eine Hierarchie in der Liebe, die auf ihrer höchsten Ebene die Liebe für das Sein der anderen Person ist, etwas völlig anderes als die gegenseitige Befriedigung auf dem Niveau des Kommerziellen. In einer seiner letzten Veröffentlichungen (Maslow, 1969b) unterscheidet er aufgrund weiterer Untersuchungsergebnisse zwei Grade von Selbstverwirklichung: Bei Personen, die eindeutig gesund sind, aber wenig oder keine Transzendenzerfahrung haben (hier nennt er als Beispiele Eleanor Roosevelt, Truman, Eisenhower) und bei Personen, für die Transzendenzerfahrung wichtig und sogar zentral ist (wie etwa Aldous Huxley, Schweitzer, Buber, Einstein). Allerdings gebe es nicht nur selbstverwirklichende Personen, die transzendieren, sondern auch nichtgesunde Personen, die bedeutende Transzendenzerfahrungen machen, was theoretisch noch nicht einzuordnen sei. Nach einer vorsichtigen Einschätzung treten Transzendenzerfahrungen wahrscheinlich nicht nur bei Selbstverwirklichern, sondern auch bei hochkreativen und begabten Personen, sehr starken Charakteren, außergewöhnlich guten und „heroischen", mächtigen und verantwortlichen Führungspersonen und Managern, insgesamt *peakers* genannt, auf. Die *non-peakers,* d.h. die andere − nur gesunde − Gruppe, sind eher praktische, realistische, fähige und weltliche Personen, die mehr im Hier und Jetzt der Defizitbedürfnisse leben. Sie betrachten Dinge und Personen eher unter Nützlichkeitsgesichtspunkten für das Überleben, aber auch für ihr Wachstum in Richtung Selbstverwirklichung und Freiheit von den basalen Defizitbedürfnissen. Ihre Lebens- und Weltanschauung ist nicht nur durch die Bedürfnishierarchie bestimmt, sondern auch durch das Bedürfnis nach Verwirklichung ihrer eigenen potentiellen Möglichkeiten wie auch der Möglichkeiten der menschlichen Spezies.

Theoretische Probleme bestehen hinsichtlich der Hierarchie der Bedürfnisse; sie korrelieren und überlappen teilweise und ergeben so ein noch wenig bekanntes komplexes Bild. So ist es auch nicht verwunderlich, daß die Unterschiede zwischen lediglich gesunden und den transzendierenden Personen gradueller Natur sind. Beide Personengruppen haben alle Charakteristika der Selbstverwirklichung gemeinsam, die Maslow in *Motivation und Persönlichkeit* (1981) beschrieb. Allerdings weisen nichttranszendierende Selbstverwirklicher u.a. folgende Charakteristika nicht oder nur in einem geringerem Maße auf, die für die transzendierenden kennzeichnend sind: Plateau- bzw. Gipfelerlebnisse sind den Transzendierenden die wichtigsten Dinge im Leben. Sie sprechen auf leichte, normale und natürliche Weise die Sprache des Seins, die Sprache der Dichter, Mystiker, Seher, zutiefst religiösen Menschen, der Menschen, die im Angesicht der Ewigkeit leben; eine leicht testbare Behauptung ist, daß sie Parabeln, Sprechfiguren, Paradoxe, Musik, Kunst, nonverbale Kommunikation etc. besser verstehen. Sie nehmen das Sakrale im Säkularen wahr oder sehen das Heilige in allen Dingen zur selben Zeit wie sie auch das Praktische, die alltäglichen Defizit-Merkmale wahrnehmen. Sie sind auf sehr viel bewußtere und überlegtere Weise metamotiviert. Sie sind empfänglicher für Schönheit, nehmen diese sogar in Dingen wahr, die konventionell nicht als schön gelten. Sie haben eine eher holistische Weltsicht als die praktischen Selbstverwirklicher. Die Menschheit ist eins, der Kosmos ist eins, nationale Interessen, Religion der Vorväter, Unterschiede zwischen Menschen oder deren IQ hören entweder auf zu existieren oder werden leicht transzendiert. In Kategorien von Nationalität zu denken und das Recht der Kriegsführung erscheint ihnen als eine Form der Dummheit und Unreife; diese Art zu denken ist ihnen selbstverständlicher und leichter für sie als unser Alltagsdenken.

Sie wirken nicht nur liebenswert, sondern auch ehrfurchterweckend, unirdischer, gottähnlicher, heiliger im mittelalterlichen Sinn. Sie sind weit mehr geeignet, Innovatoren und Entdecker zu sein als die anderen Selbstverwirklicher, die ihre Sache sehr gut machen und ihre Pflicht in der Welt erfüllen. Sie sind weniger fröhlich im herkömmlichen Sinn, obwohl sie ekstatischer und hingerissener sein können. Sie können unter einer kosmischen Traurigkeit leiden angesichts der Dummheit und Selbstzerstörung der Menschen, ihrer Blindheit und gegenseitigen Grausamkeit und an der Kluft zwischen der realen und der idealen Welt, die ihnen selbst so leicht überwindbar zu sein scheint. Jeder von ihnen kann leicht innerhalb von fünf Minuten einen Entwurf über Frieden, Brüderlichkeit und Glück schreiben, der ihnen völlig praktikabel erscheint. Sie sind dann traurig, zornig oder ungeduldig über die Realität und zugleich optimistisch auf lange Sicht. Es besteht eine positive Korrelation zwischen zunehmendem Wissen und zunehmendem Mysterium und Ehrfucht. Im Gegensatz dazu führt wissenschaftliche Erkenntnis oft zur Verringerung des Mysteriums und damit von Furcht, weshalb sie oft zur Angstreduktion gesucht wird; für die kreativsten Wissenschaftler ist zunehmendes Wissen mit zunehmender Ekstase verbunden, in die sich Demut, ein Gefühl von Unwissenheit und Kleinheit, Ehrfurcht vor der Unermeßlichkeit des Universums etc. mischt, die an unsere Erfahrungen als Kinder erinnert.

Hieraus läßt sich die zu testende Hypothese ableiten, daß auf der höchsten Ebene menschlicher Entwicklung Wissen eher positiv als negativ mit einem Gefühl von Mysterium, Staunen, Demut, ultimater Unwissenheit, Ehrfurcht und Hingabe korreliert. Transzendierende Selbstverwirklicher fürchten sich weniger vor ihren „verrückten" Zeitgenossen, können sowohl die kreativen wie auch die „Spinner" unter ihnen besser unterscheiden. Sie sind ausgesöhnter mit dem Bösen, können dessen gelegentliche Unvermeidlichkeit und Notwendigkeit in einem größeren, holistischen Sinn verstehen. Sie haben zugleich mehr Mitgefühl und sind weniger ambivalent und nachgiebig im Kampf gegen das Böse. Sie betrachten sich eher als Träger von Talent, als Instrumente des Transpersonalen oder als temporäre Sachwalter etwa einer größeren Intelligenz, Fertigkeit, Führungsqualität oder Tüchtigkeit und zwar mit einer besonderen Art von Objektivität, die anderen arrogant, grandios oder sogar paranoid erscheint. Sie sind prinzipiell – wofür bisher keine Daten vorliegen – tiefer religiös oder spirituell entweder im theistischen oder nichttheistischen Sinn. Ihre Erfahrungen sind religiös, allerdings nicht in der historischen, konventionellen, abergläubigen oder institutionellen Bedeutung des Wortes. Vom konventionellen Standpunkt aus können ihre Erfahrungen als anti-religiös oder Religionsersatz betrachtet werden. Das Paradox ist, daß manche Atheisten sehr viel religiöser sind als manche Priester, was leicht zu operationalisieren ist. Wegen der ihnen leichter zugänglichen Wahrnehmungen auf der Seinsebene haben sie mehr Ziel-Erfahrungen – etwa von der Art des Aufgehens im Handeln selbst, dem *flow*-Erleben nach Csikszentmihalyi (1987[2]) – und mehr von der Faszination der Kinder, die von den Farben in einer Pfütze oder von den Regentropfen auf der Fensterscheibe hypnotisiert werden. Sie sind im Freudschen Sinn mehr post-ambivalent, können umfassender und konfliktfreier lieben, akzeptieren und expressiv sein. Geld ist ihnen weniger wichtig als Belohnungen anderer Art. Sie lieben ihre Arbeit und werden für etwas bezahlt, was sie anderenfalls als Hobby betreiben würden. Sie suchen aktiv eine Beschäftigung, die *peak experiences* und Seins-Kognitionen wahrscheinlicher macht.

In Maslows Untersuchungen zu dem von ihm so genannten Persönlichkeitstyp Z der transzendierenden Selbstverwirklicher fand sich eine unerwartete Verteilung. Unter ihnen waren ebenso viele Geschäftsleute, Industrielle, Manager, Erzieher oder Politiker wie „professionell" Religiöse, Dichter, Intellektuelle oder Musiker. Jeder dieser Gruppen hatte eine eigene Ausdrucksweise oder Persönlichkeit. So sprach etwa ein Pfarrer von Transzendenz, ohne selbst die leiseste Erfahrung davon zu haben, während ein Industrieller seine Ideale, Metamotive und Transzendenzerfahrungen unter einer Maske von Härte, Realismus und Egoismus sorgfältig verbergen konnte und diese schützende Oberfläche erst in der sehr direkten Konfrontation aufgab. Maslow kann über die Population dieser Z-Persönlichkeit keine Aussagen machen. Mit drei bis vier Dutzend wurden Interviews gemacht, mit etwa zweihundert von ihnen wurde damals gesprochen, oder es wurde über sie gelesen bzw. sie wurden beobachtet. Prinzipiell hält er jedoch jede seiner – bisher noch vorwissenschaftlich zu nennenden – Annahmen für testbar.

5. Psychologische Grundlagen von Universalität und Multikulturalität

Die Publikationen von Capra werden dem *New Age* zugeordnet, das sich als Bewußtseinsbewegung versteht. Auch die Merkmale der Z-Persönlichkeit wären hier einzuordnen. Nun ist diese *New Age*-Bewegung alles andere als einheitlich, und eine Pauschalierung in der Weise, daß das vielzitierte neue Paradigma lediglich einen Rückfall noch hinter das alte anbiete, als hätte es die Aufklärung nie gegeben (Goldner, 1994, S. 22), ist nicht gerechtfertigt. Gerade die Z-Persönlichkeit zeigt, daß hier Aufklärung nicht durch Anti-Aufklärung abgelöst wird, Rationalität nicht unter-, sondern überschritten wird (s. 6.1) und Emotionalität nicht länger abgespalten, sondern integriert wird. In ihr dokumentiert sich Musils „Möglichkeitsmensch", der nicht fromm ist, sondern den heiligen Weg „mit einem Kraftwagen" befahren will. Das wissenschaftliche Denken behält seinen Geltungsbereich in der Welt des Phänomenalen. Darin ist Aufklärung nicht hintergehbar. Aber die Motive zu wissenschaftlicher Forschung verändern sich unter der Erweiterung des Bewußtseins über das Rationale hinaus. Dies sind Merkmale seelischer Gesundheit und nicht Ausdruck eines infantilen Seelenlebens. Auch das räumliche Transzendieren, die Einheit mit der Natur, ist nicht Kinderglaube (Bopp, 1994, S. 27). Sie ist Wahrnehmung des Essentiellen, des Verborgenen in allem, das ist. Im Phänomenalen, etwa als Unterstellung, daß etwa auch Steine, Pflanzen und Tiere psychische Eigenschaften wie wir Menschen haben, ist diese Einheitserfahrung tatsächlich nur ein Rückfall in den Animismus.

Trotz der Beliebtheit der Maslowschen Bedürfnishierarchie, die zum abgesunkenen Kulturgut der Motivationspsychologie (s. Heckhausen, 1989²) gehört, ist seit seinem Tod im Jahre 1970 erstaunlich wenig zum Konzept der *peak experiences* geforscht worden. Eine Analyse versuchen Yeagle, Privette und Dunham (1989). Sie gehen von der Universalität dieser Erfahrung aus, d.h. potentiell alle Menschen und sogar psychisch kranke Personen haben *peak experiences* und erleben dabei u.a. Freude, Sinn, Absorption und Kreativität mit ihren oft dauerhaften positiven Nachwirkungen für ihr Wohlbefinden und ihre sozialen Beziehungen. Auslöser für die Erfahrungen sind in der Regel Sex- oder Musik-Erleben, schließlich jedoch jedes Erleben von wirklicher Exzellenz oder Perfektion.[25]

---

[25] Ein schönes Beispiel für die Erfahrung des kosmischen Bewußtseins in einer sexuellen Begegnung gibt Lowen mit dem Bericht eines seiner Patienten: 'My girld friend had expressed her intention to terminate our relationship', he said. ‚It hit me hard, because I really loved this girl. I began to cry deeply. You know how hard it is for me to cry. I then told her how much she meant to me. She was touched by my feelings, and she embraced me. One kiss led to another, and we had sexual relations. I never had such an experience in my life. My whole body reacted in the climax. It was ecstatic. The next day, I felt different. I felt so alive, I could feel my heart beating. It seemed that I could feel the pulse of all living things in my heart. It was a great sensation while it lasted.' (Lowen, 1975, S. 32)

Allerdings unterscheiden die Autorinnen in ihrer eigenen empirischen Untersuchung nicht, wie Maslow (1969b) es tat, zwischen den eher alltäglichen und den transzendierenden Selbstverwirklichern, den eigentlichen *peakers*.

Eine Herausforderung für die hierarchische Konzeption in bezug auf Maslows Bedürfnispyramide stellt Armstrongs (1984) Artikel dar, in dem er Zeugnisse für transpersonale Erfahrungen (also *peak experiences*) vorstellt, die sich bereits in der Kindheit ereigneten. Nach Maslows Vorstellung ist dies jedoch die Phase der Defizitbedürfnisse, deren Befriedigung erst die Bedingung für die Selbstverwirklichungsmotive ist.

Cassell versucht eine Anwendung der Transpersonalen Psychologie in einem sechs-Ebenen-Therapiemodell, das uns schließlich in die Lage versetzen soll, das Alter von 150 Jahren zu erreichen (Cassell, 1987, S. 46). Die *six levels of wellness* sind hierarchisch organisiert: Identifizierung und Beseitigung von Risikofaktoren für Herzerkrankungen; Versöhnung von bewußten und unbewußten Bedürfniskonflikten; Erlangen einer vollständigen Identität, die es erlaubt zu lieben und geliebt zu werden; Psychische Balance als Freiheit und Unabhängigkeit, die für eine positive Haltung wesentlich sind; Selbstregulation des neuralen Systems und Kosmisches Bewußtsein und Gegenseitigkeit erlangen (Cassel, 1989, S. 47).

Kosmisches Bewußtsein und eine die Spezies umfassende Synergie beinhaltet die folgenden Merkmale: Abkehr vom Macht- und Konkurrenzdenken; Gegenseitigkeit dort, wo das, was einem geschieht, für alle wichtig ist. Synergie dort, wo das, was Tieren geschieht, auch für Menschen wichtig ist. Heiligkeit des individuellen Körpers, der durch niemanden zerstört werden darf (Cassel, 1990, S. 38). Leider beläßt es der Autor bei der Ankündigung, daß therapeutische Maßnahmen, wie etwa das Biofeedback, die neuralen Funktionen zu harmonisieren vermag und teilt nicht mit, auf welche Weise die sechs Stufen der Gesundheit und insbesondere die letzte Stufe des kosmischen Bewußtseins zu erlangen sind (Cassel, 1991).

5.5.4 Kosmischer Narzißmus in der Selbst-Psychologie Kohuts

Kohut beschreibt in dem Kapitel *Formen und Umformungen des Narzißmus* in *Die Zukunft der Psychoanalyse* verschiedene Formen des Narzißmus, die nicht nur als Vorläufer der Objektliebe, sondern auch als unabhängige psychische Konstellationen zu betrachten sind. Eine Reihe komplexer, autonomer Leistungen der reifen Persönlichkeit beruhen auf Umformungen des Narzißmus, d.h. kommen zustande durch die Fähigkeit des Ich, die narzißtischen Besetzungen zu zähmen und für seine höchsten Ziele einzusetzen. Vielfach stellt sich in so heilsamen Umwandlungen des Narzißmus wie Humor, Kreativität, Einfühlung und Weisheit das echtere und gültigere Resultat der psychoanalytischen Therapie dar (Kohut, 1975, S. 166 f.).

Das Selbst im psychoanalytischen Sinne deckt sich keineswegs mit den Grenzen der Persönlichkeit. In bestimmten seelischen Zuständen kann es

5. Psychologische Grundlagen von Universalität und Multikulturalität

sich weit über die Grenzen des Individuums hinaus erstrecken und sogar bei scheinbarer Isolierung und Einsamkeit die reichsten Objektbeziehungen unterhalten (Kohut, ebd., S. 141 f.). Die künstlerisch oder wissenschaftlich schöpferische Persönlichkeit ist im psychologischen Sinn von ihrer Umwelt nicht so abgetrennt wie die nichtschöpferische, deren Grenzen zwischen Ich und Du klarer gezogen sind. Und die Haltung des Künstlers zu seiner Umwelt als „Liebesverhältnis mit der ganzen Welt" ist nicht nur Ausdruck seines Narzißmus, sondern auch ein Stück kollektive Objektbeziehung. Bei der Fähigkeit des Ich zur Empathie handelt es sich um eine ursprüngliche Ausstattung der menschlichen Seele, die zu einem gewissen Grad mit den Primärprozessen verbunden bleibt. Unsere erste Wahrnehmung der Manifestation von Gefühlen, Wünschen und Gedanken eines anderen Menschen ereignete sich im Rahmen einer narzißtischen Konzeption der Welt als primäre Empathie mit der Mutter. In der Fähigkeit des Menschen, die Endlichkeit seiner Existenz zu sehen und im Einklang mit dieser schmerzlichen Entdeckung zu handeln, sieht Kohut die vielleicht größte psychische Errungenschaft.

> Ich glaube, daß diese Leistung nicht nur auf dem Sieg der autonomen Vernunft und höchster Objektivität über die Ansprüche des Narzißmus beruht, sondern auch auf der Erreichung einer höheren Form des Narzißmus. Große Menschen, die jene Anschauung des Lebens erreicht haben, die von den Römern ein Leben *sub specie aeternitatis* genannt wurde, zeigen keine Resignation oder Hoffnungslosigkeit, sondern einen stillen Stolz, der oft mit milder Verachtung des großen Haufens einhergeht, der, ohne imstande zu sein, sich an der Vielfalt der Genüsse, die das Leben bietet, zu erfreuen, sich vor dem Tode fürchtet und vor seinem Herannahen zittert. Goethe hat seiner Verachtung des Menschen, der den Tod nicht als einen immanenten Teil des Lebens zu erkennen vermag, in der folgenden Strophe dichterisch Ausdruck verliehen:
> > „Und so lang du das nicht hast,
> > Dieses: Stirb und werde!
> > Bist du nur ein trüber Gast
> > Auf der dunklen Erde."
> > (Selige Sehnsucht, West-Östlicher Divan)
>
> Nur durch die Hinnahme des Todes, so sagt Goethe hier, kann der Mensch alles, was es im Leben gibt, ernten: ohne sie ist das Leben trübe und unbedeutend. Ich glaube nicht, daß die darin ausgedrückte Haltung als schöne Leugnung der Todesfurcht zu verstehen ist. Sie enthält keinen Unterton von Angst und keine Erregung. Es ist vielmehr eine nichtisolierte, schöpferische Überlegenheit spürbar, die mit ruhiger Gewißheit urteilt und ermahnt. Ich zweifle nicht, daß Menschen, die imstande sind, diese höchste Haltung gegenüber dem Leben einzunehmen, das kraft eines neuen, erweiterten, transformierten Narzißmus tun. Es ist ein kosmischer Narzißmus, der die Grenzen des Individuums transzendiert. (Kohut, ebd., S. 161 f.)

So wie die primäre Empathie des Kindes mit der Mutter Vorläufer für die Fähigkeit des Erwachsenen zur Empathie ist, so kann auch „seine primäre Identität mit der Mutter als Vorläufer für eine spät im Leben eintretende

Erweiterung des Selbst betrachtet werden, in welcher es möglich wird, die Endlichkeit der individuellen Existenz zu bejahen" (Kohut, ebd., S. 162). Das ursprüngliche psychische Universum beruht auf der urtümlichen Erfahrung von der Mutter, das viele Menschen vage als ein „ozeanisches Gefühl" erinnern. Hierbei handelt es sich ebenso um eine von der primären Identität des Kindes mit der Mutter vorgeprägte Errungenschaft wie bei der Verschiebung der narzißtischen Besetzung vom Selbst auf die Teilhabe an einer überindividuellen, zeitlosen Existenz, sobald die Gewißheit des endlichen Todes voll angenommen ist.

> Im Gegensatz zu dem ozeanischen Gefühl aber, das nur passiv (und gewöhnlich nur flüchtig) erlebt wird, ist die echte Verschiebung der Besetzung auf einen kosmischen Narzißmus das dauerhafte, schöpferische Resultat einer stetigen Aktivität des autonomen Ich, und nur sehr wenige Menschen sind imstande, das zu erreichen. (Kohut, ebd., S. 162 f.)

Die Fähigkeit zum Humor hat mit der „fast religiösen Feierlichkeit des kosmischen Narzißmus" viel gemeinsam: „Humor wie kosmischer Narzißmus sind . . . beides Umformungen des Narzißmus, die dem Menschen helfen, die äußerste Meisterschaft über die Forderungen des narzißtischen Selbst zu erlangen, d.h. die Erkenntnis seiner Endlichkeit im Prinzip und selbst seines bevorstehenden Endes zu ertragen" (Kohut, ebd., S. 163). Allerdings sei Vorsicht geboten gegenüber dem Menschen, der niemals imstande ist, ernst zu sein oder der die Schmerzen und Mühen des Alltags nicht ins Auge fassen will, sondern ständig mit dem Kopf in den Wolken dahergeht. Weder der Humor dieses Clowns noch die Unweltlichkeit dieses Heiligen sind echt.

> Eine echte Abziehung der Besetzung des Selbst kann nur langsam durch ein intaktes, gut funktionierendes Ich geleistet werden. Sie wird von Trauer begleitet, während die Besetzung vom geliebten Selbst auf die überindividuellen Ideale und die Welt, mit der man sich identifiziert, übertragen wird. Die tiefsten Formen des Humors und des kosmischen Narzißmus bieten daher nicht ein Bild von Größenideen und Hochstimmung, sondern das eines ruhigen inneren Triumphes mit einer Beimischung unverleugneter Melancholie. (Kohut, ebd., S. 164)

Bei der aufsteigenden Linie der kognitiven Fähigkeiten Information − Wissen − Weisheit geht Weisheit über die kognitive Sphäre hinaus, obwohl sie sie natürlich mit einschließt.

> Der Mensch erlangt Weisheit durch seine Fähigkeit, seinen unmodifizierten Narzißmus zu übersteigen und die Grenzen seiner physischen, intellektuellen und emotionalen Kräfte anzuerkennen. Man kann sie als ein Amalgam der psychischen Haltung, die zum Verzicht auf die narzißtischen Wünsche gehört, mit den höheren Prozessen der Erkenntnis definieren. Weder Ideale noch die Fähigkeit zu Humor noch das Annehmen der Vergänglichkeit allein charakterisieren sie. Es müssen alle drei zusammenkommen, um eine neue psychische Konstellation zu bilden, die über die einzelnen emotionalen und kognitiven Attribute, aus denen sie besteht, hinausgeht. Man kann also Weisheit auch als eine Haltung der Persönlichkeit dem Leben und der Welt

5. Psychologische Grundlagen von Universalität und Multikulturalität

gegenüber definieren, eine Haltung, die durch die Verschmelzung der kognitiven Funktion mit Humor, der Annahme der Vergänglichkeit und einem fest besetzten Wertsystem gebildet ist. (Kohut, ebd., S. 164 f.)

Hanley und Masson (1976, S. 56; s.a. Masson, 1980) konstatieren eine möglicherweise religiöse Note, die sich durch Kohuts gesamtes Werk ziehe. Die Autoren versuchen, klinische Erfahrung und Phänomene der indischen Kultur auf Kohuts „kosmischen Narzißmus" zu beziehen. Ein „gesunder Narzißmus" komme bei Freud nirgends vor und müsse — statt wie von Kohut als das Ziel der Psychoanalyse — seiner Natur nach als restitutiv, kompensatorisch und defensiv betrachtet werden. Die Autoren beziehen sich auf den Briefwechsel Freuds mit Romain Rolland *(Das Unbehagen in der Kultur)*, wo

> the famous ‚oceanic feeling' *(Ewigkeitsgefühl)* is mentioned for the first time. The term ‚cosmic consciousness' derives, ultimately (via ‚primary narcissism' and ‚the oceanic feeling') from Indian sources. Hence we have decided to look more closely at some of the material available in Indian texts. The thoughts and feelings underlying the notion of an oceanic feeling are basic to Indian culture . . ., indeed, in some sense they constitute the leitmotiv of Indian speculative philosophy. (Hanley & Masson, ebd., S. 55)

Um das ozeanische Erleben in der indischen Philosophie verstehen zu können, müsse jedoch über eine phänomenologische Betrachtung hinaus deren Ätiologie und Abwehrnatur betrachtet werden neben ihrem Wert als Ich-Funktion, auf die allein sich Kohut beschränkt habe. Innerhalb der indischen Kultur seien diese Zustände zweifellos kultursynton und adaptiv; für das Individuum, sein inneres Erleben und das Leben in seiner engsten Gemeinschaft sei dieser Wert jedoch weniger gesichert. Freud betrachtete diese Zustände als „regressiv" mit deutlich negativer Konnotation, da er noch nicht den Terminus der „Regression im Dienste des Ich" kannte und benutzte. Kohuts Position im Vergleich zu Autoren der Analytikergeneration der Ich-Psychologie — nach Freud — erscheine eher metaphysisch als psychoanalytisch, gerade im Gebrauch von vielen wertgeladenen Begriffen, die an die Manifestationen des *cosmic consciousness* innerhalb des traditionellen Kontexts der westlichen oder östlichen Mystik erinnern. Die Begriffe der Empathie und der Weisheit werden von ihm in gleicher Weise in einer erhabenen Form gebraucht (Hanley & Masson, ebd., S. 55 f.). Auch daß das „ozeanische Gefühl" gegenüber dem kosmischen Narzißmus eher passiv und von kurzer Dauer ist, ist unerheblich, da beide pathologische Manifestationen seien. Hatte doch Freud bereits die defensive Natur dieses Erlebens erkannt: Die „Einheit mit dem Universum", die den Vorstellungsinhalt des ozeanischen Gefühls bestimmt, klinge zunächst wie ein erster Versuch einer religiösen Tröstung, so als ob dies ein anderer Weg der Verleugnung der Gefahr wäre, die das Ich als Bedrohung aus der äußeren Welt wahrnimmt.

Hanley und Masson halten es für berechtigt, in dieser Bewertung von religiöser Erfahrung als Abwehr noch sehr viel weiter gehen zu können. Tatsächlich seien solche Bewußtseinszustände Abwehr gegen Aggression und Sexualität, und man könne eine Psychose als Abwehr gegen eine schreckliche Erinnerung betrachten. Die indischen Wanderasketen zeigten Parallelen zu eindrucksvollen psychoanalytischen Fallgeschichten und könnten auch eine Suche nach einer verborgenen sexuellen Lust ausdrücken, da sie keine familiären Bindungen haben, aber zahlreiche Möglichkeiten zu sexuellen Abenteuern. Der Tantrismus mit seinem sexuellen und geheimen Code verbinde explizit polymorph sexuelle Aktivitäten mit mystischem Erleben. Die katatonische Rigidität des in Trance verlorenen Yogis sei wohlbekannt; eine solche Position behandele den Körper möglicherweise als Phallus, während umgekehrt das Fehlen mentaler Aktivität als eines der Ziele der Yogis wie eine Art Masturbation wirke. Dergleichen hypnotische Zustände führten zu einer spirituellen Ejakulation. Der Verlust des Bewußtseins könne hier im Zusammenhang mit einer interessanten Bemerkung Freuds gesehen werden, in der er vom Verlust des Bewußtseins im sexuellen Höhepunkt spricht. Ein anderer ätiologischer Aspekt seien bestimmte schwere Kinderkrankheiten, die bewußtseinsverändernd wirken. Da Erkrankungen wie etwa die Mittelohrentzündung besonders im alten Indien stärker vorherrschten, eröffneten sie die interessante Möglichkeit, daß Yogis tatsächlich durch ihre Kindheit dazu bestimmt wurden, ihre Disziplin des Wiederholungszwangs zu wählen. Theoretisch wäre ihre Suche nach solchen Bewußtseinszuständen der Versuch einer verspäteten Kontrolle früherer Traumata (Hanley & Masson, ebd., S. 57 f.).

In den alten Texten wurde die Psychopathologie des Alltagslebens der indischen Gurus nicht erwähnt. Diese Männer kannten weder Aggression noch Sexualität, sondern wollten über das hinausgelangen, was wir das Ich nennen. Dabei gelangten sie in eine Regression zu einem früheren, undifferenzierten Zustand des primären Narzißmus. Paradoxerweise bedeute diese Regression auch ein großes Einströmen dessen, was wir umgangssprachlich Größenwahn nennen. So laute etwa eine der Aussagen der Upanishaden *so'ham*, wörtlich: Ich bin Er, d.h. Ich bin Brahman, Ich bin der Absolute, oder psychoanalytisch gesprochen: Ich und mein Vater sind Eins, was das kosmische Ich in Sanskrit bezeichne[26] (Hanley & Masson, ebd., S. 58).

---

[26] Spätestens hier zeigt sich, wie unvollständig und verzerrt die Autoren zentrale Konzepte der indischen Philosophie rezipieren: Das kosmische Bewußtsein kennzeichnet eine — quasi horizontale — Beziehung zu einem als universal konzipierten Göttlichen. Die Beziehung zwischen Gott und Mensch wird als Trias gedacht und erfahren: individual mit dem immanenten Göttlichen, universal mit dem universalen Göttlichen und transzendental mit dem — beide übersteigenden — transzendentalen Göttlichen. Letztere Beziehung ist mit *so'ham* (das bin ich) oder dem *tat tvam asi* (das bist du) gemeint. Es ist eine monotheistisch-christozentrische Verkürzung, die Beziehung zum den Menschen Übersteigenden, daher „Göttlichen", zum essentiellen Selbst als Gottesbegriff, allein als — vertikale — Sohn-Vater-Beziehung zu sehen.

Die Autoren kommen aufgrund ihrer Untersuchung zu dem Schluß, daß Kohuts kosmischer Narzißmus unter Freuds Konzept von Religion falle, das lediglich eine bestimmte Form einer universalen Neurose der Menschheit bezeichnet (Hanley & Masson, ebd., S. 60). Sie überdehnen die sexuelle Metaphorik in ihrer Anwendung auf Methoden der Bewußtseinskontrolle und beharren auf einer universalen Geltung der Freudschen Es-Psychologie, die sie ethnozentristisch und tempozentristisch[27] auf Inhalte der alten indischen und griechischen Kultur anwenden.[28] Neuere Entwicklungen der Psychoanalyse als Ich-Psychologie werden nicht ausreichend gewürdigt, viel weniger wird die Entwicklung der Selbst-Psychologie Kohuts verstanden. Ihre Interpretation des kosmischen Narzißmus bleibt triebpsychologisch reduktionistisch. Hanley und Masson verharren in blinder Gefolgschaft zur Es-Psychologie Freuds und übersehen die Grenzen des Geltungsbereichs der frühen Psychoanalyse. Es läßt sich nur als Fehlleistung werten, daß ausgerechnet sie ihrem Artikel eine Äußerung des achtzigjährigen Freud voranstellen, in der er den Geltungsbereich seiner Psychoanalyse mit Parterre und Souterrain eines Gebäudes vergleicht, während in einem oberen Stockwerk „so vornehme Gäste wie Religion, Kunst etc." wohnen mögen.

5.5.5 Der Overview-Effekt bei den Kosmonauten

Im Erleben der Weltraumfahrer ist die psychologische oder Erfahrungsbasis der Gaia-Hypothese (s. 4.7) zu sehen. Es ist nicht zu vermuten, daß diese gründlich psychologisch getesteten und über lange Zeit trainierten Männer und Frauen an einer „universalen Neurose" leiden. Sie gelten im Gegenteil als besonders gesund und psychisch stabil, bevor sie auf ihre Weltraummission geschickt werden.

Das TIME-Magazin berichtete in seiner Ausgabe vom 11. Dezember 1972 erstmals darüber, daß die meisten Astronauten Erfahrungen machen, die sie als eine unvermeidliche, universale Konsequenz der Weltraumfahrt

---

[27] Nach Czerwinski gleicht der Tempozentrismus des Historikers, der Vergangenes aus der Gegenwart heraus interpretiert, dem Ethnozentrismus des Ethnologen. Wie zeit- und kulturgebunden die Psychologie und insbesondere die Psychoanalyse ist, wird häufig übersehen:

> Schließlich mag man der Psychologie methodisch zwar die Überwindung empiristischer Borniertheiten absehen, ihrem Inhalte nach aber bleibt sie eine genuine Darstellung der inneren Geschichte bürgerlicher Gesellschaftlichkeit und ist deshalb für die Analyse nichtbürgerlicher Identitätsformen allein als fixer Pol einer *bestimmten* Negation verwendbar: in einem ‚so nicht'. ‚Ethnopsychoanalyse' beispielsweise ist eine *petitio principii*. (Czerwinski, 1986, S. 260, Fn. 12)

[28] Daß Psychoanalyse und östliche Psychologie auch anders behandelt werden können, zeigen die Monographien von Suler (1993) und Stein (1993).

betrachten. Ed Mitchell drückt dies vielleicht am besten aus: „You develop an instant global consciousness, a people orientation, an intense dissatisfaction with the state of the world and a compulsion to do something about it." Wenn dies ein signifikanter Effekt der Weltraumfahrt sei und dieser erfolgreich der Menschheit vermittelt werden könne, dann könne das Ergebnis der Apollo-Mission unschätzbar reicher sein als irgendjemand erwartet hatte (Time, 1972, S. 43; s. auch Collins, 1974). Kelley (1991[23]) fügt in *Der Heimat-Planet* den faszinierenden Fotos der Kosmonauten ebenso eindrucksvolle Äußerungen ihrer Erlebnisse bei:

> Die Erde erinnerte uns an eine in der Schwärze des Weltraums aufgehängte Christbaumkugel. Mit größerer Entfernung wurde sie immer kleiner. Schließlich schrumpfte sie auf die Größe einer Murmel — der schönsten Murmel, die du dir vorstellen kannst. Dieses schöne, warme, lebende Objekt sah so zerbrechlich aus, als ob es zerkrümeln würde, wenn man es mit dem Finger anstieße. Ein solcher Anblick muß einen Menschen einfach verändern, muß bewirken, daß er die göttliche Schöpfung und die Liebe Gottes dankbar anerkennt.
>
> James Irwin, USA

> Es spielt keine Rolle, in welchem See oder Meer du Verschmutzungen entdeckt hast, in den Wäldern welchen Landes du das Ausbrechen von Bränden bemerkt hast, oder über welchem Kontinent ein Wirbelsturm entsteht. Du bist Hüter deiner ganzen Erde.
>
> Jurij Artjuchin, UdSSR

> Nachdem eine orangefarbene Wolke, die sich infolge eines Sandsturms über der Sahara gebildet hatte, von Luftströmungen bis zu den Philippinen getrieben worden war, wo sie als Regen niederging, habe ich begriffen, daß wir alle im gleichen Boot sitzen.
>
> Wladimir Kowalenok, UdSSR

> Nachdem wir alle Schranken der Erde hinter uns gelassen hatten, kristallisierte sich in der Endlosigkeit des Raums bei mir allmählich die Erkenntnis heraus, daß die reiche, über viele Generationen tradierte Kultur und Weltauffassung meines Landes weitsichtig und klug ist, wenn sie uns lehrt, wie endlich und beschränkt unser Wissen von der Welt ist.
> Ich habe auch die Erfahrung gemacht, daß es, um diese Gewißheit zu erfühlen, eines Flugs in den Weltraum nicht bedarf.
>
> Rakesh Sharma, Indien

> Am ersten Tag deutete jeder auf sein Land. Am dritten oder vierten Tag zeigte jeder auf seinen Kontinent. Ab dem fünften Tag achteten wir auch nicht mehr auf die Kontinente. Wir sahen nur noch die Erde als den einen, ganzen Planeten.
>
> Sultan Ben Salman Al Saud, Königreich Saudi Arabien

5. Psychologische Grundlagen von Universalität und Multikulturalität

Hier, vom Weltraum aus, sah ich mich einfach als ein Mensch unter den Millionen anderer Menschen, die auf der Erde gelebt haben, leben und leben werden. Dies läßt einen unausweichlich über unsere Existenz nachdenken und darüber, wie wir uns kurzes Leben genießen und miteinander teilen, und worin wir seine höchste Erfüllung finden können.
Rodolfo Neri-Vela, Mexiko

Als ich nach unten schaute, erblickte ich einen großen Fluß, der langsam in Mäandern meilenweit dahinströmte und ungehindert von einem Land ins andere floß. Ich sah auch riesige Wälder, die sich über mehrere Grenzen hinweg erstreckten, und die Weite eines Ozeans, der die Küsten verschiedener Kontinente berührt. Zwei Worte kamen mir in den Sinn, als ich auf all dies hinunterschaute: Gemeinsamkeit und wechselseitige Abhängigkeit. Wir sind *eine* Welt.
John-David Bartoe, USA

Während eines Fluges im Kosmos ändert sich die Psyche eines jeden Kosmonauten. Wenn du die Sonne, die Sterne und unseren Planeten ansiehst, gewinnst du mehr Lebensfreude, wirst milder, bekommst eine innigere Beziehung zu allem Lebendigen und entwickelst ein gütigeres und duldsameres Verhältnis zu deinen Mitmenschen. Jedenfalls ist es mir so ergangen.
Boris Wolynow, UdSSR

Der Höhepunkt unserer Reise war die Erkenntnis, daß das Universum harmonisch, zweckvoll und schöpferisch ist. Der Tiefpunkt lag in der Feststellung, daß sich die Menschheit nicht dieser Erkenntnis gemäß verhält.
Edgar Mitchell, USA

Als Techniker fuhren wir zum Mond; als von Zuneigung für alles Humane erfüllte Menschen kehrten wir zurück.
Edgar Mitchell, USA

. . . Und irgendwie wird dir klar, daß du ein Teil dieses umfassenden Lebens bist. Und du bist hier in der vordersten Linie und mußt deine Erfahrung an die Leute, zurück nach Hause bringen. Und das ist die ganz besondere Verantwortung; sie sagt dir etwas über deine Beziehung zu dem, was wir Leben nennen. Darin liegt eine Veränderung. Es ist etwas Neues. Und wenn du nach Hause kommst, ist die Welt anders geworden. Geändert hat sich die Beziehung zwischen dir und diesem Planeten, zwischen dir und all den anderen Lebensformen auf dem Planeten. Denn du hast diese Erfahrung gemacht. Es ist ein Unterschied, und er ist unendlich wertvoll.
Russell Schweikart, USA

White untersucht die Qualität dieser Erfahrungen nach etwa zwanzig Jahren Weltraumfahrt. Die für die Kosmonauten typische Erfahrung nennt er *Overview effect*, was mit „Gesamtüberblick" oder „Gesamtschau" nur unzureichend zu übersetzen ist. Gemeint ist damit die tiefgreifende und umfassende Wirkung, die der Anblick unseres Planeten Erde vom Weltraum aus auf den Betrachter, seine Psyche, sein Bewußtsein, sein weiteres Denken und Tun auslöst (White, 1989, S. 17.). Zu den aus seiner Untersuchung zum Overview-Effekt resultierenden neuen Erkenntnissen gehören:

- Der Overview Effekt ist nur eine von mehreren Bewußtseinsveränderungen, die durch die Raumfahrt ausgelöst werden. Die Natur der Erfahrung variiert bei jedem einzelnen und auch entsprechend dem Typ der Weltraummission.
- Seine Auswirkungen sind nicht allein auf die Raumfahrer begrenzt. Die Weitergabe ihrer Erlebnisse an andere verstärkt die Umwandlung unserer Gesellschaft.
- Satelliten und unbemannte Weltraumsonden liefern eine technologische Analogie zum Overview Effekt und zu sonstigen Bewußtseinsveränderungen während bemannter Flüge.
- Alle mit ihm zusammenhängenden Phänomene bilden die Grundlagen für eine Reihe neuer Zivilisationen, die sich auf der Erde und im Weltraum entwickeln.
- Die wahren Implikationen dieses evolutionären Prozesses sind nur aus der Sicht des Universums als eines Ganzen erkennbar; aus dieser Perspektive könnte der Overview Effekt einen Hinweis auf den Daseinszweck der Menschheit als Spezies liefern. (White, ebd., S. 23)

Vier Hauptkomponenten machen den Weltraumflug zu einem Schlüsselerlebnis:

1. Die veränderte Wahrnehmung des Raumes.

Der Flug läßt die physische Wirklichkeit, daß wir uns ja schon im Weltraum befinden und die Erde ein natürliches Raumschiff ist, zur geistigen Wirklichkeit werden, auf die emotional niemand vorbereitet ist.[29] Die Erde aus der Umlaufbahn zu sehen, ist tief bewegend und kaum zu beschreiben.

2. Die veränderte Wahrnehmung der Zeit.

Die per Konvention absolut gesetzte Zeiteinteilung in Sekunden, Minuten, Stunden, Tage und Jahre, die auf der Erde gilt, wird aufgehoben. Auf der Erdumlaufbahn erlebt der Astronaut nach der auf Erdzeit eingestellten Uhr alle neunzig Minuten einen Sonnenauf- und -untergang. Im Orbit scheint die Zeit sich zu beschleunigen. Je weiter man sich jedoch von der Erde entfernt, desto mehr scheint sie sich zu verlangsamen.

3. Die große Stille.

Da der Raum ein Vakuum ist, sind die einzigen Laute, die ein Raumfahrer hören kann, diejenigen, die er selbst oder das Raumschiff verursacht. Diese mit Schwerelosigkeit gekoppelte tiefe Stille ist bis zu einem gewissen Maße Ursache für eine Art traumähnlichen Zustand.

4. Die Schwerelosigkeit.

Es gibt überhaupt kein „oben" und „unten" mehr. Auf eine dadurch verursachte Orientierungslosigkeit folgt eine angenehme und sogar euphorische Reaktion (White, ebd., S. 41 ff.).

Insgesamt ist der Overview-Effekt eine multidimensionale Erfahrung physischer, mentaler und emotionaler Art. Ob sie darüber hinaus auch eine

---

[29] Hier zeigt sich, wie sehr unser Bewußtsein der physikalischen Wirklichkeit „hinterherhinkt", wie sehr die geringe Reichweite unseres Alltagsbewußtseins eine Illusion und das kosmische Bewußtsein das eigentlich angemessene ist.

5. Psychologische Grundlagen von Universalität und Multikulturalität

spirituelle Erfahrung *per se* ist, muß eher verneint werden. Wer jedoch vor dem Raumflug schon von Hause aus religiös eingestellt war, wurde darin eher bestärkt. Dennoch sind die Parallelen zwischen der inneren, spirituellen Reise und der äußeren Reise überraschend. Der Gedanke, daß Raumfahrt und planetarer Frieden irgendwie zusammenhängen, verstärkte sich jedoch mit zunehmender Zahl der Weltraumflüge. Als Glenn 1986 erneut für den US-Senat kandidierte, sprach er auch über sein Privileg, die Erde aus dem Weltraum gesehen zu haben, und seinen beständigen Wunsch, Frieden und Einheit in die Welt zu bringen (White, ebd., S. 46 ff.).

Der Overview-Effekt hat den Status einer Meta-Erfahrung, die umfassender und größer ist als alles, was vorher war und eine fundamentale Herausforderung an das gesellschaftliche System darstellt, sich neu zu ordnen oder zu transformieren, um dieser Herausforderung zu begegnen:

> Der Overview Effekt – die Einheit der Erde sehen und erfühlen – ist eine Meta-Erfahrung. Das Symbol von der Ganzen Erde ist eine auf dieser Erfahrung beruhende Meta-Idee. Die Vielfalt der menschlichen Systeme auf unserer Erde kann diese Ideen und Erfahrungen nicht absorbieren, ohne dabei eine fundamentale Wandlung durchzumachen. (White, ebd., S. 116)

„Je weiter die Menschen ins All blicken, desto tiefer blicken sie in ihr eigenes Innere." (White, ebd., S. 95) In gewissen Fällen erleben Menschen, denen man den Overview-Effekt durch Vorträge oder Filme nahebringt, die Umwandlungen ihrer selbst genau so stark wie die Astronauten selbst.[30] Das hat nach White Implikationen für die Psychologie, die sich noch in einem präplanetaren Zustand befinde, weil sie nicht die Vision des gesamten Systems Erde einbezieht, von dem sie ein Teil ist. Eine terranische, erd-orientierte Psychologie wird den Menschen in Bezug zum größeren Gesamtsystem des Planeten setzen. Die weite Verbreitung des Overview-Effekts ist dabei die Basis terranischer Bewußtheit. Homöostase ist das Kennwort der terranischen Psychologie, weil sie vom Gesamtsystem als grundlegendes Ziel angestrebt werden muß, wenn es überleben will. Die wachsende Zahl von Menschen mit Interesse für ökologische Belange, Weltfrieden und die Grenzen des Wachstums repräsentiert bereits die terranische Psychologie.

---

[30] Dieser Effekt ließe sich im Sinne der von Piepenschneider (1992, s. 5.4) modellierten Bewußtseinsschichten in Form von konzentrischen Kreisen experimentell nutzen. Im Mittelpunkt steht die Person selbst. Mit der experimentell situativ vorgegebenen Anforderung des Blicks auf unseren Planeten, auf Gaia, könnte so ein universales Bewußtsein den äußersten Kreis der Identifikation bezeichnen. Für die Kaste der Berufspolitiker böte sich zur Förderung universalen Bewußtseins freilich ein anderes Forschungsdesign an: Erdumkreisungen *in vivo* mit je nach Fraktions- und Geschlechtszugehörigkeit unterschiedlichen *treatments*, d.h. unterschiedlicher Anzahl und Dauer der Umkreisungen. Sollte sich danach kein signifikanter Zuwachs an globalem Bewußtsein einstellen, käme mit einer weiterreichenden Weltraumexpedition eine radikalere Möglichkeit in Frage, alltagssprachlich „auf den Mond schießen" genannt.

Mit der Ausweitung der Weltraumerforschung und -besiedelung wird dann aus der terranischen Psychologie eine solarische erwachsen (White, ebd., S. 190 ff.). In der so entworfenen universalen Zivilisation ist der Weg zugleich das Ziel und die Frage an die damit entstehende Psychologie: Wie wird der *homo universalis* aussehen?

6. Multikulturell leben lernen

6.1 Auf dem Weg zum universalen Menschen

Die globalen Probleme und mit ihnen die Herausforderung an Multikulturalität sind im wesentlichen ein Problem des Bewußtseins. Modernes, naturwissenschaftliches Denken hat die Menschheit in die globale Krise hineingeritten (Jonas, 1993a), erweitert um ein universales Bewußtsein ist es mächtig genug, Chancen zu erkennen und Wege aus der Krise zu finden.

In der täglichen Überforderung durch Katastrophennachrichten, die uns mit der Globalisierung der Medien erreichen, erleben wir uns hilflos und angstvoll. Sollte deshalb die letzte philosophische Haltung in diesem Zeitalter die Oswald Spenglers sein, nach der der Mensch ein Raubtier ist? Die gegenwärtige kulturelle Krise enthält bereits das Mittel zu ihrer Beseitigung. Sie wird als eine der gesamten Menschheit betrachtet und bietet in dieser Universalisierung an, global zu denken. Auch wenn das Handeln für die meisten von uns zunächst nur lokal und partikularistisch sein kann, ist es dennoch möglich, seine Folgen im globalen Maßstab zu bedenken.

Es ereignet sich mit der Zunahme der Globalisierung und ihrer Probleme eine Bewußtwerdung und Entwicklung über das moderne, zweckrationale Denken hinaus. Verabschiedet sich die Postmoderne mit ihrem Verlust an Kohärenz, Kontinuität und Realität auch von dem Primat der technischen Rationalität, so muß dies nicht notwendigerweise den Rückfall in relativistische Beliebigkeit nach sich ziehen. Wir sind im Gegenteil aufgefordert zu tun, was wir bereits können: zu denken und zu handeln und zu lieben (von Weizsäcker, 1992). Das erfordert Ich-Stärke und Weisheit und damit die Überwindung von individuellem und von Gruppen-Egoismus. Das erfordert auch die Fähigkeit zur Hingabe, die die Ich-Identität stärkt und im Gegensatz zur Unterwerfung das Ich nicht ärmer, sondern reicher macht.

Die Probleme der Globalisierung und die Herausforderung an ein universales Bewußtsein machen noch einen letzten Gruppenegoismus erkennbar, in dem sich der Mensch als die Krone der Schöpfung oder als letzte Stufe der Evolution betrachtet. Je stärker wir uns der Krise allen Lebens auf unserem Planeten bewußt werden, desto stärker werden wir uns der Notwendigkeit bewußt, diese Konzepte zu revidieren. Vielleicht zeigt sich ja in dem durch die globale Krise veranlaßten universalen Bewußtsein nicht nur die Notwendigkeit, sondern bereits der Vorbote einer weiteren Evolution des Menschen.

Aurobindo (1971c, S. 173) entwickelte eine psychologische Theorie der indidivuellen und sozialen Evolution, nach der auf ein infrationales und rationales ein suprarationales Stadium folgt, innerhalb dessen der Mensch fortschreitend ein supraintellektuelles, spirituelles und intuitives und schließlich ein mehr als intuitives, gnostisches Bewußtsein entwickelt. Dieses dritte

Stadium der Bewußtseinsentwicklung markiert für den individuellen wie kollektiv-sozialen Menschen die Verwirklichung von Einheit, Sympathie und spontaner Freiheit als lebendige Ordnung eines entdeckten größeren Selbst als etwas, das bisher nirgendwo auch nur für seine anfänglichen Bemühungen die richtigen Bedingungen gefunden hat. Diese Entdeckung des Geistes *(spirit)* als essentielles Bewußtsein jenseits von *mind* als instrumentales Bewußtsein bedeutet keine Degradierung in Form populärer Religion, sondern ist Notwendigkeit für den nächsten Schritt in der Evolution des Menschen (Aurobindo, 1975, S. 338). Ziel personaler und sozialer menschlicher Existenz ist die fortschreitende Transformation in ein bewußtes Aufblühen der Freude, Kraft und Liebe und des Lichts und der Schönheit des transzendenten und universalen Geistes. Die Hinwendung der sozialen Entwicklung zum Subjektiven, Individuellen ist in dieser Transformation nur ein erster Schritt. Das Ziel geht über das Individuum und über seine innere Exploration hinaus in etwas, das größer ist als das Denken, sondern Denken, Fühlen und Handeln als Instrumente einer umfassenderen Einheit integriert (Aurobindo, 1971c, S. 55). Dieses „radikale Zusammendenken von Gott und Welt" (s. 4.9) erfordert einen Gottesbegriff, der die „Spur Gottes" in allem, was existiert und als Potentialität im Menschlichen anerkennt. In der gegenwärtigen evolutionären Krise der Menschheit hat der Mensch aufgrund seiner Fähigkeit zum rationalen Denken die Aufgabe, sein zukünftiges Schicksal zu wählen. Mit seinem bisherigen Denken erzielte er gewaltige, aber einseitige Erfolge und schuf ein System von Zivilisation, das zu groß ist für das begrenzte mentale Verstehen, sondern der Intuition von etwas, das über es hinausgeht, bedarf.

Wenn für das infrarationale Stadium menschlicher Entwicklung Identität als kollektivistisch zu fassen ist, dann kennzeichnet die in sich geschlossene, individualistische Identität das rationale Stadium dieser Evolution. Im mit der Postmoderne sich bereits abzeichnenden, zukünftigen suprarationalen Stadium wird individuelle Identität zu einem Knotenpunkt universaler Bezogenheit und Selbstverpflichtung. Dieses „konstitutive Individuum" (Sampson) wird einer Wahrnehmung von Geschwisterlichkeit fähig, die weder an physische Verwandtschaft, noch an Gruppenzugehörigkeit gebunden ist, sondern eine psychische Qualität ist, Ausdruck der in allem verborgenen Seele, des essentiellen Selbst.

Ist das als Folge der Globalisierung sich zunehmend abzeichnende universale Bewußtsein — als ein Denken in Universalien bzw. in angestrebter Komplementarität von Universalismus und Relativismus (s. 4.1.1) bis hin zum Erleben des kosmischen Bewußtseins — zentrales Persönlichkeitsmerkmal eines neuen Menschentyps, des *universalen Menschen*? Es scheint eher, daß es sich bei diesem universalen Menschen um eine „Demokratisierung", einen zahlenmäßig unter den gegenwärtig lebenden Menschen häufiger vorkommenden Persönlichkeitstyp handelt. Waren es in der Vergangenheit eher Einzelpersonen, Philosophen oder Mystiker wie etwa Franz von Assisi, so scheint dieses ausgehende zwanzigste Jahrhundert nicht nur das der blutig-

6. Multikulturell leben lernen 191

sten kollektiven Auseinandersetzungen zu sein, sondern auch das einer Bewegung im Sinne einer über kollektivistische und individualistische Egozentrik hinausgehenden und auf die Einheit der Menschheit zielenden Aspiration.

Universal sind wir als Individuum immer schon in unserer verborgenen und selten realisierten Potentialität. Für viele ist Universalität nicht länger eine Überforderung des gegenwärtigen Bewußtseins (Elias). Dennoch sind die universal Denkenden vergleichsweise eine kleine Schar und sicherlich immer wieder davon bedroht, in ihrem Selbstentwurf mehr Diskontinuität als Transformation wahrzunehmen und der täglichen Überforderung nicht standhalten zu können. Elitäre Konzeptionen bieten hier keinen Ausweg, sondern nur die Erfahrung, daß die Teilhabe am Ganzen, an der Einheit nur um den Preis der Demut, der Anerkennung auch des Kleinsten und Unscheinbarsten zu haben ist. Die heitere Gelassenheit des so weise Gewordenen beinhaltet die leise, aber geduldige Trauer über den Zustand der Welt und das Leiden der Kreatur. Das evolutionäre Konzept des universalen Menschen ist daher nicht elitaristisch. Es überwindet den biologischen Reduktionismus, indem es die instinktüberwindende Freiheit des Menschen zu Schuld und Verantwortung einbezieht. Es entzieht sich auch einem psychoanalytischen Reduktionismus, indem es für die Zieldefinition von seelischer (und daraus folgender sozialer) Gesundheit Potentialitäten jenseits der Determinanten frühkindliche Entwicklung und Triebschicksal aufnimmt.

Wegen der wirklichkeitskonstituierenden Funktion von Begriffen (Whorf/Sapir) erscheint es angemessen, das Konzept des universalen Menschen einzuführen als Persönlichkeitstyp, der eine konstitutive Identität, ein prinzipiell unabgeschlossenes, selbsttranszendierendes multiples Selbst aufweist und imstande ist, universal zu denken und zu fühlen und multikulturell zu handeln. Der universale Mensch überschreitet den Kosmopolitismus des Weltbürgers, wenn dieser eine partielle, gruppenspezifische oder selektive Multikulturalität praktiziert und in seiner Selbstreflexivität die universalen Bezugsgrößen von Mensch und Menschheit nicht in den Blick nimmt. Multikulturalität kann daher als das hervorstechende Persönlichkeitsmerkmal des universalen Menschen betrachtet werden.

6.2 Multikulturalität ist Universalität im Mitmenschlichen

Universalität für den Bereich des Mitmenschlichen ist als Multikulturalität zu operationalisieren und zwar in Werthaltungen und Einstellungen, im Erkennen und Fühlen sowie im verantwortlichen Handeln. Voraussetzung hierfür ist der Bezug auf universale Größen und zwar sowohl auf *die Menschheit* als die umfassende Einheit, als auch auf *den Menschen* als deren kleinste Einheit. Werden beide Pole dieser Einheit jeweils mitgedacht, wird Multikulturalität integrierbar in etwas, das ihre einzelnen Aspekte (das Faktische, Nützliche, Genießerische, Ersehnte, Fragliche, Gewollte und Nachdenkliche) umfaßt und ihr eine Zielperspektive verleiht, die unter der Perspektive der Globalisierung nicht nur Mitwelt, sondern Umwelt umfaßt und „aufhebt" in Gaia, den Blick auf den Planeten Erde.

Mit dem Erreichen von Grenzen jeweiliger Stufen von Universalität werden diese im Hegelschen Sinne transzendiert. Für diese Transzendenzdimension stehen Konzeption und Erfahrung von Universalität als kosmisches Bewußtsein. Bloße Konzeption von Universalität ohne ein Erleben, d.h. ohne Auswirkungen für das Fühlen und Handeln, sind für die indische Psychologie unglaubwürdig, für die akademische Psychologie unbefriedigend. Universalität auf der mitweltlichen Ebene als Multikulturalität zu fassen, ist daher neben ihrer Möglichkeit auch eine Notwendigkeit.

Etwas anders gefaßt lautet die These, daß Multikulturalität nur *per intentio obliqua*, über die Universalität und nicht direkt, *per intentio recta*, angezielt werden kann, weil die Konzentration auf das Einzelne ohne ein Mitdenken der Ganzheit ein sich Verlieren in der Vielheit — Partikularismus — nach sich zieht. Was das als psychologische Fragestellung bedeutet, ist im Augenblick noch nicht entscheidbar. Es läßt sich allerdings bereits feststellen: Es wird von einer Multiplizität von Identität, von einer Multikognitivität und der Doppeltheit von Bewußtsein und Bewußtheit auszugehen sein. Alle diese Bereiche sind Herausforderungen für die Psychologie, die kleine Einheiten zu erforschen gewohnt ist und den Schritt in die Theoriebildung von Einflüssen und Wechselwirkungen von übergreifenden Konzeptionen von Mensch, Gesellschaft, Geschichte und Welt nicht oder kaum vollzieht.

Für die Psychologie ergibt sich aus den Prozessen der Globalisierung unter anderem die Konsequenz, den Übergang vom in sich geschlossenen zum konstitutiven, sich der Gemeinschaft verdankenden, multikulturellen Individuum zu konzipieren und hierbei Einflüsse des historischen, sozialen, politischen und ökonomischen Kontexts einzubeziehen. Entwicklungspsychologie wird diese Aspekte in den Bereichen Moralentwicklung und Identitätsentwicklung aufgreifen müssen. Eine Bewußtseinspsychologie wird sich mit Inhalten des multikulturellen und transkulturellen Bewußtseins beschäftigen und auf der Einstellungs- und Handlungsebene weitere Kriterien etwa von *worldmindedness* entwickeln. Schließlich ist eine Bewußtseinspsychologie erforderlich, die die Zustände des kosmischen Bewußtseins in ihre Theoriebildung aufnimmt und untersucht, warum und unter welchen Umständen welche Personen — ob spontan oder als Ergebnis von Psychotherapie oder unter dem heilsamen Schock einer Weltraumfahrt — in den Zustand des kosmischen Bewußtseins gelangen und wie in ihm zu leben und zu handeln ist.

Mit dem Begriff des universalen Bewußtseins wird Multikulturalität zu einer Haltung, die Bemühung und damit Lernen impliziert. Es ist möglich, multikulturell leben zu lernen. Dieses neue Denken findet seine Konkretion in den Zielkriterien von Multikulturalität.

6. Multikulturell leben lernen

Zunächst mag es jedoch darum gehen, Einstellungen und Wertorientierungen abzulegen, zu „verlernen", die der Zielperspektive Multikulturalität abträglich sind: Ein Relativismus, der unter den Merkmalen von Sinnverlust und Sinndefizit egozentrisches und konsumistisches Verhalten nach sich zieht und als Regression zu werten ist. Ein Harmonie-Streben als Illusionsbildung, das die Möglichkeit des Umschlags in Aggression aus Enttäuschung in sich trägt. Projektionen und Instrumentalisierungen, die sich hinter einer emphatischen Multikulturalität verbergen können. Eine unverbindliche Konzeption von Globalisierung als intellektuelle Spielwiese ohne Konsequenzen für verantwortliches Handeln und damit das Akzeptieren von Parallelgesellschaften unter den Bedingungen von Ungleichkeit und Ungerechtigkeit. Eine Vorstellung von Universalität als etwas Fremdes und Feindliches oder − konträr dazu − das trügerische Ich-Gefühl in der Versenkungsganzheit. Falsche Hymnen von Ganzheit, Sein und Gott, denen die Aufklärung ihren mythischen Gehalt zu nehmen hatte. Das Verharren in einer geschichtslosen Perspektive. Das Streben nach einer in sich geschlossenen − totalistischen − Identität mit ihrer Verdrängung von nicht positiv verarbeiteter Schuld, der Ausblendung von Zukunft und der Abschottung gegenüber dem anderen, den Pathologien der Moderne: Unfähigkeit zu trauern, Hoffnungs- und Lieblosigkeit. Das Beharren auf dem Maschinenmodell des Menschen, einer isolierten funktionstüchtigen Monade, die nichts kennt, das über sie hinausweist und transzendiert.

Folgende Einstellungen, innere Haltungen und Wertorientierungen kennzeichnen Universalität und daraus abgeleitet Multikulturalität als individuelles und soziales Ziel: Freiheit, Gleichheit und Brüderlichkeit als soziale Wertorientierungen, die als Forderungen der Französischen Revolution Eingang etwa in das Grundgesetz der Bundesrepublik Deutschland fanden und u.a. die Einstellung zum Asyl bestimmten. Eine Komplementarität im Fühlen als Einzelwesen und Denken als Gattungswesen, ausgedrückt auch als Heimat in den kleinen Quartieren im erweiterten Bewußtsein, Einwohner einer Weltgesellschaft zu sein oder als kulinarische Multikulturalität, die die Akzeptanz anderer Kulturaspekte einschließt. Eine Konzeption von Kultur als kollektives Deutungsmuster, das im historischen Ablauf und in Kontakt mit anderen Kulturen ständig Veränderungen erfährt. Präskriptionen, die Multikulturalität in der eigenen Gesellschaft fördern: Integration statt Assimilation und die Schaffung von gesellschaftlichen Institutionen und Maßnahmen, die die Integration von Zuwanderern erleichtern, fördern − unter Umständen die Aufnahme von Zuwanderern mittels eines Einwanderungsgesetzes auch steuern. Hier ist zunächst ein Perspektivenwechsel in der Politik gefordert. Das Akzeptieren der Tatsache, daß Sprache nicht nur Wirklichkeit abbildet, sondern auch Wirklichkeit schafft; daraus die Konsequenz, daß wir nicht mittels menschenverachtender Sprache („asylantenfreie Zone"), Katastrophenrhetorik oder „Bürokratesisch" die anderen abgrenzen, ausgrenzen und entwerten, sondern die Sprache des Seins statt des Habens (Fromm) sprechen lernen. Die Anerkennung, daß die Begegnung mit anderen Kulturen nicht nur Kenntnisse über diese, sondern auch über die eigene Kultur vermittelt.

Im Anstoß zur Selbstreflexivität durch Begegnung mit dem anderen liegen für Individuum und Gesellschaft Wachstums- und Entwicklungschancen im Sinne von seelischer und sozialer Gesundheit. Eine aufgeklärte Haltung zum eigenen Ethnozentrismus und zum eigenen „inneren Ausland" ist Basis dieser Selbstreflexivität. Toleranz als aktives Handeln, Fähigkeit zu Rollendistanz, Rollenübernahme und Empathie sowie Ambiguitätstoleranz betreffen die Entwicklung der eigenen Identität. Multilingualität, die Förderung von sozialer und pragmatischer Lernkompetenz sowie von Multikognitivität bezeichnen Fähigkeiten und Fertigkeiten, die durch Sozialisationsagenturen gefördert werden sollten. Sie erleichtern den Einheimischen den Umgang mit Zuwanderern und den Zuwanderern die Integration ohne traumatisierende Kulturschockerfahrungen. Die Erkenntnis, daß wir im Zeitalter der Universalisierungen und der kompensatorischen Pluralisierungen leben und daß bei der komplementären Beziehung von Einheit und Vielheit keiner der beiden Aspekte vernachlässigt werden darf. Dazu gehört das Aufdecken von eurozentrischen Universalisierungen, aber auch die Aufgabe, sich für die Universalisierbarkeit etwa der Menschenrechte einzusetzen und diese als transkulturelle Zielideen zu sehen.

Die Einsicht, daß interkulturelle Konflikte aus Konstellationen der Ungleichheit resultieren, und die Bereitschaft, eigene Standards im Verstehen des anderen zunächst einmal zu suspendieren. Die Einsicht in die globalen Effekte technisch-wissenschaftlichen Handelns und die Indienststellung des ihm zugrundeliegenden Denkens für eine Ethik der planetaren Verantwortung. Das Denken ist aus seiner Befangenheit des Anthropozentrismus zu befreien und kann zu einer Perspektive der Globalisierung und der Gaia gelangen, die die transkulturellen und daher universalen Bezugsgrößen des ganz Großen (Sein, Gott, Welt, Menschheit) wie des ganze Kleinen (Mensch, Kreatur) umfassen. Die Vermeidung sowohl von „Seinsvergessenheit" (Heidegger) durch Absorption in der Vielheit als auch von „Seinsverlorenheit" als „Versenkungsganzheit" (Andreas-Grisebach), die die Bodenhaftung verliert. Die Aufdeckung von „aufklärerischem" Denkverbot (und christlichem Erfahrungsverbot!) für Bereiche jenseits der Menschheit und des Menschen. Hier wird der Vorschlag gemacht, das Göttliche als einen relationalen, psychologischen statt – traditionell – absolut gesetzten Begriff für dieses Jenseitige zu betrachten. Der psychologische Gottesbegriff besagt, daß das Unbedingte als reale Präsenz, z.B. als kosmisches Bewußtsein, erfahren wird. Der Aspekt der Immanenz des Göttlichen in der Vielheit könnte zu einem anderen Heimat-Begriff, des Daheimseins im Göttlichen, beitragen. Die Aufgabe der Wissenschaft kann dann so verstanden werden, daß sie sich durch die Vielheit – in die sich Geist in der Zeit entläßt – hindurcharbeitet, um in ihrem agnostizistischen Wissensdrang die Grenzen ihrer Erkenntnis vom Seienden zum Sein, vom Vielen zum Einen immer weiter voranzutreiben.

6. Multikulturell leben lernen

Die Einsicht, daß dem Faktor Angst — vor dem Schicksal der Selbstvernichtung der Menschheit — und der „Erschütterung des Daseins" (Sloterdijk, 1993) eine aufrüttelnde Funktion zukommt und daß die Fähigkeit des Menschen zu denken, zu lieben und zu handeln, seine Verantwortung und Solidarität auch einzufordern sind. Der Entschluß, den Menschen, die Person und ihr absolutes, autarkes, transkulturelles Sein in den Mittelpunkt von multikultureller Pädagogik zu stellen. Die — forschungsmethodisch wichtige — Einsicht, daß kulturelle Deutungs- und Sinndimensionen nicht als kausale, sondern finale Wirkungsdimensionen zu betrachten sind und daß das Verstehen anderer Kulturen eine Reihe von Heuristiken (historisch, geopolitisch und perspektivisch betrachtend, Universalismus und Partikularismus kombinierend, nach kreativen Lösungsmöglichkeiten suchend, Netzwerke und Führungspersönlichkeiten aufsuchend) notwendig macht.

Die Einsicht, daß im Bild vom Individuum die Person nicht mehr als alleinige Eigentümerin ihrer Eigenschaften und Fähigkeiten, sondern als Hüterin im Dienste der Gemeinschaft zu sehen ist. Dazu gehört, das Individuum nicht länger als ahistorisch zu betrachten, sondern auch überpersonale ganzheitliche Qualitäten komplexer sozialer Phänomene bei seiner Konstitution in Betracht zu ziehen. Dabei muß individuelle Erfahrung Primat haben vor nomothetischen Ansätzen. Die Konzeption eines multiplen Selbst, einer multikulturellen Persönlichkeit, die über diverse Bindestrich-Identitäten hinaus unter dem Aspekt der prinzipiellen Unabschließbarkeit von Identitätsentwicklung und unter der Dialektik von individueller Selbstbestimmung und sozialer Selbstverwirklichung ihren *locus of commitment* in der Menschheit, in der weltumspannenden Gemeinschaft, sieht und eine *world identity* herausbildet, die sich als „Jahrtausendmensch" (Jungk, 1993) und Knotenpunkt in der Verkettung von Beziehungen versteht.

Die Überlegung, welche sozialen, schulischen und familiären Anregungsbedingungen günstig sein könnten für eine Moralentwicklung, die die Erfahrung von Universalität bis zur Identität mit dem Sein, dem Leben und mit Gott fördert. Basis hierfür ist die Konzeption von Prozessen der Dezentrierung im Bewußtsein, jeweils aktiviert durch den entsprechenden Kontext, ausgehend von kleinen örtlichen Einheiten wie Quartier, Heimat, Provinz etc. bis Welt. Dazu gehört auch die Dimension des imaginierten guten Lebens innerhalb der Weltgemeinschaft, in der Historie, Grundwerte, Wissenschaft und Kunst das Gefühl persönlicher Zugehörigkeit und sogar Geborgenheit vermitteln können. Diese Gefühle mögen wiederum ausschlaggebend sein für politische Einstellungen und politisches Handeln im Sinne des Persönlichkeitssyndroms *worldmindedness*. Die Schlußfolgerung, daß Verzicht auf Universalität im Denken und Fühlen Sinnverlust und damit eine potentielle Gefahr für seelische Gesundheit bedeutet. Die Metapathologien der Desillusionierung, der frustrierten Ideale und des Fehlens von intrinsischen Werte als ein Resultat der Moderne und ihres einseitigen Aufklärungsbegriffs lassen sich in den politischen, sozialen und ökologischen Pathologien als Ergebnis technisch-wissenschaftlicher Zweckrationalität wiedererkennen. Dieser „Entzauberung von Welt" (Max Weber) steht eine Wiederverzauberung, die Wiederkehr des Sakralen in seiner postkonventionellen Form, in der Erfahrung des kosmischen Bewußtseins – gerade auch bei den Weltraumfahrern – gegenüber und der Charme der Persönlichkeit, der das Transzendieren von Welt im In-der-Welt-Sein wichtigstes Anliegen und Ziel seelischer, sozialer und ökologischer Gesundheit ist. Das Engagement für eine bessere Welt in exemplarischer gewaltloser Aktion als ein direkter risikobehafteter menschlicher Einsatz für ein globales Prinzip, für das etwa *amnesty international* und *Greenpeace*, aber auch zahlreiche Kirchenasyl gewährende christliche Gemeinden in Deutschland mit ihren Identifikationsangeboten stehen.

Literatur

Adler, Peter (1975). The transitional experience: An alternative view of culture shock. *Journal of Humanistic Psychology, 15,* 13-23.
Adler, P.S. (1977). Beyond cultural identity. Reflections on cultural and multicultural man. In R.W. Brislin (ed.). *Culture learning. Concepts, applications, and research.* Honolulu, Hawaii: University Press.
Adorno, T.W., Frenkel-Brunswik, E., Levinson, D.J. & Sanford, R.N. (1950). *The authoritarian personality.* New York: Harper.
Akashe-Böhme, Farideh (1989). „Multikulturelles Zusammenleben" – Chance oder Augenwischerei? *Die Neue Gesellschaft – Frankfurter Hefte, 36,* 547-549.
Allport, Gordon W. (1954). *The nature of prejudice.* Reading, Mass.: Addison-Wesley.
Amery, Carl (1991). *Die ökologische Chance. Das Ende der Vorsehung. Natur als Politik.* München: Heyne.
Amir, Yehuda & Ben-Ari, Rachel (1985). International tourism, ethnic contact, and attitude change. *Journal of Social Issues, 41,* 105-115.
Andreas-Grisebach, Manon (1991). *Eine Ethik für die Natur.* Zürich: Amman.
Apel, Karl-Otto (1973). *Transformation der Philosophie, Bd. 2: Das Apriori der Kommunikationsgesellschaft.* Frankfurt/M: Suhrkamp.
Apel, Karl-Otto (1990). *Diskurs und Verantwortung. Das Problem des Übergangs zur postkonventionellen Moral.* Frankfurt/M: Suhrkamp.
Armstrong, Thomas (1984). Transpersonal experience in childhood. *The Journal of Transpersonal Psychology, 16,* 207-230.
Asanger, Roland & Wenninger, Gerd (Hrsg.). (1980). *Handwörterbuch der Psychologie.* Weinheim: Beltz.
Ash, Mitchell G. (1990). Ein Kommentar zum Aufsatz Kenneth Gergens aus historischer und wissenschaftstheoretischer Sicht. *Psychologische Rundschau, 41,* 200-203.
Auernheimer, Georg (1990). *Einführung in die interkulturelle Erziehung.* Darmstadt: Wissenschaftliche Buchgesellschaft.
Aurobindo (Sri Aurobindo) (1971a). *Letters on yoga.* Pondicherry: Sri Aurobindo Ashram.
Aurobindo (Sri Aurobindo) (1971b). *Social and political thought.* Pondicherry: Sri Aurobindo Ashram.
Aurobindo (Sri Aurobindo) (1971c). *The human cycle. The ideal of human unity. War and self-determination.* Pondicherry: Sri Aurobindo Ashram.
Aurobindo (Sri Aurobindo), (1972). *The upanishads. Texts, translations and commentaries.* Pondicherry: Sri Aurobindo Ashram.
Aurobindo (Sri Aurobindo) (1973). *The life divine.* Pondicherry: Sri Aurobindo Ashram.
Aurobindo (Sri Aurobindo) (1975). *The foundations of Indian culture.* Pondicherry: Sri Aurobindo Ashram.
Balibar, Etienne (1989). Gibt es einen „neuen Rassismus"? *Das Argument, 31,* Heft 3, 369-380.
Balibar, Etienne (1991). Der Rassismus: auch noch ein Universalismus. In U. Bielefeld (Hrsg.). *Das Eigene und das Fremde. Neuer Rassismus in der Alten Welt?* Hamburg: Junius.

Balibar, Etienne (1992). „Es gibt keinen Staat in Europa." Rassismus und Politik im heutigen Europa. In Institut für Migrations- und Rassismusforschung (Hrsg.). *Rassismus und Migration in Europa*. Beiträge des Kongresses „Migration und Rassismus in Europa" Hamburg 26. bis 30. September 1990. Hamburg: Argument.

Bar-Tal, Daniel, Graumann, Carl F., Kruglanski, Arie W. & Stroebe, Wolfgang (eds.). (1989). *Stereotyping and prejudice. Changing conceptions*. New York: Springer.

Bates, Brian C. & Stanley, Adrian (1985). The epidemiology and differential diagnosis of near-death experience. *American Journal of Orthopsychiatry, 55,* 542-549

Beck, Ulrich (1983). Jenseits von Stand und Klasse? Soziale Ungleichheiten, gesellschaftliche Individualisierungsprozesse und die Entstehung neuer Formationen und Identitäten. In R. Kreckel (Hrsg.). *Soziale Ungleichheiten*. Soziale Welt. Sonderband 2. Göttingen: Schwartz.

Becker, Hans (1993). Normativismus und rechtsradikale Gewalt. *Psychoanalyse im Widerspruch, 4,* 9/93, 61-65.

Becker, Peter (1982). *Psychologie der seelischen Gesundheit*. Band 1: Theorien, Modelle, Diagnostik. Göttingen: Hogrefe.

Ben-Ari, Rachel & Amir, Yehuda (1988). Intergroup contact, cultural information, and change in ethnic attitudes. In W. Stroebe, A. Kruglanski, D. Bar-Tal & M. Hewstone (eds.). *The social psychology of intergroup conflict*. Berlin: Springer.

Berry, B. (1951). *Race relations. The interaction of ethnic and racial groups*. Boston.

Berry J.W. & Dasen, P.R. (eds.): (1974). *Culture and cognition: Readings in cross-cultural psychology*. London: Methuen.

Bibeau, Gilles (1990). Being affected by the other. *Culture, Medicine and Psychiatry, 14,* 299-310.

Bidney, David (1968). Culture: Cultural relativism. In D. Sills (ed.). *International Encyclopedia of the Social Sciences*. Vol. 3. New York: MacMillan.

Bielefeld, Uli (Hrsg.). (1991). *Das Eigene und das Fremde. Neuer Rassismus in der Alten Welt?* Hamburg: Junius.

Bielefeld, Uli (1992). Populärer Extremismus der Mitte. Die neuen Legitimationsprobleme in Deutschland. *Frankfurter Rundschau*, S. 8, 5.12.1992.

Blum, Lawrence (1990). Universality and particularity. *New Directions in Child Development*. No. 47, 59-69.

Bochner, Stephen (ed.). (1982). *Cultures in contact. Studies in cross-cultural interaction*. Oxford: Pergamon.

Bopp, Jörg (1994). Das hört sich alles sehr großartig an. *Psychologie heute, 21,* Heft 7, 25-27.

Borelli, Michele (Hrsg.). (1986). *Interkulturelle Pädagogik*. Baltmannsweiler: Schneider.

Borelli, Michele & Hoff, Gerd (Hrsg.). (1988). *Interkulturelle Pädagogik im internationalen Vergleich*. Baltmannsweiler: Schneider.

Bovenschen, Silvia (1992). Multikulti — oder wo die Barbarei beginnt. *Frankfurter Rundschau*, S. 16, 24.11.1992.

Braitling, Petra & Reese-Schäfer, Walter (Hrsg.). (1991). *Universalismus, Nationalismus und die neue Einheit der Deutschen. Philosophen und die Politik*. Frankfurt/M: Fischer.

Bredow, Wilfried von (1991). Nation und internationales System. In W. Glatzer (Hrsg.). *Die Modernisierung moderner Gesellschaften. (25. Deutscher Soziologentag Frankfurt 9.-12.10.1990)*. Opladen: Westdeutscher Verlag.

Brein, Michael & David, Kenneth H. (1971). Intercultural communication and the adjustment of the sojourner. *Psychological Bulletin, 76,* 215-230.
Brewer, Marilynn B. & Miller, Norman (1984). Beyond the contact hypothesis: Theoretical perspectives on desegregation. In N. Miller & M.B. Brewer (eds.). *Groups in contact: The psychology of desegregation.* Orlando, Fl.: Academic.
Brislin, Richard W. (ed.). (1977). *Culture learning. Concepts, applications, and research.* Honolulu, Hawaii: University Press.
Brislin, Richard W. (1980). Introduction to social psychology. In H.C. Triandis & W.W. Lambert (eds.). *Handbook of cross-cultural psychology. Vol. 5. Social Psychology.* Boston, Mass.: Allen and Bacon.
Brislin, Richard W. (1981). *Cross-cultural encounters, face-to-face interaction.* New York: Pergamon.
Brockhaus Enzyklopädie (1991[19]). Stichwort *Multikulturelle Erziehung, interkulturelle Erziehung.* Bd. 15. Mannheim: Brockhaus.
Brockhaus Enzyklopädie (1991[19]). Stichwort *Multikulturelle Gesellschaft.* Bd. 15. Mannheim: Brockhaus.
Broek, Lis van den (1988). *Am Ende der Weißheit. Vorurteile überwinden.* Berlin: Orlanda.
Brumlik, Micha (1990). Bunte Republik Deutschland? Aspekte einer multikulturellen Gesellschaft. *Blätter für deutsche und internationale Politik, 35,* (1), 101-107.
Brun-Rovet, J. (1983). Ethnic consciousness among immigrants. In C. Fried (ed.). *Minorities: community and identity.* Berlin: Springer.
Bruner, Jerome (1990). Comment on Kenneth Gergen's The construction of self in the post-modern age. *Psychologische Rundschau, 41,* 206-207.
Brunkhorst, Hauke (1992). Staatsnotstand. Über den Nationalstaat, die Fremden und Europa. *Frankfurter Rundschau,* S. ZB 3, 7.11.1992.
Bucke, Richard Maurice (1973). *Cosmic consciousness. A study in the evolution of the human mind.* New York: Dutton.
Bundesverband Deutscher Psychologen (BDP) (1992). Die Asyldebatte fördert einen unerwünschten kulturellen Wandel. Sie lenkt von innergesellschaftlichen Konflikten ab und folgt politischen Strategien. *Frankfurter Rundschau,* S. 18, 16.10.1992.
Buro, Andreas & Vack, Klaus (1992). Umgang mit Asylsuchenden deutlich liberalisieren. Leserbrief. *Frankfurter Rundschau,* 7.11.1992.
Buss, David M. & Craik, Kenneth H. (1983). Contemporary worldviews: Personal and policy implications. *Journal of Applied Social Psychology, 13,* 259-280.
Cakmakoglu, Mustafa-Turgut (1992). Mehr als Sympathie verlangt. Im Gespräch: Türken-Sprecher zu Anschlägen. *Frankfurter Rundschau,* S. 4, 27.11.1992.
Campbell, Donald T. (1965). Ethnocentric and other altruistic motives. In D. Levine (ed.). *Nebraska symposium on motivation.* Vol. 13. Lincoln: University of Nebraska Press.
Capra, Fritjof (1992[2]). *Das neue Denken. Ein ganzheitliches Weltbild im Spannungsfeld zwischen Naturwissenschaft und Mystik. Begegnungen und Reflexionen.* München: Deutscher Taschenbuch-Verlag.
Carment, David W. & Alcock, James E. (1976). Some psychometric correlates of behaviour in India and Canada. *International Journal of Psychology, 11,* 57-64.
Cashmore, E. Ellis (1987). *The logic of racism.* London: Allen and Unwin.
Cassel, Russell N. (1987). Six higher levels of wellness based on holistic principles and risk factors. *Psychology − A Journal of Human Behavior, 24,* 46-54.
Cassel, Russell N. (1990). Transpersonal psychology as the basis for health care. *Psychology − A Journal of Human Behavior, 27,* 33-38.

Cassel, Russell N. (1991). Biofeedback computerized clinical support system: Six levels of wellness with holistic health care. *Psychology – A Journal of Human behavior, 28*, 39-45.

Castles, Stephen (1992). Verunsicherte Bevölkerung, Migration und wachsender Rassismus. Massenhafte Wanderungsbewegungen erfassen die gesamte Welt. Zehn Thesen zur Einwanderungspolitik. *Frankfurter Rundschau*, Dokumentation, S. 12, 12.10.1992.

Cohn-Bendit, Daniel, Funcke, Lieselotte, Geißler, Heiner, Sölle, Dorothee, Wahdatehagh, Wahid & Iranbomy, S. Shahram (Hrsg.). (1991). *Einwanderbares Deutschland oder Vertreibung aus dem Wohlstands-Paradies?* Frankfurt/M: Horizonte.

Cohn-Bendit, Daniel & Schmid, Thomas (1992). *Heimat Babylon. Das Wagnis der multikulturellen Demokratie.* Hamburg: Hoffmann und Campe.

Cole, J.K. (ed.). (1971). *Nebraska symposium on motivation.* Vol. 19. Lincoln: University of Nebraska Press.

Collins, Michael (1974). *Carrying the fire. An austronaut's journey.* New York: Farrar, Straus and Giroux.

Coulmas, Peter (1990). *Weltbürger. Geschichte einer Menschheitssehnsucht.* Reinbek: Rowohlt.

Cousteau, Jacques-Yves (1991[23]). Geleitwort. In K. Kelley (Hrsg.). *Der Heimat-Planet.* Frankfurt/M: Zweitausendeins.

Cranach, Mario von (1983). Über die bewußte Repräsentation handlungsbezogener Kognitionen. In L. Montada, K. Reusser & G. Steiner (Hrsg.). *Kognition und Handeln.* Stuttgart: Klett-Cotta.

Csikszentmihalyi, Mihalyi (1987[2]). *Das flow-Erlebnis. Jenseits von Angst und Langeweile im Tun aufgehen.* Stuttgart: Klett-Cotta.

Czempiel, Ernst-Otto (1992). Pax Universalis. Variationen über das Thema der Neuen Weltordnung. *Merkur, 46*, 680-693.

Czerwinski, Peter (1986). Heroen haben kein Unbewußtes - Kleine Psycho-Topologie des Mittelalters. In G. Jüttemann (Hrsg.). *Die Geschichtlichkeit des Seelischen. Der historische Zugang zum Gegenstand der Psychologie.* Weinheim: Beltz.

Dasen, Pierre R. (1981). ‚Strong' and ‚weak' universals: Sensori-motor intelligence and concrete operations. In B. Lloyd & J. Gay (eds.). *Universals of human thought. Some African evidence.* Cambridge: Cambridge University Press.

Davis, Keith E. & Bergner, Raymond (eds.). *Advances in descriptive psychology.* Vol. 3. Greenwich, Connecticut: JAI.

Deaux, K. (1976). Sex: a perspective on the attribution process. In J.H. Harvey, W.J. Ickes & R.F. Kidd (eds.). *New directions in attribution research.* Vol. 1. Hillsdale, NJ: Erlbaum.

Devereux, Georges (1984). *Angst und Methode in den Verhaltenswissenschaften.* Frankfurt/M: Suhrkamp.

Dickopp, Karl-Heinz (1986). Begründung und Ziele einer Interkulturellen Erziehung – Zur Konzeption einer transkulturellen Pädagogik. In M. Borelli (Hrsg.). *Interkulturelle Pädadogik.* Baltmannsweiler: Schneider.

Dijk, Teun A. van (1991[2]). *Rassismus heute: Der Diskurs der Elite und seine Funktion für die Reproduktion des Rassismus.* Duisburg: Duisburger Institut für Sprach- und Sozialforschung.

Dittrich, Eckhard J. & Radtke, Frank Olaf (Hrsg.). (1990). *Ethnizität. Wissenschaft und Minderheiten.* Opladen: Westdeutscher Verlag.

Döbert, Rainer & Nunner-Winkler, Gertrud (1973). Konflikt- und Rückzugspotentiale in spätkapitalistischen Gesellschaften. *Zeitschrift für Soziologie, 2*, 301-325.

Dovidio, John F. & Gaertner, Samuel L. (eds.). (1986). *Prejudice, discrimination and racism*. Orlando: Academic.
Durham, W.H. (1990). Advances in evolutionary culture theory. *Annual Review of Anthropology, 19,* 187-210.
Eckensberger, Lutz H. (1983). Research on moral development. *The German Journal of Psychology, 7,* 195-244.
Eckensberger, Lutz H. (1993). Moralische Urteile als handlungsleitende soziale Regelsysteme im Spiegel der kulturvergleichenden Forschung. In A. Thomas (Hrsg.): *Kulturvergleichende Psychologie. Eine Einführung.* Göttingen: Hogrefe.
Eckstaedt, Anita (1989). *Nationalsozialismus in der „zweiten Generation". Psychoanalyse von Hörigkeitsverhältnissen.* Frankfurt/M: Suhrkamp.
Eco, Umberto (1992). Wir sind heute wieder bei 1914 angelangt. Ein Gespräch mit Umberto Eco über den Rechtsradikalismus in Deutschland, den europäischen Krieg und die Strategien des Labyrinths. Von Ulrich Hausmann. *Frankfurter Rundschau,* S. ZB 2, 7.11.1992.
Eibl-Eibesfeldt, Irenäus (1983). Kommunikationsstörungen in der Großgesellschaft. Die Anonymität als zentrales zwischenmenschliches Problem unserer Zeit. In R. Italiaander (Hrsg.). *Fremde raus? Fremdenangst und Ausländerfeindlichkeit.* Frankfurt/M: Fischer.
Eibl-Eibesfeldt, Irenäus (1992). In: Süddeutsche Zeitung Magazin, 7.2.1992., zit. in *Informationen zur politischen Bildung, 237, Ausländer,* 4. Quartal 1992.
Einstein, Albert, zit. n. Gilot, Laura Boggio (1989). Die Psychosynthese – ein Weg zu psychischer Gesundheit und Bewußtseinsentwicklung. In E. Zundel & B. Fittkau (Hrsg.). *Spirituelle Wege und Transpersonale Psychologie.* Paderborn: Junfermann.
Eisler, Rudolf (1930[4]). Stichwort *Universalismus.* S. 321. *Wörterbuch der philosophischen Begriffe.* Berlin: Mittler und Sohn.
Ekman, Paul (1971). Universals and cultural differences in facial expression of emotion. In J.K. Cole (ed.). *Nebraska symposium on motivation.* Vol. 19. Lincoln: University of Nebraska Press.
Elias, Norbert (1991). *Wir haben Uhren, aber keine Zeit.* Norbert Elias im Gespräch mit Helga Levend. Abendstudio. Saar 2, 2.10.91.
Ellis, Albert (1990). Let's not ignore individuality. *American Psychologists, 45, 781.*
Engelhardt, Eva (1994). Fluten und bedrohliche Explosionen. *Blätter des Informationszentrum Dritte Welt,* Nr. 197, Mai 1994, 48-50.
Enzensberger, Hans Magnus (1992). *Die Große Wanderung. Dreiunddreißig Markierungen. Mit einer Fußnote „Über einige Besonderheiten bei der Menschenjagd".* Frankfurt/M: Suhrkamp.
Erdheim, Mario (1992). Fremdeln. Kulturelle Unverträglichkeit und Anziehung. *Kursbuch 107. Die Unterwanderung Europas.* Berlin: Rowohlt.
Erikson, Erik H. (1966). *Identität und Lebenszyklus.* Frankfurt: Suhrkamp.
Esser, Hartmut (1983). Multikulturelle Gesellschaft als Alternative zu Isolation und Assimilation. In H. Esser (Hrsg.). *Die fremden Mitbürger. Möglichkeiten und Grenzen der Integration von Ausländern.* Düsseldorf: Patmos.
Esser, Hartmut (Hrsg.). (1983). *Die fremden Mitbürger. Möglichkeiten und Grenzen der Integration von Ausländern.* Düsseldorf: Patmos.
Esser, Hartmut & Friedrichs, Jürgen (1990). Einleitung. In H. Esser & J. Friedrichs (Hrsg.). *Generation und Identität. Theoretische und empirische Beiträge zur Migrationssoziologie.* Opladen: Westdeutscher Verlag.
Esser, Hartmut & Friedrichs, Jürgen (Hrsg.). (1990). *Generation und Identität. Theoretische und empirische Beiträge zur Migrationssoziologie.* Opladen: Westdeutscher Verlag.

Essinger, Helmut & Kula, Onur Bilge (1987). *Pädagogik als interkultureller Prozeß. Beiträge zu einer Theorie interkultureller Pädagogik.* Felsberg: Migro.
Featherstone, Mike (1990). Gobal culture: An introduction. In M. Featherstone (ed.). *Global culture. nationalism, globalization and modernity.* London: Sage.
Featherstone, Mike (ed.). (1990). *Global culture. Nationalism, globalization and modernity.* London: Sage.
Finkielkraut, Alain (1989a). *Die Niederlage des Denkens.* Reinbek: Rowohlt.
Finkielkraut, Alain (1989b). *Die Weisheit der Liebe.* Reinbek: Rowohlt.
Floßdorf, Bernhard (1980). Interkulturelle Psychologie. In R. Asanger & G. Wenninger (Hrsg.). *Handwörterbuch der Psychologie.* Weinheim: Beltz.
Foa, Uriel G. (1964). Cross-cultural similarity and differences in interpersonal behavior. *Journal of Abnormal and Social Psychology, 68,* 517-522.
Forudastan, Ferdos (1993). ai warnt vor Scheitern der UN-Menschenrechtskonferenz. *Frankfurter Rundschau,* S. 1, 1.4.1993.
Fowler, James W. (1981). *Stages of faith. The psychology of human development and the quest for meaning.* San Francisco: Harper and Row.
Frankl, Viktor (1985[4]). *Trotzdem Ja zum Leben sagen. Ein Psychologe erlebt das Konzentrationslager.* München: Deutscher Taschenbuch-Verlag.
Fried, Charles (ed.). (1983). *Minorities: Community and identity.* Berlin: Springer.
Fromm, Erich (1976). *Haben oder Sein. Die seelischen Grundlagen einer neuen Gesellschaft.* Stuttgart: Deutsche Verlags-Anstalt.
Furnham, Adrian & Bochner, Stephen (1982). Social difficulty in a foreign culture: An empirical analysis of culture shock. In S. Bochner (ed.). *Cultures in contact. Studies in cross-cultural interaction.* Oxford: Pergamon.
Furnham, Adrian & Bochner, Stephen (1986). *Culture shock. Psychological reactions to unfamiliar environments.* London: Methuen.
Gadol, Joan Kelly (1973). Universal man. In Philip P. Wiener (ed.). *Dictionary of the history of ideas. Studies of selected pivotal ideas.* Vol. IV. New York: Sribner's Sons.
Gaitanides, Stefan (1992). Die Multikulturelle Gesellschaft – Realität, Utopie und Ideologie. *Die Neue Gesellschaft – Frankfurter Hefte, 39,* 316-323.
Gallenmüller, Jutta (1992). Bewußtsein nationaler Zugehörigkeit und regionaler Bindung in den alten und neuen Bundesländern. In H.-U. Kohr & R. Wakenhut (Hrsg.). *Untersuchungen zum Bewußtsein nationaler Zugehörigkeit.* SOWI-Arbeitspapier Nr. 57. München: Sozialwissenschaftliches Institut der Bundeswehr.
Gehmacher, Ernst (1988). Mehrfachloyalitäten statt Assimilation und Ghetto. Gastarbeiter in einer pluralistischen Gesellschaft. *Österreichische Zeitschrift für Soziologie, 13,* (3), 32-38.
Geißler, Heiner (1991a). Zugluft – Die multikulturelle Gesellschaft. In S. Ulbrich (Hrsg.). *Multikultopia. Gedanken zur multikulturellen Gesellschaft.* Vilsbiburg: Arun.
Geißler, Heiner (1991b). Deutschland – ein Einwanderungsland? In D. Cohn-Bendit, L. Funcke, H. Geißler, D. Sölle, W. Wahdatehagh & S.S. Iranbomy (Hrsg.). *Einwanderbares Deutschland oder Vertreibung aus dem Wohlstands-Paradies?* Frankfurt/M: Horizonte.
Gergen, Kenneth J. (1990). Die Konstruktion des Selbst im Zeitalter der Postmoderne. *Psychologische Rundschau, 41,* 191-199.
Giles, J.R. (1982). Hin zu dem Grundprinzip des „Multikulturalismus". In V. Nitzschke (Hrsg.). *Multikulturelle Gesellschaft – multikulturelle Erziehung? Brennpunkte der Bildungspolitik 10.* Stuttgart: Metzler.
Glaser, Hermann (1990). Ohne Fremde(s) keine Kultur. *Kea. Zeitschrift für Kulturwissenschaften, 1, Zur Relevanz des Fremden.* Nürnberg: ISKA.

Glatzer, Wolfgang (Hrsg.). (1991). *Die Modernisierung moderner Gesellschaften. (25. Deutscher Soziologentag Frankfurt 9.-12.10.1990)*. Opladen: Westdeutscher Verlag.
Göpfert, Hans (1985). *Ausländerfeindlichkeit durch Unterricht*. Düsseldorf: Schwann.
Görner, Rüdiger (1992). Das Fremde und das Eigene. Zur Geschichte eines Wertkonflikts. *Die Neue Gesellschaft. Frankfurter Hefte, 39*, 323-328.
Goldner, Colin (1994). Das Geschäft mit der Verblödung. *Psychologie heute, 21*, Heft 7, 22-24.
Graumann, Carl F. (1966). Bewußtsein und Bewußtheit. Probleme der psychologischen Bewußtseinsforschung. In W. Metzger (Hrsg.). *Handbuch der Psychologie*. Bd. I, 1. Halbband: Wahrnehmung und Bewußtsein. Göttingen: Hogrefe.
Graumann, Carl F. (1979). Die Scheu des Psychologen vor der Interaktion. Ein Schisma und seine Geschichte. *Zeitschrift für Sozialpsychologie, 10*, 284-304.
Graumann, Carl F. (1983). On multiple identities. *International Social Science Journal, 35*, 309-321.
Graumann, Carl F. (1984). Bewußtsein und Verhalten. Gedanken zu Sprachspielen der Psychologie. In H. Lenk (Hrsg.). *Handlungstheorien interdisziplinär*. III/2. Halbband. München: Fink.
Graumann, Carl F. (1988). Der Kognitivismus in der Sozialpsychologie – Die Kehrseite der Wende. *Psychologische Rundschau 39*, 83-90.
Graumann, Carl F. (1992). *Xenophobia: A challenge to social psychology*. Invited lecture presented at the 9th East West Meeting of the European Association of Experimental Social Psychology in Münster. Heidelberg: Unveröffentl. Manuskript.
Graumann, Carl F. & Wintermantel, Margret (1989). Driscriminatory speech acts. In D. Bar-Tal, C.F. Graumann, A.W. Kruglanski & W. Stroebe (eds.). *Stereotyping and prejudice. Changing conceptions*. New York: Springer.
Greverus, Ina-Maria (1982). Plädoyer für eine multikulturelle Gesellschaft. In V. Nitzschke, (Hrsg.). *Multikulturelle Gesellschaft – multikulturelle Erziehung?* Brennpunkte der Bildungspolitik 10. Stuttgart: Metzler.
Groeben, Norbert, Wahl, Diethelm, Schlee, Jörg & Scheele, Brigitte (1988). *Forschungsprogramm Subjektive Theorien. Eine Einführung in die Psychologie des reflexiven Subjekts*. Tübingen: Francke.
Groeben, Norbert & Westmeyer, Hans (1981). *Kriterien psychologischer Forschung*. München: Juventa.
Gronau, Dietrich & Jagota, Anita (1991). *Über alle Grenzen verliebt. Beziehungen zwischen deutschen Frauen und Ausländern*. Frankfurt/M: Fischer.
Grosser, Alfred (1992). Die Suche nach dem richtigen Ton. *Frankfurter Rundschau*, Dokumentation, S. 16, 24.11.1992.
Grossmann, Klaus E. (1993). Universalismus und kultureller Relativismus psychologischer Erkenntnisse. In A. Thomas (Hrsg.). *Kulturvergleichende Psychologie*. Göttingen: Hogrefe.
Gückel, Jürgen (1992). Vor 30 Jahren kamen die ersten Italiener zu VW. *Neue Presse* (Hannover), 18.1.1992; zit. in *Wochenschau für politische Erziehung, Sozial- und Gemeinschaftskunde, 43*, (3), Ausgabe Sek. II, *Multikulturelle Gesellschaft*.
Guthrie, George M. (1966). Cultural preparation for the Philippines. In R.B. Textor (ed.). *Cultural frontiers of the Peace Corps*. Cambridge: MIT.
Habermas, Jürgen (1981). *Theorie des kommunikativen Handelns*. Band I: Handlungsrationalität und gesellschaftliche Rationalisierung. Band II: Zur Kritik der funktionalistischen Vernunft. Frankfurt/M: Suhrkamp.

Habermas, Jürgen (1982³). *Zur Rekonstruktion des Historischen Materialismus.* Frankfurt/M: Suhrkamp.
Habermas, Jürgen (1983). *Moralbewußtsein und kommunikatives Handeln.* Frankfurt/M: Suhrkamp.
Habermas, Jürgen (1985). *Die Neue Unübersichtlichkeit. Kleine Politische Schriften V.* Frankfurt/M: Suhrkamp.
Habermas, Jürgen (1988). Die Einheit der Vernunft in der Vielheit ihrer Stimmen. *Merkur, 42,* (1), 1-14.
Habermas, Jürgen (1992). Die zweite Lebenslüge der Bundesrepublik: Wir sind wieder „normal" geworden. *Die Zeit,* Nr. 51, S. 48, 11.12.1992.
Haeberlin, Friedrich (1990). Bewußtsein und Mentalität. Zur Problematik gruppenbezogener Konstrukte. In H.-U. Kohr, M. Martini & A. Kohr (Hrsg.). *Macht und Bewußtsein. Europäische Beiträge zur Politischen Psychologie.* Weinheim: Deutscher Studien-Verlag.
Hall, Edward T. (1973). *The silent language.* New York: Doubleday.
Hanley, C. & Masson, J. (1976). A critical examination of the new narcissism. *International Journal of Psycho-Analysis, 57,* 49-66.
Harding, J., Kutner, B., Prohansky, H. & Chein, I. (1954). Prejudice and ethnic relations. In G. Lindzay (ed.). *Handbook of social psychology.* Vol. 2. Cambridge, MA: Addison-Wesley.
Harvey, J.H., Ickes, W.J. & Kidd, R.F. (eds.). (1976). *New directions in attribution research.* Vol. 1. Hillsdale, NJ: Erlbaum.
Heckhausen, Heinz (1989²). *Motivation und Handeln.* Berlin: Springer.
Heckmann, Friedrich (1979). „Rasse": sozialwissenschaftliche Kategorie oder politischer Kampfbegriff? *Dritte Welt, 7,* 79-97.
Heinrichs, Hans-Jürgen (1992). *Inmitten der Fremde. Von In- und Ausländern.* Reinbek: Rowohlt.
Heintz, Peter (1968²). *Einführung in die soziologische Theorie.* Stuttgart: Enke.
Heitmeyer, Wilhelm (1991). Wenn der Alltag fremd wird. Modernisierungsschock und Fremdenfeindlichkeit. *Blätter für deutsche und internationale Politik, 36,* 851-858.
Heitmeyer, Wilhelm (1992). Der einzelne steht im Wind − ohne Nischen. Der doppelte Transformationsprozeß der Jugendlichen in den neuen Bundesländern. *Frankfurter Rundschau,* Dokumentation, S. 17, 29.9.1992.
Herrmann, Helga (1992). Ausländerpolitik. *Informationen zur politischen Bildung 237. Ausländer.* 27-30.
Herrmann, Theo (1984⁴). *Lehrbuch der empirischen Persönlichkeitsforschung.* Göttingen: Hogrefe.
Hewstone, Miles & Brown, Rupert J. (1986). Contact is not enough: An intergroup perspective on the „contact hypothesis". In M. Hewstone & R.J. Brown (eds.). *Contact and conflict in intergroup encounters.* Oxford: Blackwell.
Hewstone, Miles & Brown, Rupert J. (eds.) (1986). *Contact and conflict in intergroup encounters.* Oxford: Blackwell.
Hilgard, Ernest R. (1980). Consciousness in contemporary psychology. *Annual Review of Psychology, 31,* 1-26.
Hill, Paul B. & Schnell, Rainer (1990). Was ist „Identität"? In H. Esser & R. Friedrichs (Hrsg.). *Generation und Identität: Theoretische und empirische Beiträge zur Migrationssoziologie.* Opladen: Westdeutscher Verlag.
Hoerder, Dirk (1992). Einzellösungen kommen zu spät und helfen nicht weiter. Plädoyer für ein Zuwanderungsgesetz auf der Grundlage der Erfahrungen in den USA und Kanada. *Frankfurter Rundschau. Dokumentation,* S. 16, 22.12.1992.

Hoff, Gerd (1988). Auf dem Weg zur Mündigkeit in der multikulturellen Gesellschaft. In M. Borelli & G. Hoff (Hrsg.). *Interkulturelle Pädagogik im internationalen Vergleich.* Baltmannsweiler: Schneider.
Hoffmann, Lutz (1991). Das ,Volk'. Zur ideologischen Struktur eines unvermeidlichen Begriffs. *Zeitschrift für Soziologie, 20,* (3), 191-208.
Hoffmann, Lutz (1992a). *Die unvollendete Republik. Zwischen Einwanderungsland und deutschem Nationalstaat.* Köln: Papyrossa.
Hoffmann, Lutz (1992b). Nicht die gleichen, sondern dieselben Rechte. Einwanderungspolitik und kollektive Identität in Deutschland. *Blätter für deutsche und internationale Politik, 37,* (9), 1090-1100.
Hogg, Michael A. & Abrams, Dominic (1988). *Social identifications. A social psychology of intergroup relations and group processes.* London: Routledge.
Hohnstock, Wolfgang & Thörner, Klaus (1990). United Colours of Germany. Der monokulturelle Herrenmensch im multikulturellen Gewande. *Festung Europa. Rasissmus, Ausgrenzung, Migration.* Sonderdruck. *Blätter des Informationszentrum Dritte Welt,* Nr. 169.
Horkheimer, Max & Adorno, Theodor W. (1988). *Dialektik der Aufklärung. Philosophische Fragmente.* Frankfurt/M: Fischer.
Hummel, Gert (1993). *Sehnsucht der unversöhnten Welt. Zur einer Theologie der universalen Versöhnung.* Darmstadt: Wissenschaftliche Buchgesellschaft.
Hurrelmann, Klaus & Ulich, Dieter (Hrsg.). (1991[4]). *Neues Handbuch der Sozialisationsforschung.* Weinheim: Beltz.
Huxley, Aldous (1970). *The perennial philosophy.* New York: Harper and Row.
Ingleby, David (1990). Problems in the study of the interplay between science and culture. In F.J.R. van de Vijver & G.J.M. Hutschemaekers (eds.). *The investigation of culture. Current issues in cultural psychology.* Tilburg: University Press.
Institut für Migrations- und Rassismusforschung (Hrsg.). (1992). *Rassismus und Migration in Europa.* Beiträge des Kongresses „Migration und Rassismus in Europa". Hamburg, 26. bis 30. September 1990. Hamburg: Argument.
Italiaander, Rolf (Hrsg.). (1983). *Fremde raus? Fremdenangst und Ausländerfeindlichkeit.* Frankfurt/M: Fischer.
Jäger, Siegfried & Link, Jürgen (Hrsg.). (1993). *Die vierte Gewalt. Rassismus und die Medien.* Duisburg: Duisburger Institut für Sprach- und Sozialforschung.
Jaffé, Aniela (1986[4]). *Erinnerungen, Träume, Gedanken von C.G. Jung.* Olten: Walter.
James, William (1982). *The varieties of religious experience.* Harmondsworth: Penguin.
Jonas, Hans (1979). *Das Prinzip der Verantwortung. Versuch einer Ethik für die technologische Zivilisation.* Frankfurt/M: Suhrkamp.
Jonas, Hans (1987). *Der Gottesbegriff nach Auschwitz.* Frankfurt/M: Suhrkamp.
Jonas, Hans (1993a). Der ethischen Perspektive muß eine neue Dimension hinzugefügt werden. (Interview). *Deutsche Zeitschrift für Philosophie, 41,* 91-99.
Jonas, Hans (1993b). Dazu dürfen wir es nicht kommen lassen. Der Philosoph Hans Jonas zu Fragen des Überlebens. *Frankfurter Rundschau,* S. 8, 2.3.1993.
Jouhy, Ernest (1985). *Bleiche Herrschaft — dunkle Kulturen.* Frankfurt/M: Verlag für interkulturelle Kommunikation.
Jüttemann, Gerd (Hrsg.). (1986). *Die Geschichtlichkeit des Seelischen. Der historische Zugang zum Gegenstand der Psychologie.* Weinheim: Beltz.
Jüttemann, Gerd (1991). Systemimmanenz als Ursache der Dauerkrise „wissenschaftlicher" Psychologie. In G. Jüttemann, M. Sonntag & W. Wulf (Hrsg.) *Die Seele. Ihre Geschichte im Abendland.* Weinheim: Psychologie Verlags Union.

Jüttemann, Gerd, Sonntag, Michael & Wulf, Christoph (Hrsg.). (1991). *Die Seele. Ihre Geschichte im Abendland*. Weinheim: Psychologie Verlags Union.
Jungk, Robert (1993). *Der Jahrtausendmensch. Aus den Zukunftswerkstätten unserer Gesellschaft*. München: Heyne.
Just, Wolf-Dieter & Groth, Annette (1985). Wanderarbeiter in der EG. Bd. 1: Vergleichende Analysen und Zusammenfassung. Mainz-München. Zitiert in *Wochenschau für politische Erziehung, Sozial- und Gemeinschaftskunde, 43*, Nr. 3, Ausgabe Sek. II, Mai/Juni 1992, 96.
Kagan, Jerome (1979). Universalien menschlicher Entwicklung. In L. Montada (Hrsg.). *Brennpunkte der Entwicklungspsychologie*. Stuttgart: Kohlhammer.
Kakar, Sudhir (1982). *Shamans, mystics and doctors. A psychological inquiry into India and its healing traditions*. Bombay: Oxford University Press.
Kalpaka, Annita & Räthzel (Hrsg.). (1990[2]). *Die Schwierigkeit, nicht rassistisch zu sein*. Leer: Mundo.
Katz, D. & Braly, K. (1933). Racial stereotypes in one hundred college students. *Journal of Abnormal and Social Psychology, 28*, 280-290.
Katz, Wallace (1992). Immigration, Modernisierung und Sozialdemokratie. Die amerikanische und die europäische Herausforderung. *Ästhetik und Kommunikation, 21*, Heft 78, *Völker unterwegs*. 17-25.
Kelley, Kevin (Hrsg.). (1991[23]). *Der Heimat-Planet*. Frankfurt/M: Zweitausendeins.
Kern, Lucian & Wakenhut, Roland (1990). Nationalbewußtsein zwischen „vernünftiger Identität" und Regionalbewußtsein. In H.U. Kohr, M. Martini & A. Kohr (Hrsg.). *Macht und Bewußtsein. Europäische Beiträge zur Politischen Psychologie*. Weinheim: Deutscher Studien-Verlag.
Khan, V. Saifullah et al. (1983). Formation of consciousness. Group report. In C. Fried (ed.). *Minorities: Community and identity*. Berlin: Springer.
Kinder, Donald R. & Sears, David O. (1981). Prejudice and politics: Symbolic racism versus racial threats to the good life. *Journal of Personality and Social Psychology, 40*, 414-431.
Klineberg, Otto (1985). The social psychology of cross-cultural counseling. In P. Pedersen (ed.). *Handbook of cross-cultural counseling and therapy*. Westport: Greenwood.
Kölner Appell e.V. (Hrsg.). (1993). *Aktionshandbuch gegen Rassismus. Für eine BürgerInnen- und Menschenrechtsbewegung in Deutschland*. Köln: Edition Der Andere Buchladen.
König, Helmut (1992). Die deutsche Einheit im Schatten der NS-Vergangenheit. *Leviathan, 20*, 359-379.
Kohlberg, Lawrence (1976). Moral stages and moralization. The cognitive-developmental approach. In T. Lickona (ed.). *Moral development and behavior. Theory, research, and social issues*. New York: Rinehart and Winston.
Kohlberg, Lawrence (1981). *Essays on moral development. Vol. I*. San Francisco: Harper and Row.
Kohlberg, Lawrence (1984). *Essays on moral development. Vol. II. The psychology of moral development*. Cambridge: Harper and Row.
Kohlberg, Lawrence, Levine, Charles & Hewer, Alexandra (eds.). (1983). *Moral stages: A current formulation and a response to critics*. Basel: Karger.
Kohlberg, Lawrence & Turiel, Elliot (1978). Moralische Entwicklung und Moralerziehung. In G. Portele (Hrsg.). *Sozialisation und Moral. Neuere Ansätze zu moralischen Entwicklung und Erziehung*. Weinheim: Beltz.
Kohr, H.-U., Martini, M. & Kohr, A. (Hrsg.). (1990). *Macht und Bewußtsein. Europäische Beiträge zur Politischen Psychologie*. Weinheim: Deutscher Studien-Verlag.

Kohr, Heinz-Ulrich & Wakenhut, Roland (1992). Soziomoral und Bewußtsein nationaler Zugehörigkeit. In H.-U. Kohr & R. Wakenhut (Hrsg.). *Untersuchungen zum Bewußtsein nationaler Zugehörigkeit.* SOWI-Arbeitspapier. München: Sozialwissenschaftliches Institut der Bundeswehr.
Kohr, Heinz-Ulrich & Wakenhut, Roland (Hrsg.). (1992). *Untersuchungen zum Bewußtsein nationaler Zugehörigkeit.* SOWI-Arbeitspapier. München: Sozialwissenschaftliches Institut der Bundeswehr.
Kohut, Heinz (1975). *Die Zukunft der Psychoanalyse. Aufsätze zu allgemeinen Themen und zur Psychologie des Selbst.* Frankfurt/M: Suhrkamp.
Krappmann, Lothar (1978[5]). *Soziologische Dimensionen der Identität. Strukturelle Bedingungen für die Teilnahme an Interaktionsprozessen.* Stuttgart: Klett-Cotta.
Kreckel, Reinhard (Hrsg.). (1983). *Soziale Ungleichheiten.* Soziale Welt. Sonderband 2. Göttingen: Schwartz.
Krewer, Bernd (1992). *Kulturelle Identität und menschliche Selbsterforschung.* Saarbrücken: Breitenbach.
Krewer, Bernd & Eckensberger, Lutz (1991[4]). Selbstentwicklung und kulturelle Identität. In K. Hurrelmann & D. Ulich (Hrsg.). *Neues Handbuch der Sozialisationsforschung.* Weinheim: Beltz.
Kühnhardt, Volker (1991[2]). *Die Universalität der Menschenrechte.* Schriftenreihe Band 256. Studien zur Geschichte und Politik. Bonn: Bundeszentrale für politische Bildung.
Küng, Hans (1992[4]). *Projekt Weltethos.* München: Piper. Kuenzer, Vera (1989). Ist Multikulturalität Kebab und Schuhplattler? Überblick über eine Fachtagung. In Landeszentrale für politische Bildung Bremen (Hrsg.). *Leben in einer multikulturellen Gesellschaft.* Brmen: Steintor.
Kuhlmann, Andreas (1992). Die multikulturelle Wirklichkeit in den Einwanderungsländern. „Fremd ist der Fremde nur in der Fremde", ein Kongreß im Frankfurter Philanthropin über Integration und Ausgrenzung. *Frankfurter Rundschau, S. 10, 15.12.1992.*
Kulkarni, T.R. (1978). Psychology: The Indian point of view. *Journal of Indian Psychology, 1,* (1), 22-39.
Kurz, Robert (1992). One World und jüngster Nationalismus. Warum der totale Weltmarkt die ethnische Barbarei nicht verhindern kann. *Frankfurter Rundschau,* S. ZB 3, 4.1.1992.
Landeszentrale für politische Bildung Bremen (Hrsg.). (1989). *Leben in einer multikulturellen Gesellschaft.* Bremen: Steintor.
Leggewie, Claus (1990). *MULTI KULTI. Spielregeln für die Vielvölkerrepublik.* Berlin: Rotbuch.
Leggewie, Claus (1993a). Multi-Kulti – Schlachtfeld oder halbwegs erträgliche Lebensform. Plädoyer für ein ganzheitliches Konzept für Einwanderung und Integration. *Frankfurter Rundschau. Dokumentation, S. 12, 29.1.1993.*
Leiprecht, Rudolf (1992[2]). *Rassismus und Ethnozentrismus bei Jugendlichen.* Duisburg: Duisburger Institut für Sprach- und Sozialforschung.
Lemling, Michael (1992). Einigkeit und Ostpreußen und Südtirol . . .. Rechte Verbindungen trommeln für eine völkische APO. *Unicum, 11,* (2), 8-10.
Lempert, Wolfgang (1988). Soziobiographische Bedingungen der Entwicklung moralischer Urteilsfähigkeit. *Kölner Zeitschrift für Soziologie und Sozialpsychologie, 40,* 62-92.
Lenk, H. (Hrsg.). (1984). *Handlungstheorien interdisziplinär.* II/2. Halbband. München: Fink.

Leuninger, Herbert (1982). Die multikulturelle Kirche – ein Modell für die Gesellschaft? In V. Nitzschke (Hrsg.). *Multikulturelle Gesellschaft – multikulturelle Erziehung?* Stuttgart: Metzler.
Leuninger, Herbert (1990). Vielfalt statt Einfalt. Bausteine für eine multikulturelle Gesellschaft. *Forum entwicklungspolitischer Aktionsgruppen,* Zeitschrift des BUKO, Nr. 148, *Multikulturalismus, Multikulturalität, multikulturell oder was?* November 1990, 4-5.
Levine, D. (ed.). (1965). *Nebraska symposium on motivation.* Vol. 13. Lincoln: University of Nebraska Press.
Lickona, Thomas (ed.). (1976). *Moral development and behavior. Theory, research, and social issues.* New York: Rinehart and Winston.
Lindzay, G. (ed.). (1954). *Handbook of social psychology.* Vol. 2. Cambridge, MA: Addison-Wesley.
Lippert, Ekkehart (1992). Zur Psychologie der „Nation". In H.-U. Kohr & R. Wakenhut (Hrsg.). *Untersuchungen zum Bewußtsein nationaler Zugehörigkeit.* SOWI-Arbeitspapier Nr. 57. München: Sozialwissenschaftliches Institut der Bundeswehr.
Lloyd, Barbara & Gay, John (eds.). (1981). *Universals of human thought. Some African evidence.* Cambridge: Cambridge University Press.
Lobo, Roque (Hrsg.). (1978). *Prana 1980. Jahrbuch für Yoga und ostasiatische Meditationstechniken und ihre Anwendung in der westlichen Welt.* Bern: Barth-Scherz.
Lovelock, James (1991). *Das Gaia-Prinzip. Die Biographie unseres Planeten.* Zürich: Artemis und Winter.
Lowen, Alexander (1975). *Love and orgasm. A revolutionary guide to sexual fulfillment.* New York: Collier.
Luckmann, Thomas (1990). Eine verfrühte Beerdigung des Selbst. *Psychologische Rundschau, 41,* 203-205.
Luther, Henning (1985). Identität und Fragment. *Theologica Practica, 20,* 317-338.
Marquard, Odo (1990a). Das sind die geborenen Dolmetscher. Ein Gespräch mit Odo Marquard. In C. Leggewie. *Multi-Kulti. Spielregeln für eine Vielvölkerrepublik.* Berlin: Rotbuch.
Marquard, Odo (1990b). Einheit und Vielheit. Statt einer Einführung in das Kongreßthema. In O. Marquard (Hrsg.). (1990b). *Einheit und Vielheit.* XIV. Deutscher Kongreß für Philosophie. Gießen 21.-26. September 1987. Hamburg: Meiner.
Marquard, Odo (Hrsg.). (1990b). *Einheit und Vielheit.* XIV. Deutscher Kongreß für Philosophie. Gießen 21.-26. September 1987. Hamburg: Meiner.
Marx, Christoph (1992). Durch die Brille der Selbstwahrnehmung. Im Umgang mit dem Fremden spiegelt sich das eigene Gesellschaftsbild. *Frankfurter Rundschau.* Forum Humanwissenschaften, S. 7, 28.7.1992.
Maslow, Abraham H. (1969a). The farther reaches of human nature. *Journal of Transpersonal Psychology, 1,* (1), 1-9.
Maslow, Abraham H. (1969b). Various meanings of transcendence. *Journal of Transpersonal Psychology, 1,* (1), 56-66.
Maslow, Abraham H. (1969c). Theory Z. *Journal of Transpersonal Psychology, 1,* (2), 31-47.
Maslow, Abraham H. (1970). New introduction: Religions, values, and peak-experiences. *Journal of Transpersonal Psychology, 2,* (2), 83-90.
Maslow, Abraham H. (1973). *Psychologie des Seins. Ein Entwurf.* München: Kindler.
Maslow, Abraham H. (1981). *Motivation und Persönlichkeit.* Reinbek: Rowohlt.

Maslow, Abraham H. (1989). Die umfassendere Reichweite der menschlichen Natur. In E. Zundel & B. Fittkau (Hrsg.). *Spirituelle Wege und Transpersonale Psychologie*. Paderborn: Junfermann.
Masson, Jeffrey Moussaieff (1980). *The oceanic feeling. The origins of religious sentiment in ancient India*. Dordrecht: Reidel
McConahay, John B. & Hough, Joseph C. (1976). Symbolic racism. *Journal of Social Issues, 32*, No. 2, 23-45.
Mead, George H. (1973). *Geist, Identität und Gesellschaft aus der Sicht des Sozialbehaviorismus*. Frankfurt: Suhrkamp.
Meier-Braun, Karl-Heinz (1992). Deutschland braucht Einwanderer. *Zeitschrift für Kulturaustausch, 42*, (2), 225-227.
Melber, Henning (1992). *Der Weißheit letzter Schluß. Rassismus und kolonialer Blick*. Frankfurt/M: Brandes und Apsel.
Memmi, Albert (1987). *Rassismus*. Frankfurt/M: Athenäum.
Metz, Johann Baptist (1992). Perspektiven eines multikulturellen Christentums. *Frankfurter Rundschau*, S. ZB 3, Weihnachten 1992.
Metzger, W. (Hrsg.). (1966). *Handbuch der Psychologie*. Bd. I, 1. Halbband: Wahrnehmung und Bewußtsein. Göttingen: Hogrefe.
Miksch, Jürgen (Hrsg.). (1991). *Deutschland – Einheit in kultureller Vielfalt*. Frankfurt/M: Lembeck.
Miles, Robert (1989). Bedeutungskonstitution und der Begriff des Rassismus. *Das Argument, 31*, Heft 3, 353-367.
Miles, Robert (1990). Die marxistische Theorie und das Konzept „Rasse". In E.J. Dittrich & F.-O. Radtke (Hrsg.). *Ethnizität. Wissenschaft und Minderheiten*. Opladen: Westdeutscher Verlag.
Miles, Robert (1991). Die Idee der „Rasse" und Theorien über den Rassismus: Überlegungen zur britischen Diskussion. In U. Bielefeld (Hrsg.). *Das Eigene und das Fremde. Neuer Rassismus in der Alten Welt?* Hamburg: Junius.
Miller, Norman & Brewer, Marilynn B. (eds.). (1984). *Groups in contact: The psychology of desegregation*. Orlando, Fl.: Academic.
Montada, Leo (Hrsg.). (1979). *Brennpunkte der Entwicklungspsychologie*. Stuttgart: Kohlhammer.
Montada, L., Reusser, K. & Steiner, G. (Hrsg.). (1983). *Kognition und Handeln*. Stuttgart: Klett-Cotta.
Morten, Antonio (Hrsg.). (1988). *Vom heimatlosen Seelenleben. Entwurzelung, Entfremdung und Identität*. Bonn: Psychiatrie-Verlag.
Mosse, George L. (1990). *Die Geschichte des Rassismus in Europa*. Frankfurt/M: Fischer.
Müller, Herta (1992). Schmeckt das Rattengift? Von der Hinterhältigkeit der Güte zur Beweglichkeit des Hasses. Eine Momentaufnahme aus dem wiedervereinigten Deutschland. *Frankfurter Rundschau*, S. ZB 3, 31.10.1992.
Münch, Richard (1993). Eine neue Entwicklungsstufe der Moderne. Das europäische Zusammenwachsen wirft ökonomische, politische, soziale und kulturelle Probleme auf. *Frankfurter Rundschau*. Forum Wissenschaften, S. 10, 10.8.1993.
Münz, Rainer (1991). Der Reiz der Vielfalt. Europa zwischen Multikultur und Ethnozentrismus. *Wochenschau für politische Erziehung, Sozial- und Gemeinschaftskunde. 43*, (3), *Multikulturelle Gesellschaft*, Ausgabe Sek. II.
Mummendey, Amelie (1993). Fremde im Spiegel sozialer Vorurteile. In Ruprecht-Karls-Universität Heidelberg (Hrsg.). *Erfahrungen des Fremden*. Vorträge im Sommersemester 1992. Studium Generale. Heidelberg: Heidelberger Verlagsanstalt.

Mynarek, Hubertus (1986). *Ökologische Religion. Ein neues Verständnis der Natur.* München: Goldmann.
Mynarek, Hubertus (1991). *Mystik und Vernunft. Zwei Pole einer Wirklichkeit.* Olten: Walter.
Narr, Wolf-Dieter (1993). Armes Deutschland. Splitter einer Realanalyse. *Frankfurter Rundschau,* S. ZB 2, 20.3.1993.
Nassehi, Armin (1991). Ethnizität und moderne Gesellschaft. In W. Glatzer (Hrsg.). *Die Modernisierung moderner Gesellschaften. (25. Deutscher Soziologentag Frankfurt 9.-12.10.1990).* Opladen: Westdeutscher Verlag.
Natsoulas, Thomas (1978). Consciousness. *American Psychologist, 33,* 906-914.
Nestvogel, Renate (1987). Interkulturelles Lernen ist mehr als „Ausländerpädagogik". Ansätze zu einer Theorie und Praxis interkulturellen Lernens. *Informationsdienst zur Ausländerarbeit,* Heft 2, 64-71.
Neudeck, Rupert (1993). Wo die Kalaschnikow zum „Produktionsmittel" wird. Menschenrechte − für die Milliarden Habenichtse auf der Erde ein Versprechen, von dem sie nicht einmal träumen können. *Frankfurter Rundschau,* S. 8, 21.5.1993.
Nieke, Wolfgang (1990). *Zur Theorie interkultureller Erziehung. Kulturrelativismus als Herausforderung für die Pädagogik.* Essen: Unveröffentl. Manuskript.
Nies, Frank (1990). *Aktionswoche „Eine Welt für alle".* Ideengeschichtliche Betrachtungen zur Frage, ob die Idee der Einen Welt nur Ausdruck von Tagträumen und Utopien ist. SDR 2, 26.5.1990.
Nitzschke, Volker (Hrsg.). (1982). *Multikulturelle Gesellschaft − multikulturelle Erziehung?* Brennpunkte der Bildungspolitik 10. Stuttgart: Metzler.
Öktem, Ayse & Öktem, Özcan (1985). Kulturelle Identität, Sozialisation und Sprache bei türkischen Arbeiterkindern in der Bundesrepublik Deutschland. In J. Rehbein (Hrsg.). *Interkulturelle Kommunikation.* Tübingen: Narr.
Ökumenischer Vorbereitungsausschuss für den Tag des ausländischen Mitbürgers 1980: Thesen zum Gespräch „Verschiedene Kulturen − gleiche Rechte", Frankfurt/M, Sept. 1980. epd-Dokumentation Nr. 48/1980, S. 47, zit. in *Wochenschau für politische Erziehung, Sozial- und Gemeinschaftskunde 43,* 3 (1992), *Multikulturelle Gesellschaft.* Ausgabe Sek. II.
Oberg, Kalervo (1960). Cultural shock: Adjustment to new cultural environments. *Practical Anthropology, 7,* 177-182.
Ooyen, Monika von & Schubert, Katina (1992). Repression im Europa der Freizügigkeiten. Die BRD als fast flüchtlingsfreie Zone. *Vorgänge, 31,* (4), 17-24.
Ornstein, Robert (1990[2]). *Multimind. Ein neues Konzept des menschlichen Geistes.* Paderborn: Junfermann.
Ossorio, Peter G. (1983). A multicultural psychology. In K. E. Davis & R. Bergner (eds.). *Advances in descriptive psychology.* Vol. 3. Greenwich, Connecticut: JAI.
Otman, Alp (1991). Zu einigen Aspekten der aktuellen Diskussion über „Ausländerkriminalität in Frankfurt am Main". In W. Glatzer (Hrsg.). *Die Modernisierung moderner Gesellschaften. (25. Deutscher Soziologentag Frankfurt 9.-12.10.1990).* Opladen: Westdeutscher Verlag.
Parin, Paul (1986). Die Krankheit wird einem gesellschaftlichen Übel angelastet. Der Schweizer Psychoanalytiker Paul Parin über die Mystifizierung von AIDS. *Frankfurter Rundschau.* Dokumentation, S. 10, 19.3.1986.
Parin, Paul (1993a). Wenn Völker den Verstand verlieren. *Geo. Das neue Bild der Erde.* Mai 1993, 112-116.
Parin, Paul (1993b). Das Blut aufgerissener Wunden. Überlegungen zu den Kriegen im ehemaligen Jugoslawien. *Ethnopsychoanalyse 3. Körper, Krankheit und Kultur.* Frankfurt/M: Brandes und Apsel.

Pedersen, Paul (ed.). (1985). *Handbook of cross-cultural counseling and therapy.* Westport: Greenwood.
Pelletier, Kenneth R. (1982). *Unser Wissen vom Bewußtsein. Eine Verbindung westlicher Forschung und östlicher Weisheit.* München: Kösel.
Pepitone, Albert & Triandis, Harry C. (1987). On the universality of social psychological theories. *Journal of Cross-Cultural Psychology, 18,* 471-498.
Pettigrew, Thomas F. (1958). Personality and sociocultural factors in intergroup attitudes: A cross-national comparison. *Journal of Conflict Resolution, 2,* 29-42.
Pettigrew, Thomas F. (1986). The intergroup contact hypothesis reconsidered. In M. Hewstone & R.J. Brown (eds.). *Contact and conflict in intergroup encounters.* Oxford: Blackwell.
Piaget, J. & Weil, A.-M. (1976). Die Entwicklung der kindlichen Heimatvorstellungen und der Urteile über andere Länder. In A. Wacker (Hrsg.). *Die Entwicklung des Gesellschaftsverständnisses bei Kindern.* Frankfurt/M: Campus.
Piepenschneider, Melanie (1992). *Die europäische Generation. Europabilder der Jugendlichen in der Bundesrepublik Deutschland.* Schriftenreihe der Forschungsgruppe Jugend und Europa Bd. 1. Bonn: Europa Union.
Pinn, Irmgard & Nebelung, Michael (1992²). *Vom „klassischen" zum aktuellen Rassismus in Deutschland. Das Menschenbild der Bevölkerungstheorie und Bevölkerungspolitik.* Duisburg: Duisburger Institut für Sprach- und Sozialforschung.
Plädoyer für eine ökumenische Zukunft (1993). Rassismus zerstört jede Gemeinschaft, auch die Kirchengemeinschaft. Aufruf für ein Programm zur Bekämpfung des Rassismus in der Bundesrepublik. *Frankfurter Rundschau,* S. 14, 20.3.1993.
Porcher, Louis (ed.). (1979). *Second council of Europe Teacher's Seminar on: The education of migrant children: intercultural pedagogy in the field.* Strasbourg: Generalsekretariat des Europarates.
Portele, Gerhard (Hrsg.). (1978). *Sozialisation und Moral. Neuere Ansätze zur moralischen Entwicklung und Erziehung.* Weinheim: Beltz.
Portera, Agostino (1989). Italienische Jugendliche in der Bundesrepublik – die Europäer von morgen? In Landeszentrale für politische Bildung Bremen (Hrsg.). *Leben in einer multikulturellen Gesellschaft.* Bremen: Steintor.
Pradelles de Latour, M.-L. (1983). Identity as a complex network. In C. Fried, (ed.). *Minorities: Community and identity.* Berlin: Springer.
Pralle, Uwe (1992). Das Pulverfaß. Neue Zahlen aus Allensbach und alte Antworten. *Frankfurter Rundschau,* S. 8, 25.11.1992.
Preiser, Siegfried (1990). Die Bedeutung von Kontroll- und Geborgenheitsmotiven für Politik-orientierte Problembewältigungsstrategien. In H.-U. Kohr, M. Martini & A. Kohr (Hrsg.). *Macht und Bewußtsein. Europäische Beiträge zur Politischen Psychologie.* Weinheim: Deutscher Studien-Verlag.
Prien, Erich P. (1966). Personality correlates and changes in proworldmindedness. *The Journal of Social Psychology, 68,* 243-247.
Pries, Christine (1993). Die Pflicht zur Toleranz. Eine Tagung über die „Moderne und das Selbst". *Frankfurter Rundschau, 14.5.1993.*
Radtke, Frank Olaf (1990a). Multikulturalismus – vier Formen der Ethnisierung. Politische und soziale Gleichheit soll auf der Basis von Unterschieden organisiert werden. *Frankfurter Rundschau, 19.6.1990.*
Radtke, Frank-Olaf (1990b). Multikulturalismus – vier Formen der Ethnisierung der Gesellschaft. *Forum entwicklungspolitischer Aktionsgruppen,* Zeitschrift des BUKO, Nr. 148, *Multikulturalismus, Multikulturalität, multikulturell oder was?* November 1990, 6-8.

Radtke, Frank Olaf (1992). Das schick angerichtete Design der Gesellschaft in den 90er Jahren. Multikulturalismus ist ein modernes und gleichzeitig antiquiertes Konzept. *Frankfurter Rundschau, Dokumentation, S. 16, 9.9.1992.*
Ramirez, Manuel & Castaneda, Alfredo (1974). *Cultural democracy, bicognitive development, and education.* New York: Academic Press.
Rao, S.K. Ramachandra (1979). *Consciousness in Advaita. Source material and methodological considerations.* Study of consciousness project — Fascicule I. Bangalore: IBH Prakashana.
Rehbein, Jochen (1985). *Interkulturelle Kommunikation.* Tübingen: Narr.
Remarque, Erich Maria (1988). *Der Funke Leben.* Köln: Kiepenheuer und Witsch.
Rey, Micheline (1979). Intercultural education and its practical effects on teaching. In L. Porcher (ed.). *Second council of Europe Teacher's Seminar on: The education of migrant children: intercultural pedagogy in the field.* Strasbourg: Generalsekretariat des Europarates.
Rey, Micheline (1986). *Training teachers in intercultural education?* Strasbourg: Europarat. Rat für kulturelle Zusammenarbeit.
Richter, Horst Eberhard (1979). *Der Gotteskomplex. Die Geburt und die Krise des Glaubens an die Allmacht des Menschen.* Reinbek: Rowohlt.
Richter, Horst-Eberhard (1993). Selbstkritik und Versöhnungsfähigkeit. In Ruprecht-Karls-Universität Heidelberg (Hrsg.). *Erfahrungen des Fremden.* Vorträge im Sommersemster 1992. Studium Generale. Heidelberg: Heidelberger Verlagsanstalt.
Robertson, Roland (1990). Mapping the global condition: Globalization as the central concept. In M. Featherstone (ed.). *Global culture. Nationalism, globalization and modernity.* London: Sage.
Robertson, Roland (1992). The sociology of Roland Robertson: A symposium. *Journal of the Scientific Study of Religion, 31,* 296-318.
Rosenstrauch, Hazel (1992). Landflucht und Ethnizität. *Ästhetik und Kommunikation, 21,* Heft 78, *Völker unterwegs.* 26-31.
Rothkegel, Ralf (1993). Der Asylbewerber in der Transitfalle. Was ein Richter am Bundesverwaltungsgericht von dem Bonner „Kompromiß" hält. *Frankfurter Rundschau, S. 12, 24.2.1993.*
Ruhloff, Jörg (1989). Harmonisierung oder Widerstreit? Über die Bildungsaufgabe in der Kulturenvielfalt. *Materialien zur politischen Bildung,* (2), 8/15.
Ruprecht-Karls-Universität (Hrsg.). (1993). *Erfahrungen des Fremden.* Vorträge im Sommersemester 1992. Studium Generale. Heidelberg: Heidelberger Verlagsanstalt.
Sampson, Donald L. & Smith, Howard P. (1957). A scale to measure world-minded attitudes. *The Journal of Social Psychology, 45,* 99-106.
Sampson, Edward E. (1989). The challenge of social change for psychology. Globalization and psychology's theory of the person. *American Psychologist, 44,* 914-921.
Sartre, Jean Paul (1993). *Das Sein und das Nichts. Versuch einer phänomenologischen Ontologie.* Reinbek: Rowohlt.
Schäfer, Roland (1980). Bewußtsein. In R. Asanger & G. Wenninger (Hrsg.). *Handwörterbuch der Psychologie.* Weinheim: Beltz.
Schiffauer, Werner (1983). *Die Gewalt der Ehre. Erklärungen zu einem türkisch-deutschen Sexualkonflikt.* Frankfurt/M: Suhrkamp.
Schmid, Thomas (1989). Multikulturelle Gesellschaft — großer linker Ringelpiez mit Anfassen. *Die Neue Gesellschaft — Frankfurter Hefte, 36,* 541-547.
Schmidt, Thomas E. (1992). Die Schrift der Gewalt. Rechter Terror — der Exzess des Normalen. *Frankfurter Rundschau, S. 12, 11.12.1992.*

Schneider, Hans-Peter (1992). Jede Änderung des Rechts auf Asyl bedeutet seine Abschaffung. *Frankfurter Rundschau*. Dokumentation, S. 23, 6. November 1992.
Schöfthaler, Traugott (1983). Kultur in der Zwickmühle. Zur Aktualität des Streits zwischen kulturrelativistischer und universalistischer Sozialwissenschaft. *Das Argument, 139*, 333-347.
Schöfthaler, Traugott (1984). Multikulturelle und transkulturelle Erziehung: Zwei Wege zu kosmopolitischen kulturellen Identitäten. *Internationale Zeitschrift für Erziehung, 30*, 11-24.
Schütte, Christoph (1992). Homelands für alle? Multikulti von rechts. *Vorgänge, 31*, (5), 88-92.
Schütz, Alfred (1964a). The stranger. *Collected papers II. Studies in social thought*. The Hague: Nijhoff.
Schütz, Alfred (1964b). The homecomer. *Collected papers II. Studies in social thought*. The Hague: Nijhoff.
Schubarth, Wilfried (1993). Geteilter Meinung. Ostdeutsche Jugendliche und ihr Ausländerbild. *Psychologie heute, 20*, (3), 8-9.
Schulte, Axel (1992). Multikulturelle Gesellschaft. *Wochenschau für politische Erziehung, Sozial- und Gemeinschaftskunde, 43*, (3), Ausgabe Sek. II, *Multikulturelle Gesellschaft*.
Schwartz, Shalom H. & Bilsky, Wolfgang (1990). Toward a theory of the universal content and structure of values: Extensions and cross-cultural replications. *Journal of Personality and Social Psychology, 58*, 878-891.
Schwemmer, Oswald (1992). Kulturelle Identität und moralische Verpflichtung. Zum Problem des ethischen Universalismus. *Information Philosophie*. Nr. 3, 5-20.
Schwengel, Hermann (1992). Völker unterwegs. *Ästhetik und Kommunikation, 21*, Heft 78, *Völker unterwegs*. 11-15.
Sears, David O. (1987). Political Psychology. *Annual Review of Psychology, 38*, 229-255.
Seedat, Mahomed & Nell, Victor (1990). Third world or one world: Mysticism, pragmatism, and pain in family therapy in South Africa. *South African Journal of Psychotherapy, 20*, 141-149.
Senghaas, Dieter & Zürn, Michael (1992). Kernfragen für die Friedensforschung der neunziger Jahre. *Politische Vierteljahresschrift, 33*, 455-462.
Sills, David (ed.). (1968). *International Encyclopedia of the Social Sciences*. New York: MacMillan.
Sinha, Awadhesh Kumar & Sinha, Upendra Prasad (1977). Some socialisational correlates of worldmindedness. *Asian Journal of Psychology and Education, 2*, 27-30.
Skowronowski, Christine (1992). Rechtsextremismus – Problembewußtsein in den Unternehmen wächst. *Frankfurter Rundschau*, S. 7, 28.11.1992.
Sloterdijk, Peter (1992). Sind Philosophen nur Sozialingenieure für die Katastrophen der Welt? Herrscher ohne Reich – wollen und können Denker heute noch in das Rad der Geschichte eingreifen? Eine Diskussionssendung der ARD. *Frankfurter Rundschau*. Dokumentation, S. 10, 18.1.1992.
Sloterdijk, Peter (1993). *Weltfremdheit*. Frankfurt/M: Suhrkamp.
Slusser, G.E. & Rabkin, E.S. (eds.). (1989). *Mindscapes: The geographies of imagined worlds*. Carbondale: Southern Illinois University Press.
Smith, Anthony D. (1990). Towards a global culture? In M. Featherstone (ed.). *Global culture. Nationalism, globalization and modernity*. London: Sage.
Smith, Howard P. (1955). Do intercultural experiences affect attitudes? *Journal of Abnormal and Social Psychology, 51*, 469-477.

Smith, Howard P. & Rosen, Ellen Weber (1958). Some psychological correlates of worldmindedness and authoritarianism. *Journal of Personality, 26,* 170-183.

Smolicz, Jerzy J. (1982). Verinnerlichte Werte und kulturelle Identität. In V. Nitzschke (Hrsg.). *Multikulturelle Gesellschaft – multikulturelle Erziehung?* Brennpunkte der Bildungspolitik 10. Stuttgart: Metzler.

Smolicz, Jerzy J. (1988). Multiculturalism and an overarching framework of values: Some educational responses for ethnically plural societies. In M. Borelli & G. Hoff (Hrsg.). *Interkulturelle Pädagogik im internationalen Vergleich.* Baltmannsweiler: Schneider.

Söllner, Alfons (1992). Asylpolitik im „deutschen Frühling". Eine zeitgeschichtliche Momentaufnahme. *Vorgänge, 31,* (5), 31-44.

Spaemann, Robert (1991). Universalismus und Eurozentrismus. In P. Braitling & W. Reese-Schäfer (Hrsg.). (1991). *Universalismus, Nationalismus und die neue Einheit der Deutschen.* Frankfurt/M: Fischer.

Spaemann, Robert (1992). *Die Innenseite des Glücks.* West 3, 10.12.1992.

Spoo, Eckart (1992). Zweierlei Maß? Eine Debatte über die Verfolgung von NS- und DDR-Unrecht. *Frankfurter Rundschau,* S. 8, 11.12.1992.

Staff, Ilse (1993). Das Asylrecht kann die Wanderungsbewegungen nicht steuern. Die von der Bonner Koalition und der SPD geplante Änderung des Artikels 16 ist verfassungsrechtlich nicht haltbar. *Frankfurter Rundschau,* S. 7, 10.2.1993.

Stein, Herbert (1993). *Freuds letzte Lehre oder Eros und die Linien des Affen Aziut.* Heidelberg: Wunderhorn.

Stewart, Don & Hoult, Thomas (1959-60). A social-psychological theory of the authoritarian personality. *American Journal of Sociology, 65,* 274-279.

Stroebe, Wolfgang & Insko Chester A. (1989). Stereotype, prejudice, and discrimination: Changing conception in theory and research. In D. Bar-Tal, C.F. Graumann, A.W. Kruglanski & W. Stroebe (eds.). *Stereotyping and prejudice. Changing conceptions.* New York: Springer.

Stroebe, W., Kruglanski, A., Bar-Tal, D. & Hewstone, M. (eds.). (1988). *The social psychology of intergroup conflict.* Berlin: Springer.

Süskind, Patrick (1990). Deutschland, eine Midlife Crisis. *Der Spiegel,* 17.9.1990.

Suler, John R. (1993). *Contemporary psychoanalysis and eastern thought.* Albany: State University of New York Press.

Taft, R. (1977). Coping with unfamiliar cultures. In N. Warren (ed.). *Studies in cross-cultural psychology. Vol. 1.* London: Academic.

Tajfel, Henri (1978). Intergroup behavior: II. Group perspectives. In H. Tajfel & C. Fraser (eds.). *Introducing social psychology.* Harmondsworth: Penguin.

Tajfel, Henri (1982a). *Gruppenkonflikt und Vorurteil. Entstehung und Funktion sozialer Stereotypen.* Bern: Huber.

Tajfel, Henri (ed.). (1982b). *Social identity and intergroup relations.* Cambridge: Cambridge University Press.

Tajfel, H. & Fraser, C. (eds.). (1978). *Introducing social psychology.* Harmondsworth: Penguin.

Tart, Charles T. (1975). *States of consciousness.* New York: Dutton.

Tart, Charles T. (1986). *Das Übersinnliche. Forschungen über einen Grenzbereich psychischen Erlebens.* Stuttgart: Klett-Cotta.

Teo, Thomas (1994). „Ich muß mich nicht entscheiden. Ich bin beides . . ." Zur Entwicklung und Sozialisation „bi-/multirassischer" Identität. In A. Thomas (Hrsg.). *Psychologie und multikulturelle Gesellschaft.* Göttingen: Verlag für Angewandte Psychologie.

Terstappen, Andrea (1993). Wer Fremden feindlich gesinnt ist, weiß von ihnen oft zuwenig. *Frankfurter Rundschau,* 20.2.1993.

Textor, R.B. (ed.). *Cultural frontiers of the Peace Corps*. Cambridge: MIT.
Thiele, Johannes (1989). *Die mystische Liebe zur Erde. Fühlen und Denken mit der Natur*. Stuttgart: Kreuz.
Thomas, Alexander (1992). *Grundriß der Sozialpsychologie. Band 2: Individuum – Gruppe – Gesellschaft*. Göttingen: Hogrefe.
Thomas, Alexander (1993). Psychologie interkulturellen Lernens und Handelns. In A. Thomas (Hrsg.): *Kulturvergleichende Psychologie. Eine Einführung*. Göttingen: Hogrefe.
Thomas, Alexander (Hrsg.). (1993). *Kulturvergleichende Psychologie. Eine Einführung*. Göttingen: Hogrefe.
Thomas, Alexander (Hrsg.). (1994). *Psychologie und multikulturelle Gesellschaft*. Göttingen: Verlag für Angewandte Psychologie.
Thränhardt, Dietrich (1992). Globale Probleme, globale Normen, neue globale Akteure. *Politische Vierteljahresschrift, 33*, 219-234.
Time. (1972). *The greening of the austronauts*. December 11, 1972, 43.
Tönnies, Sibylle (1992a). Das Asyl und die Wähler. *Die Neue Gesellschaft – Frankfurter Hefte, 39*, (8), 732-735.
Tönnies, Sibylle (1992b). *Der Dimorphismus der Wahrheit. Universalismus und Relativismus in der Rechtsphilosophie*. Opladen: Westdeutscher Verlag.
Todorov, Tzvetan (1989). *Nous et les autres*. Paris.
Triandes, H.C. and Lambert, W.W. (eds.). (1980). *Handbook of cross-cultural psychology. Vol 5. Social Psychology*. Boston, Mass.: Allen and Bacon.
Tsapanos, Georgios (1992). Fremdenfeindlichkeit und Zuwanderungspolitik in der Bundesrepublik Deutschland – Konzeption und Integrationsproblematik. *Asyldebatte, Fremdenfeindlichkeit, Rechtsextremismus im „Einwanderungsland Deutschland", Seminar der* Theodor-Heuss-Akademie, Gummersbach, 1.-3.9.1992.
Tugendhat, Ernst (1990). *Die Hilflosigkeit der Philosophen vor den Herausforderungen unserer Zeit*. SWF 2, 27.5.1990.
Ueltzhöffer, Jörg (1993). Wir sollten in Zukunft von Menschenfeindlichkeit reden. Zu Gewalt und Rechtsextremismus in Deutschland. *Frankfurter Rundschau*. Dokumentation, S. 10, 16.3.1993.
Ulbrich, Stefan (Hrsg.). (1991). *Multikultopia. Gedanken zur multikulturellen Gesellschaft*. Vilsbiburg: Arun.
Useem, John & Useem, Ruth (1967). The interfaces of a binational third culture: A study of the American community in India. *Journal of Social Issues, 23*, 130-143.
Vijver, Fons J.R. van de & Hutschemaekers, Giel J.M. (eds.) (1990). *The investigation of culture. Current Issues in cultural Psychology*. Tilburg: University Press.
Vijver, Fons J.R. van de & Poortinga, Ype H. (1982). Cross-cultural generalization and universality. *Journal of Cross-Cultural Psychology, 13*, 387-408.
Vivelo, Frank Rupert (1981). *Handbuch der Kulturanthropologie*. Stuttgart: Klett-Cotta.
Voller, Jack G. (1989). Universal mindscapes: The gaia hypothesis in science fiction. In G.E. Slusser & E.S. Rabkin (eds.). *Mindscapes: The geographies of imagined worlds*. Carbondale: Southern Illinois University Press.
Vornbäumen, Axel (1992). Kein schönes Land in dieser Zeit. Wie man den Staatsnotstand wegdenkt oder Gewalt gegen Ausländer im deutschen Herbst. *Frankfurter Rundschau*, S. 3, 7.11.1992.
Vossenkuhl, Wilhelm (1990). Jenseits des Vertrauten und Fremden. In O. Marquard (Hrsg.). *Einheit und Vielheit*. XIV. Deutscher Kongreß für Philosophie. Gießen 21.-26. September 1987. Hamburg: Meiner.

Vyas, Ram Narayan (1970). *The universalistic thought of India. From the rigveda to Radhakrishnan.* Bombay: Lalvani.
Wacker, A. (Hrsg.). (1976). *Die Entwicklung des Gesellschaftsverständnisses bei Kindern.* Frankfurt/M: Campus.
Wallman, S. (1983). Identity options. In C. Fried (ed.). *Minorities: Community and identity.* Berlin: Springer.
Warren, N. (ed.). *Studies in cross-cultural psychology. Vol. 1.* London: Academic.
Weizsäcker, Carl Friedrich von (1979). Wozu Meditation? In R. Lobo (Hrsg.). *Prana 1980. Jahrbuch für Yoga und ostasiatische Meditationstechniken und ihre Anwendung in der westlichen Welt.* Bern: Barth-Scherz.
Weizsäcker, Carl Friedrich von (1992a). Fortschritt ohne Bewußtseinsreifung wäre eine Katastrophe. Ein Gespräch mit Carl Friedrich von Weizsäcker anläßlich seines 80. Geburtstags am 28. Juni. Von Dieter Mersch. *Frankfurter Rundschau,* S. 24, 25. Juni 1992.
Weizsäcker, Carl Friedrich von (1992b). *Zeit und Wissen.* München: Hanser.
Weizsäcker, Ernst Ulrich von (1992). Ein Leben in Würde – für elf Milliarden Menschen. Umwelttag-Aufruf: Gegen falsche Feindbilder in der Umweltdiskussion. *Frankfurter Rundschau,* S. B3, 18.9.1992.
Werner, Jan (1992). Die Invasion der Armen. Asylanten und illegale Einwanderer. Mainz: v. Hase und Koehler, zit. in *Informationen zur politischen Bildung, 237, Ausländer.* 4. Quartal 1992.
White, Frank (1989). *Der Overview-Effekt. Die erste interdisziplinäre Auswertung von 20 Jahren Weltraumfahrt.* Bern: Scherz.
Wiener, Philip P. (ed.). (1973). *Distionary of the history of ideas. Studies of selected pivotal ideas.* Vol IV. New York: Sribner's Sons.
Wierlacher, Aloys (1993). Was ist Toleranz? *Teleakademie.* Südwestfunk Fernsehen, 16.5.1993.
Wilber, Ken (1988). *Halbzeit der Evolution.* München: Goldmann.
Wilber, Ken, Engler, Jack & Brown, Daniel P. (1988). *Psychologie der Befreiung. Perspektiven einer neuen Entwicklungspsychologie – Die östliche und die westliche Sicht des menschlichen Reifungsprozesses.* Bern: Scherz.
Willi, Jörg (1985). *Koevolution. Die Kunst gemeinsamen Wachsens.* Reinbek: Rowohlt.
Winter, Gerhard (1990). Europabewußtsein von Jugendlichen: Beschreibung, Analyse und pädagogisch-psychologische Folgerungen. In H.-U Kohr, M. Martini & A. Kohr (Hrsg.). *Macht und Bewußtsein. Europäische Beiträge zur Politischen Psychologie.* Weinheim: Deutscher Studien-Verlag.
Witkin, H.A. (1974). Cognitive styles across cultures. In J.W. Berry & P.R. Dasen (eds.). *Culture and cognition: Readings in cross-cultural psychology.* London: Methuen.
Yeagle, Ellen H., Privette, Gayle & Dunham, Frances Y. (1989). Highest happiness: An Analysis of artists' peak experience. *Psychological Report, 65,* 523-530.
Zahlmann, Christel (1993). Erosion der Identitäten. Tagung am Freud-Institut über Nationalismus in Europa. *Frankfurter Rundschau,* S. 19, 11.5.1993.
Zick, Andreas & Wagner, Ulrich (1993). Den Türken geht es besser als uns. Wie Fremde zu Feinden werden. *Psychologie heute, 20,* Heft 7, 48-53.
Zimbardo, Philip G. & Ruch, Floyd L. (1978^3). *Lehrbuch der Psychologie.* Berlin: Springer.
Zimmer, Jürgen (1986). Interkulturelle Erziehung als Erziehung zur internationalen Verständigung. In M. Borelli (Hrsg.). *Interkulturelle Pädagogik.* Baltmannsweiler: Schneider.

Zitterbarth, Walter (1980). Kulturpsychologie. In R. Asanger & G. Wenninger (Hrsg.). *Handwörterbuch der Psychologie.* Weinheim: Beltz.
Zulehner, Paul M. (1989). *Mystik und Politik. Wie politisch ist die Bibel?* SWF 2, 8.10.1989.
Zundel, Edith & Fittkau, Bernd (Hrsg.). (1989). *Spirituelle Wege und Transpersonale Psychotherapie.* Paderborn: Junfermann.